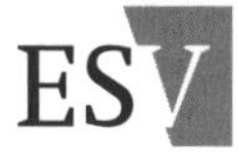

Helmut Korte

Einführung in die Systematische Filmanalyse

Ein Arbeitsbuch

Mit Beispielanalysen von
Peter Drexler, Helmut Korte, Hans-Peter Rodenberg
und Jens Thiele zu

ZABRISKIE POINT (Antonioni 1969)
MISERY (Reiner 1990)
SCHINDLERS LISTE (Spielberg 1993)
ROMEO UND JULIA (Luhrmann 1996)

4., neu bearbeitete und erweiterte Auflage

ERICH SCHMIDT VERLAG

Bibliografische Information der Deutschen Nationalbibliothek

Die Deutsche Nationalbibliothek verzeichnet diese Publikation in der Deutschen Nationalbibliografie; detaillierte bibliografische Daten sind im Internet über *dnb.ddb.de* abrufbar.

Weitere Informationen zu diesem Titel finden Sie im Internet unter

ESV.info/978 3 503 12241 7

Umschlaggestaltung unter Verwendung eines Film Stills aus „Romeo und Julia" von Baz Luhrmann (1996), © Merrick Morton/20th Century Fox (Kobal)

1. Auflage 2000
2. Auflage 2001
3. Auflage 2004
4. Auflage 2010

ISBN 978 3 503 12241 7

www.ESV.info

Dieses Papier erfüllt die Frankfurter Forderungen der Deutschen Nationalbibliothek und der Gesellschaft für das Buch bezüglich der Alterungsbeständigkeit und entspricht sowohl den strengen Bestimmungen der US Norm Ansi/Niso Z 39.48-1992 als auch der ISO-Norm 9706

Druck und Bindung: Danuvia, Neuburg an der Donau

Inhalt

Vorwort zur 1. Auflage (1999)

Dass unser Leben, die Wahrnehmung und Einschätzung der uns umgebenden Realität entscheidend durch die audiovisuellen Massenmedien geprägt wird, ist mittlerweile eine schon fast banale Feststellung geworden. In Konsequenz dieser Tatsache hat sich auch im wissenschaftlichen Bereich eine erstaunliche Vielfalt in der theoretischen und praktischen Beschäftigung mit den Medien Film und Fernsehen herausgebildet. So wurden in dem einschlägigen Infodienst »Film und Fernsehen in Forschung und Lehre«[1] beispielsweise für 1997 von den über 150 beteiligten Hochschulen und außeruniversitären Einrichtungen (1976, also gut 20 Jahre vorher waren es gerade mal 60!) insgesamt 2.360 Schriften, Lehrveranstaltungen, Forschungsvorhaben und Tagungen zu Film- und Fernsehthemen genannt. Es sind Aktivitäten, die sich seit Anfang der 1970er Jahre kontinuierlich entwickelt und neben der fortschreitenden Integration in bereits etablierte Wissenschaftsdisziplinen in mehreren neueingerichteten, explizit medienbezogenen Studiengängen, Forschungsschwerpunkten (etwa der DFG-Sonderforschungsbereich Bildschirmmedien, Siegen) und Hochschulneugründungen (Köln, Ludwigsburg, Karlsruhe etc.) niedergeschlagen haben. Die Film- und Fernsehwissenschaft oder übergreifender die Medienwissenschaft hat damit zwar die angestrebten ›akademischen Weihen‹ erhalten, in den verwendeten Terminologien und Methoden ihren Konglomeratcharakter aber noch kaum überwunden.

Der Mehrdimensionalität des Gegenstandsbereichs entsprechend ist das fachliche Interesse auffallend breit: von den quantitativ und qualitativ dominierenden Literatur- und Theaterwissenschaften über soziologische, politikwissenschaftliche, psychologische, allgemeinhistorische, journalistische, kommunikations-, kulturwissenschaftliche, ethnologische Fragestellungen bis hin zu medienpädagogischen Ansätzen. Weitgehend übereinstimmend wird hierbei direkt oder indirekt davon ausgegangen, dass Film und Fernsehen neben ihrer primären Unterhaltungsfunktion eine zentrale gesellschaftliche und kulturelle Bedeutung zukommt und zudem, wie alle ästhetischen Produkte, besonderer Beschreibungs- und Interpretationsformen bedürfen, um ihren Sinngehalt erschließen zu können. Strittig ist allerdings der Grad, in dem die wis-

---

1 Heft 20/1997: Jährliche Dokumentation aller »Schriften, Lehrveranstaltungen, Forschungsvorhaben und Tagungen an Universitäten, Hochschulen und Filminstitutionen in der Bundesrepublik Deutschland, Österreich und der Schweiz« – hrsg. vom Institut für Medienwissenschaft und Film der Hochschule für Bildende Künste Braunschweig.

senschaftlich reflektierende Auseinandersetzung über die individuell-subjektive Verbalisierung des Film- oder Fernseherlebnisses hinauszugehen habe, gar ob eigenständige – eben medienspezifische – Untersuchungsmethoden erforderlich sind. Franz Everschor beschrieb bereits 1964 im Vorwort der von ihm herausgegebenen Sammelpublikation »Filmanalysen 2« diese Problematik mit folgenden Worten:

> Filmanalyse ist ein vieldeutiger, Mißverständnissen und gegensätzlichen Auffassungen ausgesetzter Begriff. Einig ist man sich eigentlich nur darüber, daß sich die Filmanalyse durch größeren Umfang und ausführlichere Detailbetrachtung von der Filmkritik unterscheidet. Bereits so simple Fragen, wie die, ob die Filmanalyse das konkrete Beispiel ergänzende Aussagen über Person und Werk des Regisseurs machen darf, ob sie die Wertung und Wirkung ausklammern muß, sind strittig. Ganz zu schweigen von Fragen der Methodik, die selbst bei routinierten Autoren ausführlicher Filmuntersuchungen häufig dem Zufall überlassen bleiben.

Heute, also 35 Jahre später, hat sich an dieser Charakterisierung nur wenig geändert, denn nach den heftigen interdisziplinär getragenen Methodendebatten ist man mit kleinen Modifikationen überwiegend wieder zu den ›bewährten‹, aus den jeweiligen Hausdisziplinen mitgebrachten Untersuchungsansätzen zurückgekehrt. Paradoxerweise sind also mit der schrittweisen akademischen Etablierung, der erheblichen Ausweitung verschiedenster Fachzugriffe und einer generell gewachsenen Akzeptanz im universitären Fächerkanon die Bemühungen um filmspezifische Analyseverfahren deutlich zurückgegangen. Diese, besonders im Lehr- und Forschungsbetrieb sowie auf den Tagungen, feststellbare Entwicklung findet ihre Entsprechung auf der Ebene der Publikationen: Nach dem Boom methodologisch orientierter Filmliteratur in den 70er Jahren ist es auch hier um die Diskussion filmanalytischer (dezidiert *produktanalytischer*) Ansätze mittlerweile wieder still geworden.[2] Und in der Tat sind die entwickelten – auf die Besonderheiten filmischer Sinnkonstitution bezogenen – Analysemodelle gewöhnungsbedürftig und vor allem recht arbeitsintensiv.[3]

---

2 Wobei natürlich auch die deutlich verringerten Publikationschancen filmtheoretischer Literatur eine wichtige Rolle spielten.

3 Häufig wird in diesem Zusammenhang die heute allgemein verfügbare Videotechnik angeführt. Das damit jederzeit wiederholbare Betrachten des Untersuchungsgegenstandes mache eine differenzierte Bestandsaufnahme der filmischen Vermittlungsstruktur als Voraussetzung für eine umfassende Produktanalyse überflüssig. Die Fragwürdigkeit dieser Argumentation ist offensichtlich, denn übertragen auf Romane oder Gemälde wäre dementsprechend zu folgern, Roman- bzw. Bildanalysen, die neben dem Inhalt immer auch die Präsentationsstruktur mit einbeziehen, seien von jeher obsolet, da der Untersuchungsgegenstand ja unmittelbar vorliege.

Insofern markieren drei schon etwas betagte Monographien aus den letzten Jahren den in der deutschen Diskussion erreichten theoretischen Erkenntnisstand: Die bereits 1988 erschienene »Filminterpretation« von Werner Faulstich, der damit seinen in zahlreichen Arbeiten zur Verschränkung quantitativer und qualitativer Analyseverfahren ausformulierten Ansatz hinsichtlich unterschiedlicher Fragestellungen und Methoden spezifisch ergänzt; Klaus Kanzogs »Einführung in die Filmphilologie« von 1991, eine auf der Basis komplexer Protokollierungssysteme beruhende Differenzierung seiner früheren Beiträge zur »angemessenen Rede über den Film« und – ebenfalls vor dem Hintergrund einschlägiger Arbeiten – Knut Hickethiers »Film- und Fernsehanalyse« von 1993, der hier allerdings auf eine methodologische Explikation verzichtet und sich statt dessen auf die Darstellung der film- und fernsehspezifischen Gestaltungsmittel konzentriert. Auch wenn nur bei Kanzog der jeweilige Einführungscharakter im Buchtitel signalisiert wird, ist dieser doch in allen drei Publikationen zumindest unterstellt. Was soll also eine weitere Einführung zu dieser Problematik? – Zumal das darzustellende Modell viele Gemeinsamkeiten mit den zuvor genannten aufweist und es keinesfalls darum geht, ihnen *die* Alternative gegenüberzustellen, sie vielmehr durch eine andere Schwerpunktbildung spezifisch zu ergänzen.

Der im Folgenden vorgestellte Ansatz will die heute weitgehend in Vergessenheit geratenen Bemühungen um medienspezifische Untersuchungsverfahren gerade für die jüngere Generation filmwissenschaftlich Interessierter reaktualisieren und ein Wiederanknüpfen mit entsprechenden Weiterentwicklungen ermöglichen. Er unterscheidet sich bei deutlichen Überschneidungen mit den oben genannten vor allem dadurch, dass er über gut 20 Jahre hinweg aus der Analysearbeit vorwiegend mit Film-Praxis-Studenten an einer Kunsthochschule schrittweise entwickelt wurde, dementsprechend Produktionserfahrungen (und -interessen) miteinbezieht und über Mikroanalysen der filmischen Präsentationsstruktur auf die ästhetischen Wirkungsfaktoren und ihr Zusammenspiel gerichtet ist. Im Vordergrund steht zunächst die differenzierte Auseinandersetzung mit dem Produkt selbst (Aufbau, Argumentationsweise, potentielle Wirkung). Erst auf dieser Basis erfolgt die Untersuchung des historisch-gesellschaftlichen Kontextes sowie des Rezeptionshintergrundes. Denn über die Erarbeitung filmhistorischer und filmtheoretischer Kenntnisse hinaus liegt die besondere Funktion der hier betriebenen Filmanalyse darin, die Feinstrukturen der filmischen Argumentation nachvollziehbar, durchschaubar und die Erkenntnisse letztlich auch für die eigene Filmpraxis fruchtbar zu machen. Mittlerweile ist daraus ein vielfältig einsetzbares und prinzipiell offenes System an Analysewerkzeugen entstanden, das mittels quantitativ-grafischer Visualisierungsverfahren eine Überprüfung und Präzisierung der Aussagen ermöglicht und über die ursprüngliche Zielsetzung weit hinausgreift.

Außerdem soll versucht werden, auf einer möglichst konkret nachvollziehbaren Ebene dem Leser das »Handwerkszeug« für die Durchführung eigener Untersuchungen zur Verfügung zu stellen. In diesem Sinne werden in einem ersten theoretisch-beschreibenden Teil (A) die Komplexität filmischer Bedeutungsvermittlung in ihren Konsequenzen für eine medienspezifische Filmanalyse verdeutlicht, die Tradition entsprechender Bemühungen sowie die aktuellen Tendenzen skizziert und in eine modellartige Darstellung der Dimensionen einer umfassenden Filmanalyse überführt. Darauf aufbauend werden die zentralen Instrumente der »Systematischen Filmanalyse« diskutiert, Einsatzmöglichkeiten und analytische Relevanz an mehreren Filmen exemplarisch dargestellt. Der zweite, erheblich umfangreichere Teil (B) enthält vier Beispielanalysen mit je unterschiedlichen Fragestellungen und Schwerpunktsetzungen, um Einstiegsmöglichkeiten und Anregungen für eigene Arbeiten zu geben. Eine Auswahl der thematisch relevanten deutsch- und englischsprachigen Basisliteratur (Teil C) schließt die Darstellung ab.

Auch wenn es hier in erster Linie also um die *Spielfilm*analyse geht, so lassen sich die Aussagen tendenziell auch auf Dokumentarfilme und vor allem auf Fernsehsendungen beziehen. Denn, dass es – zumindest auf der Ebene der Produkte – wesentliche Gemeinsamkeiten zwischen Film und Fernsehen gibt, ist nicht nur aus der Sicht des Publikums offensichtlich, und zwar unabhängig von der Tatsache, dass ein Großteil des Fernsehangebots aus Filmen besteht, die häufig bereits für beide Einsatzbereiche produziert wurden. Dass hierbei die unterschiedliche Produktionstechnik mit ihren je eigenen ästhetischen Möglichkeiten, die für Fernsehsendungen typische Einbindung in den Programmablauf, die inhaltliche Aktualität und Entwicklung eigener ›Genres‹ sowie die unterschiedlichen Distributionsbedingungen und die u.a. daraus resultierenden Rezeptionsmodi entsprechende Modifizierungen erforderlich machen, ist unbestritten. Die am Film aufgezeigten Analysedimensionen müssten dafür neu gewichtet, möglicherweise auch erweitert werden. Ob dieses aber die (aus fachpolitischen Gründen durchaus nachvollziehbare) Forderung nach einer eigenständigen Fernsehanalyse hinreichend begründet, sei dahingestellt.

Mein Dank gilt den Kollegen Peter Drexler (Potsdam), Hans-Peter Rodenberg (Hamburg) und Jens Thiele (Oldenburg), die bereit waren, mit eigens für dieses Buch erstellten Beispielanalysen die analytischen Möglichkeiten eines derartigen Ansatzes zu dokumentieren. Dank auch an Erika Kosch, Eyke Isensee, Annika Hoch, Heiko Nemitz und Stephen Lowry (alle Braunschweig) für die Unterstützung bei der Materialrecherche und kritische Manuskriptdurchsicht.

Braunschweig im August 1999

Ergänzungen zur 3. und 4. Auflage

Zum Zeitpunkt der Manuskripterarbeitung für die erste Auflage dieses Buches (1998/99) lagen neben einigen älteren Publikationen nur sehr wenige auf die aktuelle medientheoretische Diskussion bezogene Einführungen in die Filmanalyse vor. Dieses offensichtliche Desinteresse in der Fachöffentlichkeit an methodologischer Reflektion stand in einem auffallenden Missverhältnis zu der fortgeschritten Etablierung der Film- und Fernsehwissenschaft im akademischen Fächerdiskurs. Mittlerweile hat sich die Situation wieder verändert – wie sich nicht nur an der Möglichkeit einer dritten und erweiterten Auflage dieser Einführung in die Filmanalyse zeigt. Ebenso sind einige der älteren Arbeiten in aktualisierter Form (u.a. Hickethier 2001/2007) neu aufgelegt worden und mehrere Neuerscheinungen haben das Spektrum mit je eigener Schwerpunktsetzung spezifisch erweitert (u.a Faulstich 2002, Elsaesser/Buckland 2002, Mikos 2003).

Insofern habe ich mich bei der Überarbeitung für die vorliegende Einführung auf einige Aspekte der Gesamtproblematik konzentriert, die in den o.g. Publikationen nicht oder nur sehr bedingt thematisiert werden. Neben den erforderlichen Literaturergänzungen und Korrekturen wurde vor allem die historische Entwicklung der nach wie vor zentralen filmischen Gestaltungselemente stärker berücksichtigt. Da vielen Studierenden und jüngeren WissenschaftlerInnen die Genese filmischer Präsentationsformen und insbesondere der Montage nur peripher bekannt ist – wie sich im Seminarbetrieb und auf Tagungen immer wieder zeigt –, wurde diese Problematik an dafür zentralen Beispielen aus der Filmgeschichte deutlicher herausgearbeitet und die Darstellung durch Storyboards ausgewählter Sequenzen visuell nachvollziehbar gemacht. Ansonsten konnte die Spezifik dieses Ansatzes, neben der Betonung von Kontext- und Rezeptionsanalyse, das entwickelte Instrumentarium für eine medienspezifische Produktanalyse bereitzustellen, beibehalten werden. Das Buch soll neben einer bewusst knapp gehaltenen theoretischen Fundierung als Orientierungshilfe primär Einstiegsmöglichkeiten und Anregungen für die eigene filmanalytische Arbeit geben.

Für die 4. Auflage wurde neben vielen kleineren Ergänzungen und Korrekturen das Unterkapitel (A) 2.4 eingefügt, das die Möglichkeiten und Grenzen der Rezeptionsanalyse beschreibt und u.a. ein Idealmodell für die notwendige Einheit von Produkt-, Kontext- und Rezeptionsanalyse vorstellt.

Göttingen/Berlin im Mai 2004 und 2010

A. Filmwahrnehmung – Filmanalyse
Grundlagen

1. Problembeschreibung

Weiße Schrift auf schwarzem Grund: »Alfred Hitchcocks PSYCHO«. Vertikale oder horizontale Streifen zerschneiden die Angaben des Titelvorspanns – ein bereits visuell erzeugter aggressiver Eindruck, der durch die bedrohliche Musik noch gesteigert wird. Ein ruhiger Rechtsschwenk über die Hochhäuser einer Stadt im Sonnenschein. Darüber der Text: »Phoenix, Arizona, Freitag, 11. Dezember 14.43«. Überblendung in eine leicht verengte Totaleinstellung bei Fortsetzung der Schwenkrichtung nach rechts: Die Kamera nähert sich langsam einem Gebäude (Zoom). Überblendung auf die Fensterfront mit starker Aufsicht und kontinuierliches Herangleiten: Die Kamera ›schwebt‹ weiter nach rechts auf ein einzelnes Fenster zu, dessen Jalousien nicht ganz geschlossen sind und (kaum wahrnehmbarer Schnitt) ›fliegt‹ (bewegungsbetonte Kranfahrt) durch den freigelassenen Spalt in einen halbdunklen Innenraum, schwenkt nach rechts und zeigt einen Mann (Sam) mit nacktem Oberkörper. Auf dem Bett vor ihm liegt eine nur spärlich bekleidete blonde Frau (Marion). Eine Folge von unterschiedlich langen Einstellungen (zwischen 1 und 39 Sek.), in denen beide einzeln, überwiegend aber gemeinsam gezeigt werden, schließt sich an. Während die Musik im Hintergrund weiterläuft, erfährt man aus dem Dialog, dass es sehr heiß ist, sie sich mal wieder in einem Stundenhotel treffen mussten, Sam es eilig hat, um sein Flugzeug zu erreichen, und Marion diese heimlichen Zusammenkünfte in ihrer Mittagspause nicht mehr will, statt dessen auf eine Legalisierung ihrer Beziehung drängt. Doch eine Heirat scheint zur Zeit nicht möglich, da Sam die Schulden seines Vaters abtragen und seine geschiedene Frau finanziell unterstützen muss. Überblendung in einen hellen Büroraum, ein Maklerbüro. Marion im Gespräch mit einer Kollegin. Der Chef betritt mit einem reichen Kunden das Büro, der – um das Glück zu bestechen, wie er langatmig erklärt – als Hochzeitsgeschenk für seine Tochter gerade ein Haus gekauft hat. Er besteht darauf, den Kaufpreis bar zu bezahlen. Marion, die das Geld sicherheitshalber zur Bank bringen soll, bittet, für den Rest des Tages freizubekommen, da sie sich nicht wohl fühlt. Überblendung in Marions Wohnung: Sie packt ihren Koffer. Der Umschlag mit dem Geldbündel liegt auf dem Bett (Großaufnahmen, Zooms). Während sie einen Augenblick nachdenklich verharrt, dann entschlossen das Zimmer verlässt und anschließend (Überblendung) hinter dem Lenkrad ihres Wagen zu sehen ist, hört man Sams überraschte Stimme aus dem Off, der sich über Marions unerwarteten Besuch freut. Sie muss anhalten. Passanten, darunter ihr Chef, überqueren die Straße. Er blickt erstaunt in den Wagen, sie grüßt mechanisch zurück und erschrickt im nächsten Moment. Auch er ist zunächst irritiert, bleibt stehen, geht dann aber zögernd weiter. Marion fährt wieder an und sieht sich ängstlich um. Überblendung: Landstraße, Dunkelheit, Marions müdes, von den Scheinwerfern der entgegenkommenden Wagen geblendetes Gesicht ...

1.1 Die Komplexität filmischer Bedeutungsvermittlung

Zweifellos ist der Klassiker PSYCHO von 1960 in Kamerastrategie, Bild- und Toneinsatz ein sehr exponiertes Beispiel filmischen Erzählens. Dennoch (oder gerade daher) lässt sich daran die Komplexität der Sinnkonstitution verdeutlichen, wie sie *generell* für dieses Medium charakteristisch ist. Mit einer vordergründig recht einfachen Geschichte werden in den beschriebenen ersten 12 Minuten gezielt Vorerwartungen für das kommende Geschehen provoziert (die sich allesamt als irrelevant erweisen werden) und zugleich auf der latenten Ebene ein Bündel von vielfältigen, zum Teil widersprüchlichen Ahnungen freigesetzt, die zu diesem Zeitpunkt allenfalls unterbewusst den Wahrnehmungsprozess beeinflussen. Diese vorerst noch flüchtigen Eindrücke werden durch die folgenden bestätigt und verstärkt, zu temporären Bedeutungszuweisungen verdichtet, ›umgebogen‹ oder – wie im weiteren Filmverlauf – letztlich ad absurdum geführt und von neuen überlagert:

Die gleich zu Beginn besonders herausgehobene exakte Orts- und Zeitangabe (»Phoenix, Arizona, Freitag, 11. Dezember 14.43«) suggeriert zunächst einmal Authentizität für die folgende Liebesgeschichte, die sich offenbar zu einer mehr oder weniger melodramatischen Kriminalgeschichte entwickelt. Es scheint vorrangig um Liebe und außereheliche Sexualität zu gehen – ein vor dem Hintergrund der vorherrschenden Prüderie im Amerika der ausgehenden 50er Jahre höchst unmoralisches Verhalten. Es geht um das schlechte Gewissen, etwas »Verbotenes« zu tun, das bereits aus diesem Grunde zu Heimlichkeiten und Schuldkomplexen führt und angesichts der finanziellen Hindernisse letztlich nur durch eine glückliche Fügung in einen moralisch akzeptierten Zustand versetzt werden kann. Diese vorerst noch vagen Vermutungen des Betrachters werden im Weiteren durch gezielte Hinweise untermauert und schließlich zur Gewissheit. Als sich für Marion die Gelegenheit ergibt, das finanzielle Problem zu ›lösen‹, und sie das ihr anvertraute Geld unterschlägt, häuft sie damit weitere Schuld auf sich, so dass der vorgezeichnete Weg kein gutes Ende erwarten lässt. Der Zuschauer, der eben noch als Voyeur durch das halbgeöffnete Fenster eine erotische Szene beobachtet, um sich dann sogar als intimer Dritter mit dem Liebespaar im Raum wiederzufinden und aus nächster Nähe an ihren Problemen teilzuhaben, ist beunruhigt und nimmt Marions immer deutlicher werdenden Entschluss mit wachsender Sorge wahr.

Parallel dazu eröffnet der Hinweis »Phoenix, Arizona« Assoziationen an Hitze, Staub, Wüste sowie an eine etwas verschlafene Provinzgroßstadt, die wenig Anlass zur Hoffnung geben, ein derartiges Verhalten etwa durch Weltoffenheit und aufgeklärte Reaktionen ihrer Bewohner zu tolerieren. Für den humanistisch gebildeten Kinozuschauer dürften möglicherweise daneben noch vage Bezüge zum ägyptischen Phönix-Mythos – dem Vogel, der sich selbst verbrennen und aus der Asche wieder auferstehen soll – wachgerufen werden, zumal die gleitenden Kamerabewegungen in den ersten Einstellungen an einen Vogelflug erinnern und Vögel im weiteren Handlungsablauf noch eine wichtige Rolle als Bedrohungselemente spielen werden.[1] Obwohl beide Motive, die Unterschlagung und das ›Sich-schuldig-fühlen‹ sowie die Vogelmetapher, zunächst mit allen Mitteln dem Betrachter als zentral, zumindest aber als bedeutsam für das folgende Geschehen dargeboten werden, erweisen sie sich schließlich doch als subtil hervorgerufene Fehleinschätzungen. Denn spätestens mit der Ermordung der als Identifikationsfigur eingeführten Marion in der 45. Filmminute ist offensichtlich, dass eigentlich eine ganz andere Geschichte erzählt wird.

Filme oder auch Fernsehsendungen vermitteln ihre Botschaft bekanntlich über das Bild bzw. über Bildfolgen *und* über den Ton (Dialoge, Musik, Geräusche), wobei die auditiv gegebenen Informationen die visuellen ergänzen und effektvoll unterstreichen oder auch konterkarieren, ironisch oder ahnungsvoll zuspitzen können. Daneben verfügt jeder Film über einen – mehr oder weniger bewusst gestalteten – spezifischen Spannungsaufbau, der sich bereits aus der Abfolge und kontextuellen Einbindung der einzelnen Handlungseinheiten (zwangsläufig) ergibt: Durch die Wendungen der Geschichte, das Spiel der Akteure, Schnittrhythmus, Bildkomposition und Toneinsatz, durch das, was die Kamera gerade zeigt und was außerhalb des Bildraums passiert, kann die Wahrnehmung des Betrachters, seine Aufmerksamkeit gelenkt oder – als Erregung und (An-)Spannung erlebt – bis zur Unerträglichkeit gesteigert, aber im Negativfall auch auf ›gähnende‹ Langeweile reduziert werden.

---

1 In Hitchcocks unmittelbar folgendem Spielfilm, THE BIRDS (1963), stehen Vögel, die ohne erkennbaren Grund die Bewohner eines Küstenortes attackieren, sogar im Mittelpunkt des Geschehens.

Filminhalt und Bedeutung sind also prinzipiell das Resultat eines differenzierten Zusammenwirkens verschiedener, während der Rezeption meist unbewusst wahrgenommener Faktoren, die zudem in einer gezielt arrangierten zeitlichen Abfolge vom Filmemacher vorgegeben werden. Die erfahrene Botschaft basiert also keineswegs nur auf dem Plot, dem Spiel der Protagonisten und den Dialogen. Sie wird vielmehr in Kombination mit der Tonebene maßgeblich von der visuellen (Montage, Kameraaktivitäten, Beleuchtung etc.) und zeitlichen Präsentationsstruktur geprägt. Sinnzusammenhänge vermitteln sich erst nach und nach und vor allem im Spielfilm nur selten gradlinig. Häufig werden Assoziationen, Gefühle, Stimmungen im Filmverlauf evoziert, die zu diesem Zeitpunkt gar nicht eindeutig entschlüsselt werden können und erst viel später in ihrer Funktion erkennbar sind. Hinzu kommt, dass die filmische Aussage über die Leinwandprojektion hinaus erst in der Wahrnehmung durch das Publikum entsteht und damit nur zum Teil auf den Film selbst zurückzuführen ist. Denn die rezipierte Botschaft als Summe filminterner und -externer Einflussfaktoren ist immer eine durch individuelle, situative und historisch-gesellschaftliche Variablen beeinflusste *Konstruktion des Zuschauers* oder – in zugespitzter Formulierung – jeder Betrachter sieht einen eigenen (Meta-) Film.

Als erstes Fazit lässt sich also festhalten, dass der hochkomplexe Prozess filmischer Bedeutungskonstitution mit den üblichen Interpretationsverfahren nur sehr unzulänglich erfasst werden kann, Filme und Fernsehsendungen sich tendenziell einer auf der bloßen Anschauung beruhenden und rein verbalen Sinnerschließung entziehen. Zwar sind diese Erkenntnisse auch in der Fachdiskussion weitgehend unbestritten, die daraus resultierenden Folgerungen für medienspezifische Analyseverfahren aber keineswegs Konsens. Der einseitig hermeneutische Zugriff dominiert – obwohl die breite interdisziplinäre Methodendebatte in den Sozial- und Geisteswissenschaften vor allem der 1970er Jahre hier bereits zu entsprechenden Lösungsansätzen geführt hat.

1.2 Subjektivität versus Objektivität? Methodische Konsequenzen

Unter dem Etikett Film- und Fernsehwissenschaft oder Medienwissenschaft verbirgt sich bei genauerem Hinsehen ein häufig recht unvermitteltes Nebeneinander unterschiedlicher Disziplinen mit ihren je eigenen Fragestellungen und Methoden. So steht beispielsweise der zentrale Begriff ›Filmanalyse‹ für die verschiedensten methodischen Zugänge, wobei das ein-, bestenfalls zweimalige Filmerlebnis meist als primäre Aussagebasis dient: vom spontanen mehr oder weniger nachvollziehbaren intuitiven Filmessay über die literarische Filmbetrachtung, von cineastischen Einschätzungen bis hin zu kulturkritischen, psychologisch, soziologisch, politisch motivierten Untersuchungen ganzer Filmgruppen oder einzelner historischer Phasen. All diese Zugänge sind zweifellos legitime Näherungen an das komplexe Phänomen Film. Sie bieten darüber hinaus einander ergänzende Aussagemöglichkeiten und Erkenntnisse:

Einerseits kann die unmittelbar unter dem Eindruck des Filmerlebnisses erfolgte Verbalisierung vieles von der sinnlich-affektiven Qualität eines Films beinhalten und damit wertvolle Hinweise auf das Rezeptionsspektrum geben – Anhaltspunkte, die bei mehrfacher Betrachtung, etwa im Vollzug einer systematischen Analyse, häufig verlorengehen. Auch kann die auf ganzheitliche Verstehensmomente rekurrierende (hermeneutische) Filminterpretation Zusammenhänge aufdecken, die in einer auf Details und Feinstrukturen konzentrierten Untersuchung meist unerkannt bleiben oder wieder in Vergessenheit geraten. Ebenso wie diese stark subjektiv geprägten Näherungsformen als heuristische Vorannahmen zum konkreten Ausgangspunkt für eine nachfolgende gezielte Analyse werden können, sind andererseits ›objektive‹, quantifizierende Erkenntniswege besonders für die Ermittlung der filmischen Präsentationsstruktur von Bedeutung. Insofern führt der alte Streit zwischen den sogenannten ›harten‹ (quantitativen) und ›weichen‹ (qualitativen) Methoden nicht weiter. Denn es kann gar nicht darum gehen, die Subjektivität des Untersuchenden gegen eine vermeintliche Objektivität auszutauschen, die es im Sinne mathematischer Exaktheit hier ohnehin nicht gibt. Wie besonders Werner Faulstich immer wieder gefordert und analytisch belegt hat,[2] muss das Ziel sein, die Möglichkeiten beider Erkenntniswege zu verbinden, in einer »Verschränkung qualitativer und quantitativer Kategorien und Methoden« die Argumentationsschritte für den Leser (und den Autor selbst!) transparent werden zu lassen und damit zu präziseren und nachprüfbaren Aussagen zu gelangen.

In jedem Fall ist es hierbei aber erforderlich, die aus der jeweiligen Hausdisziplin mitgebrachten Denkkategorien und Methoden kritisch zu hinterfragen, ggf. zu modifizieren und den Besonderheiten des neuen Gegenstandes anzupassen. Denn auch die auf messbare Daten zielenden empirischen Verfahren sind (sofern sie sich überhaupt auf einzelne Filme einlassen) nicht unproblematisch. Inhaltsanalytische Quantifizierungen beispielsweise über Anzahl, Länge und Abfolge von Kameraaktivitäten etc. sind für die Analyse eines Films wenig brauchbar, zumindest solange vergleichbare Angaben über eine repräsentative Anzahl anderer relevanter Filmbeispiele fehlen.[3] Die Ergebnisse dieser zeitraubenden Prozedur können aber sehr wohl eine zentrale,

2 Besonders Faulstich 1976 (1980), 1986 und Faulstich / Faulstich 1977.

3 Vgl. dazu beispielsweise Salt 1983.

häufig auch erkenntnisleitende Funktion erhalten, wenn es gelingt, sie mit weiteren, eben auch nicht exakt messbaren Beobachtungen wie der Mimik und Gestik der Schauspieler, den Handlungsorten oder inhaltlichen Höhepunkten zu verbinden. In Form strukturierender Grafiken ist es damit möglich, Zusammenhänge und filmische Argumentationsmuster offenzulegen, am Film feststellbare Gesetzmäßigkeiten zu visualisieren und so eine Überprüfung der Aussagen zu ermöglichen. Vielfach können auf diesem Wege überhaupt erst für die Wirkung des Films wesentliche Strukturen und Verbindungen sichtbar gemacht werden, die auf der Ebene bloßer Anschauung analytisch gar nicht fassbar sind. Um für die Filmanalyse fruchtbar zu werden, müssen entsprechende Daten also qualitativ gewendet, interpretiert oder aber zu anderen, interpretatorisch gewonnenen Ergebnissen in Beziehung gesetzt werden. Und hier liegt gegenwärtig ihre Bedeutung für die formal-inhaltliche, auf die ästhetische Struktur und die enthaltenen Rezeptionsvorgaben abzielende Untersuchung des Films. So wurde etwa für die Analyse des eingangs genannten Hitchcock-Thrillers PSYCHO der Film zuvor exakt protokolliert, um Kamerastrategie, Bildmontage und Toneinsatz sowie die damit freigesetzten Assoziationen in ihrem zeitlich strukturierten Zusammenwirken konkretisieren zu können. Der Einsatz quantitativ-grafischer Visualisierungsverfahren erlaubt es darüber hinaus, die Besonderheit der ästhetischen Gestaltung eines Films ungleich präziser zu analysieren und darzustellen, als es die übliche Interpretation und eine rein verbale Beschreibung vermögen. Dies wäre sinnvoll beispielsweise für eine differenzierte Untersuchung des eigentümlichen Phänomens, dass es mittlerweile vier Nachfolge-Filme mit diesem Titel gibt,[4] die – im selben Setting spielend – sich inhaltlich und in vielen formalen Elementen des Originals bedienen, aber in Atmosphäre, Spannungsaufbau und latenten Bezügen jeweils durchaus eigenständige Geschichten erzählen.

Will man nicht auf halbem Wege, also bei einer letztlich immanenten Produktanalyse stehenbleiben, dann sind daneben besondere Formen für die Erarbeitung und argumentative Einbindung der filmexternen Einflussfaktoren (historisch-gesellschaftlicher Bedingungskontext, Rezeptionsumfeld, Rezeptionsdokumente) zu entwickeln. Ansätze dazu sollen im Folgenden aufgezeigt werden.

---

4 PSYCHO II (Franklin 1982), PSYCHO III (Perkins 1985), PSYCHO IV – THE BEGINNING (Garris 1990) und PSYCHO (Van Sant 1998) – eine äußerlich getreue, aber in Spannungsaufbau und Wirkung auf den Zuschauer keineswegs vergleichbare Kopie des Hitchcock-Klassikers von 1960.

2. Film, Kontext, das Publikum und die Botschaft

In der Tradition sozialwissenschaftlicher Fragestellungen und Methoden hat Gerd Albrecht bereits 1964 ein komplexes Arbeitsmodell vorgestellt, das angesichts der gängigen Analysepraxis nachgerade modern erscheinen muss.[5] Sein fünfgliedriges Schema umfasst als zentrale Untersuchungsbereiche: »Produktionsfakten«, »Filmische Gestalt«, »Filmische Welt«, »Filmische Funktion« und »Filmische Absicht«. Es enthält also mit heutigen Begriffen eine (recht vielschichtige) Produkt-, Kontext- und Funktionsanalyse des Films, wobei eine entsprechend differenzierte Untersuchung der nachweisbaren Rezeptionen allerdings nicht ausdrücklich vorgesehen ist. Generell bemerkt Albrecht (1964, 236) in seinen Erläuterungen aber:

> Die Beschränkung der Filmanalyse allein auf den Film, ohne Berücksichtigung seiner Einbettung in eine zeitgeschichtliche, von weltanschaulichen und sozialen Konstellationen bedingte Situation, verkennt jedoch, daß auch der Film selbst [...] von der jeweiligen Gegenwart, in der er entstand, geprägt ist, übersieht auch, daß man selbst bei der Filmanalyse als Untersuchender, Konstatierender und Deutender von der eigenen geschichtlichen Bedingtheit sich nicht freimachen kann, so daß die Analyse von den vielfältigen Faktoren der Situation, aus der heraus sie geschieht, notwendig beeinflußt ist. [...] Kunst und Kommunikation geschehen nicht um ihrer selbst willen, sondern – neben der Bedeutung, die sie für ihren Autor im Sinne der Selbstentfaltung haben – immer im Hinblick auf den Adressaten. *Der Zuschauer ist insofern notwendiges Element des Filmischen: ohne ihn bleibt es bloße Möglichkeit, erst dadurch, daß ein Zuschauer es sieht, ist es das, was es sein will, erst dadurch also hat es seine Wirklichkeit* [Hervorhebung – H. K.].

2.1 Inhaltsanalyse und Ideologiekritik

Dieser Ansatz, von Albrecht selbst[6] und vielen anderen mit der beginnenden Etablierung medienwissenschaftlicher Fragestellungen im akademischen (und schulischen) Bereich weiterentwickelt, führte im Wesentlichen zu zwei Ausprägungen. Zum einen erfolgte durch Einbeziehung quantitativ-grafischer

---

5 Folgerichtig lässt Werner Faulstich (1988b) seine »Kleine Geschichte der ›Filmanalyse‹ in Deutschland« mit Albrechts Aufsatz beginnen.

6 Vgl. u.a. Albrecht 1970, Albrecht / Allwardt / Uhlig / Weinreuter 1979 (1981).

Verfahren eine erhebliche Ausdifferenzierung des inhaltsanalytischen Instrumentariums zur Untersuchung von Inhalt und ästhetischer Struktur des Films. Zum anderen geriet im Zuge der Studentenbewegung und der damit verbundenen gesamtgesellschaftlichen Reformdiskussion die »herrschaftsstabilisierende Funktion der Massenmedien« in den Mittelpunkt wissenschaftlichen Interesses und schlug sich in zahlreichen ideologiekritischen Studien mit Bezugnahme auf die Rhetorik, semiotische Beschreibungsmodelle und Anleihen aus der Theorie der Massenkommunikation nieder. Beide Entwicklungslinien konzentrierten sich dabei auf die Produkte und ihre gesellschaftliche Funktion oder – in damaliger Diktion – auf seine Funktion als »Ware und Ideologieträger«. Die möglichen Divergenzen zwischen den am Film ermittelten Ideologemen, latenten Bedeutungen und Handlungsangeboten und der realen Wirkung auf das Publikum wurden nicht gesondert thematisiert.[7] Ohne hier die historischen Positionen differenzierter darstellen zu können,[8] lässt sich zusammenfassend sagen, dass mit dieser zumindest indirekt unterstellten Ineinssetzung von filmischer Botschaft und zeitgenössischer Wirkung detaillierte Kontext- und vor allem Rezeptionsuntersuchungen, die notwendigerweise auch gegenläufige, ›sperrige‹ Momente berücksichtigen, in der filmischen Theoriebildung und analytischen Praxis (vorerst) aus dem Blick geraten waren. Diese Aspekte wurden statt dessen etwa zeitgleich in zwei parallelen Untersuchungsansätzen zum zentralen Gegenstand: in der deutschen Literaturwissenschaft und im Rahmen der anglo-amerikanischen ›Cultural Studies‹.

2.2 Kontext und Rezeption

Die von Hans Robert Jauß (1967) als »Paradigmawechsel der Literaturwissenschaft« ausgelöste breite Theoriedebatte mit Blick auf die aktive Rolle des Lesers als dem »sinnkonstituierenden Faktor für das literarische Werk« hat zwar zu einer veränderten Einschätzung der Leserrolle geführt und eine vergleichsweise differenzierte rezeptionshistorische bzw. rezeptionsästhetische Theoriebildung hervorgebracht,[9] sich aber nur bedingt in praktischen Analysen niedergeschlagen und wurde von der Filmwissenschaft zunächst kaum zur

---

7 Vgl. u.a. Knilli / Reiss 1971, Wember 1972, Faulstich 1976 (1978 und 1980), Faulstich / Faulstich 1977, Kuchenbuch 1978, Hickethier / Paech 1979, Silbermann / Schaaf / Adam 1980, Korte 1986.

8 Siehe als informative Überblicksdarstellungen dazu das Einleitungskapitel in Hickethier / Paech 1979 und den Beitrag von Faulstich 1988b.

9 Vgl. dazu u.a. Iser 1972, Link 1976, Grimm 1977, Groeben 1980, Hohendahl 1974, Warning 1975.

Kenntnis genommen.[10] Ähnlich wie mit dem ›Nutzenansatz‹ (›uses and gratifications approach‹) in der empirischen Medienforschung der ausgehenden 60er Jahre das überkommene mechanistische ›Reiz-Reaktions-Schema‹ (›stimulus-response‹) unter starken Legitimationsdruck geriet, wurde unter kritischem Rückgriff auf die marxistische Literatur- bzw. Kulturtheorie (Georg Lukács, Walter Benjamin u.a.) und die russischen Formalisten (Eichenbaum, Tynjanov, Sklovskij u.a.) auch im geisteswissenschaftlichen Bereich das Verhältnis von Werk und Leser neu definiert. Das Publikum, nun nicht mehr als graduell unterschiedlich ›gefügiger‹ Adressat (massen-)medialer Signale verstanden, wurde als wesentlicher Faktor eines prinzipiell interaktiven Rezeptionsprozesses in seiner emotional-geistigen Eigenaktivität begriffen. Die bis dahin vorherrschende, qualitativ gemeinte Rangfolge der Wahrnehmungsformen mit der Annäherung an den »Werksinn« als höchster und der betont subjektspezifischen (nur noch bedingt auf das Werk bezogenen) Aneignung als niedrigster Stufe war damit nicht mehr aufrechtzuerhalten.

Neben Auswirkungen auf die vermeintliche Dichotomie von ›hoher‹ und ›niedriger‹ Kunst hatte dieses Konsequenzen für die Ausprägung von zwei zentralen Forschungsinteressen: Zum einen rückte die historisch-kulturelle Kontextanalyse als detaillierte Untersuchung der für Produktion und Rezeption jeweils ausschlaggebenden sozioökonomischen und ästhetischen Faktoren in den Vordergrund. Zum anderen ergab sich die Notwendigkeit, die vielfältigen Publikumsinteressen im Umgang mit dem Werk zu kategorisieren sowie die unterschiedlichen Aneignungsformen oder ›Lesarten‹ aufgrund der jeweiligen Prädispositionen der Publika genauer zu fassen, etwa nach politischen Einstellungen, sozialer Situation, Betroffenheit von der inhaltlichen Problemstellung, Geschlechtsspezifik etc. So ist ein Großteil der einschlägigen Arbeiten – von immanent ästhetischen bis hin zu betont sozialhistorisch ausgerichteten – primär auf die theoretische Differenzierung von Leser- oder allgemeiner Rezeptionstypologien und die unterschiedlichen Interpretationsstrategien konzentriert.

Generell weisen die im Rahmen der ›Cultural Studies‹, ›New Historicism‹ oder ›Gender Studies‹ entwickelten anglo-amerikanischen Untersuchungen – wenn auch vielfach in anderer Akzentuierung und deutlich pragmatischer auf

---

10 Vgl. zur Reaktualisierung dieser Debatte für die Medienwissenschaft dieser Jahre bzw. zur Einbeziehung der ›Cultural Studies‹ in die deutsche Diskussion Bohn / Müller / Ruppert 1988, Korte 1989, Hickethier / Zielinski 1991, Kaes 1992, Winter 1992, Schenk 1994, Mikos 1994, Hepp / Winter 1997, Hickethier 1997, Holly et al. 1993, Bromley / Göttlich / Winter 1999, Hepp 1999, Engelmann 1999 und besonders montage/av 2/1/1993, 4/1/1995, 6/1/1997, Mikos 2003 u.a. – Siehe auch Korte 1998 als Versuch, den rezeptionshistorischen Ansatz mit der systematischen Filmanalyse zu verbinden und für die Filmgeschichte praktisch zu nutzen.

eine entsprechende Analysepraxis ausgerichtet – wesentliche Gemeinsamkeiten mit der entsprechenden deutschen Theoriediskussion auf. Neben der zunächst ähnlich literaturwissenschaftlichen Orientierung entstanden allerdings schon sehr früh entsprechende auf Film und Fernsehen bezogene Arbeiten, die sich seit Jahren zu einem eigenen Schwerpunkt entwickelt haben.[11] Auch lassen sich hier sehr ähnliche Forschungsrichtungen herauslesen: je nachdem welche der Faktorengruppen – die Sinnangebote des Werkes (›text-activated‹), die intellektuellen und emotionalen Aktivitäten der rezipierenden Subjekte (›reader-activated‹) oder die kontextuellen historisch-gesellschaftlichen Momente (›context-activated‹) – als dominant für das Verhältnis von Werk und Rezeption angesehen werden.

Die zentrale Feststellung von der sinnkonstituierenden Funktion des Rezipienten und damit vom Text/Film als Kommunikationsangebot erfordert in letzter Konsequenz eigentlich die Ermittlung der gesamten Bandbreite individueller Sinngebungen. Ist dieses bei aktuellen Rezeptionsprozessen auch unter Verwendung empirischer Verfahren nur bedingt möglich (und sinnvoll), so sind bei länger zurückliegenden historischen Phasen wissenschaftlich vertretbare Ergebnisse in dieser Hinsicht weitgehend ausgeschlossen. Von daher hat es immer wieder Bemühungen gegeben, hypothetische Rezipiententypen zu konstruieren (›ideal reader‹, ›coherent reader‹, ›competent reader‹ etc.), um kollektive Sinngebungen überhaupt beschreiben zu können. Andere Modelle wiederum betonen die geschlechts- und altersspezifischen oder die sozialen Faktoren und differenzieren danach den Rezeptionsprozess und die jeweiligen Publika.

Bei aller Breite der Diskussion ist hier aber letztlich auch wieder eine recht einseitige Konzentration – nunmehr auf die Filmrezeption sowie die kontextuellen Bedingungen und Einflüsse – zu konstatieren, da explizite Produktanalysen mit dem Ziel, die enthaltene Wirkungspotentialität zu identifizieren, in diesem Umfeld interessanterweise nicht vorhanden sind. Fast hat man den Eindruck, dass mit Überwindung der Werkdominanz nunmehr der Rezeptionsprozess verabsolutiert wurde, die wissenschaftlichen Präferenzen unvermittelt ins gegenteilige Extrem umgeschlagen sind.

---

11 Vgl. dazu folgende Auswahl: Morley 1980, Hobson 1982, Hansen 1983, Elsaesser 1984 und 1986, Allen / Gomery 1985, Bordwell / Staiger / Thompson 1985, Ang 1985, Staiger 1986, Allen 1987, Fiske 1987a, Fiske 1987b, Hartley 1988, Turner 1988, Thompson 1988, Bordwell 1989, Fiske 1989a, Fiske 1989b, Allen 1990, Moores 1990, Staiger 1992, Mayne 1993/1998, Stacey 1994, Bordwell / Thompson 1994, Mulvey 1998, Lacey 2002 u.a.

2.3 Dimensionen der Analyse

Auch eine differenzierte Produktanalyse kann allenfalls die in der filmischen Präsentationsstruktur herausgehobenen »rezeptionsleitenden Signale« identifizieren und darüber die »intendierte Rezeption« ermitteln, ist also immer im Spannungsverhältnis von historisch-gesellschaftlichen Einflüssen und den realen Rezeptionen zu sehen. Die systematische Analyse als Untersuchung des Films und seiner Kontextfaktoren umfasst also verschiedene Aspekte oder Dimensionen. Für die konkrete Materialrecherche hat sich hierbei die folgende Systematik bewährt, die im Sinne eines Idealmodells von vier einander überschneidenden Untersuchungsbereichen ausgeht:

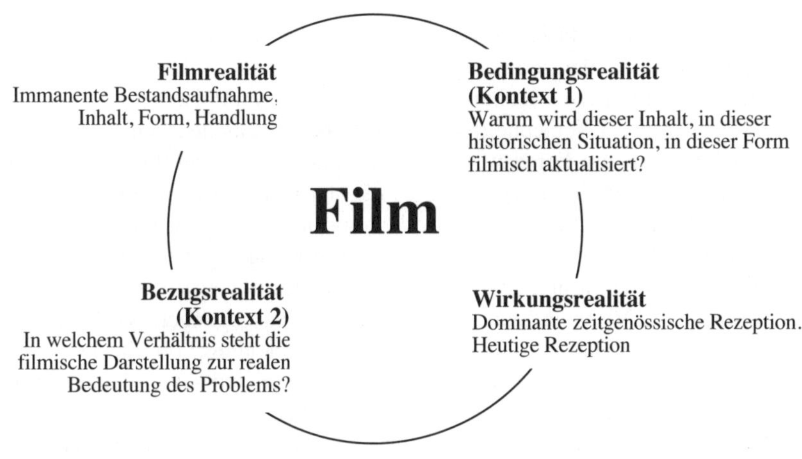

Abb. 1: Dimensionen der Filmanalyse

Filmrealität – Ermittlung aller am Film selbst feststellbaren Daten, Informationen, Aussagen (immanente Bestandsaufnahme), also Inhalt, formale und technische Daten, Einsatz filmischer Mittel, inhaltlicher und formaler Aufbau des Films, handelnde Personen, Handlungsorte, Handlungshöhepunkte, Informationslenkung und Spannungsdramaturgie etc.

Bedingungsrealität (Kontext 1) – Ermittlung der Kontextfaktoren, die die Produktion, die inhaltliche und formale Gestaltung des Films beeinflusst haben, also Aufarbeitung der historisch-gesellschaftlichen Situation zur Entstehungszeit des Films, Stand der Filmtechnik, der filmischen Gestaltung, Stellung des Films im Vergleich zur zeitgenössischen Filmproduktion (formal und inhaltlich), Bezüge zu anderen inhaltlich oder intentional ähnlichen Filmen, den weiteren Arbeiten des Regisseurs, seines Teams, der

Produktionsfirma. Ggf. Bezug zur literarischen Vorlage etc.: Warum wird dieser Inhalt, in dieser historischen Situation, in dieser Form filmisch aktualisiert?

Bezugsrealität (Kontext 2) – Erarbeitung der inhaltlichen, historischen Problematik, die im Film thematisiert wird: In welchem Verhältnis steht die filmische Darstellung zur realen Bedeutung des gemeinten Problems, zu den zugrundeliegenden (historischen) Ereignissen?

Wirkungsrealität – Publikumsstruktur, Publikumspräferenzen einschließlich Einsatzorte, Laufzeiten des Films, Intentionen der Hersteller etc. Aufarbeitung der Rezeptionsdokumente zur Entstehungszeit des Films (zeitgenössische Rezeption), ggf. der Rezeptionsgeschichte und der entsprechenden heutigen Daten.

Eine entsprechend umfassende Analyse beinhaltet also die systematische Untersuchung der einander bedingenden Ebenen der Werkstrukturen und des historisch-gesellschaftlichen Kontextes sowie der zeitgenössischen und heutigen Rezeption. An den Überschneidungen wird aber bereits deutlich, dass die genannten Dimensionen keineswegs mit den realen Analyseschritten identisch sein müssen oder gar die Gliederung für die schriftliche Darstellung vorgeben. Um qualitativ für die Gesamtaussage bedeutsam zu werden, müssen die verschiedenen Untersuchungsaspekte und Informationsquellen in ihren Einzelergebnissen inhaltlich-argumentativ zusammengeführt werden. Ob dabei von der (immanenten) Bestandsaufnahme des Films ausgegangen wird oder von Kontextproblemen, hängt – ebenso wie die Entscheidung, ob alle Dimensionen gleichermaßen wichtiger Untersuchungsbereich sind – von der konkreten Fragestellung und dem behandelten Filmbeispiel ab.

Bei aktuellen Filmen liegt es natürlich nahe über eine derart erweiterte Produkt- und Kontextanalyse hinaus, empirische – sozialwissenschaftliche sowie (kognitions-)psychologische Verfahren zur Differenzierung der Wirkungsebene einzusetzen.[12] Eine Möglichkeit, die mit Blick auf die zeitgenössischen Wahrnehmungen bei älteren Filmen allerdings nur sehr begrenzt gegeben ist und bei länger zurückliegender Erstrezeption kaum mehr zu verwertbaren Ergebnissen führt. Hier ist man überwiegend auf die sorgfältige Rekonstruktion des jeweiligen gesellschaftlich-kulturellen Rezeptionshintergrundes und die zeitgenössischen Rezensionen als kritisch zu lesende Quelle angewiesen, um die am Film ermittelte dominante Rezeption zumindest ansatzweise an realen Wahrnehmungen messen zu können. (ausführlicher dazu Kap.2.4) Da gerade im geisteswissenschaftlichen Bereich die fachlichen (und

12 Vgl als kleine Auswahl aus der Fülle entsprechender Literatur zum Einstieg in die Thematik: u.a. Mikos/Wegener 2005 sowie Ohler 1994

finanziellen) Voraussetzungen für den Einsatz dieser Verfahren in der Regel nicht vorhanden sind, das Zeitbudget oder die anders gerichteten Erkenntnisinteressen eine intensivere Untersuchung der Rezeptionsseite häufig stark einschränken, bietet sich hier folgendes Minimalmodell an: Ausgehend von den Erkenntnissen der Produkt- und Kontextanalyse (›dominante Botschaft‹) unter Einbeziehung der erreichbaren Rezensionen und Informationen über Vermarktung, Zielpublikum etc. sich mit dem Konstrukt eines ›kompetenten Betrachters‹ dem Rezeptionsprozess tendenziell zu nähern.

Da die Notwendigkeit einer möglichst umfassenden Rezeptionsananlyse und die damit verbundenen generellen methodologischen Probleme bei der Untersuchung älterer Filme (Differenzierung von zeitgenössischer und heutiger Wahrnehmung) besonders deutlich werden, soll darauf im Folgenden etwas ausführlicher eingegangen werden.

2.4 Möglichkeiten und Grenzen (historischer) Rezeptionsanalyse

2.4.1 Drei Thesen und ein Analysemodell

Erstens: *Filmgeschichte ist notwendig Rezeptionsgeschichte.*
Jede Filmgeschichte, die sich auf einzelne Filme einlässt, ist immer vorrangig Rezeptionsgeschichte. Denn jede mediale Information – über Sprache, Bilder, Filme etc. – muss von einem Sender codiert und vom Empfänger decodiert werden. Nun sind die jeweiligen Codierungs- und Decordierungsregeln auf Sender und Empfängerseite nur in den seltensten Fällen identisch. Stuart Hall beispielsweise spricht in seinem berühmten Aufsatz »Encoding and Decoding« (1973) von der ›strukturellen Polysemie‹, die jedem Kommunikat inhärent ist. Allerdings muss es mehr oder weniger starke Überschneidungen der verwendeten Codierungssysteme geben, wenn eine Kommunikation überhaupt zustande kommen soll, wodurch – je nach Grad der Überschneidungen – unterschiedliche Wahrnehmungen oder Lesarten der Senderinformationen provoziert werden.

Bei allen individuellen Wahrnehmungs- und Verarbeitungsvarianten sind die jeweiligen Codierungs-/Dekodierungsregeln zum einen von den medialen Vorgaben und zum anderen von den Kontextfaktoren, den persönlichen, historisch-gesellschaftlich-kulturell bedingten Prädispositionen der Akteure auf beiden Seiten abhängig – insbesondere vom Bildungsgrad, Intelligenz, Geschlechtsspezifik, den Charaktereigenschaften, ästhetischen Interessen, politischen Ansichten, individuellen Lebensentwürfen etc. Hinzu kommt – wie in Kap. 1.1 bereits erläutert –, dass die im Kinoerlebnis vom Publikum zu leistende Bedeutungskonstitution über Inhalt, dem Spiel der Protagonisten, Dialogen und Toneinsatz hinausgehend durch die visuelle und zeitliche Präsentationsstruktur beeinflusst wird – also durch die Bilddramaturgie, Montage, Kameraaktivitäten, Beleuchtung etc. –, ein Umstand, der wiederum durch die filmtechnische Entwicklung und die ständige Veränderung der Rezeptionsgewohnheiten historisch bedingt ist. Die Einbeziehung der zeitgenössischen Wirkungsmöglichkeiten in die Darstellung historischer Entwicklungen müsste demnach unverzichtbarer Bestandteil einer wissenschaftlich begründeten Filmhistoriografie sein – zumindest aber bei der Bewertung historischer Filme mitreflektiert werden.

Zweitens: *Rezeptionsbezogene Analysen können nur als Kette einer Vielzahl von Indizien realisiert werden.*

Um die historischen Sinnkonstitutionen des zeitgenössischen Publikums und das damalige Wirkungs*potential* eines Films näherungsweise bestimmen zu können, bedarf es in jedem Fall einer möglichst breiten Aufarbeitung und Rekonstruktion des zeitgenössischen Rezeptionshintergrundes, also jener Kontextfaktoren, die für die historische Wahrnehmung und mentale Verarbeitung relevant sind, da nur auf dieser Basis die im Folgenden genannten Untersuchungsmöglichkeiten wissenschaftlich ausgewertet werden können.

So ist die Befragung von Zeitzeugen im Sinne der ›Oral History‹ ein häufig sehr ergiebiges Verfahren, das wertvolle Informationen über das Kinoerlebnis im Rahmen der Alltagserfahrungen ermöglicht und durch die gezielte Auswahl der Befragten vor allem auch den großen Personenkreis der ›normalen‹ Kinobesucher einbezieht, also derjenigen, die ihre zeitgenössischen Eindrücke in der Regel nicht schriftlich festhalten oder gar veröffentlichen. Neben der nur bedingten Verallgemeinerungsmöglichkeit der Ergebnisse spielt hier aber der zeitliche Abstand zwischen Erstrezeption und Befragung eine zentrale Rolle für Konkretion und Verwertbarkeit der Aussagen. So würde eine heutige Befragung etwa zu den deutschen Filmen von 1940 – also nach rund 70 Jahren – aufgrund der Gedächtnislücken und Verdrängungen kaum mehr zu verwertbaren Ergebnissen führen, zumal die Erinnerung aufgrund der politischen Problematik und der möglicherweise eigenen Verstrickung der Befragten in die NS-Ideologie erheblich von späteren Eindrücken überlagert sein dürfte.

In dieser Hinsicht bietet die Auswertung privater historischer Quellen wie Briefe und Tagebucheinträge etc. – im Idealfall über einen längeren Zeitraum und/oder von verschiedenen Autoren – eine weitere Möglichkeit, authentische Erfahrungen über den Umgang mit Filmen, ihre Bedeutung für die Bewältigung der Alltagsprobleme und der eigenen Lebensentwürfe zu sammeln. Vielfach wird man möglicherweise auch Hinweise auf das Wirkungsspektrum konkreter Filme finden können. Aber es bleibt auch hier das generelle Problem einer Verallgemeinerung der individuellen Kinoerfahrungen.

Etwas konkretere Hinweise auf den Charakter und das zeitgenössische Wirkungspotential einzelner Filme liefern normalerweise die Programmhefte und Film-Rezensionen in der Fach- und Tagespresse der Zeit, die – wie viele historische Beispiele zeigen – die Richtung der Publikumsrezeption mehr oder weniger deutlich beeinflussen können. Im Idealfall liefern sie wertvolle Anhaltspunkte für die von den Herstellern beabsichtigte, die *intendierte Rezeption* und die möglichen Wahrnehmungsvarianten. Wie alle historischen Quellen müssen sie aber kritisch gelesen werden und können keinesfalls mit der generellen zeitgenössischen Wirkung gleichgesetzt werden, da sie vorwiegend Aussagen bestimmter – in der Regel kulturell und gesellschaftlich privilegierter – Rezipienten enthalten und für einen Verwertungszusammenhang funktionalisiert sind, also über das tatsächliche Wahrnehmungsspektrum des ›normalen‹ Publikums – wenn überhaupt – nur sehr bedingt etwas aussagen.[13]

Drittens: *Die rezeptionshistorische Analyse ist immer eine Gratwanderung zwischen nachweisbaren, objektiven Daten, weitgehend nachvollziehbaren Interpretationen und der Gefahr tendenzieller Spekulation.*

All diese analytischen Zugänge haben ihre spezifischen Erkenntnismöglichkeiten, aber auch deutliche Grenzen – etwa hinsichtlich der genannten Verallgemeinerungsproblematik des individuellen Kinoerlebnisses. Sie können in Abhängigkeit von der Quellenlage bestenfalls Anhaltspunkte für das zeitgenössische Wirkungspotential der Filme liefern. Insofern ist es eigentlich erstaunlich, dass in den vorliegenden kontextbezogenen und rezeptionshistorischen Arbeiten etwa aus dem Umfeld der ›cultural studies‹ (vgl. Kap. 2.2) auf die formale und inhaltlich-intentionale Untersuchung der *einzigen konkreten Primärquelle*, also der Filme selbst, weitgehend verzichtet wird. Ein dementsprechend erweiterter Ansatz ist also letztlich nur als *methodische Einheit von Produkt-, Kontext- und Rezeptionsanalyse* einzulösen. Die umseitige Abb. 2 illustriert das notwendige Ineinandergreifen der genannten Untersuchungsschwerpunkte im Sinne eines Idealmodells.

---

13 Diese Einschränkung ist in bestimmten historisch-politischen Konstellationen von besonderer Bedeutung. So wurden beispielsweise die veröffentlichten Filmkritiken während der NS-Zeit spätestens seit 1935/36 häufig bis in den genauen Wortlaut hinein in den Presseanweisungen des Goebbels-Ministeriums vorgegeben, sind damit eher Ausdruck der intendierten Wirkung als der realen Wahrnehmung des Publikums.

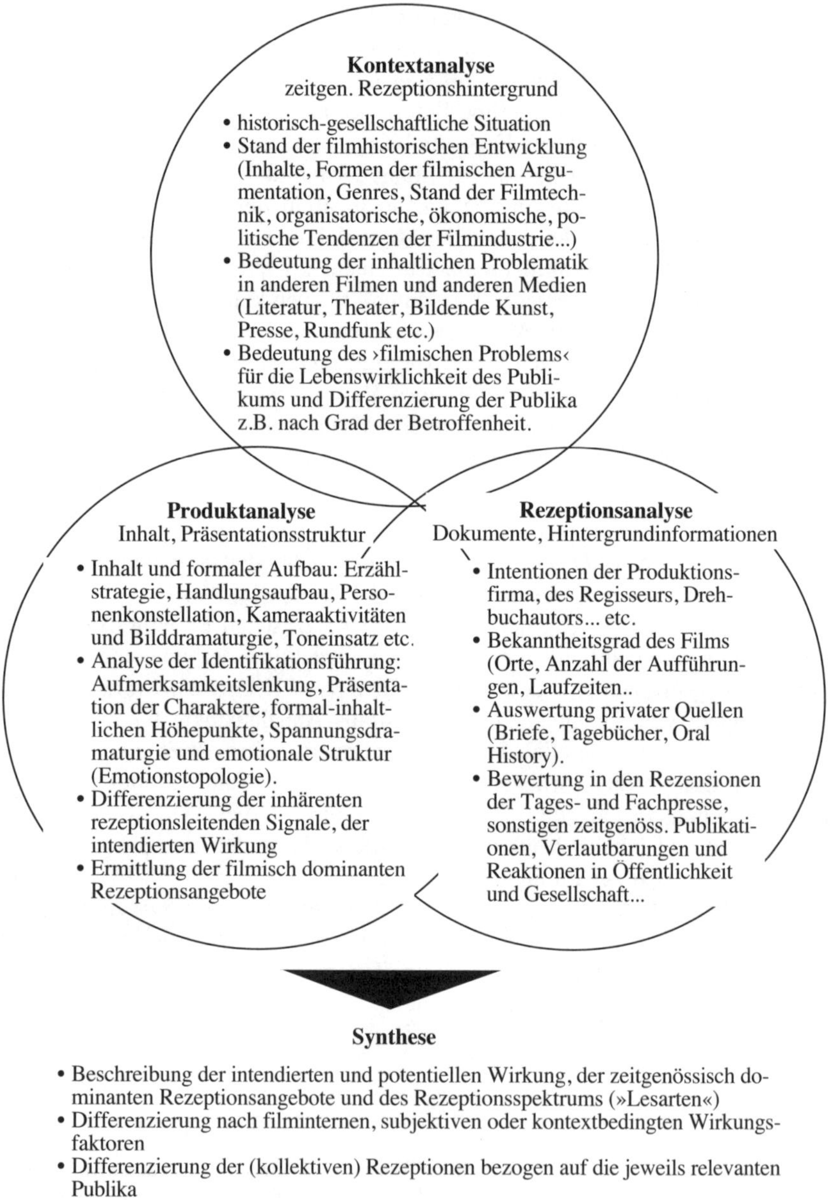

Kontextanalyse
zeitgen. Rezeptionshintergrund

- historisch-gesellschaftliche Situation
- Stand der filmhistorischen Entwicklung (Inhalte, Formen der filmischen Argumentation, Genres, Stand der Filmtechnik, organisatorische, ökonomische, politische Tendenzen der Filmindustrie...)
- Bedeutung der inhaltlichen Problematik in anderen Filmen und anderen Medien (Literatur, Theater, Bildende Kunst, Presse, Rundfunk etc.)
- Bedeutung des ›filmischen Problems‹ für die Lebenswirklichkeit des Publikums und Differenzierung der Publika z.B. nach Grad der Betroffenheit.

Produktanalyse
Inhalt, Präsentationsstruktur

- Inhalt und formaler Aufbau: Erzählstrategie, Handlungsaufbau, Personenkonstellation, Kameraaktivitäten und Bilddramaturgie, Toneinsatz etc.
- Analyse der Identifikationsführung: Aufmerksamkeitslenkung, Präsentation der Charaktere, formal-inhaltlichen Höhepunkte, Spannungsdramaturgie und emotionale Struktur (Emotionstopologie).
- Differenzierung der inhärenten rezeptionsleitenden Signale, der intendierten Wirkung
- Ermittlung der filmisch dominanten Rezeptionsangebote

Rezeptionsanalyse
Dokumente, Hintergrundinformationen

- Intentionen der Produktionsfirma, des Regisseurs, Drehbuchautors... etc.
- Bekanntheitsgrad des Films (Orte, Anzahl der Aufführungen, Laufzeiten..
- Auswertung privater Quellen (Briefe, Tagebücher, Oral History).
- Bewertung in den Rezensionen der Tages- und Fachpresse, sonstigen zeitgenöss. Publikationen, Verlautbarungen und Reaktionen in Öffentlichkeit und Gesellschaft...

Synthese

- Beschreibung der intendierten und potentiellen Wirkung, der zeitgenössisch dominanten Rezeptionsangebote und des Rezeptionsspektrums (»Lesarten«)
- Differenzierung nach filminternen, subjektiven oder kontextbedingten Wirkungsfaktoren
- Differenzierung der (kollektiven) Rezeptionen bezogen auf die jeweils relevanten Publika

Abb. 2: (Historische) Filmanalyse / Idealmodell

In der Produktanalyse werden Inhalt und die filmische Präsentationsstruktur – also Erzählstrategie, Handlungsaufbau, Personenkonstellation, Kameraaktivitäten und Bilddramaturgie, Toneinsatz etc. – untersucht, um so Erkenntnisse über das inhärente Aussagespektrum, die immanenten Botschaften und Handlungsangebote zu erhalten. Die darauf aufbauende Analyse der Identifikationsführung des Zuschauers im Film – durch Untersuchung der Aufmerksamkeitslenkung, der Präsentation der beteiligten Charaktere, der formal-inhaltlichen Höhepunkte, der Spannungsdramaturgie und emotionalen Struktur im Sinne einer Emotionstopologie etc. – ist auf die Gewinnung von Anhaltspunkten für eine begründete Eingrenzung des ermittelten Aussagepotentials gerichtet: Es geht hier also um die Ermittlung des *intendierten Rezeptionsspektrums*.

Die am Produkt festgestellte potentielle Aussagevielfalt wird im Rahmen der Kontextanalyse weiter auf die *zeitgenössisch dominante Botschaft* und ihr Variationspotential hin eingeengt – durch Einbeziehung der relevanten gesellschaftlichen und (film-)historischen Entwicklung, Bezüge zwischen den im Film thematisierten Problemstellungen mit den angebotenen Lösungen und den realen Alltagsproblemen des Publikums, Vergleiche mit inhaltlich und intentional ähnlichen oder konträr orientierten Filmen und anderen Medien, den nachweisbaren Intentionen der Hersteller etc.

Auf dieser Ebene werden die jeweils historisch dominanten Tendenzen der filmischen Aussage, der inhaltlichen Problemstellungen und Handlungsangebote herausgefiltert und in dem folgenden Rekonstruktionsversuch das *historische Wirkungspotential* näherungsweise bestimmt, die am Produkt ermittelte Intentionalität mit den Daten des Rezeptionshintergrundes und den vorhandenen Rezeptionsdokumenten verglichen.

Dieses Ideal-Modell ist natürlich nicht statisch, sondern im weitesten Sinne dynamisch zu verstehen, als erweiterungsfähige und gegebenenfalls zu modifizierende Anregung für das eigene – auf die jeweilige erkenntnisleitende Fragestellung bezogene – Untersuchungsdesign, wobei allerdings auch bei unterschiedlicher Gewichtung auf keinen der drei Analysebereiche verzichtet werden kann. Aber auch eine derart umfassende Analyse kann bestenfalls eine Näherung an die zeitgenössische Wirkungsvielfalt sein und vor allem die *realen* primär individuellen Verarbeitungsvarianten der Kinobesucher – bis hin zum radikalen Lesen gegen den filmischen Text – bestenfalls als mehr oder weniger nachweisbare Vermutung einbeziehen. Dass trotz der vielfach eingeschränkten Erfolgsperspektive auf eine rezeptionshistorische Analyse nicht verzichtet werden kann, sollte aber deutlich geworden sein.

2.4.2 Widersprüche im filmischen Text

Neben anderen Autoren hat Irmbert Schenk für die Näherung an die historische Wahrnehmung und Differenzierung der zeitgenössischen Wirkungsvarianten den folgenden Untersuchungsansatz vorgeschlagen und die darin liegenden Möglichkeiten am Beispiel des Films im Nationalsozialismus expliziert:

> Solange es nicht gelingt, die Filmrezeption in ihrem breiten lebensweltlichen Bedingungsrahmen offener und verdeckter, ruhender und virulenter Wertvorstellungen, Dispositionen und ›Gedanken‹ zu erklären, sollte man redlicherweise zwei Dinge versuchen: einmal relativierend die Gesamtheit der äußeren Programm- und Rezeptionsstruktur des Mediums beachten und zum anderen bei der Untersuchung einzelner Filme strukturanalytisch möglichst viele Widersprüche aufdecken, damit darüber die Perspektive einer widersprüchlichen Aneignung und Verarbeitung durch die Zuschauer aufgrund unterschiedlicher kollektiver und individueller, tradierter und situationaler Besonderheiten eröffnet wird. (Schenk 1994, 77f.)

Und in der Tat bietet das systematische Aufspüren von Widersprüchen die Möglichkeit, die analytisch ermittelte zeitgenössisch dominante Botschaft zu überprüfen und die im filmischen Text angelegten potentiellen Wahrnehmungsvarianten zu identifizieren. Politisch intendierte Filme wie etwa die im Auftrag oder mit direkter Einflussnahme staatlicher Stellen produzierten so genannten NS-Propagandafilme sind dafür besonders dankbare Objekte. Sie zielen auf einen Wandlungsprozess der Rezipienten, als Verfestigung bei den Parteigängern, vor allem aber als Verstärkung vorhandener Einstellungen bei den politisch Unentschiedenen. Um bei einem möglichst breiten – unterschiedlich disponierten – Publikum in diesem Sinne erfolgreich zu sein, müssen sie mehrdimensional argumentieren, ihre Intentionen inhaltlich und formal in publikumswirksame Elemente integrieren.

Von daher haben alle ambitionierten NS-Propagandafilme einen unterschiedlich stark ausgeprägten Unterhaltungscharakter, argumentieren bevorzugt mit der gezielten Reaktualisierung tradierter Ressentiments und betonter Emotionalisierung sowie über Bildarrangements, die die verbalen Informationen subtil verstärken oder auch konterkarieren können – Elemente, die immer die Möglichkeit beinhalten, ambivalent – sowohl in dem beabsichtigten politischen Sinne als auch gegenteilig – verstanden und verarbeitet zu werden. Die Masse des Filmangebots dieser Jahre bestand also nicht nur aus Unterhaltungsfilmen mit mehr oder weniger nachweisbaren politischen Implikationen, sie wurde vielmehr vom zeitgenössischen Kinopublikum überwiegend auch als politisch unverbindliche Unterhaltung wahrgenommen. Selbst derart eindeutige, im Staatsauftrag hergestellte Propagandaproduktionen wie beispielsweise der antisemitische Hetzfilm JUD SÜSS (Veit Harlan 1940) ließen sich zeitgenössisch primär als Unterhaltung verstehen, so in diesem Fall als vergleichsweise spannender Historienfilm mit unübersehbarer sexueller Konnotation, was zweifellos zu dem großen kommerziellen Erfolg beigetragen hat. Denn das antisemitische Zerrbild, das der Film liefert, entsprach weitgehend den seit Jahren in der Öffentlichkeit geschürten Vorurteilen und konnte vom Publikum daher völlig unspektakulär – ohne dass die propagandistische Absicht bewusst wurde – als filmisch besonders plastische Bestätigung des vermeintlich bereits Gewussten verstanden und verarbeitet werden.

2.4.3 Zusammenfassung

Geht man von der strukturierten Polysemie aus, die jedem Kommunikat inhärent ist, dann lässt sich die gängige Praxis, Filmgeschichte unreflektiert aus dem heutigen Blickwinkel zu betreiben, wissenschaftlich nicht rechtfertigen. Denn die jeweilige Wirkung resultiert ja immer aus dem zeitlichen Zusammentreffen einer bestimmten historischen Situation mit ihren spezifischen Problemen und den darauf beziehbaren Denk- und Verhaltensangeboten, die der Film in Inhalt und visueller Präsentation nahe legt. Das bedeutet aber, dass im Extremfall derselbe Film in einer anderen geschichtlichen Phase, vor einem anders disponierten Publikum zu einem Film mit deutlich anderer Botschaft werden kann, ursprünglich vorhandene politische Bezüge beispielsweise in einer späteren Phase unwirksam sind (da nicht aktuell) oder zeitgenössisch unwichtige Details plötzlich ungeahnte Bedeutung erhalten.

Dabei spielt – wie bereits mehrfach erläutert – der historisch-gesellschaftliche Kontext als Erfahrungshintergrund des Publikums für die Ausrichtung der Filmwahrnehmung eine zentrale Rolle: Zum einen sorgt die spezifische Wissensbasis dafür, die virulenten Zeitbezüge in den filmischen Signalen entsprechend zu dechiffrieren, vielfach sogar Nebensächlichkeiten mit Bedeutung aufzuladen, also den Blick zu erweitern und durch die Sensibilisierung für bestimmte Sehweisen zugleich das Rezeptionsspektrum hinsichtlich anderer denkbarer Lesarten einzuschränken. Zum anderen wird damit die mögliche Distanz zwischen den im Film enthaltenen Denk- und Handlungsangeboten und den Alltagserfahrungen des Publikums relativiert, so dass etwa ideologisch zugerichtete Implikationen einer kritischen Überprüfung weitgehend entzogen sind, diese vielmehr als vor- oder unbewusste Anregung aufgenommen und verarbeitet werden. Denn wenn die so eingefärbte filmische Botschaft auch vor dem Hintergrund der tagtäglichen Erfahrungen – in Presse, Rundfunk oder unmittelbarer Umgebung – plausibel und wünschenswert erscheint, besteht eigentlich kein Grund, an ihrer tendenziellen Leitfunktion auch für das eigene Verhalten zu zweifeln.

Diese Wirkungscharakteristik trifft natürlich nicht nur auf die mögliche Übereinstimmung von Filmaussage und dem öffentlich propagierten Weltbild in der Masse des Filmangebots zu, sondern gleichermaßen auf die entsprechenden Implikationen in den politisch zugespitzten Produktionen. Insofern ist davon auszugehen, dass eben auch die Mehrzahl der im Staatsauftrag gezielt als Propagandafilme hergestellten Produktionen vom zeitgenössischen Publikum als ›Normalität‹ wahrgenommen, also vorrangig als politisch unverbindliche Unterhaltung verstanden werden konnte oder verstanden werden wollte.

3. Systematische Filmanalyse

Mit dem Begriff »Filmanalyse« ist hier in bewusster Abgrenzung zur Filmkritik und zu den primär literarischen Filminterpretationen ein Untersuchungsansatz gemeint, der unabhängig von einem (film-)historischen, psychologischen, soziologischen Erkenntnisinteresse immer auch die Präsentationsformen von Handlung und Inhalt, die jeweiligen Kontextbedingungen und – soweit möglich – die realen Rezeptionsvarianten zum Gegenstand macht. Auch wenn eine in diesem Sinne wissenschaftlich begründete Analyse letztlich also auf die Objektivierung des eigenen Filmerlebnisses gerichtet ist (denn auch der Analysierende ist zunächst einmal Rezipient), ist ein »intersubjektiver Endzustand« prinzipiell nicht möglich. Entsprechende Bedeutungszuweisungen sind bis zu einem gewissen Grade immer neu zu überprüfen. Ziel ist es daher, an Stelle der sprachlich ausgefeilten subjektiven Anmutung schrittweise zu argumentativ nachvollziehbaren Aussagen zu gelangen.

Als Konsequenz aus den bisherigen Überlegungen (Kap. 1, 2) ergibt sich die Notwendigkeit, den Film im Rahmen der Produktanalyse zunächst in seiner Wirkungskomplexität spezifisch zu beschreiben und damit als Untersuchungsgegenstand zu sichern: Die im ganzheitlichen Wahrnehmungsvorgang während der Filmbetrachtung vorhandene Simultaneität verschiedener Faktoren wird in ein überschaubares Nacheinander methodisch aufgelöst, in weiteren Schritten das Zusammenspiel der einzelnen Elemente untersucht und die je historische Wirkungsdominanz auf der Basis einer intensiven Kontextaufarbeitung bewertet.

Um zu begründeten und detaillierten Aussagen über die filmischen Argumentations- und Präsentationsstrukturen zu gelangen, wurden – wie oben erläutert – bereits in der älteren Literatur zur Filmanalyse quantifizierende Verfahren und darauf aufbauende grafische Darstellungsweisen entwickelt, die auch für den hier gemeinten Ansatz von Bedeutung sind. Mittlerweile ist daraus ein vielfältig einsetzbares, prinzipiell offenes System von analytischen Werkzeugen entstanden, die bei allen Differenzierungen im Detail generell auf der Zeitstruktur des Films basieren.[14] Ausgangspunkt ist in der Regel eine

---

14 Zur Effektivierung dieser Verfahren wurden seit Ende der 80er Jahre an mehreren Hochschulen computergestützte Notationssysteme mit jeweils unterschiedlicher Anwendungsbreite erprobt, die aber m.W. aufgrund fehlender Finanzierung über erste Versionen hinaus nicht weiterentwickelt werden konnten. Vgl. dazu Ramsbott / Sauter 1988, Giesenfeld / Sanke 1988 (System »Filmprot«), Faulstich / Poggel 1988 (System

formal-inhaltliche Protokollierung des filmischen Ablaufs (Transkript). Die darin enthaltenen Angaben werden durch weitere Beobachtungen am Film sukzessive vervollständigt mit dem Ziel, auf diesem Wege einen präzisen und überprüfbaren Interpretationsrahmen für die qualitative Gesamtanalyse zu erhalten. Zum besseren Verständnis der folgenden Ausführungen sollen zunächst einige der wichtigsten filmischen Fachbegriffe und Gestaltungselemente vorgestellt werden.

3.1 Elemente der filmischen Gestaltung

Die *Einstellung* bezeichnet die kleinste kontinuierlich belichtete filmische Einheit. Sie besteht in der Regel aus mehreren Phasenbildern und beginnt bzw. endet jeweils mit einem Schnitt. Mehrere Einstellungen bilden als kleineres dramaturgisches Element eine *Subsequenz*, mehrere Subsequenzen eine *Sequenz*, mehrere Sequenzen ergeben den Film.

3.1.1 Einstellungsgrößen

Die Einstellungsgröße (EG) wird entweder durch die Wahl des Objektivs (Weitwinkel- bis Teleobjektiv) oder den realen Abstand von Kamera und Aufnahmeobjekt bestimmt. Da die Distanz zum gemeinten Objekt – neben den Konsequenzen für die Verständlichkeit der Handlung – vor allem atmosphärische und emotionale Qualitäten hat und beispielsweise durch Nähe oder Abstand zu den Akteuren den Einfühlungsprozess steuert, ist die gewählte Einstellungsgröße von zentraler Bedeutung, um die Aufmerksamkeit und Identifikationsbereitschaft des Publikums gezielt zu beeinflussen. Zur Differenzierung des jeweiligen Abstandes bzw. der Abbildungsgröße des gemeinten Objekts hat sich in der Produktionspraxis eine siebenstufige (bisweilen auch achtstufige) Skala herausgebildet, die, bezogen auf eine Einzelperson, folgendermaßen festgelegt ist (siehe auch Abb. 3):

- *Weit, Super-Totale* oder *Panorama*: Person in der Weite der Landschaft, in einem weitläufigen Innenraum etc.
- *Totale*: Person, umgeben von viel Raum.
- *Halbtotale*: Person füllt das Bildformat.
- *Amerikanische* oder *›knee-shot‹*: Person von Kopf bis Oberschenkel.
- *Nah*: Person mit Kopf und Oberkörper.
- *Groß*: Kopf oder Hand der Person.
- *Detail*: Auge, Nase oder Finger der Person.

»CAFAS«), Korte 1988, 1992, 1994a, 1994b (System »CNfA«). Ein ähnliches System wurde im Rahmen des DFG-Sonderforschungsbereichs »Bildschirmmedien« (Universität-GH-Siegen) entwickelt – siehe Freisleben / Grauer / Kelter 1999.

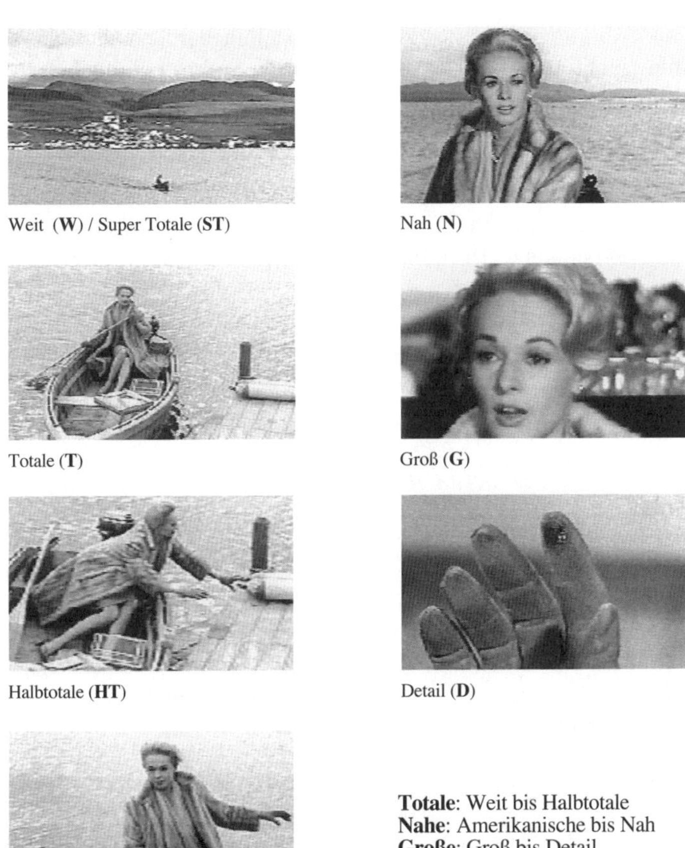

Weit (**W**) / Super Totale (**ST**)

Nah (**N**)

Totale (**T**)

Groß (**G**)

Halbtotale (**HT**)

Detail (**D**)

Totale: Weit bis Halbtotale
Nahe: Amerikanische bis Nah
Große: Groß bis Detail

Amerikanische (**AM**)

Abb. 3: Einstellungsgrößen am Beispiel
THE BIRDS (Hitchcock 1963)

An der gegebenen Beschreibung wird bereits deutlich, dass es sich um relative, also auf den jeweils im Bild gemeinten Gegenstand bezogene Setzungen handelt, die immer einen Interpretationsspielraum zulassen, der auch durch weitere Unterteilungen nur sehr bedingt reduziert werden kann. Problematisch wird es bereits, wenn zwei oder mehrere Personen im Bild zu sehen sind, zumal wenn sie sich auf verschiedenen Raumebenen befinden. In den meisten Fällen reicht von daher für die filmische Bestandsaufnahme im Rahmen des Transkripts eine vereinfachte Differenzierung der Einstellungsgrößen – Totale, Nahe und Große – vollkommen aus.

Einsatz und Wirkung der verschiedenen Einstellungsgrößen sind bei isolierter Betrachtung nicht immer eindeutig zu bewerten. So kann ein mehrfaches Heranrücken der Kamera die jeweils gezeigte Person oder Handlung bedeutsam erscheinen lassen und damit Hinweise auf die beabsichtigte Führung des Zuschauers eröffnen. Nun muss allerdings auch die wiederholte Verwendung derartiger Nahaufnahmen oder Halbtotalen keineswegs immer Identifikation oder eine tiefergehende inhaltliche Bedeutung vermitteln; ebenso können damit für das Verständnis der Handlung wichtige Details hervorgehoben werden. Auch ein häufiger Einsatz von Totalen verweist nicht zwangsläufig auf »inhaltliche Distanz zum Dargestellten«, wie häufig vorschnell interpretiert wird. Gerade die Totale ist ein bevorzugtes Mittel, um dem Betrachter formale Zusammenhänge zu verdeutlichen, lokale Zuordnungen und Raumorientierungen zu geben.

3.1.2 Kamerabewegungen

Prinzipiell lassen sich zwei unterschiedliche Kamerabewegungen – Schwenk und Fahrt – unterscheiden.

Beim *Schwenk* wird die Kamera, ohne den Standpunkt zu verlassen, um eine horizontale, vertikale oder diagonale Achse gedreht. Bei der Fahrt bewegt sich die Kamera auf ein Objekt zu (*Ranfahrt*), von einem Objekt weg (*Rückfahrt*), an mehreren Objekten vorbei (*Seitfahrt*) oder annähernd parallel zu einem sich bewegenden Objekt (*Parallelfahrt*).

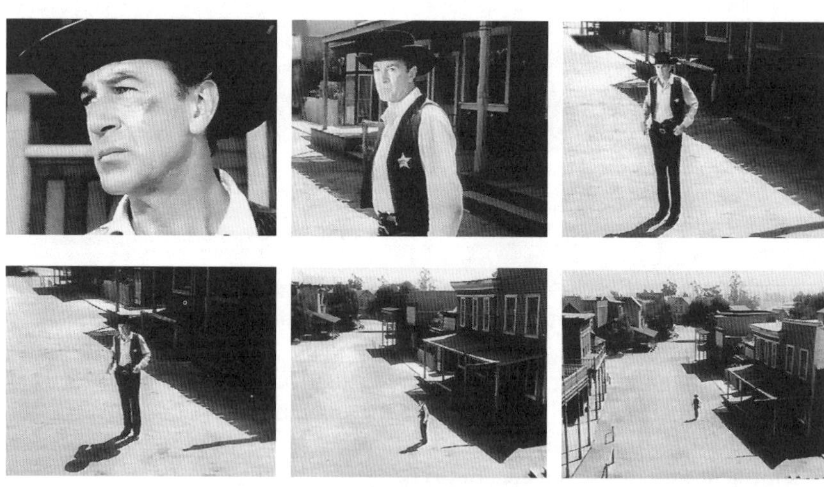

Abb. 4: Rückfahrt der Kamera
HIGH NOON (Zinnemann 1952)

Beide Bewegungsmöglichkeiten haben je nach Bildinhalt und Handlungszusammenhang sehr vielfältige Einsatzmöglichkeiten und Wirkungen. So visualisiert die in der Abb. 4 wiedergegebene Rückfahrt aus HIGH NOON die verzweifelte Situation des Sheriffs, der – von seinen Mitbürgern im Stich gelassen – sich allein der Übermacht einer Banditenbande stellen muss, wobei die starke Aufsicht der Kamera das Gefühl des »Verlorenseins« noch unterstreicht. In ähnlich bedeutungsgebender Weise kann etwa eine Ranfahrt die besondere Funktion einer Person oder eines Gegenstandes für den Handlungsablauf hervorheben und beispielsweise ein sehr schneller Kameraschwenk (*Reißschwenk*) die innere Erregung der Akteure nachvollziehbar machen oder die Dramatik einer Situation verstärken. Ähnlich wie bei der Darstellung der Einstellungsgrößen bereits angesprochen, sei aber auch hier hervorgehoben, dass der Einsatz von Kamerabewegungen häufig sehr viel ›profanere‹ Zwecke verfolgt; so um das jeweilige Detail im inhaltlichen oder räumlichen Kontext verorten zu können, die gezeigte ›action‹ spannungssteigernd zu intensivieren oder aber um den Handlungsfluss zu beschleunigen.

Grundsätzlich ist die durch ein *Zoom*-Objektiv simulierte ›Fahrt‹ von der echten Kamerafahrt zu unterscheiden. Denn durch die hierbei erfolgte Verlagerung der Brennweite (vom Weitwinkel- in den Telebereich und umgekehrt) verändert sich die Raumperspektive und damit auch die visuelle Anmutung. In einigen Fällen werden beide ›Fahrten‹ allerdings auch gemeinsam für die Erzielung bestimmter Effekte genutzt. So kombinierte beispielsweise Alfred Hitchcock in VERTIGO (1958) in der berühmten Turmsequenz eine Kamerafahrt mit einer entgegengesetzten Zoom-›Fahrt‹, um beim Blick in die Tiefe des Treppenhauses dem Betrachter ein ›echtes‹ Schwindelgefühl zu vermitteln.

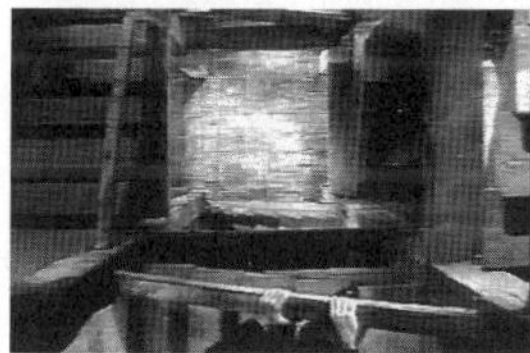
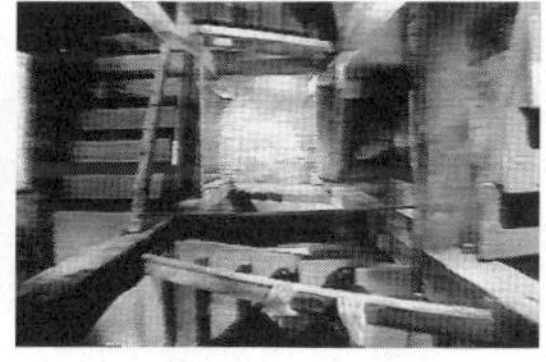
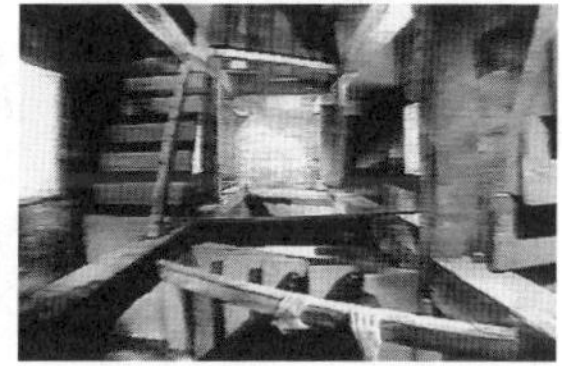

Abb. 5: Der Blick in den Abgrund / Kombination Kamerafahrt und Zoom: VERTIGO (A. Hitchcock 1958)

3.1.3 Einstellungsverbindungen

Eine der ältesten Möglichkeiten, verschiedene Kamerastandpunkte, Bildinhalte und Blickwinkel ›weich‹ zu verbinden, ist die *Überblendung*: Während die Kamera das Objekt A aufnimmt, wird langsam die Blende geschlossen, der Film entsprechend zurückgespult, die Kamera neu eingerichtet und – während jetzt das Objekt B aufgenommen wird – die Blende behutsam wieder aufgezogen: Objekt A scheint in B überzugehen.[15] Die Überblendung dient meist dazu, Traumsequenzen, Gedanken und Rückblenden hervorzuheben, unterschiedliche Handlungsorte, Personen oder Gegenstände in einen inhaltlichen Zusammenhang zu bringen, oder auch, um das Erzähltempo zu steigern.

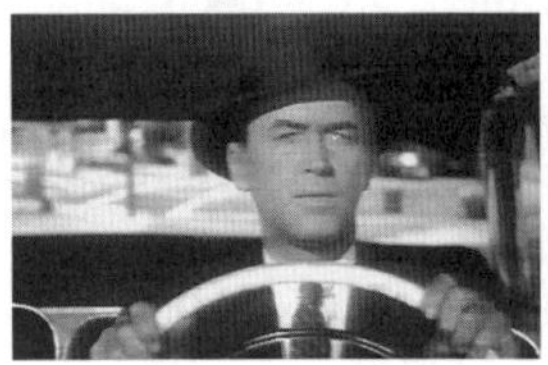
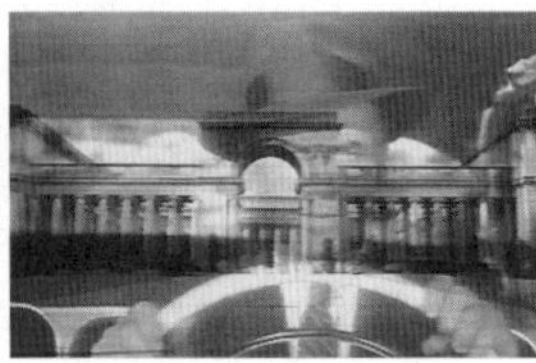
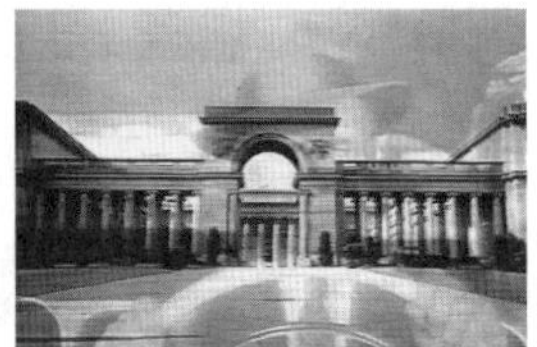

Abb. 6: Überblendung
VERTIGO (Hitchcock 1958)

Die Verbindung von mehreren Einstellungen kann in ähnlicher Weise ›weich‹ durch einen kaum bemerkbaren Schnitt erfolgen[16] oder durch ›harte‹ Schnitte als gezielte Kombination verschiedener Vorgänge und Handlungsorte das präsentierte Geschehen rhythmisieren und spannungssteigernd zuspitzen (Parallelmontage), verschiedene Einstellungsgrößen oder gegensätzliche Bildinhalte zu einer gemeinsamen Aussage (Kontrastmontage) oder Metapher vereinigen. Während Montagen in diesem Sinne besonders von den sowjetischen Filmemachern der 1920er Jahre (Eisenstein, Pudowkin, Wertow, Kuleschow u.a.) zum »Kernelement« einer differenzierten Stummfilmästhetik weiterentwickelt wurden, dominierten beispielsweise im klassischen Hollywoodfilm dieser Jahre die ›weichen‹ Übergänge, der »unbemerkte Schnitt«.

Exkurs: Montage als eigenständiges Gestaltungselement:[17] Bereits kurz nach der ›Geburt‹ des neuen Mediums (1895) erprobten die Pioniere filmischen Erzählens die Möglichkeiten von Kameraeinsatz, Einstellungsgröße und Schnitt, um auch komplexere Handlungsabläufe rein visuell (ohne Ton) dem Betrachter verständlich zu machen. So experimentierten u.a. die Engländer George A. Smith und James Williamson um 1900 mit dem Wechsel von verschiedenen Einstellungsgrößen wie Totale und Nahaufnahme und der Kombination von verschiedenen Handlungsorten (»Schule von Brighton«). Vor allem der Amerikaner Edwin S. Porter entwickelte diese Ansätze schöpferisch weiter. Andere – wie beispielsweise der Däne Benjamin Christensen und die

---

15 Dieser klassische Bildübergang wird heute meist im Kopierwerk oder mit elektronischen Mitteln erzeugt.

16 Der Schnitt kann im direkten physikalischen Sinne ausgeführt werden oder durch Abschalten, Neueinrichten und Wiederanschalten der Kamera.

17 Vgl. u.a. Reisz / Millar 1953, Korte 1978, Sidler 1982, Paech 1988, Beller 1993.

amerikanischen Regisseure James Stuart Blackton oder David W. Griffith – vervollkommneten die Möglichkeit, Geschichten vorwiegend visuell über Bildaufbau und gezielt arrangierte Bildfolgen zu erzählen. Griffith beispielsweise differenzierte und erweiterte die bis dahin gefundenen Elemente einer filmischen ›Sprache‹ in seinen über 400 meist kürzeren Filmen, die er zwischen 1908 und 1913 für die »Biograph« drehte.

Die Abb. 7 zeigt als Ausschnitt eine frühe Form der spannungssteigernden Parallelmontage: Ein Arzt will eine größere Geldsumme zur Bank bringen, muss aber feststellen, dass die Kasse bereits geschlossen ist. Er kehrt unverrichteter Dinge um und wird dabei von zwei Dieben beobachtet. Sie locken ihn unter einem Vorwand aus dem Haus, fesseln ihn und steigen durchs Fenster in das Haus ein. Seine Frau bemerkt die Diebe, nimmt das Geld an sich und verbarrikadiert sich mit ihrer kleinen Tochter im Schlafzimmer. Parallel dazu sieht man, wie der Arzt befreit wird und gemeinsam mit einigen Polizisten seiner Familie zu Hilfe eilt. Derweil ist es den Dieben gelungen, die Schlafzimmertür aufzubrechen. Sie dringen in den Raum ein, bedrohen die Frau und versuchen, ihr das Geld zu entreißen. Die Retter sind endlich am Haus eingetroffen und können die Diebe in letzter Minute überwältigen.

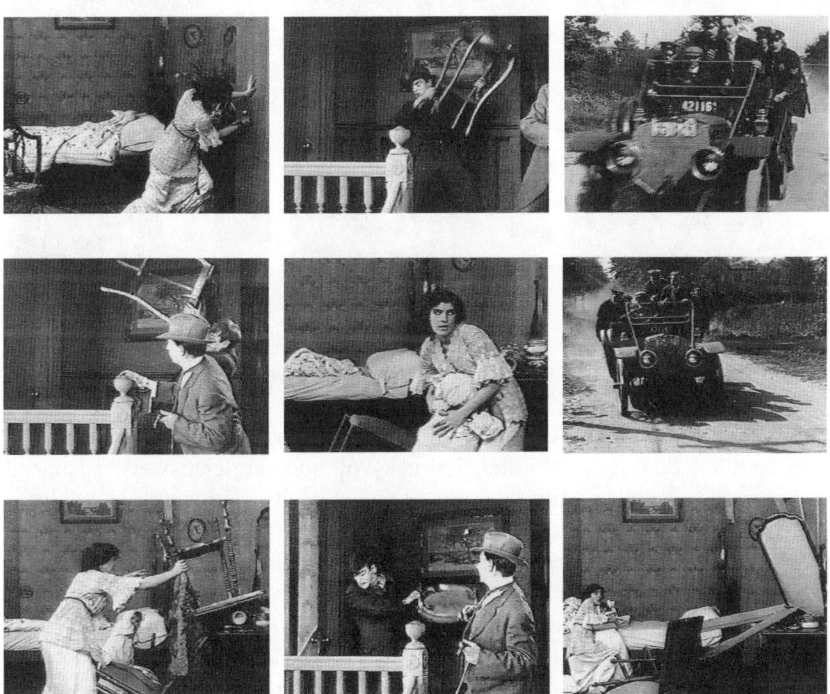

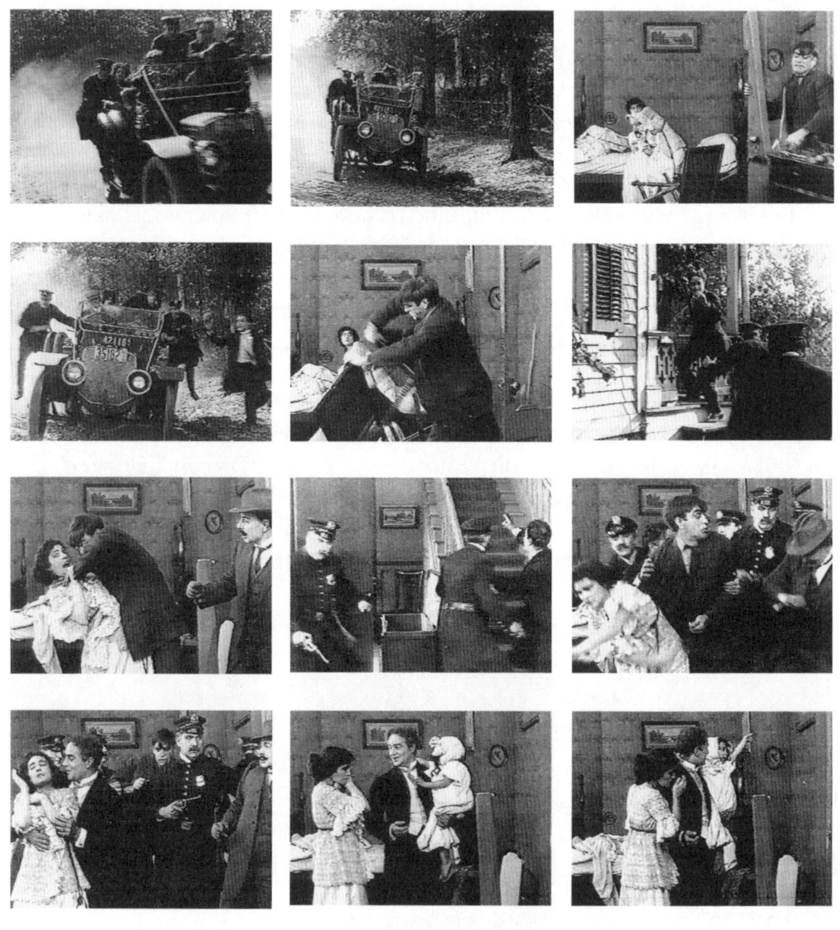

Abb. 7: Parallelmontage
A WOMAN SCORNED (Griffith 1911)

Diese kleine Geschichte wird bei weitgehendem Verzicht auf die damals üblichen (erklärenden) Zwischentitel eindrucksvoll und vergleichsweise spannend nur über die visuellen Mittel erzählt. Beide zunächst getrennten Handlungsstränge werden durch Wechselschnitte in eine kausale Beziehung gebracht, wobei die gegen Ende immer kürzer werdenden Einstellungen die Erregung der Kinozuschauer gezielt steigert.

In seinen beiden Großproduktionen – THE BIRTH OF A NATION (1915) und INTOLERANCE (1916) – verfeinerte Griffith diese Möglichkeiten und setzte sie als Hauptträger der Aussage einer jeweils mehrstündigen Filmerzählung systematisch ein. Bereits in dem erstgenannten Film verwendete er virtuos das gesamte Arsenal der filmischen Artikulationsmöglichkeiten, um dem Publikum bei vergleichsweise wenigen erklärenden Zwischentiteln über drei Stunden seine Sehweise des amerikanischen Bürgerkriegs zu vermitteln. Der ungeheure Erfolg dieser Produktion ermöglichte es Griffith, einen noch gewaltigeren Film zu drehen, in dem er die Montagetechnik konsequent weiterentwickelte. In INTOLERANCE verschränkt er vier zeitlich und räumlich unterschiedliche Geschichten aus vier Epochen der Menschheit – die in der Gegenwart spielende ›Modern Story‹, die ›French Story‹ (der Hugenottenmord, 16. Jahrh.), die ›Babylonian Story‹ (6. Jahrh. v. Chr.) und die um Christi Geburt spielende ›Judean Story‹. Diese nur durch das gemeinsame Grundthema, dem »ewigen Kampf zwischen Gut und Böse«, verbundenen Handlungsstränge werden nicht (wie üblich) als Abfolge getrennter Episoden erzählt, sondern in über 2000 Einstellungen – durch Parallelmontagen und Kontrastierungen verknüpft – in eine einzige Geschichte integriert. Aufgrund der ungewohnten Erzählweise, der als verwirrend empfundenen Schnittechnik und Symbolik erwies sich der Film allerdings beim zeitgenössischen Publikum als Misserfolg. Griffith fand in dieser Hinsicht keine unmittelbaren Nachfolger. Die Masse der Filmemacher dieser Jahre setzte zur Inhaltsvermittlung neben den Zwischentiteln vielmehr auf Kamerabewegungen, Beleuchtung, Spiel der Darsteller und den unbemerkten Schnitt, um Handlungsfluss und Einfühlungsprozess des Publikums in die erzählte Geschichte nicht störend zu unterbrechen.

Erst nach der russischen Oktoberrevolution (1917) wurde hier die Griffithsche Montagetechnik ›wiederentdeckt‹. In dem Bemühen, das noch junge Massenmedium für die Aufklärung der Bevölkerung (u.a. Hygiene, landwirtschaftliche Produktionsmethoden) sowie für die Propagierung des Sozialismus zu nutzen, griff man die entwickelten filmischen Artikulationsmöglichkeiten auf, um ohne langatmige und die Rezeption erschwerende Zwischentitel auch komplexe Sachverhalte vermitteln zu können. Vor allem die sowjetischen Filmemacher Dsiga Wertow, Lew Kuleschow, Sergej M. Eisenstein, Wsewolod Pudowkin u.a. erprobten und differenzierten diese visuellen Argumentationsformen sowohl *praktisch* in ihren Filmen als auch *theoretisch* in einer Reihe von Veröffentlichungen und steigerten sie bis zur letzten Konsequenz.

Eisenstein entwickelte seine ›Montage der Attraktionen‹ zunächst fürs Theater, die in der ›Kollision- oder Konfliktmontage‹ ihre filmische Entsprechung und Ausdifferenzierung fand. So montierte er beispielsweise in seinem ersten Film STREIK (1924) Einstellungsfolgen, in denen die Niedermetzelung von wehrlosen Arbeitern durch die zaristische Soldateska gezeigt wird, mit Einstellungen aus einem Schlachthaus (s. Abb. 8), um damit eine emotionale Steigerung und Bewertung des Gezeigten zu bewirken (›Abschlachtung‹).

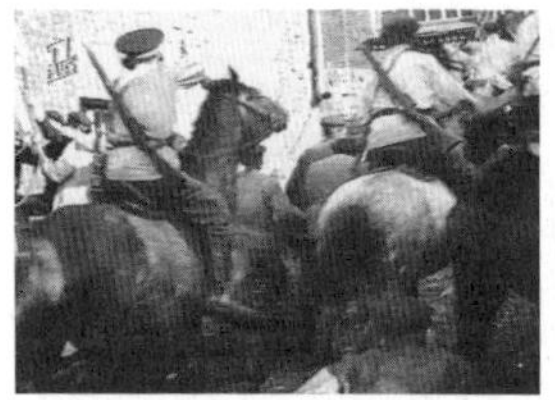
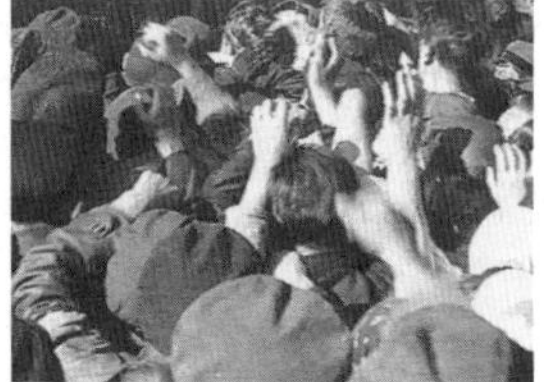
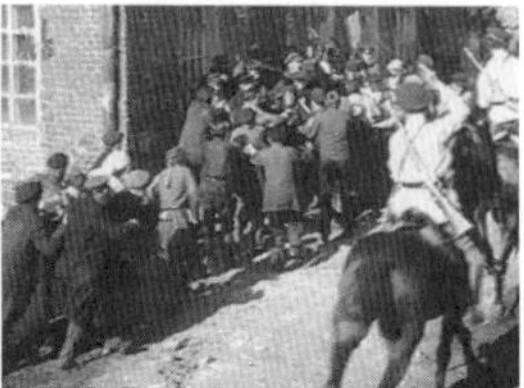

Berittene prügeln auf die streikenden Arbeiter ein .... und jagen sie vor sich her .....

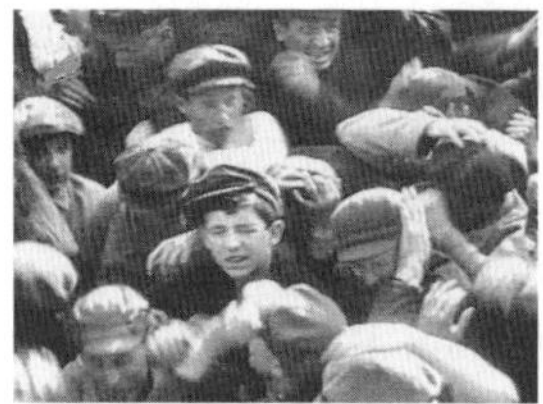
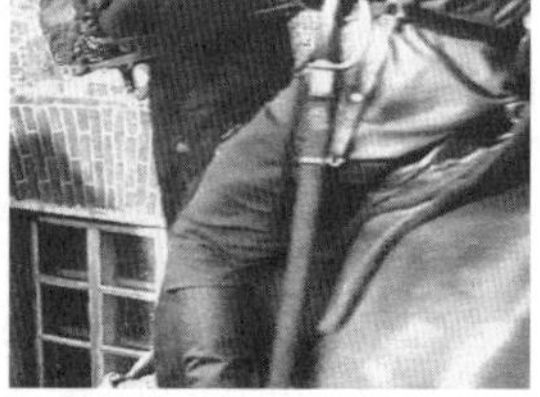
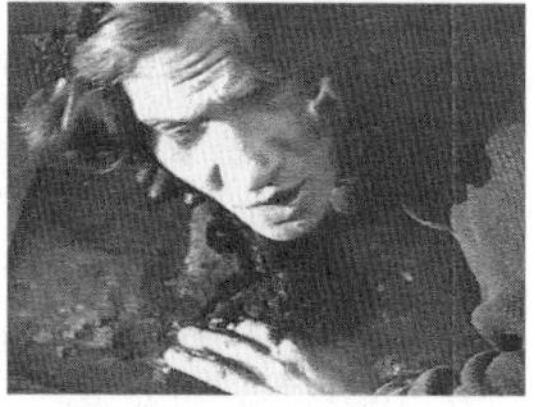

Die Menschen versuchen in Panik zu fliehen ....Viele bleiben verletzt oder tot auf der Straße liegen.

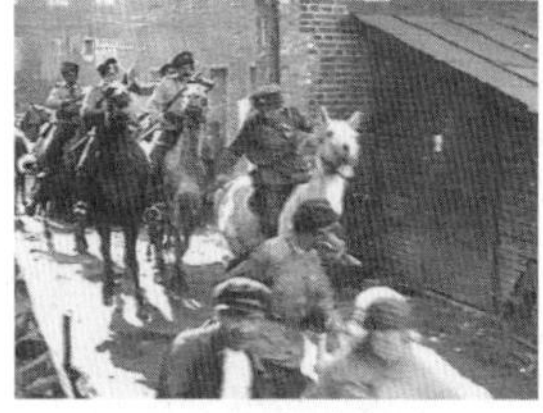
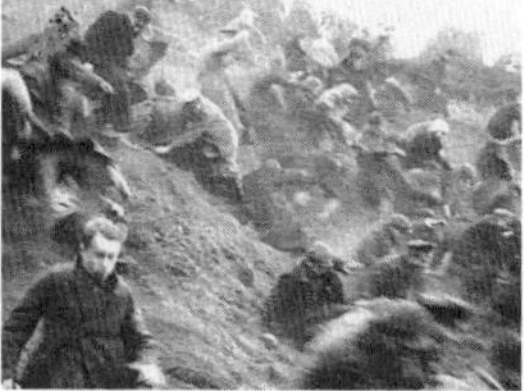
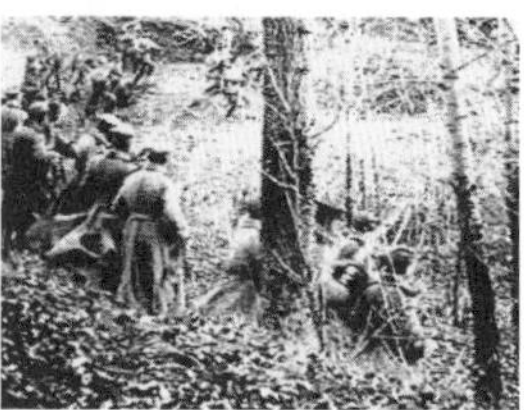

Sie werden aus ihren Häusern gejagt .... und aufs freie Feld getrieben.

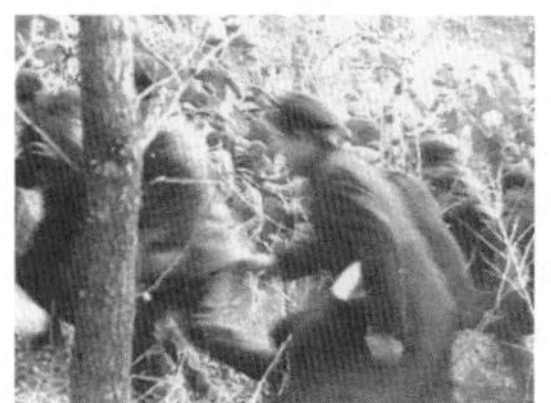
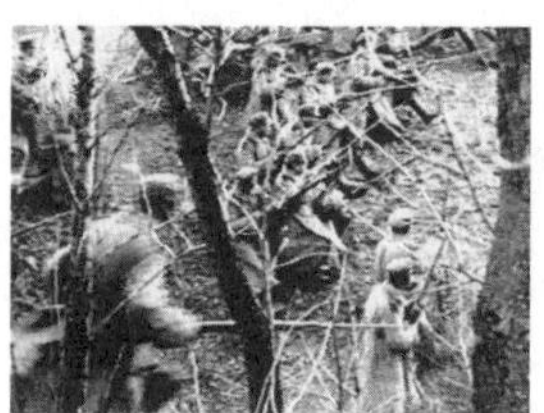
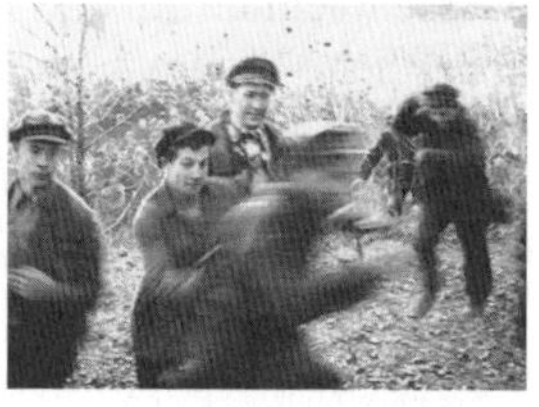

Dort wartet die Infanterie bereits, Schützen nehmen Aufstellung. Man versucht sich in Sicherheit zu bringen

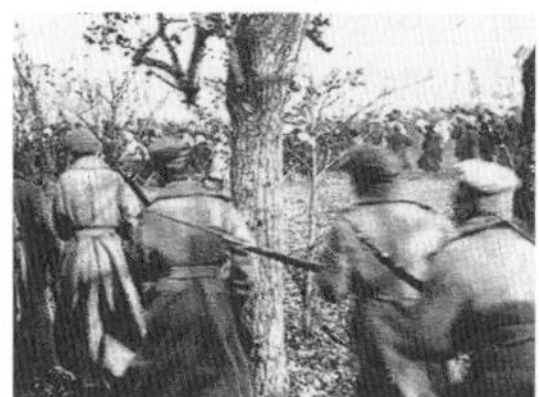
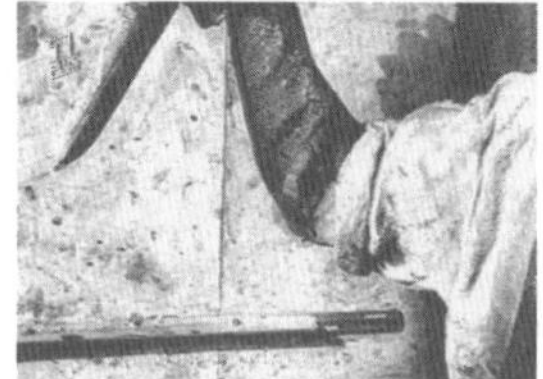
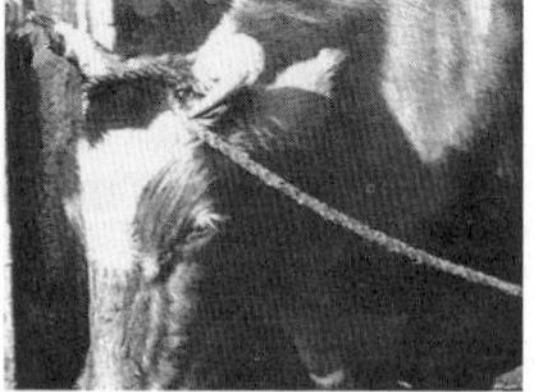

Überall sind Soldaten .... Der Schlachter nimmt Maß .... Ein Kalb ......

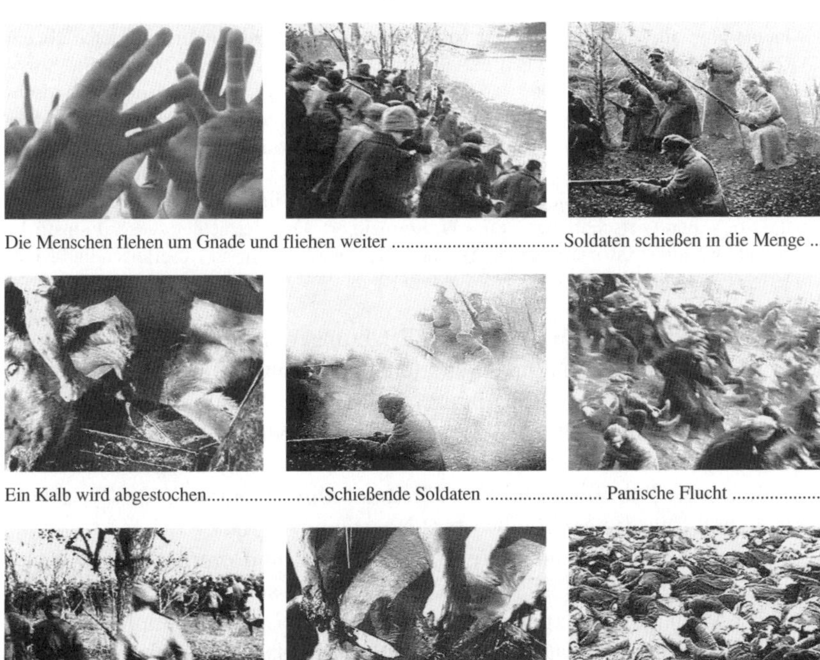

Die Menschen flehen um Gnade und fliehen weiter .... Soldaten schießen in die Menge ....

Ein Kalb wird abgestochen.........................Schießende Soldaten .... Panische Flucht ....

Der Ring wird enger gezogen. ....Ein Kalb wird geschlachtet .... Die Toten.

Abb. 8: Kollisionsmontage
STREIK (Eisenstein 1924)

Eisenstein zielte in der Kollisionsmontage auf die Provokation eines Gedankens, »der im Zusammenprall zweier voneinander unabhängiger Stücke entsteht« (Eisenstein 1929, 69). Seine unmittelbar folgenden Filme – PANZERKREUZER POTEMKIN (1925) / OKTOBER (1927) – sind einerseits Beleg für die vielfältigen Einsatzmöglichkeiten der Montage, etwa um über die Lenkung der Gefühle hinaus auch direkte Denkanstöße zu vermitteln. Andererseits machen sie aber auch die Grenzen des Versuchs deutlich, mittels arrangierter *Bild*folgen und dadurch provozierter Assoziationsketten Abstraktionen zu erreichen. So schreibt er bezogen auf eine Vorführung von STREIK in einem Moskauer Vorstadtbezirk:

> Alles verlief wunderbar. Der Film kam ausgezeichnet an, mit einer Ausnahme – der des Finales [Niedermetzelung der Arbeiter / Schlachthaus, H. K]. Gerade das zum Entsetzen erstarrte Blut des Finales kam nicht an. Ich war über diesen Reinfall verblüfft, bis ich mir klarmachte, daß ein ›Schlachthof‹ keinesfalls nur als poetische Verallge-

> meinerung, als Metapher rezipiert werden mußte. Der Schlachthof kann auch als ein Ort rezipiert werden, wo Lebensmittel, Fleisch zubereitet werden. Obwohl die ›Simonovka‹ ein Arbeiterbezirk war, hatte sie sich doch noch einen vorstädtisch-landwirtschaftlichen Charakter bewahrt. Das Abschlachten eines Schweinchens oder Kälbchens war eine ganz normale Sache. Die Ströme von Blut und das Zusammenzucken der Lebewesen unter dem Messer des Schlächters, die dem Filmpublikum im Stadtzentrum eisige Schauer über den Rücken jagen, wurden im Außenbezirk in produktions- und wirtschaftsbezogener Weise rezipiert. Das Betrachten dieser Filmstücke weckte weniger Assoziationen an Tod und Blut, als vielmehr an Rindfleisch und Koteletts. (Eisenstein 1933, 275f.)

Unabhängig von diesen und ähnlichen Erfahrungen hatte Eisenstein die Hoffnung, über die Darstellung und »emotionelle Dynamisierung«[18] von Vorgängen hinaus, ausschließlich mit filmischen (visuellen) Mitteln sogar abstrakte Sachverhalte nachvollziehbar präsentieren zu können. So entwickelte er die Theorie vom »intellektuellen Film«, der, »befreit von traditioneller Bedingtheit, ohne jede Transition und Umschreibung direkte Formen für Gedanken, Systeme und Begriffe erzielen wird« (Eisenstein 1929, 80).

In ähnlich grundlegender Weise untersuchten und erprobten Lew Kuleschow und Wsewolod Pudowkin die filmischen Ausdrucksmöglichkeiten vor allem der Montage und experimentierten mit dem Wirkungskomplex von Einstellungslänge, dem Bildaufbau/-inhalt und der Bildabfolge (»Kuleschow Experiment«).[19] Ein zentraler Begriff bei Pudowkin ist das »plastische Material«, die Notwendigkeit, für den jeweils zu vermittelnden Inhalt möglichst eindeutige, typische, nachvollziehbare Bildentsprechungen zu finden.[20] Pudowkins Filme dieser Jahre – vor allem seine Revolutions-Trilogie DIE MUTTER, 1926 / DAS ENDE VON ST. PETERSBURG, 1928 / STURM ÜBER ASIEN, 1929 – belegen eindrucksvoll dieses Bemühen und weisen in der konkreten Montageverwendung viele Gemeinsamkeiten mit den Arbeiten von Eisenstein auf. Exemplarisch dafür und generell für die entwickelte Montage im sowjetischen Film soll im Folgenden die sogenannte ›Krieg-Börsen-Sequenz‹ aus DAS ENDE VON ST. PETERSBURG vorgestellt werden:

Die Sequenz beginnt mit Bildern der Front: Zerstörte Landschaften, Flammenwerfer, Granateneinschläge. Die kämpfenden Parteien (Russen und Deutsche) werden in die vorderen Gräben geschickt. Soldaten beim Waffenreinigen, beim Schleifen der Bajonette. Die Ruhe vor dem Sturm ...

---

18 Ein eindrucksvolles Beispiel für die Rhythmisierung und emotionelle Dynamisierung durch die Montage liefert Eisenstein u.a. in seiner berühmten ›Odessa-Treppen-Sequenz‹ (PANZERKREUZER POTEMKIN) und in der ›Kerenski-Montage‹ (OKTOBER) nutzt er die Möglichkeiten zur ironisierenden Entlarvung des Parvenüs Kerenski.

19 Vgl. dazu u.a. Beller 1993, 20ff.

20 Vgl. Pudowkin 1928, 51ff.

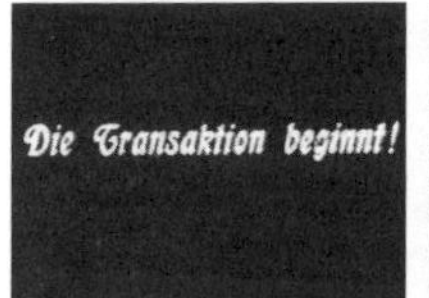

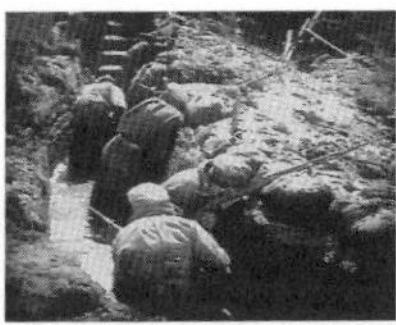
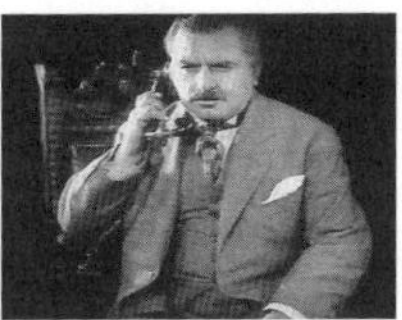
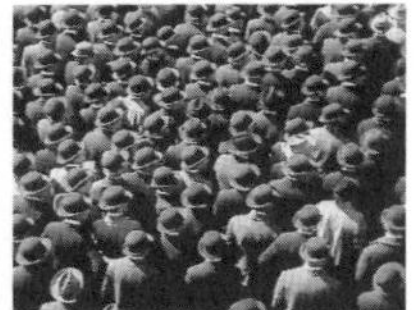

Front: Soldaten gehen in die Stellungen / Gut gekleideter Mann telefoniert ...... Menschengruppe (Börsianer?)

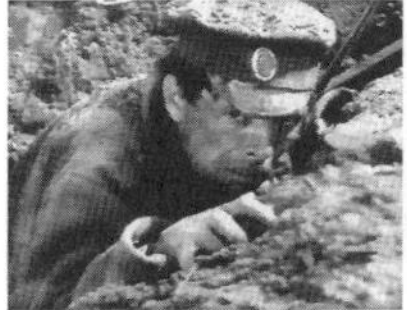
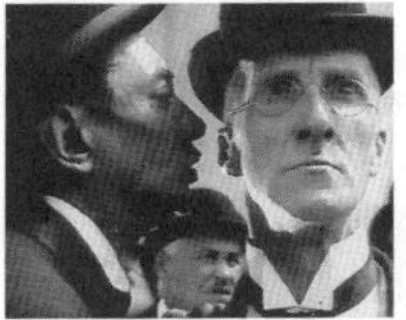
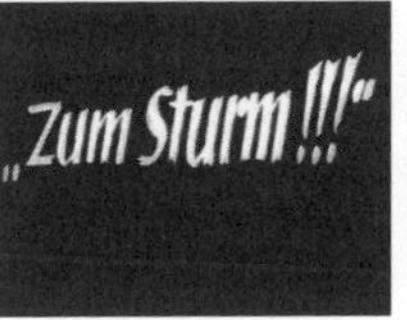

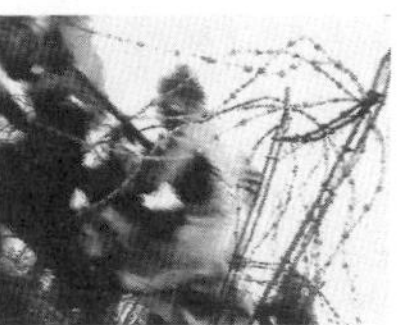

...Soldaten im Graben ... Absprachen werden getroffen .... Stürmende Soldaten ...

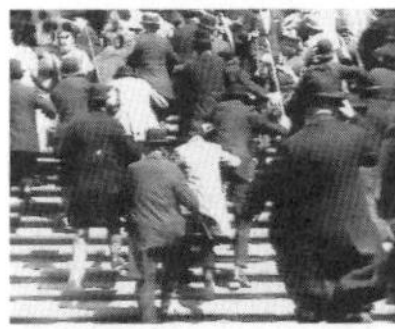
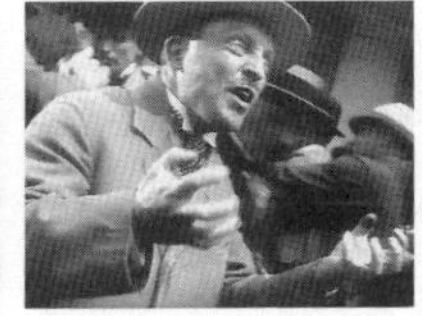
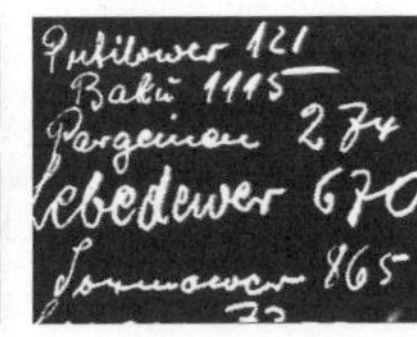
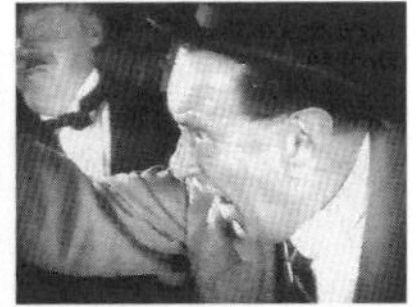

Börsianer stürmen eine Treppe hinauf, Gestikulierende Börsianer, die Tafel mit den Börsenkursen ....

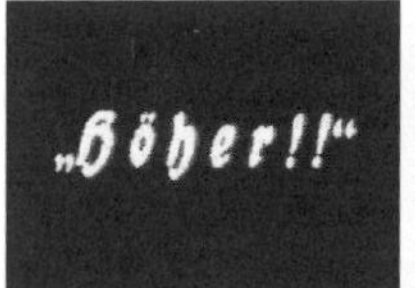

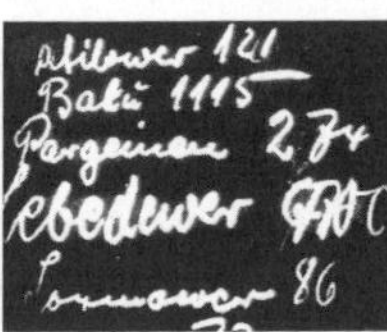
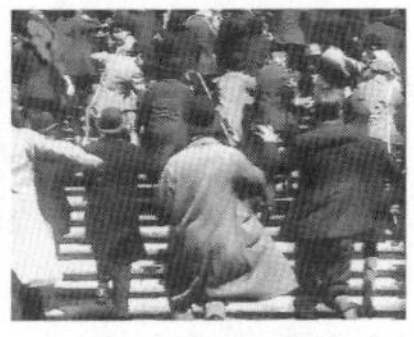
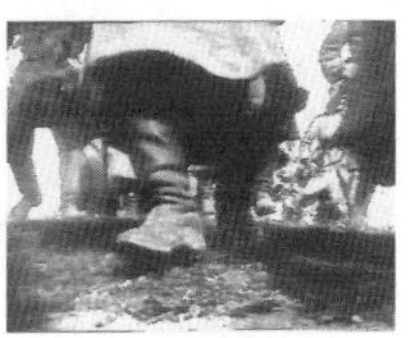

.... Die Börsenkurse steigen, laufende Börsianer.................Angreifende Soldaten ...

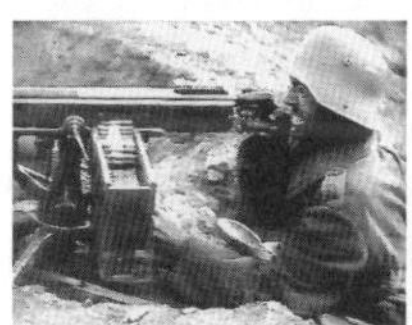
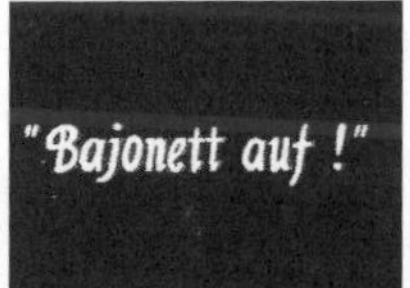

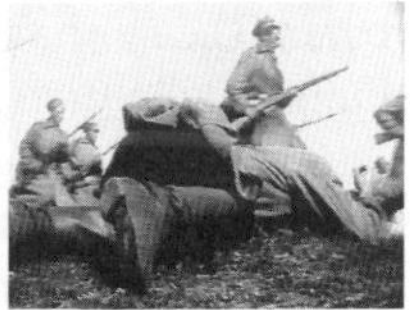
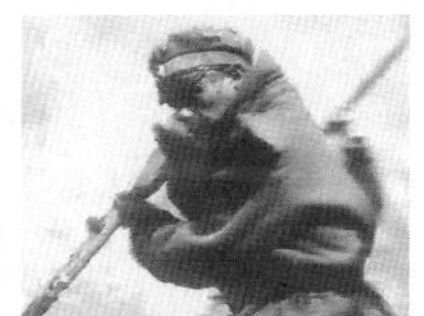

... Maschingewehrfeuer ..... Höhepunkt der Schlacht ....Tote und Verwundete ...... Soldaten im Nahkampf ...

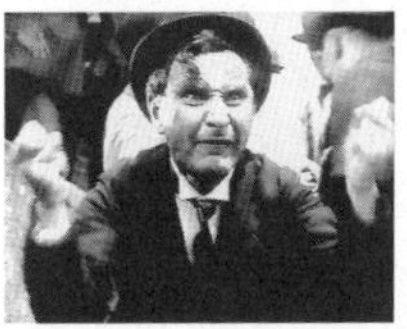
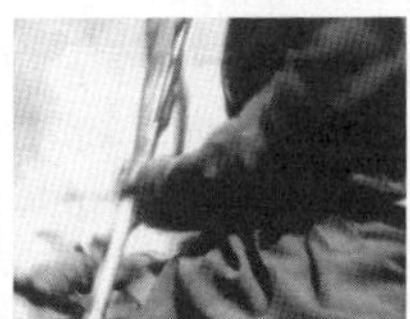
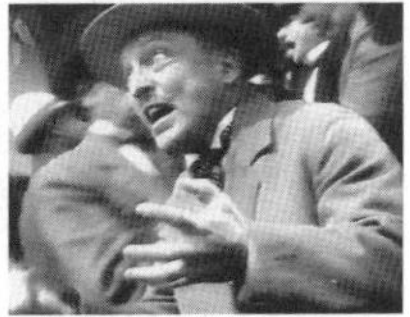
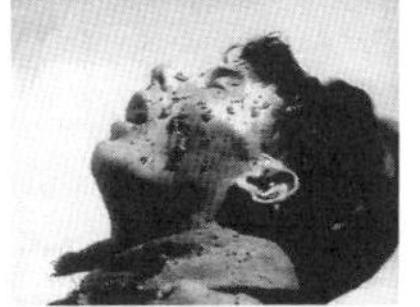

Gestikulierende Börsianer (scheinen Soldaten anzufeuern), Nahkampf .... Sterbender Soldat .....

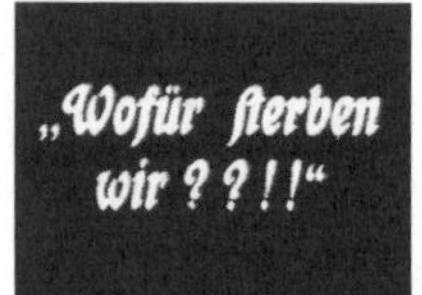

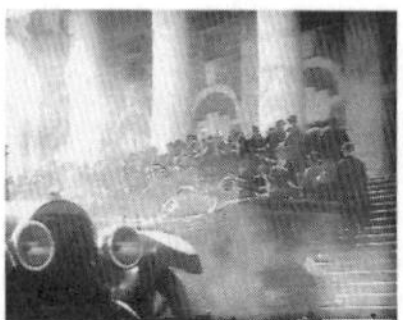
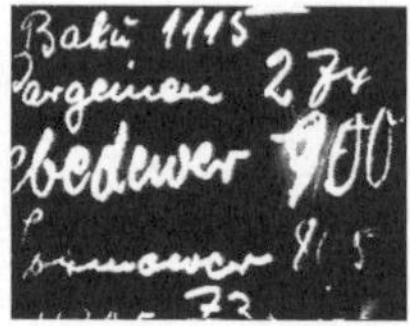
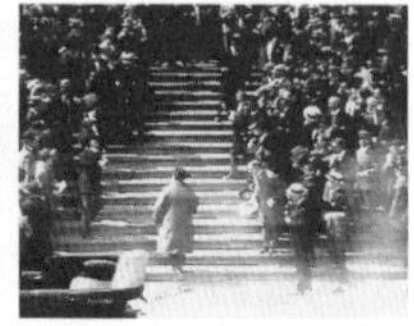

... Pompöses Gebäude (Börse?): Ein Auto fährt vor ... Die Kurse steigen. Ein Mann geht die Treppe hinauf ...

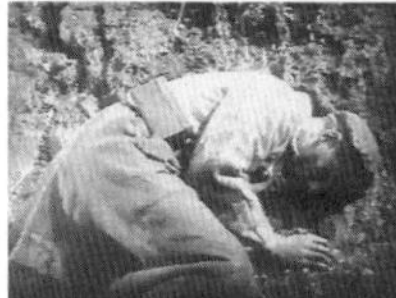
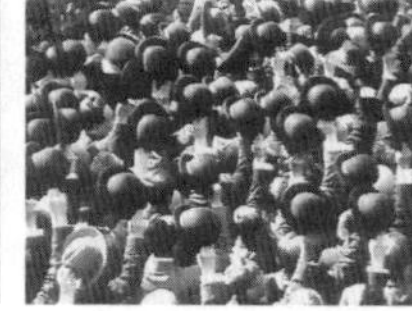
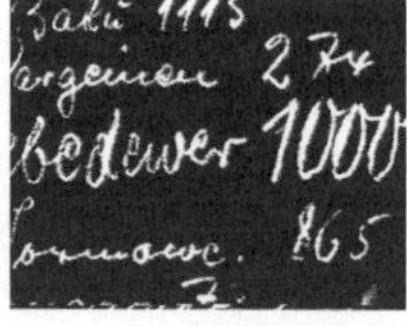
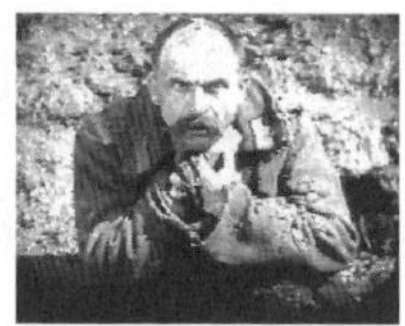

.......Toter Soldat .... Jubelnde Börsianer .... die Kurse sind gestiegen .... Sterbender Soldat ...

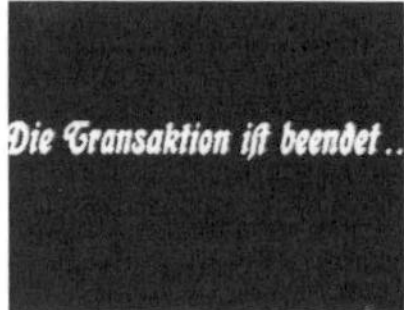

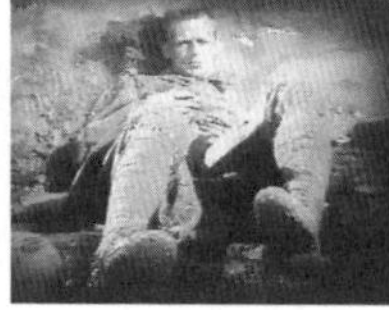
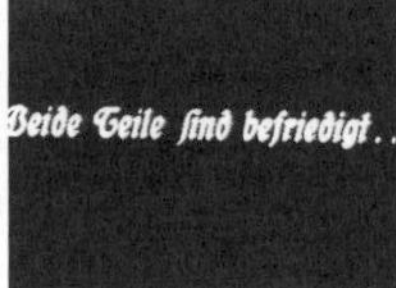

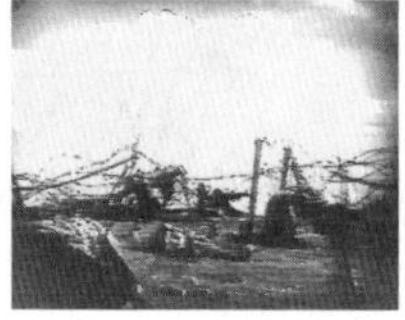

.... Toter Soldat .... Das Schlachtfeld

Abb. 9: ›Krieg–Börsen-Sequenz‹ aus
DAS ENDE VON ST. PETERSBURG (Pudowkin 1928)

Zwei sehr verschiedene Handlungsstränge – das sinnlose Sterben an der Front sowie das finanzielle Interesse der Börsenspekulanten – werden durch direkte Gegenüberstellung in eine inhaltliche Beziehung gebracht. Die kurzen Zwischentitel haben nicht, wie im sonstigen Film dieser Zeit, die Funktion, den fehlenden, da unhörbaren Theaterdialog zu ersetzen. Sie verbinden vielmehr die einzelnen Einstellungen inhaltlich miteinander, kontrastieren sie und spitzen so den für den Betrachter bereits gewonnenen visuellen Eindruck schlaglichtartig zu oder leiten zur nächsten Einstellung über. Aus der Einstellungsabfolge wird die gemeinte Metapher gegen Ende der Sequenz immer deutlicher. Die unterschiedliche Einstellungsdauer emotionalisiert und erhöht die Anspannung des Betrachters. Durch die Montage beider Handlungsebenen, den gezielten Einsatz verschiedener Einstellungsgrößen, -längen und -inhalte wird also einerseits eine Spannungssteigerung, eine ›emotionelle Dynamisierung‹ (Eisenstein) erreicht und andererseits der komplexe Zusammenhang ›Funktion des kapitalistischen Krieges‹ sinnlich-konkret erfahrbar dem Betrachter vermittelt. Es geht, generell gesagt, mit dieser Form der Montageverwendung darum, nicht nur Sichtbares *sichtbar* zu machen, sondern durch Aufzeigen der Kausalzusammenhänge, der Hintergründe einer Handlung, eines Geschehens oder einer Situation in ihrer Verallgemeinerung das Sichtbare *durchschaubar* zu machen.

Die sowjetischen Filme wurden bereits kurze Zeit nach ihrer Herstellung mit großem Erfolg (vor allem PANZERKREUZER POTEMKIN) auch in den westlichen Ländern gezeigt und hatten wesentlichen Anteil an der gestiegenen Wertschätzung des Films als künstlerisches Medium. In Verbindung mit der u.a. im deutschen Film erprobten Beleuchtungstechnik (DAS CABINET DES DR. CALIGARI, Wiene 1920 etc.) und den atmosphärischen Möglichkeiten der Kamerabewegung (›Entfesselte Kamera‹: DER LETZTE MANN, Murnau 1924 etc.) waren mit der Montage wesentliche Elemente einer ausgereiften Stummfilmästhetik etabliert. Zwar ging ein Großteil dieser Erfahrungen mit der Umstellung auf den Tonfilm ab Ende der 1920er Jahre verloren, da man nun den Ton als primären Informationsträger einsetzen konnte, aber einige Momente – wie die rhythmische Gliederung der Filmerzählung, der gezielte Einsatz verschiedener Einstellungsgrößen und Kamerabewegungen sowie die Bedeutung des Filmschnitts für die Gesamtwirkung – haben sich bis heute erhalten. Vor allem die Möglichkeit, durch Parallelmontagen, alternierende Einstellungslängen und -größen die Erregung des Kinopublikums zu steigern, ist ein zentrales Moment zahlreicher Kriminalfilme, Thriller und Action-Filme geblieben.

In den 1930er Jahren wurde zudem das bereits im frühen Stummfilm eingesetzte *Schuss-Gegenschuss*-Verfahren (›Over-the-shoulder-shot‹) vor allem für die Darstellung von Dialogen üblich (Abb. 10): Neben den Einstellungen zur Orientierung, in denen die Gesprächspartner oder Kontrahenten in der Regel gemeinsam zu sehen sind, zeigt die Kamera bei durchlaufendem Ton in schnellem Wechsel die beteiligten Personen frontal, meist über die Schulter des jeweiligen Gegenübers gefilmt:

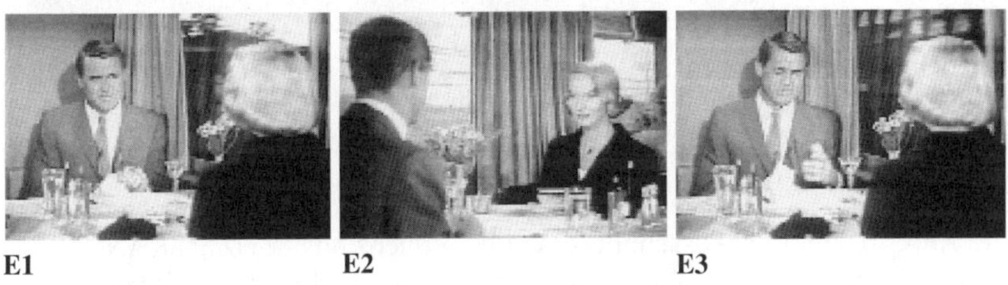

E1 **E2** **E3**

Abb. 10: Schuss-Gegenschuss-Verfahren
am Beispiel DER UNSICHTBARE DRITTE (Hitchcock 1959)

In diesem Zusammenhang ist außerdem die *Plansequenz* zu nennen. Anders als bei der Montage sowie dem Schuss-Gegenschuss werden hier etwa ein Dialog oder eine komplexere Situation nicht in eine Folge einzelner Einstellungen aufgelöst, sondern durchgängig (also ohne Schnitt-Unterbrechung) in *einer längeren Einstellung* präsentiert, die einzelnen Kamerapositionen und Handlungsebenen im Raum mit aufwendigen Kamerabewegungen oder durch Verlagerung der Tiefenschärfe verbunden. Die Plansequenz ist daher besonders geeignet, die visuelle, sprachliche, räumliche und zeitliche Kontinuität eines Handlungsablaufs hervorzuheben.

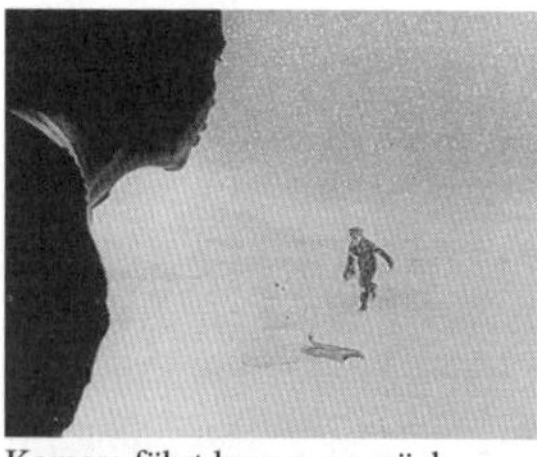
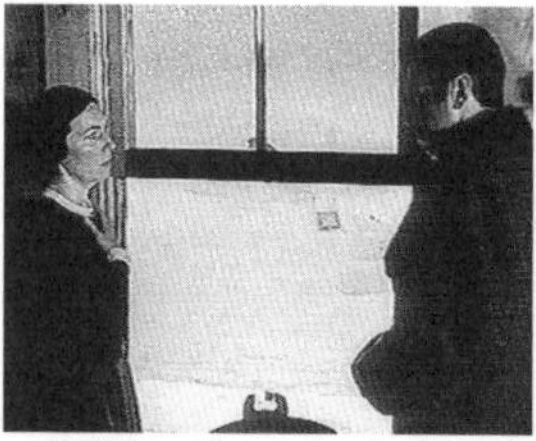
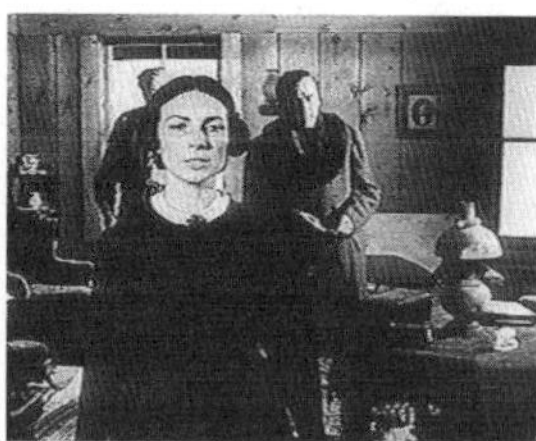

Kamera fährt langsam zurück .... begleitet die handelnden Personen, die in den Vordergrund gehen ..

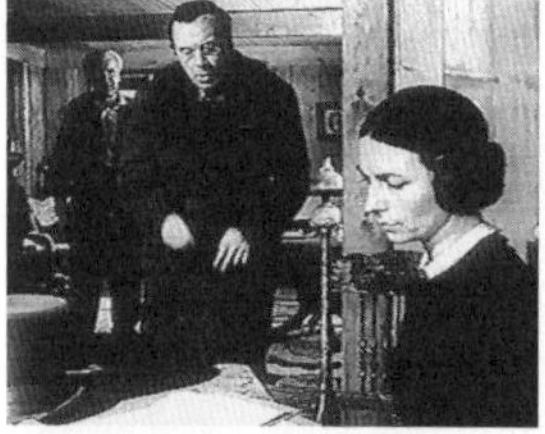
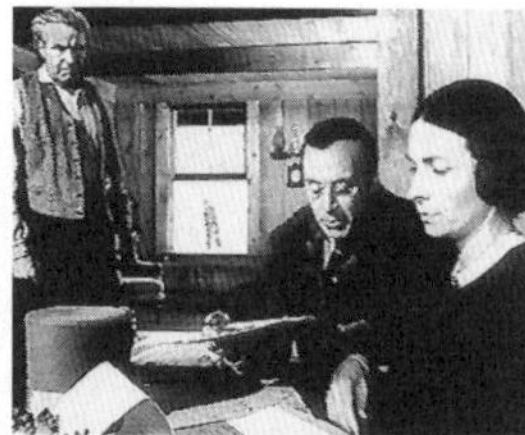
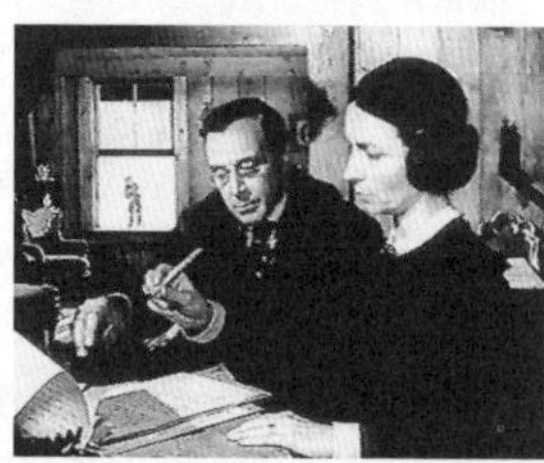

... und sich an den Tisch setzen .... Kamera steht: Diskussion ... leichter Schwenk nach rechts, Ranfahrt

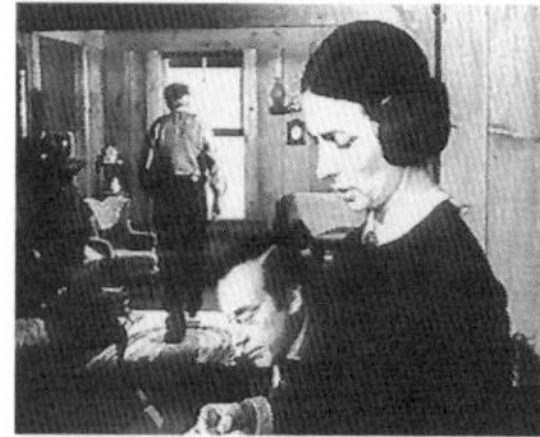
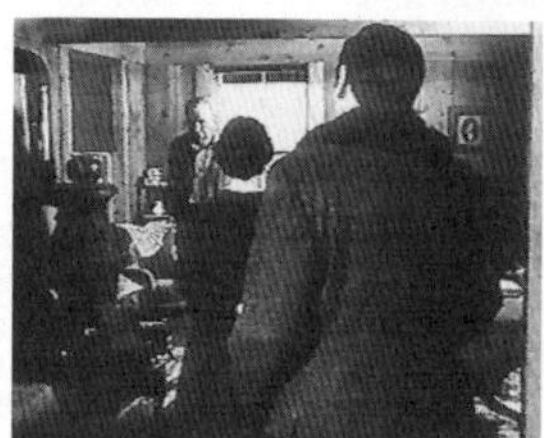
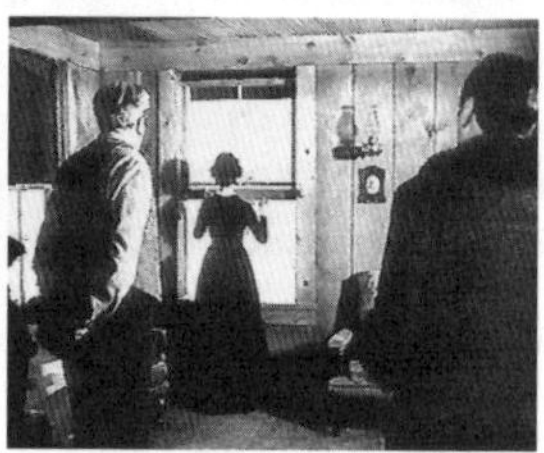

die Personen erheben sich .... gehen wieder in die Bildtiefe, die Kamera folgt ihnen ....

Abb. 11: Klassische Plansequenz
CITIZEN KANE (Welles 1940)

Die Abb. 11 gibt (als Ausschnitt) eine Plansequenz aus CITIZEN KANE (Welles 1940) wieder: Ein Bankier besucht die durch eine Erbschaft plötzlich reich gewordenen Eltern des jungen Charles Foster Kane, um mit ihnen die Zukunft ihres Kindes zu besprechen. Dieses wird – verbunden mit Kamerafahrten und -schwenks – in einer ausgedehnten Einstellung gezeigt, wobei auch der draußen im Schnee spielende Junge, um den es im Gespräch geht, mehrfach im Bildhintergrund zu sehen ist.

3.1.4 Kamera-/Blickperspektive

Durch den Aufnahmewinkel, in dem sich die Kamera zum Objekt befindet, wird dem Betrachter ein bestimmtes Verhältnis zu den abgebildeten Personen oder Gegenständen vermittelt. So kann beispielsweise eine von der *Augenhöhe* abweichende, sehr niedrige Kameraposition (*Untersicht*, *Froschperspektive*) Macht und Stärke suggerieren und umgekehrt ein erhöhter oder sehr hoher Kamerastandpunkt (*Aufsicht*, *Vogelperspektive*) Unterlegenheit, Einsamkeit, Schwäche der gezeigten Person nahelegen.

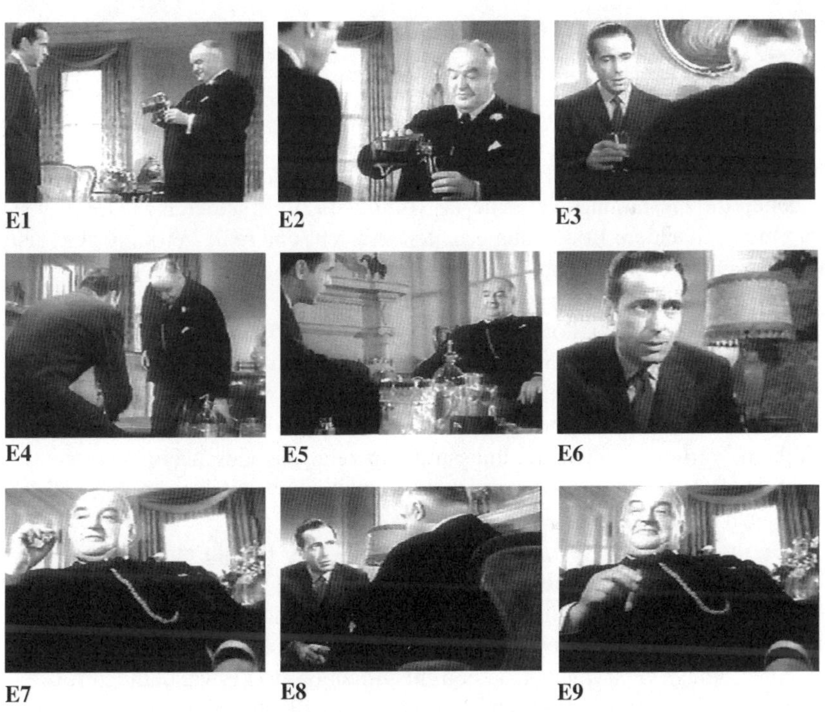

Abb. 12: Schuss-Gegenschuss-Verfahren mit Wechsel der Kameraperspektive (Augenhöhe, Untersicht, Aufsicht) am Beispiel DER MALTESER FALKE (Huston 1941)

Die Abb. 12 zeigt eine Gesprächssituation als Schuss-Gegenschuss in Kombination mit deutlichen Perspektivenwechseln: Der selbstbewusste, aber völlig im dunkeln tappende Privatdetektiv Sam Spade alias Humphrey Bogart (Augenhöhe, leichte Aufsicht) versucht von seinem undurchsichtigen Gegenüber (Augenhöhe, starke Untersicht) Informationen über die geheimnisvolle Statue des Malteser Falken zu bekommen, die dieser aber nicht preisgeben will. Ähnlich können durch ›gekippte‹, von der Waagerechten abweichende Kamerapositionen Hinweise auf die Befindlichkeit der Protagonisten (im Sinne einer »emotionalen Schieflage«) gegeben werden oder als Gefahrensignale die Unsicherheit der betreffenden Situation verdeutlichen (Abb. 13).

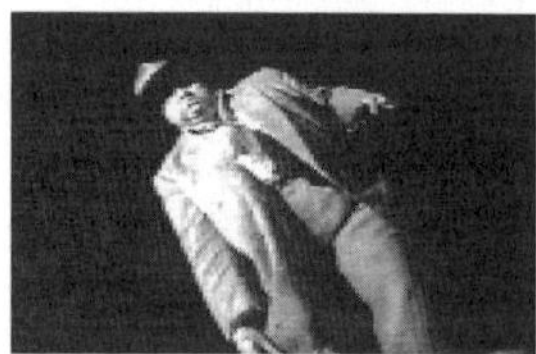
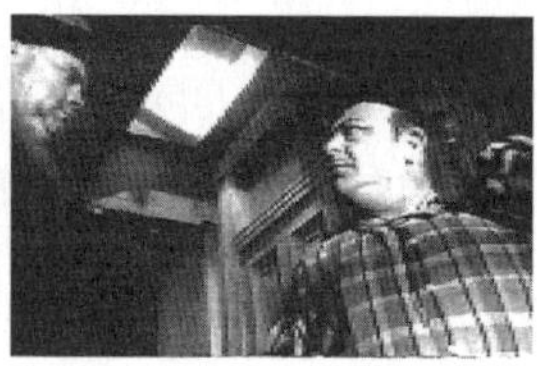
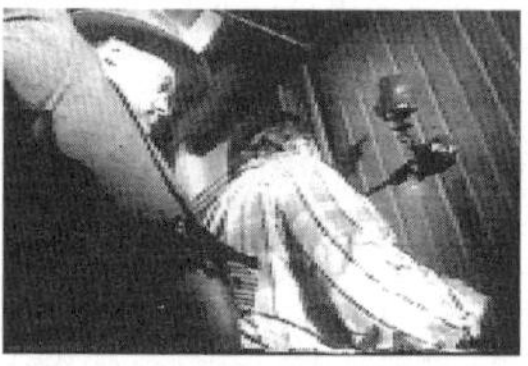

Abb. 13: ›Schiefer‹ Kamerawinkel mit starker Untersicht
zur atmosphärischen Unterstützung der Handlung
IM ZEICHEN DES BÖSEN (Welles 1958)

Wie bei all diesen Konventionalisierungen gibt es aber immer Gegenbeispiele, in denen die Gestaltungselemente in Kombination mit anderen Faktoren wieder eine ganz andere Bedeutung erhalten. Absicht und reale Wirkung sind also nur innerhalb des jeweiligen Handlungskontextes zu bewerten.

Eine weitere Form der gezielten Verwendung der Blickperspektive ist die *»subjektive Kamera«* (›Point of View shot‹) als Möglichkeit, das Kinopublikum unmittelbar in die Handlung einzubeziehen, es mit den Augen eines oder mehrerer der Akteure sehen zu lassen. Diese häufig auch mit unruhigen, stark bewegungsbetonten Kameraaktivitäten (Seitfahrten, Reißschwenks, ›shutter‹-Effekten) verbundene Darstellungsstrategie zeigt das Geschehen also aus der Sicht der Beteiligten und versucht so, deren subjektive Wahrnehmung auf den Betrachter zu übertragen.

Beispiel VERTIGO (Hitchcock 1958): Die Abb. 14 gibt eine Einstellungsfolge des Films als Storyboard wieder. Ein Privatdetektiv soll eine junge Frau im Auftrag ihres Ehemannes beobachten, da sie sich merkwürdig benimmt und offenbar selbstmordgefährdet ist. Sie scheint sich langsam in das Gemälde einer längst verstorbenen, geheimnisumwitterten Verwandten ›zurückzuverwandeln‹, wie der Detektiv und durch den ›subjektiven Kamerablick‹ auch der Betrachter bemerken: Die junge Frau ist in einem Museum verschwunden. Der Detektiv findet sie schließlich, völlig regungslos auf einer Bank sitzend, in ein Gemälde vertieft (E2). Er beobachtet sie aus einiger Entfernung. Sein Blick fällt auf den neben ihr liegenden Blumenstrauß (E4). Die Kamera schwenkt langsam nach oben – auf das Porträt einer Frau, die im Stil des vorigen Jahrhunderts gekleidet ist – und ›fährt‹ (Zoom) näher heran: Sie hält einen Blumenstrauß in der Hand, der mit dem der Besucherin identisch ist. Schnitt. Sein Blick fällt auf ihre Frisur (E7). Die Kamera ›fährt‹ (zoomt) näher heran, bleibt für einen Moment auf ihrem schneckenförmig zusammengelegten Haar-

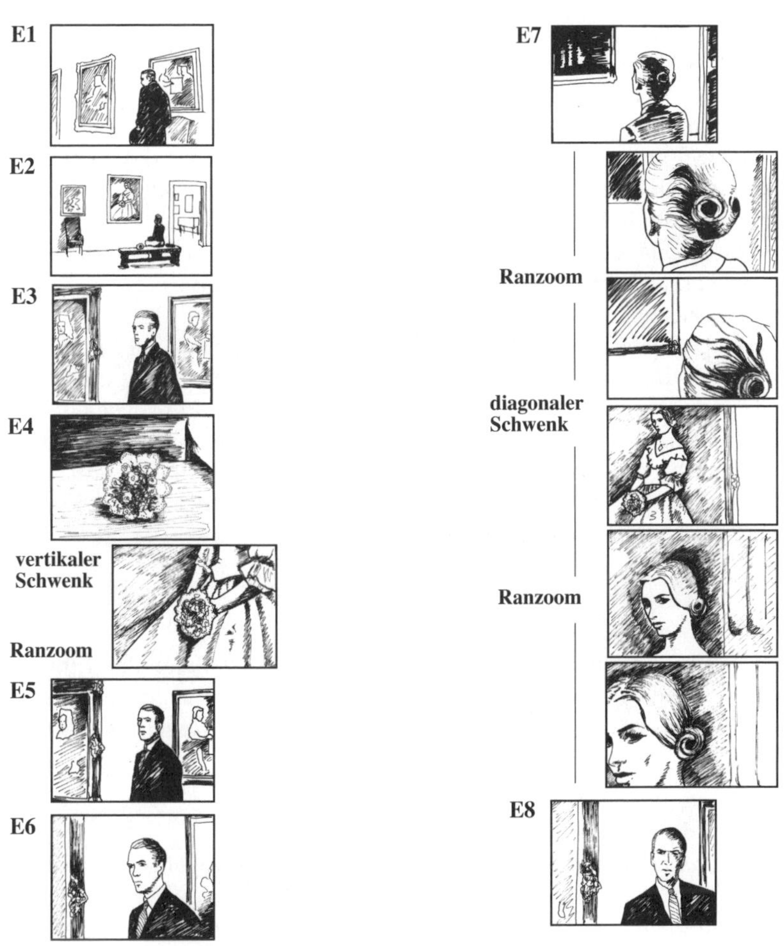

Abb. 14: Storyboard aus VERTIGO (Hitchcock 1958)
Quelle: Korte 1990a

knoten am Hinterkopf stehen und schwenkt wieder langsam auf das Gemälde, nähert sich erneut (Zoom) und zeigt die Frisur der abgebildeten Frau: Sie trägt einen fast identischen Haarknoten. Er betrachtet noch einmal lange das Porträt und die immer noch versunken dasitzende Besucherin (E8), um schließlich den Raum zu verlassen. Beim Herausgehen erfährt er, dass es sich bei dem Bild um das Porträt einer unglücklichen Frau handelt, die vor vielen Jahren Selbstmord begangen hat (ausführlicher dazu Korte 1990a).

3.2 Transkriptionen

In der Analysepraxis haben sich zwei unterschiedlich differenzierte Transkriptionen entwickelt: das auf den kleinsten filmischen Einheiten beruhende und in der Regel sehr umfangreiche Einstellungsprotokoll sowie das an einzelnen Handlungselementen orientierte überschaubarere, aber auch ›gröbere‹ Sequenzprotokoll. In beiden Fällen wird der Film in eine lineare Form gebracht, der visuelle und auditive Ablauf inhaltlich, in seiner Zeitstruktur, den Kameraaktivitäten und sonstigen Besonderheiten notiert – als Basis für alle folgenden Untersuchungen.

Daneben haben beide Formen eine weitergehende Funktion für den Analyseprozess. Denn der Akt der systematischen Erfassung zwingt zur genauen Beobachtung und eröffnet damit die Möglichkeit, den Film weitaus besser kennenzulernen als bei einer auch mehrfachen reinen Betrachtung. Häufig ergeben sich bereits auf dieser Ebene wertvolle Hinweise für die Präzisierung der leitenden Fragestellung oder heuristische Vorannahmen für die Konkretisierung der Untersuchungsschwerpunkte.

3.2.1 Einstellungsprotokoll

Beim Einstellungstranskript als systematischer Darstellung der filmischen Sukzession werden für jede einzelne Einstellung alle wesentlichen Informationen tabellarisch notiert (Abb. 15). Es umfasst in der Regel als gesonderte Rubriken:

1. fortlaufende *Numerierung* der einzelnen Einstellung
2. *Länge* der einzelnen Einstellungen in Sekunden
3. *Kameraaktivitäten*: Einstellungsgrößen, Kamerabewegungen, Kameraperspektiven etc.
4. *Beschreibung* des Bildinhaltes, des Handlungsablaufs etc.
5. *Tontrakt*: Dialoge, Kommentare, Geräusche, Musik etc.

Die einzelnen Rubriken lassen sich natürlich je nach Untersuchungsschwerpunkt umstellen und beliebig erweitern, wobei allerdings zu berücksichtigen ist, dass der mögliche Differenzierungsgrad des Filmprotokolls nicht zwangsläufig in einem adäquaten Verhältnis zu den daraus ableitbaren Erkenntnissen steht, häufig die dafür aufgewandte Mühe der eigentlichen Analyse verlorengeht. Denn das Protokoll ist auch bei Einbeziehung aller denkbaren Informationen immer nur ein Hilfsmittel (ohne eigentlichen Selbstzweck), dessen Bedeutung sich nur aus dem Wert für die wissenschaftliche Untersuchung ergibt. Die Entscheidung also über die Ergänzung um weitere Rubriken wie auch die Frage, ob der gesamte Film oder nur ausgewählte Sequenzen in der angege-

Nr.	Sek	Kamera	Beschreibung	Ton
1	13	KS HT T	Bramante geht die Treppen hinab auf den Platz.	Musik
2	34	PF/KS T	Papst steigt vom Pferd, Bramante kommt ins Bild.	B: Michelangelo ist noch schwach. Es wird noch einige Zeit vergehen, bis er das Gerüst besteigen kann.
		KS links	P und B gehen die Treppe hinauf zu Raffael.	P: Wie lange meint Ihr? B. Ich fürchte, nie! P: Die Decke muß fertig werden. B: Da ist etwas, das ich Euch zeigen möchte.
3	3	T	Frau steigt vom Pferd, offensichtlich die Mätresse des Papstes.	Musik (wie 1)
4	13	KS T HT	P und B gehen an Raffaels Arbeitsplatz. Er malt.	Musik (wie 1)

(KS=Kameraschwenk / HT=Halbtotale / T=Totale / PF=Parallelfahrt)

Abb. 15: Einstellungsprotokoll (Auszug)
MICHELANGELO – INFERNO UND EKSTASE (Reed 1964)
Quelle: Korte 1990b

benen Form protokolliert werden, kann also nicht abstrakt gelöst werden, sondern hängt unmittelbar von der zugrundegelegten oder avisierten Fragestellung ab.

Ähnliches gilt auch für die Wiedergabe des gesamten Dialogs und die exakte numerische Zeitangabe aller Einstellungen eines Films. Beides sind sehr zeitintensive Vorarbeiten für die Analyse, die häufig nur bedingt Eingang in die nachfolgende Untersuchung finden.[21] Vielfach ist es sogar sinnvoller (und ökonomischer), nur die Sequenzen ausführlich zu protokollieren, die genauer untersucht werden sollen (sofern dieses bereits vorher feststeht), und die sonstigen Filmteile allgemeiner, zusammenfassend zu beschreiben. Für vergleichende Analysen mehrerer Filme ist eine jeweils vollständige Transkription aller Beispiele meist aus zeitlichen Gründen ohnehin kaum durchführbar.

In der Regel ist die oben beschriebene fünfspaltige Darstellung und eine entsprechende Grobstrukturierung der Einstellungsgrößen (Große, Nahe und

21 Daneben wäre allerdings aus einem übergeordneten Interesse heraus (das mit dem legitimerweise gerichteten des Untersuchenden nicht unbedingt übereinstimmen muss) die Anfertigung kompletter Transkriptionen wissenschaftlich sinnvoll, da nur auf dieser Basis eine Weiterbearbeitung des Materials unter einer anderen Fragestellung, von einem anderen Autor etc. möglich ist.

Totale) als Analysebasis ausreichend. Bei Bedarf können immer noch einzelne Details für genauer zu untersuchende Sequenzen nachträglich hinzugefügt werden, etwa wenn neu auftauchende Gesichtspunkte eine Schwerpunktverschiebung erforderlich machen. Zudem ist die mediale Umsetzung immer mit einem Informationsverlust verbunden. Sowohl die für das Medium typische und vielfach linear gar nicht darstellbare Interdependenz von Bild, Ton, Schnittrhythmus etc. als auch die sinnlich-affektiven Wirkungsmomente können auf diese Weise nur unzulänglich erfasst werden.

	Bild	Dauer	Handlung	Ton
E8		**2 Sek**	Eine fette, mopsähnliche Bulldogge (Bulli), die sich gelangweilt im Stuhl räkelt	ächzend: »Eins, zwei, eins, zwei«
E9	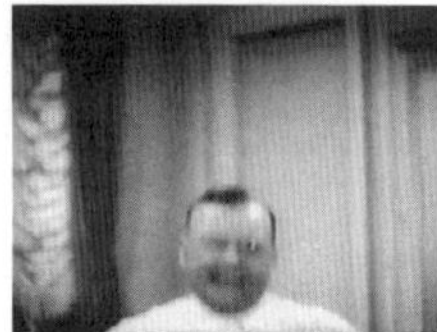	**15 Sek**	Der Hausherr beim Frühsport. Anton, dessen verkniffenes Gesicht eine auffallende Ähnlichkeit mit seinem Hund aufweist, erscheint immer mal wieder kurz im Bild: Er übt sich ächzend und stöhnend im Hanteltraining und führt gleichzeitig Kniebeugen aus, so daß sein Kopf (bei statischer Kamera) mehrfach nach unten wegtaucht.	ächzend: »Eins, zwei, eins, zwei« 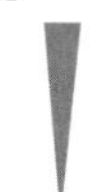 ächzend: »Eins, zwei, eins, zwei, drei«
E10	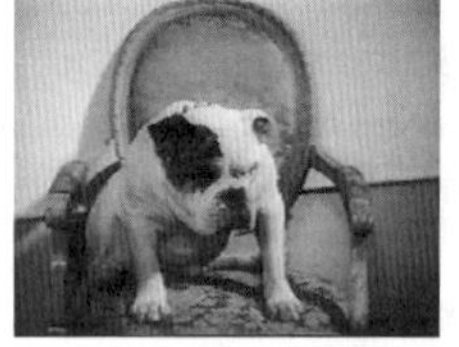	**4 Sek**	Bulli, gelangweilt	ächzend: »Eins, zwei, eins, zwei«

Abb. 16: Transkript mit Einstellungsfotos (Auszug)
ZU BEFEHL, HERR UNTEROFFIZIER (Schönfelder, D 1931)
Quelle: Korte 1998

Effektiver als eine wesentlich weitergehende Detaillierung auf der verbalen Ebene kann schon eher die Einbeziehung visueller Notizen wie Einstellungsfotos oder Storyboards einzelner Motivketten, Sequenzen oder auch des gesamten Films sein, zumal damit auf die immer subjektiv gefärbte Bestimmung der Einstellungsgrößen (s.o.) sowie eine genaue Beschreibung der Bildinhalte verzichtet werden kann. Die Abb. 16 gibt einen Ausschnitt aus einem entsprechend aufbereiteten Transkript, in dem die Einbeziehung von Videoprints vor allem dazu dient, die ironisierende Kombination von Kamerastrategie und Toneinsatz zu verdeutlichen. In anderen Fällen kann es sinnvoller sein, an Stelle derartiger Fotos (per Hand erzeugte) Skizzen zu verwenden, etwa bei sehr dunkel ausgeleuchteten Einstellungsfolgen oder um die Bewegungsrichtungen, einzelne Personen und Objekte hervorzuheben.

Ein ausführlicher dokumentiertes Beispiel soll die damit über die reine Bestandsaufnahme hinaus gegebenen spezifischen Untersuchungsmöglichkeiten verdeutlichen.

Beispiel DER CHORAL VON LEUTHEN (Froelich, D 1933): Anfang Februar 1933, einige Tage nach Hitlers Ernennung zum Reichskanzler (der ›Machtergreifung‹) kam DER CHORAL VON LEUTHEN in Stuttgart zur Uraufführung – ein sogenannter »Fridericus-Film«, der den ›Führergedanken‹ an der Figur Friedrichs des Großen historisch zu legitimieren sucht. Geschildert wird eine Episode aus dem dritten »Schlesischen Krieg« (1756–1763): Die preußische Armee muss sich in aussichtsloser Lage vor den siegreichen Österreichern zurückziehen. Gegen den Rat seiner kleingläubigen Generäle, nur auf die Treue und Opferbereitschaft seiner Grenadiere gestützt, gelingt es dem preußischen König, mit Durchhaltewillen, militärischer List und dem Glück des Mutigen den übermächtigen Gegner schließlich zu schlagen. Wie eine genauere Untersuchung zeigt,[22] ist der Film als kathartischer Wandlungsprozess inszeniert, den der Betrachter ähnlich einem Initiationsritual durchlaufen soll. Das Publikum wird dabei in mehreren sich steigernden Schritten subtil in das Geschehen hineingezogen, so dass man schließlich meint, selbst mitzumarschieren, die anfängliche Verzweiflung sowie das aufkommende heroische Bedürfnis zu spüren, einem mit übermenschlichen Qualitäten ausgestatteten berufenen Führer dienen zu dürfen.

Um den für diese Wirkungsabsicht zentralen Faktoren auf die Spur zu kommen, wurden zunächst mehrere Einzeluntersuchungen vorgenommen, die aber letztlich wenig überzeugende Ergebnisse brachten. Erst die detaillierte ›Beschreibung‹ der Bewegungsrichtungen im Bild als Storyboards mehrerer ausgewählter Sequenzen belegte, dass diese gemeinsam mit einem spezifischen Toneinsatz und den entsprechenden Kameraaktivitäten dafür ausschlaggebend

---

22 Vgl. dazu meine Analyse des Films in Korte 1998, 392ff.

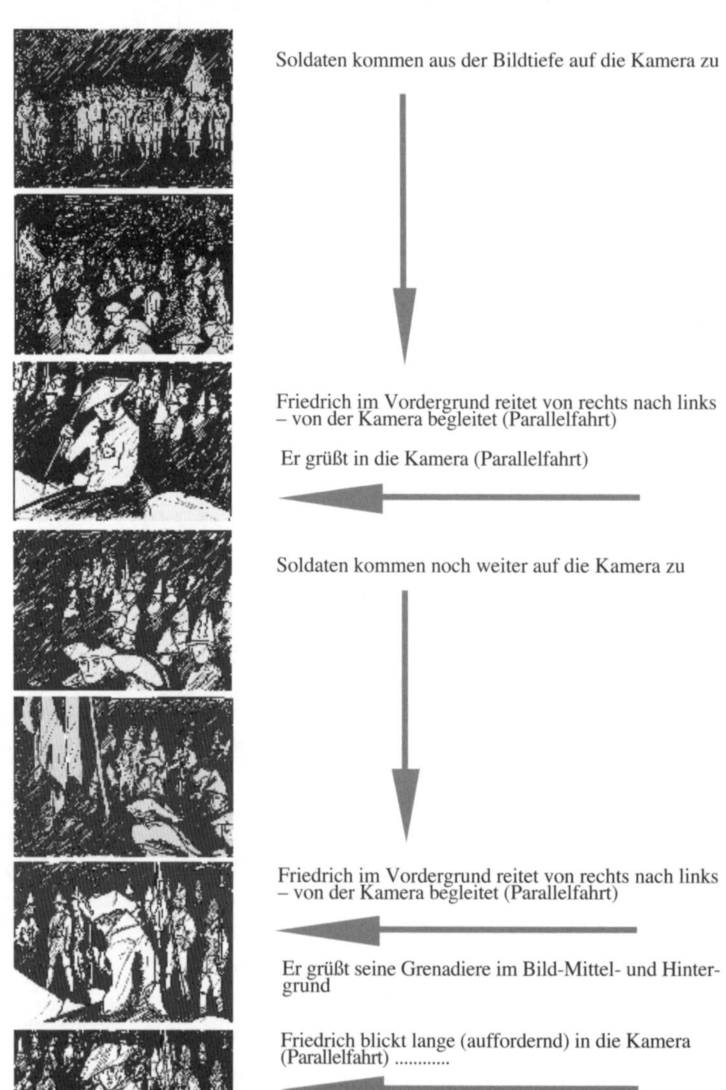

Abb. 17: Storyboard des Finales aus
DER CHORAL VON LEUTHEN (Froelich 1933)
Quelle: Korte 1998

sind. Bereits zu Beginn des Films – die demoralisierten preußischen Truppen ziehen sich zurück, Friedrich erscheint mit frischen Verbänden und gibt ihnen neuen Mut – wird die beschriebene Wirkung durch mehrere direkt auf den Betrachter zukommende Marschsäulen hervorgerufen, die, auf der Höhe der Kamera angelangt, nach links schwenken und anschließend mit klingendem Spiel in den Bildhintergrund ziehen. Die entscheidende Drehbewegung der Truppen vollzieht sich also räumlich auf der Ebene des Publikums, letztlich im Zuschauerraum; der Betrachter wird quasi aus seinem Kinosessel abgeholt und reiht sich ein. Eine ähnlich gezielte Kombination von Bewegungsachsen wiederholt sich mit leichten Variationen im weiteren Verlauf mehrfach und erfährt in dem gut zwei Minuten dauernden nächtlichen Finale noch eine erhebliche Steigerung: In einer von heroischem Optimismus erfüllten gottesdienstähnlichen Dankesfeier ehren die Grenadiere ihren König mit dem Choral »Nun danket alle Gott«:

Aus der tiefdunklen Nacht, von den wenigen Lichtpunkten der Fackeln nur spärlich beleuchtet, schälen sich langsam die Grenadiere heraus, die singend von links nach rechts in einer leichten Diagonale durchs Bild ziehen – dazwischen Friedrich auf seinem Schimmel, gefolgt von den Generälen. Eine zweite Einstellungsfolge, die in der Abb. 17 wiedergegeben ist, schließt sich an. Zunächst nur schemenhaft zu erkennen, kommen die Soldaten aus der Bildtiefe immer näher auf die Kamera zu, bis ihre Köpfe das Format füllen; Friedrich in Halbtotale (Vordergrund), der langsam von rechts nach links reitet (Parallelfahrt) und in Richtung Kamera (!) grüßt; wieder die singenden Grenadiere, nun aber noch näher. Diese Bilder werden im folgenden dahingehend modifiziert, dass die Kamera kontinuierlich weiter heranrückt und die Zahl der gemeinsam mit Friedrich gezeigten Grenadiere deutlich zunimmt. Die nächtliche Szenerie vermischt sich zusehends mit dem Dunkel des Kinosaals zur mythischen Einheit: Friedrich inmitten seiner Getreuen, von denen sich erkennbar nur der eine Teil hinter ihm (im Bild) befindet und der andere offensichtlich *hinter der Kamera* – im Zuschauerraum! Wie zur Bestätigung wird die Halbtotale Friedrichs, der, ständig von der Kamera begleitet, die Front seiner Grenadiere entlangreitet und dabei grüßend ins Publikum blickt, abschließend noch einmal aufgenommen. Nach einer Ab-/Aufblende klingt der Choral über dem Schlussbild langsam aus.

Die Grenze zwischen filmischer Fiktion und der Realität des Zuschauerraums scheint zumindest in diesen Minuten aufgehoben. Der Betrachter – mittlerweile emotional in die Situation fest eingebunden – ›erfährt‹ die mythische Kraft des Königs und empfindet den sakralen Charakter der Siegesfeier bereits als Teil dieser ›Gemeinschaft der Gläubigen‹.

3.2.2 Sequenzprotokoll

Kann aus den o.g. Gründen auf eine differenzierte Bestandsaufnahme in Form eines Einstellungsprotokolls verzichtet werden, so sollte als Minimalvoraussetzung für die Analyse der Film zumindest auf der Ebene der dramaturgischen Einheiten erfasst werden. Der Handlungsablauf wird dazu vom Untersuchenden in Sequenzen und Subsequenzen unterteilt,[23] die einzelnen Stationen inhaltlich-formal beschrieben und zeitlich ermittelt (Abb. 18).

00´00 Titelvorspann

01´52 Sequenz 1: Exposition
01´52 Stadtpanorama, KF durchs Fenster, Hotelzimmer, Sam und Marion.
06´21 Büro. Marion und Kunde. Marion soll Geld zur Bank bringen. Sie geht.
10´20 Marion in Wohnung, packt Koffer und verlässt den Raum.
12´10 Marion fährt aus der Stadt. Chef sieht sie. Landstraße, Dunkelheit.

13´07 Sequenz 2: Wagentausch
13´07 Morgen, Marions Auto am Straßenrand. Der Polizist. Verfolgung.
17´05 Autohändler. Sie tauscht Wagen. Sie fährt los.
22´21 Autofahrt. Monolog. Dunkelheit und Regen.

25´34 Sequenz 3: Marion und Bates
25´34 Ankunft Motel. Rezeption, Eintragung, Schlüsselbord.
28´15 Marion, Norman. Er zeigt ihr das Zimmer (Wort: Badezimmer).
29´26 Marion im Zimmer. Sucht ein Versteck für das Geld. Sie hört das Gespräch Norman – Mutter.
31´58 Marion, Norman. Das Abendessen.
33´50 Gespräch Marion – Norman.
41´35 Das Anmeldebuch. Norman beobachtet Marion beim Ausziehen.

43´54 Sequenz 4: Marion wird ermordet
43´54 Marion im Zimmer, geht ins Bad und duscht.
45´20 Marion wird ermordet. Die Villa.
47´53 Motelzimmer. Norman findet ihre Leiche und beseitigt die Spuren, packt die Leiche in den Kofferraum ihres Wagens.
55´50 Norman versenkt den Wagen im Sumpf.

57´36 Sequenz 5: Sam, Lila und Arbogast
57´36 Laden in Fairvale, Kundin, Sam-Lila, Arbogast kommt hinzu.
61´10 Arbogast recherchiert, sucht nach Marion.
61´30 Arbogast in Bates Motel. Gespräch mit Norman.

Abb. 18: Sequenzprotokoll (Auszug)
PSYCHO (Hitchcock 1960)

---

23 Da die immer auch subjektiven Kriterien unterworfene Sequenzeinteilung zu Unsicherheiten führen kann, sei noch einmal an den Status des Sequenzprotokolls als Hilfsmittel erinnert. Auch hierbei gilt die Faustregel: Die Sequenzeinteilung ist so gut, wie sie hilft, den Film für die *eigene* Analyse aufzuschließen und die Argumentation nachvollziehbar zu machen.

Auch hier sind sowohl die jeweiligen Erfassungskategorien als auch die Darstellungsform den filmischen Besonderheiten und dem eigenen Untersuchungsinteresse anzupassen. Im Vergleich zu dem häufig sehr umfangreichen, unhandlichen und (bezogen auf den gesamten Film) relativ unübersichtlichen Einstellungsprotokoll bietet es die Möglichkeit, den Film auf ein oder zwei Seiten überschaubar darzustellen und damit für die Analyse der filmischen Gesamtstruktur zugänglich zu machen. Darüber hinaus erleichtert es die Belegführung, da beispielsweise argumentative Bezüge auf einzelne Handlungsabschnitte durch Angabe der jeweiligen Subsequenz/Sequenz exakt verortet werden können.

3.3 Instrumente der Visualisierung filmischer Strukturen

Die am Protokoll in der einen oder anderen Form ermittelten qualitativen und quantitativen Ergebnisse über Inhalt, formale Auffälligkeiten, Anzahl und Länge der Einstellungen bzw. der Sequenzen und Subsequenzen bilden die Basis für weitergehende grafische Darstellungen mit dem Ziel, das ›Bauprinzip‹, die spezifische filmische Argumentationsstruktur offenzulegen und damit einer überprüfbaren qualitativen Analyse zugänglich zu machen.

Die quantitativen Feststellungen enden hierbei also nicht in einem mathematischen Wert, sondern bilden das Grundgerüst für ein vielfältig modifizierbares und jederzeit erweiterungsfähiges System von Analysewerkzeugen, die letztlich erst in der interpretativen Zusammenführung einer *qualitativen* Gesamtanalyse ihre Funktion erhalten. Exemplarisch für die darin liegenden Möglichkeiten sollen im folgenden einige der wichtigsten Visualisierungsformen beschrieben und in ihrer analytischen Relevanz verdeutlicht werden, die je nach untersuchtem Film und Erkenntnisinteresse zu modifizieren und ggf. um weitere zu ergänzen sind.

3.3.1 Sequenzgrafik

Die Überführung der ermittelten Sequenzangaben in eine Sequenzgrafik kann die o.g. Arbeitsmöglichkeiten des Protokolls noch erweitern. Dazu werden (bei konstanter Vertikalachse) auf der Horizontalen je nach gewähltem Maßstab (z.B. 1 cm = 1 Min.) die aufeinanderfolgenden Sequenzen und gegebenenfalls die ihnen zugeordneten Subsequenzen in ihrer Länge übertragen und die jeweils abgelaufene Zeit (Min´Sek.) gesondert ausgeworfen (Abb. 19).

Als systematisierte Darstellung der inhaltlichen und formalen Einheiten ist sie ein häufig analytisch sehr effektives Verfahren, um die Sukzession des

00´00	1´35	6´50	**8´45**	16´35	**20´35**	23´00
Titel Vorspann	Kremkes Ängste: Die Buchungsmaschine	K´s Hoffnungen	Kremkes Stolz: Das Heim des Kleinbürgers. Tochter und der Student	Stammtisch: Die »faulen« Arbeitslosen	Die Entlassung	
1. Exposition			**2. Feierabend**		**3. Die ...**	

23´00	27´47	**31´58**	36´05	38´05	**40´57**	43´18	49´50
Erwins Entlassung / Solidarität und Optimismus	Kremkes Bewerbungen und Versuch als Vertreter	Der Besuch: Lene und ihr Student bei Kremke	Pfändung	Lene und Erwin	Suche nach Arbeit	Lene und Erwin, im Strandbad Kremke: wachsende Hoffnungslosigkeit	
... Kündigung		**4. Die Katastrophe**			**5. Der falsche und ...**		

49´50	52´25	55´40	**59´41**	63´14	**65´11**
Der falsche Stolz	Eskalation. Lene verläßt das Haus	Verlobung mit Erwin. Kremkes Verzweiflung	Verzweiflung versus Optimismus	Freitod Demonstration	
... der richtige Weg			**6. Schluss**		

Abb. 19: Differenzierte Sequenzgrafik
LOHNBUCHHALTER KREMKE (Harder 1930)
Quelle: Korte 1991a

Films visuell nachvollziehbar zu machen und neben Orientierungsmöglichkeiten für den Untersuchenden (Gedächtnisstütze) Anhaltspunkte für das Erkennen von Gesetzmäßigkeiten in der Sequenzabfolge zu liefern. Eine wichtige Voraussetzung für die interpretatorische Nutzung ist allerdings, dass die grafische Umsetzung der Zeitstruktur durch stichwortartige, inhaltliche Angaben ergänzt wird, da nur so eine schnelle Identifizierung der einzelnen Sequenzen möglich und die notwendige Referenz zu den gemeinten Handlungseinheiten des Films herstellbar ist.

Häufig ist eine derart differenzierte Darstellung allerdings nicht erforderlich. In diesem Fall kann eine vereinfachte (überschaubare) Form gewählt werden. Hierbei ist (mit Rücksicht auf Buchformate) die Zeitachse in die Vertikale verlegt. Am linken Rand wird die jeweils abgelaufene Zeit angegeben und zugleich als waagerechter Strich in der Grafik (maßstäblich) markiert. Rechts erfolgt die dazugehörende Benennung/Kurzbeschreibung der Sequenzen und Subsequenzen (siehe Abb. 20).

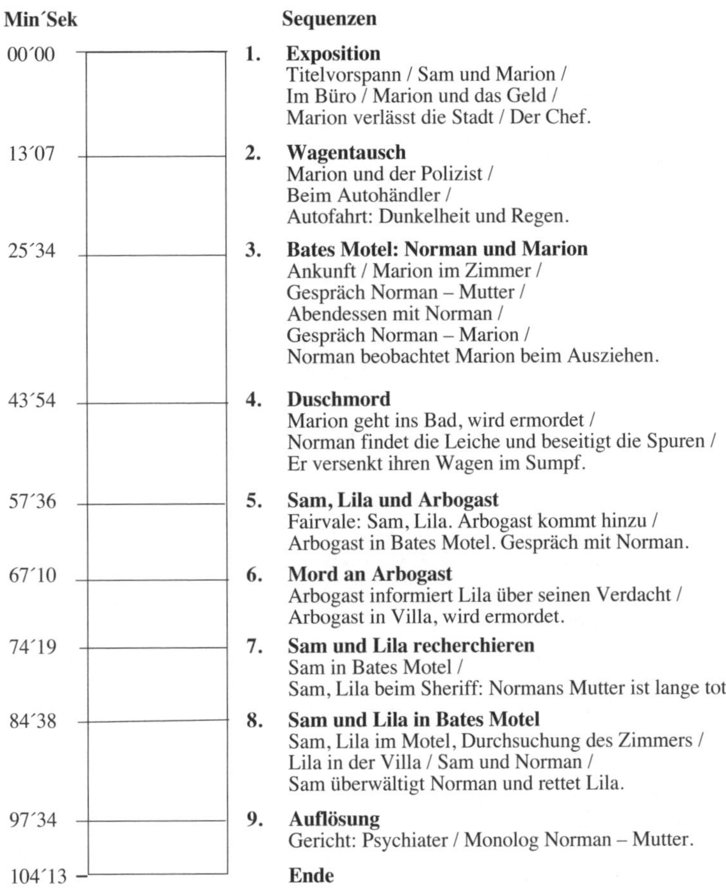

Abb. 20: Vereinfachte Sequenzgrafik
PSYCHO (Hitchcock 1960)

3.3.2 Einstellungsgrafik

Dient bei der zuvor erläuterten Sequenzgrafik die Länge der Sequenzen und der ihnen zugeordneten Subsequenzen als Darstellungsparameter, so basiert das im folgenden beschriebene Instrument der Einstellungsgrafik – wie der Terminus vermuten lässt – auf der Länge der einzelnen Einstellungen, also den kleinsten objektiv messbaren Einheiten eines Films: Auf der Waagerechten als Zeitachse wird (bei konstant gesetzter Vertikalachse) jeder Schnitt durch einen senkrechten Strich markiert. Die jeweiligen Abstände entsprechen also den unterschiedlichen Einstellungslängen.[24] Erkennbar wird die Feinstruktur des Films, die metrische Montage, die begründete Aussagen über den spezifischen Zusammenhang von formaler Spannung und inhaltlich erlebter Spannung ermöglicht.

Mit Formalspannung wird hier die durch Schnitthäufigkeit hervorgerufene Spannung bezeichnet, die mit der vom Betrachter erlebten keineswegs übereinstimmem muss. Die in der Rezeption empfundene Spannung beruht neben den situativen und individuellen Gegebenheiten in der Regel gerade auf dem Zusammenwirken inhaltlicher – aus der Handlung, der inhaltlichen Betroffenheit resultierender – und formaler Faktoren (Ton-, Beleuchtungseinsatz, Aktivitäten der Kamera, Schnittfrequenz etc.). So verweist auch eine auffallend niedrige Schnittfrequenz in einzelnen Abschnitten eines Films nicht unmittelbar auf eine geringere Spannungsempfindung. Gerade dieser Umstand kann auf besonders starke Kameraaktivitäten, Kamerabewegungen (Plansequenzen etc.) oder inhaltlich bestimmte Höhepunkte hindeuten und ggf. die Erprobung speziell ausgerichteter (quantitativ-grafischer) Beschreibungsformen erforderlich machen.[25] Andererseits sind bei vielen klassisch montierten Stummfilmen und frühen Tonfilmen direkte Bezüge zwischen Schnittfrequenz und Spannungsaufbau nachweisbar.

Die Untersuchung der durch den Schnittrhythmus erzeugten Formalspannung ist häufig für die Analyse der filmischen Präsentationsstruktur sehr aufschlussreich als ein neben den inhaltlichen Momenten wesentliches Wirkungselement, um durch Aufmerksamkeitslenkung (Tempiwechsel) die Wahr-

---

24 Bei dem sogenannten *Einstellungsprofil* wird zusätzlich die Vertikalachse für die Differenzierung der jeweiligen Einstellungsgrößen funktionalisiert – eine häufig hilfreiche Ergänzung für die Analyse von Kamerastrategie und intendierter Rezeptionslenkung. Da die gleichzeitige Darstellung von Einstellungsgrößen und -längen aber neben einem erheblichen Mehraufwand mit einer gewissen Unübersichtlichkeit und erschwertem interpretatorischen Zugriff verbunden ist, sollte man diese Variante nur in begründeten Fällen und an kleineren, überschaubaren dramaturgischen Einheiten verwenden.

25 Vgl. auch Kap. 3.3.3 – So erzählt beispielsweise Hitchcock in COCKTAIL FÜR EINE LEICHE (1948) über gut 80 Minuten eine hochgradig spannende Kriminalgeschichte, die bis auf einen Anfangsteil nur durch wenige kaum bemerkbare Schnitte unterbrochen wird und statt dessen die einzelnen Handlungsorte und -details in einem speziell präparierten Studio mit beweglichen Kulissen durch Kamerabewegungen verbindet. Als Einstellungsgrafik dargestellt, würde sich ein langes kaum unterteiltes Band, also eine minimale Formalspannung ergeben. Hieraus ungeprüft auf Langeweile zu schließen, wäre offensichtlich verfehlt. Dagegen können spezielle Variationen der genannten Verfahren aufschlussreich sein, um die Bewegungen der höchst aktiven Kamera, die ständig wechselnden Blickwinkel und fließenden Übergänge der Einstellungsgrößen für die Analyse sichtbar und überprüfbar zu machen.

nehmung und emotionale Befindlichkeit des Betrachters gezielt zu beeinflussen. Außerdem kann die Einstellungsgrafik durch Funktionalisierung für die Darstellung einzelner Wirkungsfaktoren, beispielsweise von auffallenden Beleuchtungssituationen, Kamerabewegungen, wiederkehrenden Bildmotiven, Musikeinsatz oder dem Auftreten der Protagonisten etc., Hinweise und Belege für die Interpretation liefern. Wie u.a. daran deutlich wird, sind die Erkenntnismöglichkeiten dieses Instruments sehr vielfältig.

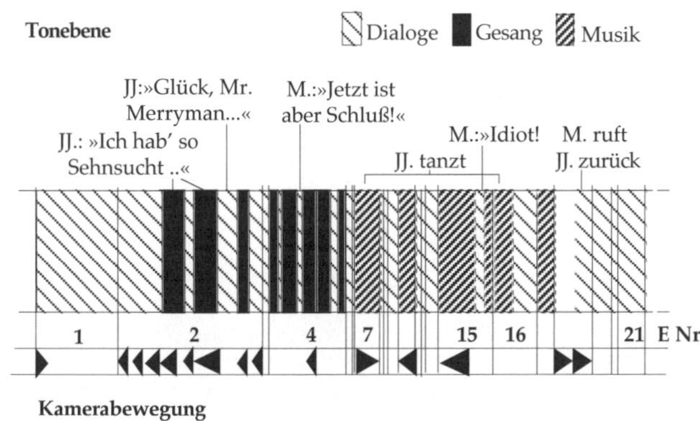

Abb. 21: Funktionalisierte Einstellungsgrafik einer Sequenz
EIN BLONDER TRAUM (Martin, D 1932)
Quelle: Korte 1998

In der Abb. 21 wurde die Einstellungsgrafik beispielsweise eingesetzt, um die fließende Verbindung von Tanz, Gesang, Spiel und Kamerastrategie in einer »Tonfilmoperette« der frühen 30er Jahre genauer untersuchen zu können (vgl. dazu Korte 1998, 339ff.).

Beispiel VERTIGO (Hitchcock 1958): Ein höhenkranker Polizist (Scottie), der sich am Tod eines Kollegen schuldig fühlt und daraufhin den Dienst quittiert hat, übernimmt den Auftrag, die selbstmordgefährdete Frau eines Freundes (Madeleine) zu beschützen und verliebt sich in sie. Hilflos muss er miterleben, wie sie offenbar in einem Zustand geistiger Verwirrung sich von einem Kirchturm stürzt (Sequ. 11, etwa Filmmitte). Er kommt darüber nicht hinweg und trifft – Monate später – eine junge Frau (Judy), die der Toten sehr ähnlich sieht, freundet sich mit ihr an und bringt sie nach und nach dazu, sich in Haartracht und Kleidung immer stärker seiner toten Geliebten anzunähern. Schließlich stellt sich heraus, dass beide Frauen identisch sind. Er geht mit ihr noch einmal an den Ort des Geschehens zurück und zwingt sie, wieder den Turm zu besteigen. Während sie seine Vermutung, dass er nur das unwissende Werkzeug für einen fast perfekten Mordplan war, bestätigt und ihre Liebe zu ihm gesteht, kommt sie durch eigene Schuld tragisch um (Sequ. 17, Finale).

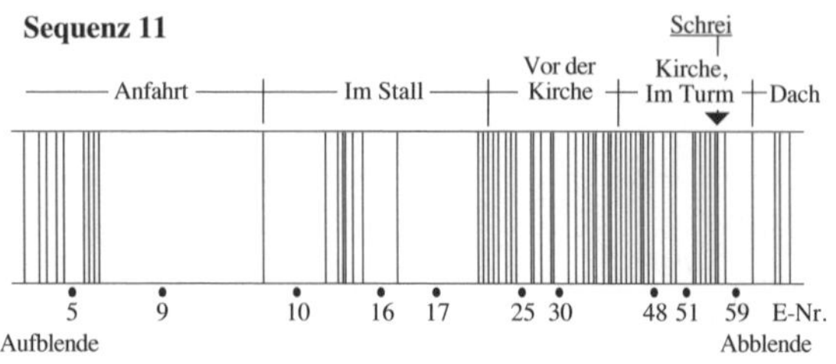

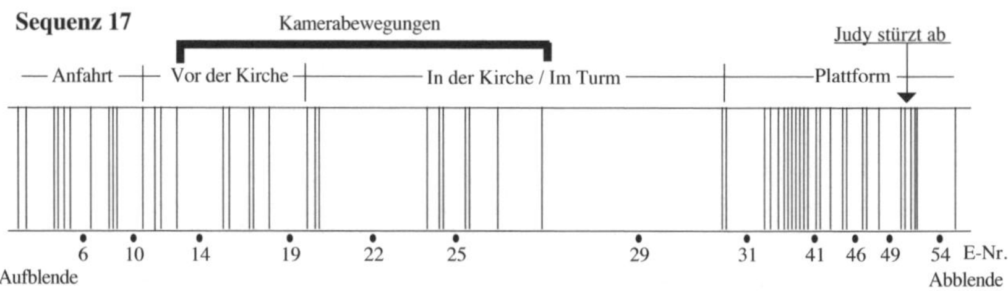

Abb. 22: Einstellungsgrafiken zweier Sequenzen aus VERTIGO – AUS DEM REICH DER TOTEN (Hitchcock 1958)
Quelle: Korte 1990a

Beide Sequenzen (11 und 17) schildern zwar einen weitgehend identischen Handlungsablauf, beteiligen den Betrachter jeweils aber in emotional entgegengesetzter Weise am Geschehen: In der Sequenz 11 verfolgt der Betrachter die dramatische Entwicklung anteilnehmend, aber abwartend ausschließlich aus Scotties Blickwinkel. In der Sequenz 17 ist die Beziehung auch zu den beiden Personen und zum Ausgang der Geschichte eine deutlich andere. Der Betrachter steht emotional eher auf Judys Seite (sie tut ihm leid). Insgesamt ist er an dem Geschehen unmittelbarer, intimer beteiligt. Judys Tod trifft ihn direkt.

Ein Strukturvergleich mit Hilfe der in Abb. 22 gegebenen Einstellungsgrafiken verdeutlicht die dafür ausschlaggebende Verbindung verschiedener Wirkungsfaktoren. Zunächst fällt auf, dass die Sequenz 11 trotz der höheren Einstellungszahl (62 zu 54) mit 6'14 Minuten deutlich kürzer ist als die Sequenz 17 mit 8'8 Minuten und dass die Verteilung von langen und kurzen Einstellungen, der Schnittrhythmus beider Schilderungen, erheblich voneinander abweicht. Nach den kurzen Einstellungen (Anfahrt) zu Beginn der Sequenz 11, die beide im Auto von vorn oder einzeln von der Seite in Nahaufnahme zeigen, folgen betont lange Einstellungen, die – verbunden durch Überblendungen und Kameraschwenks – den Handlungsort beschreiben (E9, E10). Diese Ruhe wird während Madeleines mysteriösen Erinnerungen und Scotties rationalen Erklärungsversuchen im Stall durch eine kürzere Schnittfolge unterbrochen, mit der Umarmung der beiden in den langen Einstellungen 16 und 17 aber wieder aufgenommen. Mit Madeleines Wunsch, alleine in die Kirche zu gehen, und Scotties Begreifen der Gefahr beginnt nun ab Einstellung 18 eine sich steigernde Folge von extrem kurzen Bildern, die in der Einstellung 51 (Scottie folgt ihr auf den Turm) kurz unterbrochen wird und mit der Einstellung 58 (Scottie begreift langsam, was geschehen ist) endet. Wie eine genauere Analyse zeigt, decken sich die drei durch das Schnitttempo angegebenen formalen Spannungshöhepunkte – Anfahrt, Gespräch im Stall, Verfolgung im Turm – auffallend mit den inhaltlichen (ausführlicher dazu Korte 1990a).

Die Sequenz 17 bietet auch auf dieser Ebene ein ganz anderes Bild. Die von Einstellungsaufbau und Abfolge her fast identisch gezeigte Anfahrt unterscheidet sich in ihrem Charakter erheblich. Nicht die Gemeinsamkeit wird betont, sondern die gegensätzlichen Gefühle: Härte und Entschlossenheit auf Scotties, Angst und wachsende Sorge auf Judys Seite. Nach den einführenden Einstellungen 2 und 6, die beide noch gemeinsam zeigen, sind die folgenden längeren Einstellungen jeweils einem von beiden in Großaufnahme vorbehalten, wobei die Betonung eindeutig auf Judys sich steigernder Erregung liegt. Sie begreift langsam, was er vorhat. Von der Einstellung 12 bis 29 – während sich die Auseinandersetzung zuspitzt – sind wieder beide im Bild zu sehen. Obwohl hier inhaltlich der erste Spannungshöhepunkt liegt, ist das Schnittempo auf einem durchschnittlichen Niveau. Dafür entwickelt die Kamera (ab E14) eine erstaunliche Beweglichkeit. Sie umkreist die Personen, nähert und entfernt sich, begleitet die beiden in die Kirche und – während sie gemeinsam die Treppe hinaufsteigen – geht sie als intimer Partner vorweg (Groß- bis Nahaufnahme).[26] Die folgende und mit Abstand längste Einstellung 29 zeigt – bei stehender Kamera und in Großaufnahme – Scotties hasserfülltes und unerbittliches Bemühen, Judy zu einem Geständnis zu zwingen. Innerhalb dieser dramatischen Situation ändert sich das Kameraverhalten erneut: die Verschärfung der Auseinandersetzung auf der Plattform wird ausschließlich als schneller Schuss-Gegenschuss-Wechsel wiedergegeben, der sich nach Judys Sturz noch einmal kurz steigert und dann in einer langen und ruhigen Kamerafahrt (Scottie auf dem Turmsims) endet.

Die Sequenz 11 folgt mit ihrer grundsätzlichen Übereinstimmung von inhaltlichen und formalen Spannungshöhepunkten dem bereits im Stummfilm entwickelten Verfahren der »emotionellen Dynamisierung« (Eisenstein). Der Betrachter wird durch die gezielte Steigerung des Schnittempos in einen Erregungszustand gebracht, der ihn zwingt, den gezeigten Vorgängen mit wach-

---

26 Die für diesen Zeitraum in der Einstellungsgrafik markierten Schnitte sind, bei einigen Ausnahmen, ausschließlich technisch notwendige, die während der Filmvorführung vom Betrachter kaum bemerkt werden.

sender Anteilnahme zu folgen. Trotz der dadurch gegebenen Nähe bleibt er durch den ständigen Wechsel der Einstellungen und Kamerapositionen in einer mehr oder weniger deutlichen Distanz, ein emotional beteiligter Beobachter. Das ganz andere, auf fließende Bildverbindungen mit stark bewegungsbetonten Seitfahrten und Schwenks aufgebaute Spannungsprinzip, das für die Sequenz 17 kennzeichnend ist, gibt dem Betrachter in weitaus stärkerem Maße das Gefühl, unmittelbar in das Geschehen einbezogen zu sein, mit den Protagonisten den Turm zu besteigen, selbst den Hass und die hilflose Verzweiflung zu spüren; ein Eindruck, der durch die bewusst dagegengesetzten Phasen – vor und nach diesen Bildfolgen – mit statischer Kamera, aber erhöhtem Schnittempo noch erheblich verstärkt wird. Die in beiden Sequenzen generell hohe, aber doch unterschiedliche Intensität wird im übrigen auch durch einen Vergleich der jeweils verwendeten Einstellungsgrößen bestätigt: Der an sich schon erstaunlich hohe Anteil von Groß- und Nahaufnahmen von 56,6 % in der Sequenz 11 wird in der Sequenz 17 mit 81,3% entsprechender Größe noch deutlich übertroffen.

3.3.3 Schnittfrequenzgrafik

Als weiteres Standardinstrument hat sich die Schnittfrequenzgrafik bewährt, in der die Anzahl der Einstellungen bzw. der Schnitte (Vertikalachse) zu der jeweiligen Zeiteinheit (Horizontalachse) in Beziehung gesetzt wird. Diese Darstellungsweise kann in konzentrierterer Form als die Einstellungsgrafik Aufschluss über den Verlauf der Formalspannung eines Films geben und ermöglicht in Verbindung mit der qualitativen Untersuchung des Handlungsablaufs genauere Aussagen über den dramaturgischen Aufbau und die in der Filmstruktur angelegte Rezeptionsleitung. Um interpretatorisch nutzbar zu sein, ist sie daher in besonderem Maße auf die Ergänzung durch inhaltliche Stichworte angewiesen. Bei der Auswertung der Ergebnisse ist außerdem die jeweilige Differenzierung der Zeitachse – üblicherweise nach Minuten – zu berücksichtigen, da die Darstellung etwa im 30- oder 15-Sekunden-Rhythmus ein deutlich verändertes Kurvenbild ergibt und möglicherweise zu einer anderen Bewertung führen kann.

Beispiel BERLIN – DIE SINFONIE DER GROSSSTADT (Ruttmann 1927): Ein abendfüllender Dokumentarfilm, der ohne jegliche Dialoge und Kommentare auskommt und dennoch in mitreißender Weise ein faszinierendes Bild des großstädtischen Lebens am Beispiel Berlins vermittelt. Er beginnt in den frühen Morgenstunden mit der rasenden Fahrt eines Zuges nach Berlin, zeigt die schlafende und langsam erwachende Stadt, den Arbeitsbeginn und das Verkehrsgewühl, die mittäglichen und die nachmittäglichen Beschäftigungen und endet schließlich mit den Abendvergnügungen.

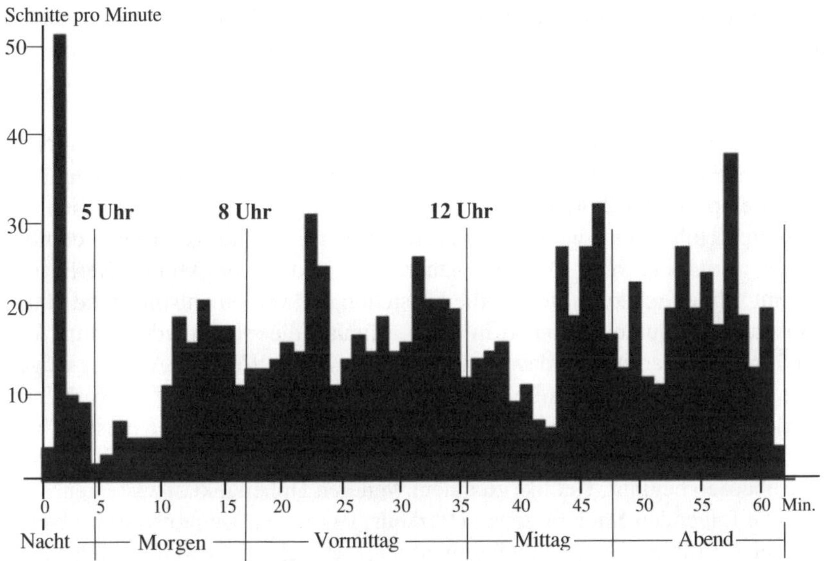

Abb. 23: Schnittfrequenzgrafik von
BERLIN – DIE SINFONIE DER GROSSSTADT (Ruttmann 1927)
Quelle: Korte 1991b

Die fünf unterscheidbaren Handlungsabschnitte – Nacht (Exposition), Morgen, Vormittag, Mittag, Abend/ Nacht – sind durch jeweils eingeschnittene Uhren zeitlich exakt (5, 8 und 12 Uhr) bzw. durch die entsprechende Veränderung des Tageslichtes eingrenzbar. Trotz des Eindrucks einer stets fließenden, an- und abschwellenden Bewegung besteht der Film aber fast ausschließlich aus statischen Einstellungen, und generell sind die einzelnen Bilder oder Realitätsausschnitte an sich wenig spektakulär. Sie geben die tagtäglich erfahrenen Ansichten einer Großstadt wieder, so dass sich daraus kaum die gerade auch von den Zeitgenossen wahrgenommene starke Faszinationskraft erklären lässt, die diesen gut einstündigen Dokumentarfilm in Konkurrenz zu den publikumswirksamen Spielfilmen bestehen und sogar zum Kassenschlager werden ließ. Ausgangspunkt der Analyse war daher die Vermutung, dass dafür vorrangig das zugrundeliegende Montageprinzip, die Abfolge von gegenläufigen Bewegungsrichtungen verbunden mit der rhythmischen Variation des Schnittempos verantwortlich ist (ausführlicher dazu Korte 1991b).

Als erster Befund ist festzustellen, dass der Film bei einer Gesamtdauer von gut 61 Minuten aus 1.009(!) Einstellungen zusammengesetzt ist – oder anders formuliert: die durchschnittliche Einstellungslänge liegt mit 3,7 Sek. erheblich unter entsprechenden Spielfilmen dieser Zeit. Die Dauer der einzelnen Einstellungen schwankt in extremer Weise zwischen 45,5 Sek. als Maximum (die menschenleeren Straßen »5 Uhr«) und 0,2 Sek. als Minimalwert, wobei über ein Viertel (26,2%) kürzer als 2 Sekunden sind und fast 8% deutlich unter einer Sekunde liegen.[27]

Anhand der Schnittfrequenz (Abb. 23) lässt sich dieses präzisieren: Nach den primär durch Überblendungen verbundenen Einleitungsteilen erreicht das Schnittempo in der 2. Minute mit der Zugfahrt einen ersten und zugleich den absoluten Höhepunkt, wobei die meisten dieser Einstellungen (73%) deutlich kürzer als 1 Sek. sind. Der Zug nähert sich in der 3./4. Minute Berlin und kommt schließlich zum Stehen, die Einstellungen werden entsprechend länger – bis zum absoluten Tiefpunkt in der 5. Minute (die ›schlafende‹ Stadt). Von der 11. Minute an nimmt das Tempo wieder zu (der Weg zur Arbeit), steigert sich bis zur 13. Minute (die Fabrikarbeit beginnt), fällt bis zur 16. Minute wieder ab (Hausfrauen bei der Arbeit etc.), bleibt in etwa auf dieser Ebene (Schulbeginn, Geschäfte öffnen, Berufsverkehr), um erst in der 23./24. Minute (Bürobetrieb beginnt, Hektik) zu einem weiteren Höhepunkt anzusteigen.

Die folgenden Straßenszenen (Verkehr, Passanten, Demonstration) beginnen relativ ruhig, die Geschwindigkeit steigert sich erneut, kulminiert in der 32. Minute (Fernverkehr, Bahnhof, Flugplatz) und bleibt für mehrere Minuten auf einem relativ hohen Niveau (Hotelszenen, Straßenverkehr). Eine aus sehr kurzen Überblendungen bestehende Einstellung (sehr schnell wirkend) zu Beginn der 35. Minute schließt diese Phase ab und leitet zur Ruhe der Mittagspause über (Maschinen werden abgestellt). Das Schnittempo schwillt zwar bis zur 39. Minute (Essen, Müdigkeit, spielende Kinder) zunächst wieder leicht an, fällt dann aber bis zur 43. Minute (Müdigkeit, Gespräche, Kaffeetrinken) auf den Stand der ersten Ruhephase in der 5. bis 10. Minute zurück. Der rapide Anstieg in der 43. Minute markiert das Ende der Mittagspause (anlaufende Maschinen, Zeitungsdruckerei). Während der folgenden Minuten (Auslieferung und Straßenverkauf der Abendausgabe, Selbstmord) wird das hohe Tempo weitgehend beibehalten, um in der 47. Minute einen erneuten Höhepunkt zu erreichen (Hektik der Großstadt).

Der Schlussteil des Films ist inhaltlich und von dem extremen Wechsel der Tempi her deutlich uneinheitlicher als die vorangegangenen. Mit Feierabendbeginn in der 48. Minute tritt bis zur 52. Minute zunächst wieder eine längere Beruhigung ein (Spaziergang, Gartencafé, Abendvergnügungen) – nur in der

---

27 Auch im Vergleich zu den künstlerisch ambitionierten Montagefilmen der 20er Jahre sind diese Werte extrem niedrig. Die durchschnittliche Einstellungslänge von BERLIN wird allenfalls von Eisensteins PANZERKREUZER POTEMKIN (UdSSR 1925) mit 2,8 Sekunden noch unterboten.

50. Minute kurz unterbrochen (Rennveranstaltungen), – um von der 53. Minute an (Kino, Passanten, Verkehr, Leuchtreklamen, Varieté, Revue) in eine Phase mit starken Schwankungen bei anhaltend erhöhtem Niveau überzugehen. In der 58. Minute (Sportveranstaltungen, Tanzkapelle) wird ein letzter Höhepunkt ereicht, die überdurchschnittlich hohe Geschwindigkeit aber bis zum Schluss des Films (Tanzbar, Kneipe, Straßenarbeiten, Feuerwerk) beibehalten.

Die eingangs genannte Vermutung lässt sich aufgrund des untersuchten Formalspannungsverlaufs dahingehend präzisieren, dass die festgestellte Faszinationskraft des Films primär auf die perfekte Kombination von unterschiedlich langen und vor allem auch extrem kurzen Einstellungen verschiedenen Inhalts zurückzuführen ist. Das Montageprinzip folgt also nicht einem über die Bilder hinausweisenden bedeutungsgebenden Ziel (wie beispielsweise in den sowjetischen Montagefilmen dieser Jahre), sondern dient ausschließlich dazu, den Rhythmus des pulsierenden Tagesablaufs einer Großstadt zu visualisieren.

3.3.4 Zeitachse

Die Zeitachse ist eine vergleichsweise grobe, dafür aber sehr überschaubare Darstellung der auffallenden Merkmale des Films: Bei ebenfalls konstanter Vertikalachse wird auf der Horizontalen der Zeitablauf des Films (in Minuten) markiert. Sie kann beispielsweise dazu dienen, Handlungsabschnitte, formale Besonderheiten, Spannungshöhepunkte in ihren zeitlichen Stationen, ihrer Häufigkeit, Länge und kontextuellen Einbindung zu lokalisieren und damit genauere Rückschlüsse auf Dramaturgie und Erzählweise zuzulassen. Als sehr summarische Visualisierung des Filmablaufs bietet sie sich vor allem für strukturelle Vergleiche mehrerer Filme an und erlaubt – ähnlich wie die Sequenzgrafik oder detaillierter die Einstellungsgrafik – im Sinne eines Skizzenbuchs ohne großen Aufwand heuristische Vorannahmen oder im Verlauf der Analyse sich ergebende Einzelbeobachtungen relativ schnell auf ihre Stichhaltigkeit zu überprüfen. Zwei ausführlicher dokumentierte Anwendungsbeispiele sollen die Einsatzmöglichkeiten dieses Instruments gerade auch im Zusammenspiel mit weiteren Detailuntersuchungen verdeutlichen.

Beispiel WESTFRONT 1918 (G.W. Pabst, D 1930) – einer der wenigen deutschen Antikriegsfilme der frühen 30er Jahre, der am Beispiel von vier deutschen Soldaten das Grauen des Krieges mit einer bis dahin nicht gekannten Eindringlichkeit schildert und im In- und Ausland sehr erfolgreich war.

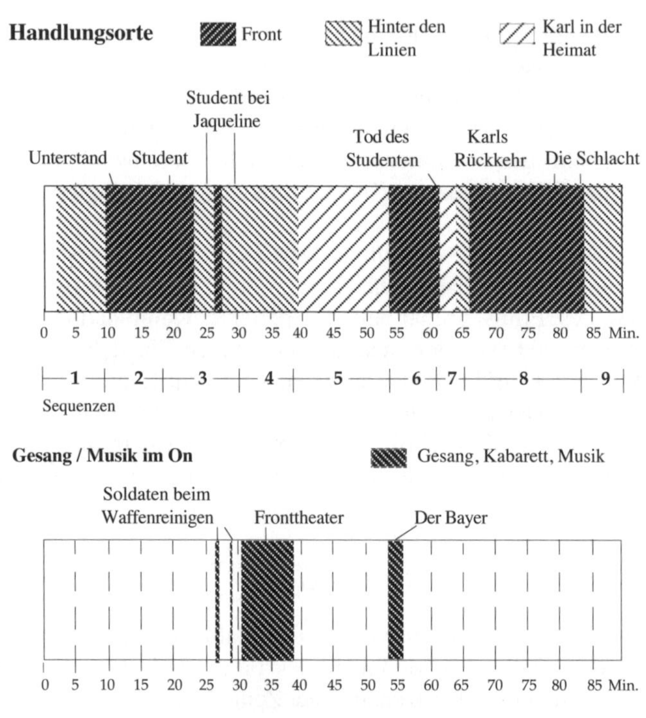

Abb. 24 Zeitachse mit verschiedenen Funktionen
WESTFRONT 1918 (Pabst 1930)
Quelle Korte 1998

Neben einer vergleichsweise distanzierten Kamerastrategie und der betont typisierten Darstellung der handelnden Charaktere fiel im Rahmen einer umfangreicheren Analyse die eigentümlich »brüchige« Erzählweise vor allem in der Kombination verschiedener Handlungsorte auf (vgl. Korte 1998, 193ff.).

Mit der in Abb. 24 wiedergegebenen Zeitachse des Films lassen sich Abfolge und Länge der zentralen Handlungsorte und Handlungsschwerpunkte genauer untersuchen: Zwar beherrschen die gezeigten Frontsituationen mit fast 46% zusammen mit den Episoden hinter den Linien (33,6%) auch rein quantitativ das Geschehen, aber die recht differenziert geschilderten Erlebnisse eines der Protagonisten (Karl) in der Heimat nehmen doch mit gut 19% einen erstaunlich hohen Anteil von der Gesamtlaufzeit des Films ein. Erhalten sie bereits dadurch eine gewisse Eigenbedeutung, so wird diese durch ihre Plazierung in der Mitte des Films und damit durch die Unterbrechung der im Vordergrund stehenden Front- und Etappenschilderungen noch gesteigert. Ist bis zum Beginn der Sequenz 5 (Karls Heimaturlaub) noch der häufig verzweifelt anmutende Versuch zu beobachten, trotz des durchlebten Grauens wenigstens temporär etwas Lebensfreude zu finden, so ist das Geschehen in den nun folgenden Abschnitten zunehmend von einer fatalistischen Zwangsläufigkeit ohne jegliche Hoffnung gekennzeichnet.

Aber auch die beiden vorherrschenden Handlungsblöcke (Front, Hinter den Linien) sind in sich nicht geschlossen. Sie weisen bei genauerem Hinsehen zahlreiche Einschübe auf, die in der Abfolge und betonten Länge zunächst recht unmotiviert wirken; etwa das Singen der Soldaten beim Waffenreinigen, das Fronttheater in der Sequenz 4 und die gefühlvollen Lieder des Bayern im Graben. Diese in der ansonsten sachorientierten Präsentation des Handlungsablaufs auffallenden »Brüche«, die im übrigen auch von den zeitgenössischen Rezensenten bemerkt wurden, sind offenbar als grundlegendes – wenn auch nicht immer überzeugendes – Darstellungsprinzip gemeint. Zum einen werden die drei Haupthandlungsorte als für die Thematik exemplarische präsentiert und zum anderen die Anknüpfungspunkte für entsprechende Erlebnisse der zeitgenössischen Betrachter emotional verstärkt.

In Verbindung mit dem gezielt auf diese Wirkung hin eingesetzten Ton, der in ihrer Realistik bisweilen kaum zu ertragenden Kombination von entsprechenden Bildern und Realgeräuschen wird ein eindringliches Panorama des Krieges erzeugt: Die *Front* mit dem Wirrwar an Gräben, Erdbunkern, Stacheldrahtverhauen, dem unheilvollen Geschützdonner und Heulen der Granaten, dem unaufhaltsamen Quietschen und Rasseln der Panzerketten und den bedrohlich gleichmäßigen MG-Salven, den Todesschreien der im Niemandsland Zurückgebliebenen; das Kraftschöpfen und Mutholen der abgekämpften und desillusionierten Soldaten im Quartier *hinter den Linien*, ihre Kameradschaft untereinander, das gemeinsame Singen, die organisierte Fröhlichkeit und schließlich das Ende im Lazarett; die psychische und physische Not der Frauen und Alten an der *Heimatfront* sowie die damit einhergehende Vernichtung der menschlichen Werte durch den Krieg. Ein Szenario der Unentrinnbarkeit, das alle Bereiche des menschlichen Lebens beherrscht und damit jegliche Ansätze von Privatheit oder gar individuellem Glück unmöglich macht.

Beispiel PSYCHO (Hitchcock 1960): Ein heruntergekommenes Motel, eine darüber thronende viktorianische Villa, ein jungenhafter, verklemmt-freundlicher und – wie sich später herausstellt – schizophrener Besitzer mit einer ödipalen Sohn-Mutter-Beziehung, verdrängte Sexualität und grauenhafte Morde – das sind die äußerlichen Merkmale in Hitchcocks Klassiker von 1960, der den Psychothriller als neues Subgenre kreierte und mehrere Folgefilme (Sequels) provozierte.

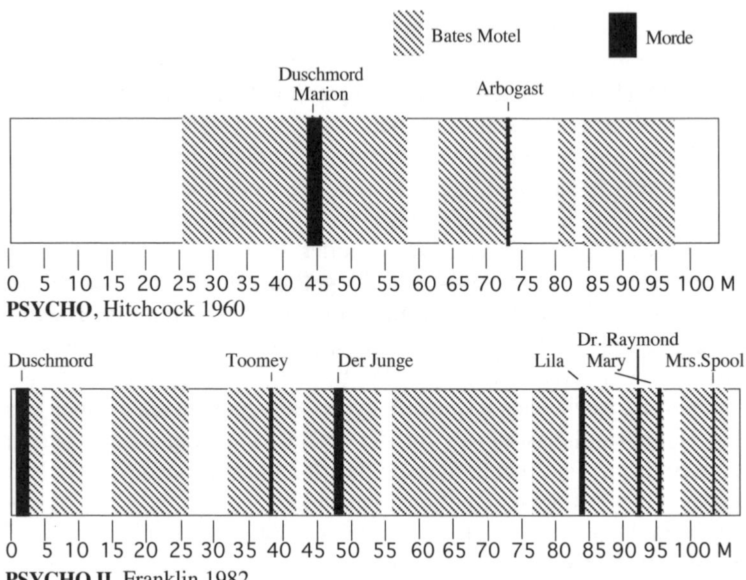

Abb. 25: Zeitachse von PSYCHO I und II
Strukturvergleich zentraler Handlungsmerkmale

Jeweils mit Anthony Perkins in der Hauptrolle als dem psychopathischen Mörder Norman Bates versuchten sich Richard Franklin (1982), Perkins selbst (1985) und Mack Garris (1990) an diesem Stoff. Werden hier die Einzelelemente aus Hitchcocks Film übernommen, variiert und erweitert und vor allem in weitere Geschichten mit einem anderen Handlungs- und Spannungsaufbau integriert, so folgte 1998 ein im Sequenzablauf fast werkgetreues, aber ansonsten kaum mit dem Original vergleichbares Remake von Gus Van Sant. Als Möglichkeit, diese allgemeinen Beobachtungen überprüfen und präzisieren zu können, bot es sich an, mit Hilfe der Zeitachse Länge und Abfolge der übernommenen Handlungsmerkmale zu notieren, um auf dieser Basis ihre jeweils unterschiedliche kontextuelle Einbindung und Funktion für die erzählte Geschichte zu untersuchen.

Die Abb. 25 zeigt in einer entsprechenden Darstellung die Verteilung zweier zentraler Handlungselemente (Bates Motel, Morde) am Original und an Franklins Folgefilm. Während bei Hitchcock die eigentliche Geschichte mit Norman, seiner Mutter, dem Motel und der unheimlichen Villa erst nach 25 Minuten Laufzeit einsetzt und im folgenden mehrfach auch andere Handlungsorte einbezogen sind, spielt Franklins Film fast ausschließlich an diesem

Schauplatz. Auffallender noch sind Verteilung und Anzahl der jeweiligen Morde. Während Hitchcock, entgegen allen Hollywood-Konventionen, die als Hauptfigur eingeführte Marion in der 45. Minute sterben lässt, dem Betrachter damit jegliche Orientierung für das kommende Geschehen nimmt und trotz hochgradiger Spannung mit einem einzigen weiteren Mord in der 77. Minute auskommt, verteilen sich die präsentierten Aggressionshöhepunkte bei Franklin relativ gleichmäßig über den gesamten Film. Er beginnt mit dem nur unwesentlich gekürzten Duschmord als direktem Zitat des Originals. Erst danach setzt die eigentliche Handlung ein: der mittlerweile geheilte Norman, gerade aus der Haft entlassen, versucht ein neues Leben zu beginnen. Lila Crane (die Schwester der ermordeten Marion), zunächst auch ihre Tochter Mary und eine Mrs. Spool, die sich als Normans leibliche Mutter entpuppt, hindern ihn jedoch daran, so dass er schließlich wieder zum Mörder wird. Auch bei den sonstigen Handlungselementen, die hier und in den o.g. Sequels übernommen werden, zeigt sich, dass sie – ähnlich wie auch Hitchcock etwa mit den literarischen Vorlagen für seine Filme umging – als aus dem ursprünglichen Kontext isolierte Versatzstücke verwendet und beliebig modifiziert für eine neue Geschichte zugerichtet werden.

3.4 Fragestellung und Vorgehen. Hinweise zur Analyse

Das Bemühen, die während der Filmbetrachtung gegebene Simultaneität verschiedener Faktoren in ein überschaubares und einzeln überprüfbares Nacheinander aufzulösen (s.o.), verweist bereits darauf, dass die hier vorgestellten Verfahren keineswegs in ihrer Summe *die Analyse* des Films darstellen. Auch an den beschriebenen Einsatzmöglichkeiten sollte deutlich geworden sein, dass eine über die zunächst formale Auswertung hinausgehende Interpretation und generell die Aussagemöglichkeit des jeweiligen Instruments immer am Film selbst überprüft werden und in die qualitative Untersuchung argumentativ eingebunden sein müssen. Wesentliche Vorraussetzung dafür ist allerdings – wie bereits mehrfach betont – eine Ergänzung der quantitativ-grafischen Darstellungen durch inhaltliche Stichworte, die eine unproblematische Referenz zu den jeweiligen formalen Elementen oder Handlungseinheiten des Films erlauben. Denn erst dadurch erhalten sie als analytische Werkzeuge ihren Stellenwert für eine entsprechende inhaltlich-formale Gesamtanalyse.

Zentrales Kriterium für Art und Umfang ihrer Verwendung ist also der konkrete Film und ebenso die herangetragene oder aus ihm entwickelte leitende Fragestellung. Je nach Analyseschwerpunkt sind die Verfahren vielfältig modifizierbar und gegebenenfalls durch weitere zu ergänzen. Anregungen dafür können beispielsweise die Visualisierungen in anderen Disziplinen – choreografische Skizzen für Balett, Tanz, Theater (und im Sport) sowie die Veranschaulichungsmethoden in der Soziologie, Psychologie und den Naturwissenschaften – geben. Hier sind im konkreten Fall disziplinäre Offenheit sowie eigene Kreativität angebracht und erforderlich. Ein unreflektierter, rezeptartiger Einsatz dieser Instrumente oder die gleichzeitige Darstellung zu vieler Wirkungsmomente führt eher zu Frustration und allenfalls diffusen Ergebnissen als zu qualitativ verwertbaren Erkenntnissen. Bei allen Einschränkungen, die sich ja primär auf ihre Handhabung sowie die kontextuelle Einbindung und interpretatorische Nutzung der Ergebnisse beziehen, lassen sich auf diesem Wege begründete Aussagen über den dramaturgischen Aufbau und die in der Filmstruktur angelegte Rezeptionsleitung gewinnen.

Viele der Visualisierungsverfahren haben zunächst eine heuristische Funktion für die Analyse und sind als abstrahierte und isolierte Darstellung einzelner Faktoren immer nur in ihren Referenzbezügen zum jeweiligen inhaltlich-formalen Handlungskontext zu bewerten. Kann aufgrund der Filmbetrachtung beispielsweise vermutet werden, dass inhaltliche Höhepunkte, besondere immer wiederkehrende Stimmungen oder das Auftreten des Protagonisten jeweils von einem bestimmten Musik- oder Toneinsatz, auffallenden Farbakzenten, bestimmten Beleuchtungsverhältnissen oder Einstellungsgrößen begleitet werden, so lassen sich diese Beobachtungen durch entsprechende Kennzeichnung in der Einstellungsgrafik und ggf. der Sequenzgrafik relativ schnell auf ihre Stichhaltigkeit überprüfen, ohne in diesem Stadium der Untersuchung bereits aufwendigere und möglicherweise ergebnislose Verfahren einzusetzen.

In der Praxis hat sich gezeigt, dass es empfehlenswert ist, einige Untersuchungsschritte – im Sinne einer Bestandsaufnahme standardisiert – dem ansonsten von der leitenden Fragestellung bestimmten Vorgehen voranzustellen: Um ein wenigstens ungefähres Korrektiv den späteren Analyseergebnissen gegenüber zu erhalten, um also mögliche Über- oder Fehlinterpretationen im Zuge des Eindringens in die filmischen Feinstrukturen relativieren zu können, ist es sinnvoll, in der Regel unmittelbar nach der Filmbetrachtung den ersten spontanen Eindruck schriftlich zu fixieren und Auffälligkeiten oder besondere Beobachtungen (Vermutungen über Zusammenhänge, Querverbindungen im Ablauf etc.) gesondert zu notieren. Häufig werden dabei bereits erste Anhaltspunkte für Hypothesen gewonnen und mögliche Fragestellungen für die weitere Untersuchung eingegrenzt (Problematisierung). Die anschließende Transkription, entweder als Einstellungs- oder Sequenzprotokoll – häufig parallel zur ersten Recherche der Produktionsdaten und weiterer Kontextinformationen – kann durch die intensivere Auseinandersetzung mit dem Film zur weiteren Präzisierung der Hypothesen beitragen. Auf dieser Grundlage folgt als inhaltliche und formale Beschreibung eine Darstellung des Handlungsvollzuges (Inhalt) und der filmischen Darbietung (Form), verbunden mit Querverweisen und der punktuellen Einbeziehung des Transkripts. In diesem Untersuchungsstadium ist die leitende Fragestellung in der Regel soweit eingegrenzt, dass sie bereits eine tragfähige Grundlage für das weitere Vorgehen abgibt.

Bei der schriftlichen Abfassung der Untersuchung sollte man – wie auch in der wissenschaftlichen Literatur üblich – von der Voraussetzung ausgehen, dass der Leser den behandelten Film zumindest schon einmal gesehen hat. Für eine exemplarische Analyse, in dem also ein einzelner Film im Mittelpunkt steht, bietet sich als grobes Orientierungsraster die folgende Systematik an:

- Kurze *Inhaltsbeschreibung* des Handlungsablaufs als Erinnerungshilfe. Die Darstellung sollte dabei bereits alle Aspekte beinhalten, die für die folgende Analyse bedeutsam sind.
- *Problematisierung und Fragestellung*: Erste subjektive Einschätzung. Darstellung der Auffälligkeiten des Films. Bezüge zu anderen Filmen. Differenzierung der inhaltlichen und formalen oder kontextuell bedingten Besonderheiten des Films etc. Ableitung der Fragestellung für die folgende Untersuchung. Begründung des weiteren Vorgehens.
- Formal-inhaltliche *Bestandsaufnahme*: Ausführlichere Sequenzbeschreibungen, Handlungsablauf und Handlungsdarbietung. Weitere Konkretisierung der leitenden Fragestellung.
- *Analyse und Interpretation*: Sequenzübergreifende, auf den gesamten Film bezogene Untersuchung und Durchführung von Feinanalysen ausgewählter Sequenzen oder Subsequenzen. Differenzierung der Bedeutungsebenen unter Einbeziehung des historisch-gesellschaftlichen Kontextes (Bezugs- und Bedingungsrealität, siehe Kap. 2.3) etc. Ermittlung der intendierten Wirkung.
- *Historische Verankerung und Rezeption*: Spezifische Produktionsbedingungen und/oder Rezeptionsumstände. Stellung (inhaltlich, formal, ästhetisch) im Kontext der sonstigen Filme der Produktionsfirma, des Produktionsteams, der historischen Phase. Funktionsbestimmung des Films, ggf. Exkurs zur Rezeptionsgeschichte. Ermittlung der potentiellen Lesarten und zeitgenössisch dominanten Rezeptionsangebote
- *Verallgemeinerung*: Zusammenfassung der wichtigsten Ergebnisse und Bewertung – vom Einzelfall zum übergreifenden filmästhetischen, filmhistorischen, kulturellen und/oder gesellschaftlichen Zusammenhang.

Hierbei kann es sich natürlich nur um Anregungen handeln, da die konkrete Gliederung immer von einem möglicherweise bereits vorgegebenen Untersuchungsschwerpunkt, den individuellen oder disziplinär bestimmten Erkenntnisinteressen des Autors und nicht zuletzt vom konkreten Film selbst abhängt.

4. Literaturverzeichnis

Albrecht, Gerd (1964): »Die Filmanalyse – Ziele und Methoden«. In: Everschor 1964.

– (1970): »Sozialwissenschaftliche Ziele und Methoden der systematischen Inhaltsanalyse von Filmen«. In: Moltmann, Günter / Reimers, Karl Friedrich (Hrsg.): Zeitgeschichte im Film- und Tondokument. Göttingen, Zürich, Frankfurt.

– / Allwardt, Ulrich / Uhlig, Peter / Weinreuter, Erich (1979) (Hrsg.): Handbuch Medienarbeit. Medienanalyse, Medieneinordnung, Medienwirkung. Opladen 1979, 2. überarbeitete Auflage 1981.

Allen, Robert C. / Gomery, Douglas (1985): Film History: Theory and Practice. New York (Knopf).

Allen, Robert C. (1987) (Hrsg.): Channels of Discourse. Television and Contemporary Criticism. London (Methuen).

– (1990): »From exhibition to Reception: Reflections on the audience in Film History«. In: Screen 31/4, 347ff.

Ang, Ien (1985): Watching Dallas: Soap Opera and the Melodramatic Imagination. London (Methuen).

Beller, Hans (1993) (Hrsg.): Handbuch der Filmmontage: Praxis und Prinzipien des Filmschnitts. München, 4. durchgesehene und erweiterte Auflage 2002.

Bohn, Rainer / Müller, Eggo / Ruppert, Rainer (1988) (Hrsg.): Ansichten einer künftigen Medienwissenschaft. Berlin.

Bordwell, David / Staiger, Janet / Thompson, Kristin (1985): The Classical Hollywood Cinema. New York (Columbia University Press).

Bordwell, David (1989): Making Meaning: Inference and Rhetoric in the Interpretation of Cinema. Cambridge (Harvard University Press).

– / Thompson, Kristin (1994): Film History: An Introduction. New York (McGraw-Hill).

Bromley, Roger / Göttlich, Udo / Winter, Carsten (1999) (Hrsg.): Cultural Studies. Grundlagentexte zur Einführung. Lüneburg.

Eisenstein, Sergej M. (1929): »Dialektische Theorie des Films«. In: Prokop, Dieter (1971) (Hrsg.): Materialien zur Theorie des Films. München, 65 ff.

– (1933): »Zur Komposition des ›Streik‹-Finale«. In: Schlegel, Hans-Joachim (1974) (Hrsg.): Sergej M. Eisenstein – Schriften 1/Streik. München, 274 ff.

Elsaesser, Thomas (1984): »Film History and Visual Pleasure: Weimar Cinema«. In: Mellencamp, Patricia / Rosen, Philip (eds.): Cinema History, Cinema Practice. Los Angeles (American Film Institute), 47ff.

– (1986): »The New Film History«. In: Sight and Sound, Nr. 55, Autumn.

– / Buckland, Warren (2002): Studying Contemporary American Film. A Guide to Movie Analysis. London und New York (Arnold / Oxford University Press).

Engelmann, Jan (1999) (Hrsg.): Die feinen Unterschiede. Frankfurt/M.

Everschor, Franz (1964) (Hrsg.): Filmanalysen 2. Düsseldorf.

Faulstich, Werner (1976): Einführung in die Filmanalyse. Tübingen 1976, 1978 und 1980 (3. vollständig neu bearbeitete und erheblich erweiterte Auflage).

– / Faulstich, Ingeborg (1977): Modelle der Filmanalyse. München.

– (1986): »Methodologische Überlegungen zur Theorie und Praxis der Filmanalyse«. In: Probleme der Filmanalyse, AUGEN-BLICK – Marburger Hefte zur Medienwissenschaft, Heft 3, April 1986, 5ff.
– (1988a): Die Filminterpretation. Göttingen 1988.
– (1988b): »Kleine Geschichte der Filmanalyse in Deutschland«. In: Korte / Faulstich 1988, 9ff.
– / Poggel, Holger (1988): »Computergestützte Filmanalyse: ›CAFAS‹ – Ein Programm zur quantitativen Auswertung von Filmtranskripten«. In: Korte / Faulstich 1988, 147ff.
– / Korte, Helmut (1990–1995) (Hrsg.): Fischer Filmgeschichte, 5 Bände. Frankfurt/M.
– (2002) Grundkurs Filmanalyse. München.
Fiske, John (1987a): Television Culture. London/New York (Methuen).
– (1987b): »British Cultural Studies and Television«. In: Allen, Robert C. (Hrsg.): Channels of Discourse. Television and Contemporary Criticism. London (Methuen), 254ff.
– (1989a): Reading the Popular. Boston u.a. (Unwin Hyman).
– (1989b): Understanding Popular Culture. Boston u.a. (Unwin Hyman).
Freisleben, Bernhard / Grauer, Manfred / Kelter, Udo (1999) (Hrsg.): Methoden und Werkzeuge zur rechnergestützten medienwissenschaftlichen Analyse. Siegen (Arbeitsheft Bilschirmmedien Nr. 76 des DFG-Sonderforschungsbereichs 240).
Giesenfeld, Günter / Sanke, Philipp (1988): »Ein komfortabler Schreibstift für spezielle Aufgaben. Vorstellung des Filmprotokollierungssystems ›Filmprot‹«. In: Korte / Faulstich 1988, 135ff.
Grimm, Gunter (1977): Rezeptionsgeschichte. München.
Groeben, Norbert (1980): Rezeptionsforschung als empirische Literaturwissenschaft. Tübingen.
Hall Stuart (1976): Encoding and Decoding in the Television Discourse. In: Hall, Stuart / Hobson, Dorothy et al (eds.): Cultur, Media, Language. Working Papers in Cultural Studies (1972-1979). London 128ff. In deutscher Übersetzung u.a. in: Bromley / Göttlich / Winter (1999) 92ff.
Hansen, Miriam (1983): »Early Silent Cinema: Whose Public Sphere?« In: New German Critique, Nr. 29 / Spring-Summer, 147ff.
Hartley, John (1988): »The Real World of Audiences«. In: Critical Studies in Mass Communication 5/Sept., 234ff.
Hepp, Andreas / Winter, Rainer (1997) (Hrsg.): Kultur – Medien – Macht. Opladen.
Hepp, Andreas (1999): Cultural Studies und Medienanalyse. Eine Einführung. Opladen, Wiesbaden.
Hickethier, Knut (1989) (Hrsg.): Filmgeschichte schreiben. Ansätze, Entwürfe, Methoden. Berlin.
– / Paech, Joachim (1979): Methoden der Film- und Fernsehanalyse. Didaktik der Massenkommunikation, Band 4. Stuttgart.
– / Zielinski, Siegfried (1991) (Hrsg.): Medien / Kultur. Schnittstellen zwischen Medienwissenschaft, Medienpraxis und gesellschaftlicher Kommunikation. Berlin.
– (1993): Film- und Fernsehanalyse. Stuttgart, Weimar.. 4. aktualisierte und erweiterte Auflage 2007.
– (1994) (Hrsg.): Aspekte der Fernsehanalyse. Methoden und Modelle. Münster, Hamburg.

– / Müller, Eggo / Rother, Rainer (1997) (Hrsg.): Der Film in der Geschichte. Berlin.

Hobson, Dorothy (1982): Crossroads. The Drama of a Soap Opera. London (Methuen).

Hohendahl, Peter U. (1974) (Hrsg.): Sozialgeschichte und Wirkungsästhetik. Frankfurt/M.

Holly, Werner et al. (1993) (Hrsg.): Medienrezeption als Aneignung – Perspektiven qualitativer Medienforschung. Opladen.

Iser, Wolfgang (1972): Der implizite Leser. München.

Jauß, Hans Robert (1967): »Literaturgeschichte als Provokation der Literaturwissenschaft«. In: Jauß: Literaturgeschichte als Provokation. Frankfurt/M. 1970.

Kaes, Anton (1992): »Filmgeschichte als Kulturgeschichte: Reflexionen zum Kino der Weimarer Republik.«. In: Jung, Uli / Schatzberg, Walter (Hrsg.): Filmkultur zur Zeit der Weimarer Republik. München, London, New York, Paris, 54ff.

Kanzog, Klaus (1991): Einführung in die Filmphilologie. München.

– (1994): Staatspolitisch besonders wertvoll – Ein Handbuch zu 30 deutschen Spielfilmen der Jahre 1934 bis 1945. München.

Knilli, Friedrich / Reiss, Erwin (1971): Einführung in die Film- und Fernsehanalyse. Ein ABC für Zuschauer. Steinach bei Gießen.

Korte, Helmut (1978): »Zur Entwicklung der Filmsprache«. In: Ders. (Hrsg.): Film und Realität in der Weimarer Republik. München, Wien (Hanser), 25ff. Als TB-Ausgabe: Frankfurt/M. (Fischer) 1980.

– (1986) (Hrsg.): Systematische Filmanalyse in der Praxis. Braunschweig (HBK-Materialien, Schriftenreihe der Hochschule für Bildende Künste Braunschweig).

– / Faulstich, Werner (Hrsg.) (1988): Filmanalyse interdisziplinär. Göttingen.

– (1988): »Systematische Filmanalyse als interdisziplinäres Programm«. In: Korte / Faulstich 1988, 166ff.

– (1989): »Filmgeschichte, Einzelwerkanalyse und die Möglichkeiten der elektronischen Datenverarbeitung. Plädoyer für einen Paradigmawechsel der Filmgeschichtsschreibung«. In: Hickethier 1989, 134ff.

– (1990a): »Trügerische Realität. VERTIGO – AUS DEM REICH DER TOTEN«. In: Faulstich / Korte (Hrsg.): Fischer Filmgeschichte. Band 3: 1945–1960. Frankfurt/M. (Fischer TB 4493)., 331ff.

– (1990b): »Kunstwissenschaft – Medienwissenschaft. Methodologische Anmerkungen zur Filmanalyse«. In Korte / Zahlten (Hrsg.): Kunst und Künstler im Film. Hameln. 21ff.

– (1991a): »Massenarbeitslosigkeit und soziales Elend – Der Film zwischen Klassenkampf und optimistischer Verklärung: LOHNBUCHHALTER KREMKE.« In: Faulstich / Korte (Hrsg.): Fischer Filmgeschichte. Band 2: 1925–1944. Frankfurt/M. (Fischer TB 4492)., 130ff.

– (1991b): »Welt als Querschnitt: BERLIN – DIE SINFONIE DER GROSSSTADT.« In: Faulstich / Korte (Hrsg.): Fischer Filmgeschichte. Band 2: 1925–1944. Frankfurt/M. (Fischer TB 4492)., 75ff.

– et al. (1992): Projektbericht CNfA. Braunschweig (IMF-Schriften, Hochschule für Bildende Künste Braunschweig).

– (1994a): »Filmanalyse, das CNfA-System und das Fernsehen oder: was ist der Gegenstand der Fernsehwissenschaft?«. In: Hickethier 1994, 204ff.

– (1994b): Handbuch CNfA, Prototyp 3.0 (IMF-Schriften, Hochschule für Bildende Künste Braunschweig).

– (1997): »Historische Wahrnehmung und Wirkung von Filmen.«. In: Hickethier / Müller, Eggo / Rother, Rainer 1997, 154ff.
– (1998): Der Spielfilm und das Ende der Weimarer Republik. Ein rezeptionshistorischer Versuch. Göttingen.
Kuchenbuch, Thomas (1978): Filmanalyse, Theorien – Modelle – Kritik. Köln.
Lacey, Nick (2002): Image and Representation. Key Concepts in Media Studies. New York (Palgrave).
Link, Hannelore (1976): Rezeptionsforschung. Stuttgart, Berlin, Köln, Mainz.
Mayne, Judith (1993/1998): Cinema and Spectatorship. London, New York (Routledge).
Mikos, Lothar (1994): Fernsehen im Erleben der Zuschauer. Vom lustvollen Umgang mit einem populären Medium. Berlin, München.
– (2003): Film- und Fernsehanalyse. Konstanz (UVK).
– / Wegener, Claudia (2005) (Hrsg.): Qualitative Medienforschung. Ein Handbuch. Konstanz (UVK).
Moores, Shaun (1990): »Texts, Readers and Contexts of Reading: Developments in the Study of Media Audiences«. In: Media, Culture and Society, Vol. 12, 9f.
Morley, David (1980): The Nationwide Audience. Structure and Decoding. London (BFI).
Mulvey, Laura (1998): Visual and other pleasures. Bloomington.
Ohler, Peter (1994): Kognitive Filmpsychologie. Verarbeitung und mentale Repräsentation narrativer Filme. Münster.
Paech, Joachim (1988): Literatur und Film. Stuttgart.
Pudowkin, Wsewolod I. (1928): Filmtechnik. Filmmanuskript und Filmregie. Erweiterte deutsche Ausgabe 1961. Zürich (Arche).
Ramsbott, Wolfgang / Sauter, Joachim (1988): »Visualisierung von Filmstrukturen mit rechnergestützten Mitteln«. In: Korte / Faulstich 1988, 156ff.
Reisz, Karel / Millar, Gavin (1953/1988): Geschichte und Technik der Filmmontage. München (Filmlandpresse) 1988. (Original: The Technique of Film Editing, London und New York, 1953, in erweiterter Fassung 1968).
Salt, Barry (1983): Film Style and Technology: History and Analysis. London (Starwood).
Schenk, Irmbert (1994): »Geschichte im NS-Film. Kritische Anmerkungen zur filmwissenschaftlichen Suggestion der Identität von Propaganda und Wirkung«. In: montage/av 3/2/1994.
Sidler, Viktor (1982): Filmgeschichte ästhetisch–ökonomisch–soziologisch. Von den Anfängen des Films bis zum Tonfilm. Zürich (Verlag Stiftung Zentralstelle der Studentenschaft der Universität Zürich).
Silbermann, Alphons / Schaaf, Michael / Adam, Gerhard (1980): Filmanalyse. Grundlagen – Methoden – Didaktik. München.
Stacey, Jackie (1994): Star Gazing. Hollywood Cinema and female Spectatorship. London, New York (Routledge).
Staiger, Janet (1986): »›The Handmaiden of Villainy‹ – Methods and Problems in Studying the Historical Reception of a Film«. In: Wide Angle, Vol. 8, Nr. 1, 19f.
– (1992): Interpreting Films – Studies in the Historical Reception of American Cinema. Princeton, N. J. (Princeton University Press).
Thompson, Kristin (1988): Breaking The Glass Armor. Neoformalist Film Analysis. N.J (Princeton University Press).

Turner, Graeme (1988): Film as Social Practice. London, New York (Routledge).
Warning, Rainer (1975) (Hrsg.): Rezeptionsästhetik. München.
Wember, Bernward (1972): Objektiver Dokumentarfilm? Berlin.
Winter, Rainer (1992): Filmsoziologie. Eine Einführung in das Verhältnis von Film, Kultur und Gesellschaft. München.
Wuss, Peter (1993): Filmanalyse und Psychologie. Strukturen des Films im Wahrnehmungsprozess. Berlin.

B. Beispielanalysen

Die folgenden Analysen von vier inhaltlich, intentional und in ihrer Genrezugehörigkeit sehr verschiedenen Spielfilmen sollen exemplarisch die Vielfalt möglicher Zugänge, Fragestellungen und Untersuchungsansätze verdeutlichen, die sich jeweils aus dem konkreten Film *und* den spezifischen Interessen des Analysierenden ergeben. Trotz dieser bewusst gewählten Breite haben sie eine Reihe von wesentlichen Gemeinsamkeiten: Basis ist in allen Fällen eine differenzierte Bestandsaufnahme der visuellen, auditiven und zeitlichen Charakteristika des Films (Gegenstandssicherung), denn im Mittelpunkt der Argumentation steht das Produkt mit seiner ästhetischen Präsentationsstruktur. Ob hierbei aber die leitende Fragestellung und damit der Untersuchungsschwerpunkt aus den Besonderheiten der filmischen Erzählweise, inhaltlichen Bezügen, dem historisch-gesellschaftlichen Bedingungskontext oder den Auffälligkeiten der Filmrezeption entwickelt wird, ist letztlich Entscheidung des Autors. Denn ebenso wie es die einzig ›richtige‹ Interpretation nicht gibt, kann es hier nicht darum gehen, die alles umfassende, gar ›objektive‹ Analyse eines Films zu realisieren. Ziel ist vielmehr die zwangsläufig individuell geprägte, aber in den einzelnen Argumentationsschritten möglichst weitgehend nachvollziehbare Annäherung an das filmisch gegebene Aussagespektrum, die sich immer wieder neu der intersubjektiven und historischen Überprüfung stellen muss.

In diesem Sinne befasst sich das erste Analysebeispiel mit dem amerikanischen Spielfilm ZABRISKIE POINT (1969) des italienischen Regisseurs Michelangelo Antonioni – der kritischen Auseinandersetzung eines Europäers mit der gesellschaftlichen Realität im Amerika der ausgehenden 60er Jahre voller zeittypischer Anspielungen und Verweise. Ohne den entsprechenden Wissenshintergrund wäre der Film vom heutigen Publikum allenfalls als mittelmäßig spannendes ›road movie‹ zu rezipieren. Insofern geht die Analyse vom zeitgenössischen Kontext aus, entfaltet die gemeinten historischen Positionen der »Gegenkultur« und setzt diese zu Inhalt, Intention und filmischer Gestaltung in Beziehung. Neben der historisch-gesellschaftlichen Funktionsbestimmung des Films ist das Untersuchungsinteresse auf die ästhetische Tradition gerichtet, in der er als Werk Antonionis steht.

Bei dem zweiten Beispiel stellt sich das Problem der Literaturverfilmung am Sonderfall eines bereits weitgehend ›filmisch‹-visuell geschriebenen Romans: Stephen Kings Bestseller »Misery« (1987) und Rob Reiners gleichnamiger Film (1990). Hier geht es also um das Wechselverhältnis von Film und Literatur, um eine intermediale Analyse der Gemeinsamkeiten und signifikanten (medial bedingten) Besonderheiten von Roman und filmischer Adaptation. Von entscheidender Bedeutung erweisen sich dabei der spezifische Spannungsaufbau und die Figurenzeichnung sowie die jeweiligen auf Leser und/oder Zuschauer bezogenen Präsentationstrategien.

Die Analyse von Steven Spielbergs Holocaust-Film SCHINDLERS LISTE (1993) geht der Frage nach, ob es legitim ist, das zum »Nichtdarstellbaren« Erklärte mit den Möglichkeiten des ›mainstream‹-Kinos in einer fiktiven und hochgradig emotionalisierten Erzählung darzustellen. Ausgangspunkt ist von daher zunächst die breite und auffallend polarisierte Diskussion in der Öffentlichkeit sowie die sich darin niederschlagende höchst selektive Wahrnehmung des Films. Diesen extrem differierenden ›Lesarten‹ wird die filmisch präsentierte Geschichte in ihren einzelnen Stationen gegenübergestellt, der Bezug zur literarischen Vorlage problematisiert, die zentralen – auf Emotionalisierung und historische Aktualisierung zielenden – ästhetischen Strukturen des Films in ihrem Zusammenspiel untersucht sowie in ihrer nachgewiesenen und potentiellen Massenwirkung bewertet.

In ähnlicher Weise setzt die Beispielanalyse zu Baz Luhrmanns WILLIAM SHAKESPEARES ROMEO UND JULIA von 1996 an einem weitverbreiteten Vorurteil an: ob es vertretbar ist, einen der berühmtesten klassischen Stoffe der Theatergeschichte in Form eines schrill-bunten Videoclips zu realisieren, dabei die Theatersprache beizubehalten und diese mit ›lautstarken‹ Versatzstücken der Populärkultur als postmodernes Konglomerat zwischen Kitsch und Kunst zu kombinieren. Dafür wird die zeitgenössische Funktion des Theaters Shakespears zur heutigen des Kinos in Beziehung gesetzt, in einer vergleichenden Analyse das historische Bühnenstück mit der filmischen Umsetzung konfrontiert und der Film in seinen ästhetischen Bezügen zur Kunst und der Massenkultur dargestellt.

Auch wenn hierbei nur eine kleine Auswahl aus dem denkbaren Spektrum verschiedenster Zugriffsweisen konkretisiert werden kann, so sollten doch die zentralen Merkmale der Analyse deutlich werden: Der Weg über die formal-inhaltliche Bestandsaufnahme auf der Basis mehrfacher Filmsichtung, Detailuntersuchung am Gegenstand, Aufarbeitung der für Produktion und Rezeption relevanten Kontextdaten, Zusammenführung der Einzelergebnisse und sukzessive Interpretation mit dem Ziel, das eigene Filmerlebnis schrittweise zu ›objektivieren‹, die Aussagen zumindest nachvollziehbar und überprüfbar zu machen. Dass ein gemeinsamer Ansatz hierbei nicht zwangsläufig zu gleichartigen Analysen führt, zeigt sich u.a. in dem jeweils spezifischen Argumentationsaufbau sowie der unterschiedlichen Einbeziehung quantitativ-grafischer Visualisierungsverfahren.

1. Historischer Kontext und der zeitgenössische Zuschauer: Michelangelo Antonionis ZABRISKIE POINT (1969)

von Hans-Peter Rodenberg

Jeder Film hat mehrere historisch-gesellschaftliche Ebenen, die seiner Wirkung zugrunde liegen. Zu der Realität, auf die er sich inhaltlich in Atmosphäre und Handlung bezieht, kommen die filmische Präsentation und die Form seiner Narration sowie die kontextuellen Bedingungen seiner Entstehung. Letztere wiederum setzen sich aus dem soziokulturellen Hintergrund, dem historischen Stand der Filmtechnik, der Stellung des Films innerhalb der Geschichte des Mediums Film allgemein und den kommerziellen und/oder ideologischen Intentionen seiner Hersteller zusammen. Darüber hinaus ist die Wirkung eines Films notwendig historischen Veränderungen unterworfen, so dass der zeitgenössische Betrachter ihn anders als etwa ein heutiges Publikum verstehen wird. Diese Ebenen in ihrem Zusammenspiel zu verdeutlichen, ist die Aufgabe der folgenden Analyse.

Der Film – Antonionis zweite internationale Arbeit nach BLOW-UP (1967) und ebenfalls von Carlo Ponti produziert – war von vornherein umstritten. Besonders in Amerika wurde er von weiten Teilen der Kritik verrissen, und das amerikanische Kinopublikum nahm ihn nicht an. Bei Herstellungskosten von $ 7.000.000 und einem Einspielergebnis von nur $ 890.000 wurde der Film als der größte Flop aller Zeiten gewertet. Der Umstand aber, dass ZABRISKIE POINT unter Cineasten mittlerweile längst zu einem Kultfilm geworden ist, der zugleich befremdet und reizt, zeigt, wie radikal zeitgenössische und heutige Rezeption auseinanderfallen können und wie wichtig für die methodische Analyse bestimmter Filme Kenntnisse von Kontext und Rezeptionsbedingungen sind.

1.1 Inhaltliche Struktur und formaler Aufbau: Siedepunkt Südkalifornien

Um Handlung, Thematik und Argumentation des Films nachvollziehbar zu machen, ist es erforderlich, der Analyse zunächst eine Beschreibung der narrativen Struktur und des formalen Aufbaus voranzustellen. Die nachstehende Sequenzgrafik (Abb. 1) soll dabei Abfolge und zeitliche Struktur des Handlungsablaufs auch visuell veranschaulichen.

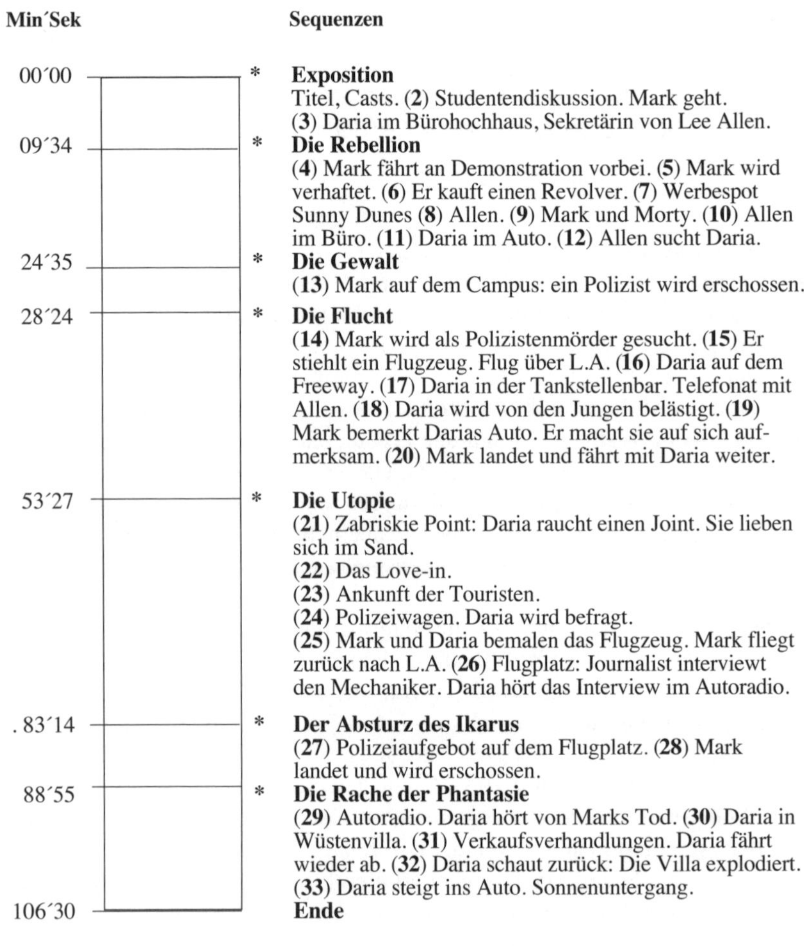

Abb. 1: Sequenzgrafik ZABRISKIE POINT

ZABRISKIE POINT spielt Ende der 60er Jahre in den USA. Der Film beginnt mit Bildern einer studentischen Versammlung, auf der diskutiert wird, wie das Establishment am wirksamsten angegriffen werden könne. Während die schwarzen Kommilitonen Gewalt befürworten und das Gebäude der amerikanischen Reserveoffiziersvereinigung, des ROTC (Reserve Officers Training Corps), in die Luft sprengen wollen, treten die weißen Studenten für Mäßigung ein. Mark (Mark Frechette), einer der Studenten, steht schließlich auf und verlässt den Raum mit den Worten, er wäre zwar bereit zu sterben, aber nicht vor Langeweile (Sequ. 1–2). Parallel dazu wird Daria (Daria Halprin) eingeführt, die gerade das Bürohochhaus der Sunny Dunes Development Enterprises betritt. Im Foyer begegnet sie dem Firmenchef Lee Allen (Rod Taylor) und wird aufgrund ihres attraktiven Äußeren spontan als Sekretärin eingestellt (Sequ. 3).

Währenddessen fährt Mark zur Polizeistation, um nach seinem Freund Morty zu sehen, der dort festgehalten wird (Sequ. 4). Als Mark einen Polizisten verärgert, wird er jedoch selbst eingesperrt (Sequ. 5). Nach seiner Entlassung kauft er mit der Behauptung, sich schützen zu müssen, in einem Waffengeschäft einen Revolver (Sequ. 6 und 9). Zur gleichen Zeit findet bei Sunny Dunes Enterprises eine Vorführung des neuesten Werbefilms für Ferienhäuser in der Wüste statt (Sequ. 7). Im Anschluss an die Veranstaltung versucht Allen Daria zu erreichen, die mit ihm auf eine Geschäftsreise nach Phoenix kommen soll, sich aber bereits in ihrem alten Buick auf den Weg gemacht hat (Sequ. 8, 10–12).

Auf dem Campus wird Mark Zeuge, wie sich Polizei und Studenten ein erbittertes Gefecht liefern. Die Gewalt eskaliert, als die Studenten ein Bibliotheksgebäude besetzen. Durch eine Rauchbombe zur Aufgabe gezwungen, stolpern sie aus dem Gebäude. Dabei wird ein Schwarzer mit dem Ausruf »Er hat eine Waffe!« von der Polizei erschossen. Kurz darauf fällt ein weiterer Schuss, und Mark, der gerade seinen Revolver aus dem Stiefelschaft ziehen wollte, sieht, wie ein Polizist tot zusammenbricht (Sequ. 13).

Auf dem Rückweg erfährt Mark von Morty, dass er in Zusammenhang mit dem Polizistenmord im Fernsehen zu sehen war und als Verdächtiger gesucht wird (Sequ. 14). Er beschließt, auf dem nahegelegenen Flugplatz ein Flugzeug zu stehlen und damit zu flüchten (Sequ. 15). Inzwischen ist Daria in einem kleinen Nest in der Wüste angekommen und ruft von der Tankstellen-Bar Allen an. Sie ist auf der Suche nach einem Freund, der sehr zum Verdruss der Ortsbewohner ein Heim für schwererziehbare Jungen aufgemacht hat (Sequ. 16–17). Als Daria den Ort verlässt, bedrängt eine Gruppe dieser Jungen sie körperlich und will ihr das Kleid vom Leib reißen, so dass sie flüchten muss (Sequ. 18). Sie fährt weiter durch die Wüste und wird von Mark mit seinem Flugzeug eingeholt. Im Tiefflug umkreist er das Auto und wirft schließlich ein rotes Hemd aus dem Fenster, um sie auf sich aufmerksam zu machen (Sequ. 19).[1] Als er wegen Benzinmangels kurz darauf in einem ausgetrockneten Flussbett landen muss, setzen beide die Reise gemeinsam fort (Sequ. 20). Am heißesten Punkt der Wüste, dem Zabriskie Point im Death Valley, machen sie eine Pause und schlendern durch die Sandhügel. Daria raucht einen

1 Das mehrfache Überfliegen in niedriger Höhe erinnert (wohl nicht zufällig?) stark an die berühmte Sequenz aus Hitchcocks Film NORTH BY NORTHWEST (1959).

Joint, und beide lieben sich. Dabei geht ihr individuelles ›Liebemachen‹ in die Bilder eines kollektiven Love-ins über (Sequ. 21–22). Als bei ihrer Rückkehr ein Polizeiwagen anhält und der Polizist Daria ausfragt, gelingt es Mark gerade noch, sich hinter einem Toilettenhäuschen zu verbergen und dort mit gezogener Pistole zu warten (Sequ. 23–24). Er gesteht Daria, dass er zwar willens gewesen wäre, bei den Campusunruhen auf den Polizisten zu schießen, jemand anders ihm jedoch zuvorgekommen sei. Beide malen daraufhin das Flugzeug an, so dass es wie ein großer prähistorischer Traumvogel mit riesigen Brüsten auf den Tragflächen und Slogans an den Seiten aussieht, und Mark macht sich trotz der bittenden Warnungen von Daria auf den Weg nach Los Angeles, um es zurückzugeben (Sequ. 25–26).

Am Flughafen wartet jedoch bereits eine Phalanx von Polizisten auf den Rückkehrer, der mit einem Schuss im Cockpit getötet wird (Sequ. 27–28). Daria hört die Nachricht von Marks Tod im Autoradio auf dem Weg zu Allens Wüstenvilla (Sequ. 29). Dort angekommen, schleicht sie sich am Swimmingpool und den gelangweilten Ehefrauen der Geschäftsleute vorbei (Sequ. 30). Auf dem weiteren Weg durch die Wohnanlage gelangt sie zu einer Felswand, an der Wasser herunterströmt, und drückt sich weinend an den Felsen, eingeholt von der Erinnerung an Mark. Als sie die Villa betritt, bemerkt Allen sie und schickt sie auf ihr Zimmer, damit sie sich von der Fahrt erholt. Daria verlässt jedoch heimlich das Haus und fährt ab (Sequ. 31). Als sie anhält und durch das Heckfenster ihres Wagens zurückschaut, zerreißt eine gewaltige Explosion lautlos die Villa. Daria steigt aus und blickt noch einmal zurück. Wieder explodiert das Gebäude, dieses Mal aber unter großem Getöse und dreizehnmal in extremer Zeitlupe wiederholt: Ein Fernseher zerplatzt, ein Kühlschrank entleert seinen Inhalt, der durch die Luft schwebt, ebenso ein Bücherregal (Sequ. 32). Die Schlusseinstellung zeigt Daria davonfahrend, während die Kamera in die untergehende Sonne schwenkt (Sequ. 33).

1.2 Der historische Kontext: Studentenprotest und »Counterculture« in den USA

Auf den ersten Blick scheint ZABRISKIE POINT die leidlich spannende Geschichte zweier junger Leute in den Sechzigern zu erzählen, die sich zufällig treffen und ineinander verlieben, aber durch widrige Umstände gehindert werden, ihre Liebe fortzusetzen. Eine solche Lesart kann jedoch weder die irrealen Einschübe wie die Bilder des Love-ins oder der Explosion am Ende des Films erklären, noch die heftige Ablehnung, die ZABRISKIE POINT bei seinem Erscheinen hervorrief. Szenen wie die Studentendiskussion zu Beginn des Films, die Campusunruhen oder das aus heutiger Perspektive oft seltsam erscheinende Verhalten der beiden Protagonisten legen einen Blick auf den historischen Kontext nahe, der, obwohl amerikanisch, durchaus Parallelen in Westeuropa hatte.

1.2.1 Die Bürgerrechtsbewegung

ZABRISKIE POINT spielt zum Ende einer Dekade, die nicht nur in den USA von radikalen gesellschaftlichen Veränderungen geprägt war. Die letzten Jahre der Ära Eisenhower hatten zu einem Nachlassen des amerikanischen Einflusses im Ausland, wachsenden Spannungen in den Rassenbeziehungen, wirtschaftlicher Stagnation und ein Ansteigen des Unterschieds zwischen Arm und Reich geführt. Immer mehr Amerikaner begannen zu erkennen, dass es ernste soziale Probleme gab, die lange Zeit vom Wohlstand verdeckt worden waren. Als Präsident John F. Kennedy in seiner Antrittsrede 1961 von einer »New Frontier« sprach und das amerikanische Volk zu Opferbereitschaft und der Anstrengung aufrief, »die Feinde zu besiegen, die alle Menschen bedrohen: Tyrannei, Armut, Krankheit und Krieg« (Kennedy 1961, 688), stieß er damit besonders bei der jüngeren Generation von Amerikanern auf großen Widerhall. In materiellem Wohlstand aufgewachsen, dürstete es diese Generation geradezu nach einem moralischen Auftrag. Besonders die Bürgerrechtsbewegung profitierte von diesem neuen Elan. Idealisten weißer und schwarzer Hautfarbe machten sich im Süden der USA daran, die Rassentrennung aufzuheben, die trotz formaler Gleichberechtigung noch immer bestand. Mitglieder des Student Non-Violent Coordinating Committee (SNCC) und des Congress for Racial Equality (CORE) veranstalteten Sit-ins in segregierten Lokalen, ignorierten als »Freedom Riders« in den öffentlichen Verkehrsmitteln die Rassentrennung oder organisierten die Wahlbeteiligung schwarzer Amerikaner. In den Südstaaten schlug ihnen dabei eine Welle kaum glaublicher Brutalität von Seiten der Ordnungskräfte und der weißen Bevölkerung entgegen. Einen ihrer Höhepunkte fand diese Gewalt, als im Juni 1964 in Mississippi die schwarzen und weißen Bürgerrechtler James E. Chaney, Michael Schwerner und Andrew Goodman durch zwei Beamte des Neshoba County Sheriff Office ermordet wurden. Gegen beide Beamte wurde trotz eindeutiger Beweise nie Anklage erhoben.

1965 hielt Martin Luther King, der 1964 für seine Methode des gewaltfreien Widerstandes und sein Eintreten für den Pazifismus den Friedensnobelpreis erhalten hatte, in Washington seine berühmte »I had a dream«-Rede, in der er die Vision eines friedlichen und gleichberechtigten Nebeneinanders der Rassen entwickelte. Es war eine Vision, die kurz darauf von dem Aufstand der Schwarzen in Watts, einem Stadtteil von Los Angeles, ad absurdum geführt wurde. 1966 kam es auch in anderen amerikanischen Großstädten wie Chicago, Cleveland, Newark, Detroit und New York zu schweren Krawallen. Bereits 1963 hatten sich in Chicago die Black Muslims gegründet. Ihr Sprecher Malcolm X hielt Gewaltlosigkeit und passiven Widerstand für eine überholte Strategie. Die offensichtlichen Unterschiede zwischen der Lage im Süden und der Situation im Norden der USA überzeugten schließlich die schwarzen Bürgerrechtler im SNCC von der Unvermeidlichkeit der »Black Power«. Führende Aktivisten wie Stokeley Carmichael, James Forman und H. Rap Brown schlossen sich der Partei der Black Panthers an. Die Black Panther Party war im Oktober 1966 von Bobby Seale und Huey Newton im kalifornischen Oakland gegründet worden und hatte sich unter ihnen und Elridge Cleaver zu einer marxistischen Kampfpartei entwickelt, die offen für einen bewaffneten Aufstand eintrat. Dieser Vorgang ist historisch so bedeutsam, weil damit erstmalig die schwarze Minorität in den USA ein Selbstbewusstsein außerhalb der Identität formulierte, die ihnen vom weißen Amerika zugeordnet wurde.

1.2.2 Die Politisierung an den Universitäten

Die Radikalisierung der schwarzen Bürgerrechtler blieb nicht ohne Einfluss auf die studentische Bewegung an den Universitäten. Parallel zur allmählichen Auflösung des SNCC drangen systemverändernde Elemente in die Strategie der 1960 in New York gegründeten, ursprünglich eher sozialreformerisch geprägten Students for a Democratic Society (SDS) ein. Ähnlich wie etwas später ihre Kommilitonen in Frankreich, Deutschland und Italien wurden die amerikanischen Studenten politisiert und setzten die Zustände an den Hochschulen politökonomisch in Beziehung zur Gesamtgesellschaft. Besonders an der Universität von Kalifornien in Berkeley wurde die Dienstleistungsfunktion von Wissenschafts- und Lehrbetrieb im Verwertungszusammenhang des Kapitals analysiert. Die Studenten sahen das repressive Verhalten der Universitätsadministration als Spiegel der allgemeingesellschaftlichen Situation und zogen Parallelen zwischen der Universitätsforschung und der imperialistischen Kriegsführung in Vietnam. Im Herbst und Winter 1964 entlud sich die Spannung gegen die Autoritäten schließlich in ersten Zusammenstößen mit der Universitätsverwaltung, die schnell eskalierten, als die Polizei auf dem Campus erschien. Der direkte Anlass war ein Erlass der Universitätsverwaltung gewesen, der den Studenten verbot, einen etwa 9 Meter breiten Streifen Campusgeländes an einem Nebeneingang für ihre Zwecke zu benutzen. Der Bann wurde nicht befolgt, und es kam zu Disziplinarverfahren gegen fünf Studenten. Bei ihrer Anhörung wurden sie von 300 bis 500 Studenten begleitet – das sogenannte »Free Speech Movement« hatte sich gebildet. Im eigentlichen Sinne ging es dabei weniger um das Recht der freien Meinungsäußerung – das jedem auf dem Campus offenstand –, sondern der umstrittene

Streifen war traditionell nicht nur zur Erörterung von Ideen, sondern auch als Ausgangspunkt für politische Aktionen und Treffpunkt von verschiedenen Aktionsgruppen genutzt worden. Im »Free Speech Movement« ging es nun darum, gegen die Rücknahme dieses Privilegs anzugehen: In Sproul Hall wurde provokatorisch die »Free University of California« ausgerufen.

Nach Berkeley erhob sich in der sogenannten Neuen Linken die Frage, ob sich die Studenten nicht zur einzigen revolutionären Kraft machen sollten, eine Frage, die schließlich ähnlich wie in Westeuropa zum Begriff der »revolutionären Elite« führte. Das »Free Speech Movement« hatte bewiesen, dass Studenten für Massenaktionen zivilen Ungehorsams mobilisiert werden konnten, dass es ein Potential zum Kampf gegen das System gab – unter Zuhilfenahme des nichtstudentischen Untergrundes der Hippies und Yippies, der in den Demonstrationen in Berkeley eine wesentliche Rolle gespielt hatte. Die Ergebnisse der sich anschließenden Teach-in-Phase, in der die Universität und ihre Verflechtung mit dem Komplex Militärindustrie analysiert wurden, sowie die weitere Eskalation des Vietnamkrieges führten schließlich zu der aktiven Widerstandsbewegung der Jahre 1966 und 1967. Bezeichnend für die Wandlung wurde schon auf der Anti-Vietnam-Demonstration im April 1965 in Washington, an der 20.000 bis 25.000 Studenten teilnahmen, die Forderung nach totaler Rücknahme der amerikanischen Außenpolitik im allgemeinen und des Engagements in Vietnam im besonderen gestellt. Mit dem Einbruch des Untergrundes erhielt die Bewegung endgültig eine neue Stoßrichtung, die nicht mehr als »dissent« oder »protest« bezeichnet werden konnte, sondern sich offen als »resistence« verstand. Gleichzeitig verstärkte sich insbesondere durch den Einfluss des Denkens von Herbert Marcuse, der an der Universität von Kalifornien in San Diego lehrte, die schon erwähnte Tendenz zum Elitismus. In »The One-Dimensional Man« (1964) hatte Marcuse die These aufgestellt, dass in der Technokratie der manipulierte Mensch, nur noch zu eindimensionalem Denken fähig, seine Interessen nicht mehr erkennen und vertreten könne. Diese Aufgabe könne nur noch von einer kleinen Elite wahrgenommen werden, die sich als gesellschaftliche Randgruppe das revolutionäre Potential erhalten habe.

Das System zeigte sich allerdings stärker als man gedacht hatte. Die gegenkulturellen Institutionen wurden größtenteils vom kapitalistischen System unterwandert, und 1970 verdeutlichte das Desaster von Altamond – als bei einem Konzert der Rolling Stones ein Schwarzer von den Hell's Angels umgebracht wurde und mehrere andere Zuhörer Verletzungen davon trugen – drastisch die Grenzen des Woodstock-Traums von einer schon verwirklichten freien und friedlichen Gesellschaft. Daraufhin spaltete sich das ohnehin inkohärente »Movement« Anfang der 70er Jahre in seine Einzelfraktionen. Die gegenkulturelle Öffentlichkeit zerfiel zusehends, als es nicht gelang, eine

Massenbasis auf Dauer herzustellen, die dem utopischen Impuls die nötige Durchschlagskraft zu geben vermocht hätte. Zwar versuchten die SDS aus den praktischen Schlüssen Marcuses über die Unfähigkeit der Arbeiterklasse, als revolutionärer Träger auftreten zu können, eine eigene Theorie über die »Neue Arbeiterklasse« zu entwickeln, blieben jedoch in der Problematisierung stecken. Auch die Black Panther-Bewegung, die sich unter Cleaver im Februar 1968 ganz vom SNCC getrennt hatte, schaffte es trotz aller marxistisch-leninistischen Slogans nicht, Massen für sich zu mobilisieren. Am ehesten brachte noch die altkommunistische Progressive Labor Party (PLP) einen wirksamen Theoriezusammenhang in die Protestbewegung ein. Nachdem sie in der Anfangs- und Mittelphase der studentischen Opposition wegen ihrer totalitären Auffassungen weitgehend ohne Einfluss gewesen war, gewann sie so in der Endphase der Bewegung an Bedeutung. Entsprechend näherten sich die SDS 1969 sowohl der Black Panther Party als auch der PLP an. Von der Überzeugung ausgehend, dass der Widerstandskampf der Abhängigen und Unterdrückten nur gemeinsam von Studenten und Arbeitern und unter Einbeziehung aller Rassen geführt werden könne, kam es für kurze Zeit zur Bildung einer gemeinsamen Front des intellektuellen Flügels der gegenkulturellen Bewegung.

Nach 1969 lassen sich einheitliche Tendenzen, die unter einer breiten gegenkulturellen Bewegung zusammengefasst werden könnten, nur noch sporadisch beobachten. Im Mai 1970 kam es während des nationalen Studentenstreiks gegen Präsident Nixon noch einmal zu großer Solidarität, die die aggressive Reaktion des Systems erfuhr, als in Kent in Ohio unter den Schüssen der Nationalgarde vier Studenten starben. Das System, in den 70er Jahren zunehmend von Wirtschaftskrisen, Arbeitslosigkeit, Absatzschwierigkeiten und Energieknappheit geschüttelt, verschärfte seine Repression nach innen. Der Vietnamkrieg wird 1975 unter dem Druck der Öffentlichkeit beendet, aber letztlich wohl mehr wegen der nicht mehr länger aufrechtzuerhaltenden Belastung von Bundeshaushalt und Wirtschaft als wegen des gegenkulturellen Protestes. Gegenkultur und amerikanischer Underground blieben bis Mitte der 70er Jahre in ihren Fragmenten zwar noch bestehen, ihre öffentliche Präsenz trat aber hinter lokaler Basisarbeit und (ähnlich wie in Europa) dem »langen Marsch durch die Institutionen« zurück. Nur die Ohnmacht und blinde Wut der anarchistischen Fraktion der Weathermen, die Bob Dylans »you don't need a weatherman to know which way the wind blows« zu wörtlich nahmen, machte sich – und hier wirkt Antonionis Film aus heutiger Sicht fast prophetisch – noch einmal spektakulär in Terroranschlägen Luft.

1.3 Antonionis Amerika: Eindimensionale Menschen und der Sieg der Konsumgesellschaft

1969, als ZABRISKIE POINT entstand, befand sich die amerikanische Protestbewegung also auf dem Übergang vom Dissens zum aktiven und in Teilen sogar militanten Widerstand. Die allgemeine Stimmung in Amerika war gespannt. 1968 war das Jahr zweier beunruhigender Attentate gewesen. Am 4. April 1968 war Martin Luther King in Memphis in Tennessee von einem weißen Rassisten erschossen worden, am 5. Juni hatte die schockierte Öffentlichkeit das ebenfalls tödlich ausgehende Attentat auf Senator Robert Kennedy in Los Angeles miterleben müssen. Die Bezüge im Film zu der gespannten Atmosphäre sind offensichtlich. Fast das gesamte erste Drittel des Films, bevor er in einen Fluchtfilm übergeht, ist diesem Thema gewidmet. Am Anfang steht die heftige Strategiediskussion zwischen weißen Studenten und einer Gruppe Schwarzer, unter denen Kathleen Neal Cleaver zu erkennen ist, die Frau des Black Panther-Führers Elridge Cleaver. Dann besucht Mark seinen Freund in der Untersuchungshaft und wird Zeuge, wie Polizisten einen Geschichtsprofessor einsperren. Und schließlich wird er halb freiwillig, halb unfreiwillig in die gewalttätigen Kämpfe von Studenten und Polizei auf dem Campus hineingezogen.

1.3.1 ZABRISKIE POINT als Gesellschaftskritik

Antonioni hatte sich schon 1961, während seines USA-Aufenthalts anlässlich der amerikanischen Premiere seines Films L'AVVENTURA, mit dem Gedanken getragen, einen Film in Amerika zu drehen. Zunächst sollte die Geschichte sich um einen fiktiven Dichter entfalten, der in den Vereinigten Staaten lebte, und dessen Gefühls- und Gedankenwelt schildern. Bei einem weiteren Amerikaaufenthalt im August 1968 wurde Antonioni jedoch während des Parteitages der amerikanischen Demokraten in Chicago, der National Democratic Convention, auf der traditionell die Wahl des Präsidentschaftskandidaten durch den Parteikonvent stattfand, Zeuge der sich parallel auf der Straße abspielenden Unruhen. Die Yippies, ein politischer Zweig der Hippiebewegung, hatten sich mit Anhängern der studentischen Protestbewegung zur Demonstration getroffen. Als der Bürgermeister von Chicago »Pig Face« Daley Polizei und Nationalgarde einsetzte, um den Protest zu ersticken, richteten diese ein Blutbad unter den Demonstranten an, und ein Aufschrei ging durch die gegenkulturelle Öffentlichkeit. Die Studenten und die Anhänger der Youth International Party (YIP), die Anfang 1968 von den sogenannten »Chicago Four«, Jerry Rubin, Abbie Hoffman, Paul Krassner und Ed Sanders gegründet worden war,[2] wurden als friedvolle Märtyrer gefeiert, die von einer brutalen Machtelite zusammengeschlagen worden waren. In der Tat war der Protest der Demonstranten weitgehend friedlich, wenn auch offen provozierend gewesen. Statt der Form zu genügen und einen Gegenkandidaten aufzustellen, wählten die Yippies symbolträchtig ein Schwein zu ihrem Kandidaten. Sie begriffen die Funktion der Wahlöffentlichkeit als pseudodemokratisches Alibi für ein Staatsgebilde, das längst nicht mehr demokratisch war. Programmatisch hatte Jerry Rubin erklärt: »Schon jetzt, wenn wir handeln, müssen wir Kennzeichen jener Welt verwirklichen, die wir anstreben – Schönheit, Liebe und Offenheit« (zitiert nach Hollstein, 1970, 91). Entsprechend sollte Antonioni rückblickend sagen, ihn habe am meisten beeindruckt, dass die Gewalttätigkeit der Polizei in Chicago nicht mit Gegengewalt beantwortet, sondern stattdessen ein Fest mit Straßentheater, Musik, Tanz, Seminaren und Workshops gefeiert wurde.

Als Nachspiel der Demonstration fand ein Prozess statt, der unter dem Namen »Chicago Conspiracy Trial« bekannt wurde. Es wurden acht Personen der Neuen Linken angeklagt, den Aufruhr geplant zu haben, unter ihnen Jerry Rubin und Bobby Seale, der Vorsitzende der Black Panther Party. Der Prozess stellte vom juristischen Standpunkt her eine Farce dar. So hieß es langatmig in der Anklage:

> des Zuschauerraums [...] die Regierung wird beweisen, daß jeder dieser acht Männer dabei eine besondere Rolle gespielt, sich mit den anderen verbündet hat und alle acht eine Verschwörung gebildet haben, um Straßenkämpfe anzuzetteln [...] und so eine Situation heraufzubeschwören, in der Demonstranten sich zusammenfinden konnten, die mit der Absicht nach Chicago gekommen waren, der Polizei physischen Widerstand entgegenzusetzen, und die die Polizei in den Straßen von Chicago angriffen, so daß aus dem Zusammenstoß Straßenkämpfe wurden. (Zitiert nach Herms 1973, 42)[3]

Da eine direkte Verschwörung nicht nachzuweisen war, lief die Argumentation schließlich darauf hinaus, dass es ausreiche, »to share a common design«. Der Prozess war so eher gegen die radikale Neue Linke als solche gerichtet, von der die Yippies nicht mehr zu trennen waren. Die Vorgänge in und um Chicago beeindruckten Antonioni so nachhaltig, dass er beschloss, sie in seinen Film zu integrieren. Nachdem er Tom Hayden kennengelernt hatte, den damaligen Vorsitzenden der »Students for a Democratic Society« und späte-

---

2 Rubin war Veteran des »Free Speech Movement« und des »Vietnam Day Committee«, der der sozialreformerischen Gruppe der »Diggers« angehörende Hoffman kam als Schriftsteller, Krassner von der Untergrundzeitung »The Realist« hinzu.

3 »[...] the Government will prove that each of these eight men assumed specific roles in it and they united and that the eight conspired together to encourage people to riot [...] to create a situation where the demonstrators who had come to Chicago and who were conditioned to physically resist the police would meet and would confront the police in the streets of Chicago so that at this confrontation a riot would occur [...].«

ren Ehemann von Jane Fonda, begann Antonioni mit ihm und anderen studentischen Intellektuellen das Drehbuch umzuschreiben.

Offiziell hat Antonioni auf die Frage, ob er einen politischen Film im engeren Sinne machen wollte, jedoch immer eher ausweichend geantwortet. So sagte er 1970 dem Magazin »Esquire«:

> Wenn ich einen Film über den Studentenprotest hätte machen wollen, hätte ich in Richtung der Eröffnungssequenz der studentischen Versammlung weitergemacht. Denn sollte einmal der Tag kommen, an dem die jungen amerikanischen Linken ihre Hoffnung auf Veränderung der Gesellschaft in die Tat umsetzen, wird dies vor diesem Hintergrund geschehen und es werden solche Gesichter sein. Aber ich habe die Studenten in meinem Film verlassen und bin meinem Protagonisten in einer ganz anderen Richtung gefolgt. (Antonioni 1996, 97)

Robert J. Lyons hat zudem darauf hingewiesen, dass allen von Antonionis Filmen der Zeit von 1955 bis 1975 thematisch gemeinsam ist, dass sie das Verhältnis von Idealität und Realität problematisieren:

> Filmisch zeichnet *Zabriskie Point* zwei klar definierte Welten: eine des extremen technologischen Fortschritts mit gut organisierten sozialen Kontrollen; und eine von desillusionierter Romantik. Antonioni sympathisiert offen mit der Revolution als einziger Alternative zum Untergang, noch wichtiger jedoch ist, daß er eine Welt schafft, die den Zukunftsschock greifbar macht. (Lyons 1973, 187)[4]

In vieler Hinsicht dient Antonioni der studentische Protest in ZABRISKIE POINT so denn auch nur als Folie – und dies ist von der zeitgenössischen Kritik nicht verstanden worden –, vor der er sein eigentliches Anliegen, seine essentialistische Kritik an der Entfremdung der modernen Lebenswelt, der Entleerung aller Utopie in der Konsumgesellschaft und profitorientierten Ausbeutung der Natur, erzählen kann. In deutlichem Kontrast zu der desorganisierten, chaotisch demokratischen Ohnmacht der studentischen Aktionen steht in dem Film die klare, hierarchisch gegliederte Ordnung der Geschäftswelt. Als Lee Allen das erste Mal auftaucht, ist es in der Lobby seines Hochhauses im Zentrum von Los Angeles, wo Daria ihn wegen eines Jobs ansprechen will (Sequ.3). Antonioni präsentiert eine kontrollierte »corporate world«, die perfekt durchorganisiert ist. So sitzt der Portier, der Daria zurückhält, in seiner mit Überwachungsmonitoren bestückten Insel inmitten einer Eingangshalle aus Stahl, Glas und Granit. Mit seinen dominierenden Vertikalen ist das Foyer architektonisches Abbild der Macht und der aggressiven Dynamik der über ihr

---

4 »In a more overt cinematic statement *Zabriskie Point* also draws two clearly defined worlds: one of extreme technological proficiency, of well ordered social controls; and the other of disillusioned romanticism. Antonioni surely sympathizes with revolution as an alternative to annihilation but more importantly, he creates the ultimate world of future shock.«

angesiedelten Firma. In der kühl-eleganten Ästhetik wirkt es geradezu einschüchternd und verweist auf die technologische und finanzielle Überlegenheit der kapitalistischen Geschäftswelt. Die hierarchische Gliederung dieses Reichs der Investitionen und Großprojekte setzt sich in dem Verhalten der Menschen in ihm fort. Die Servilität des Portiers gegenüber Lee Allen, der mit dem Fahrstuhl von seinem Büro in der obersten Etage herunterkommt, steht in deutlichem Gegensatz sowohl zu Allens machtbewusster Nonchalance als auch zu der fröhlichen Unbekümmertheit, mit der Daria Allen anspricht. Noch mehr aber spiegelt Allens Büro das Selbstbewusstsein korporierter Macht wider. Es befindet sich im buchstäblichen Sinne »über« der normalen Welt schwebend an der Spitze des Gebäudes. In Sequ. 12 wird die Kamera Allen während eines Telefonats vor dem Fenster seines Büros zeigen, eingerahmt von der Spitze eines anderen Wolkenkratzers und einer wehenden amerikanischen Flagge. Wenn er aus seinem Fenster hinausschaut, überblickt er die unter ihm liegende Stadt wie ein König sein Reich von seinem Schloss aus. Es ist eine Perspektive, die immer wieder von der Kamera aufgegriffen wird, wenn es um den Stellenwert der Firma geht. Umgekehrt zeigt die Kamera Allen hinter seinem Schreibtisch aus der Froschperspektive, ihm derart fast gottgleichen Status verleihend (Abb. 2). Seine sympathische, angenehm wirkende Ausstrahlung wird getragen von dem unerschütterlichen Selbstbewusstsein des erfolgreichen Managers, von der kapitalistischen Hybris, das Unmögliche möglich machen zu können, im wahrsten Sinne des Wortes gottgleich »Berge versetzen« zu können, Flüsse umzuleiten, blühende Städte zu schaffen, wo vorher nur Wüste war.

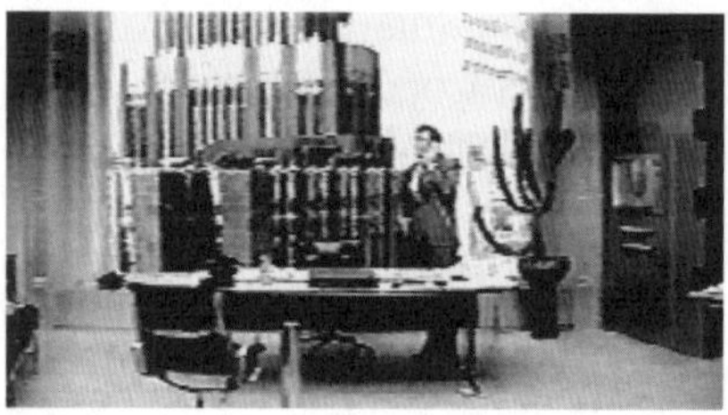

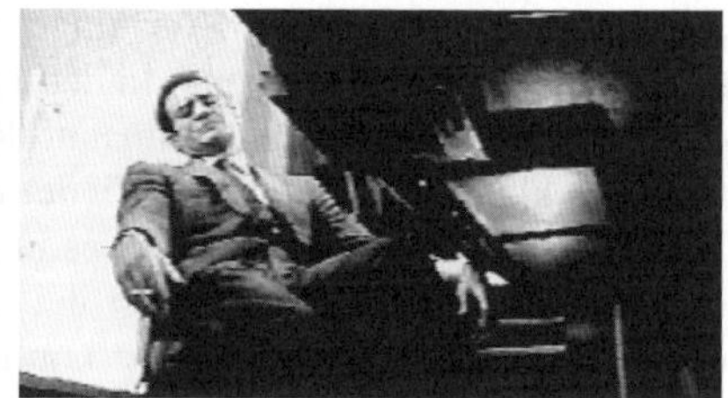

Abb. 2: Lee Allen in seinem Büro (Sequ. 12)

Natur ist einem solchen Bewusstsein nur Werkstoff. Los Angeles entstand in einer der trockensten Gegenden Amerikas. Seine blühenden Gärten sind beredtes Beispiel der Fähigkeit der modernen technischen Zivilisation, Wasser aus weit entfernten Gegenden herzuleiten. Beispiel aber auch, und dies macht Antonioni immer wieder an Sunny Dunes klar, für eine maßlose Ausbeutung der Natur und grenzenlose Verkünstlichung der urbanen Lebenswelt. Natur, das ist im Zusammenhang mit Allen und seiner Firma nur jene künstlich angelegte, wie sie sich in den synthetischen Adobewänden des ansonsten aus Stahl und Glas bestehenden Büros oder dem Zierkaktus dort ausdrückt.

Höhepunkt dieser Pervertierung des Natürlichen aber ist Allens Felsenvilla bei Phoenix mit ihrem Kalkül einer auf ihr Ästhetisches reduzierten artifiziellen Wüstenlandschaft (Sequ. 30). Nachdem Daria sich dort an den am Pool ausspannenden Ehefrauen der im Haus verhandelnden Geschäftsleute vorbeigeschlichen hat, kommt sie durch einen sorgfältig angelegten Wüstengarten zu einer ebenso künstlich geschaffenen Schlucht oder Höhle mit Felsen, an denen Wasser herunterrinnt. Und auch das Innere des Hauses wirkt artifiziell, obwohl bewusst so angelegt, als wenn das Gebäude, sich in die Natur einschmiegend, in den Fels gebaut worden sei.

1.3.2 Die filmische Umsetzung der Kritik

Seine Kritik an der kapitalistischen Konsumgesellschaft schildert Antonioni – auch wenn seine Sympathien eindeutig sind – in berückend schönen Bildern, ohne Anklage, ohne moralischen Zeigefinger, indem er einfach visuelle Beweise sammelt und zu Symbolen der Entfremdung auflädt. Allen selbst ist gleichermaßen Opfer wie Täter. Seine Verbindung zu den Mitmenschen, zu der Welt draußen ist nur noch eine über technische Medien vermittelte, ob es nun Fernsehen und Telefon sind oder die Gegensprechanlage, über die er mit seiner Sekretärin spricht. Natur erscheint als numerische Anzeige seiner Temperatur- und Feuchtigkeitsmesser, während er selbst von ihr durch die Glasscheiben seines Büros oder seines Hauses getrennt ist.

In dem Werbefilm, den er für Sunny Dunes in Auftrag gegeben hat, stehen denn auch nur noch Schaufensterpuppen in einer idealen Plastiklandschaft und verkünden das Versprechen des »amerikanischen Traums« von Wohlstand, Glück und Erfolg (Siehe Abb. 3):

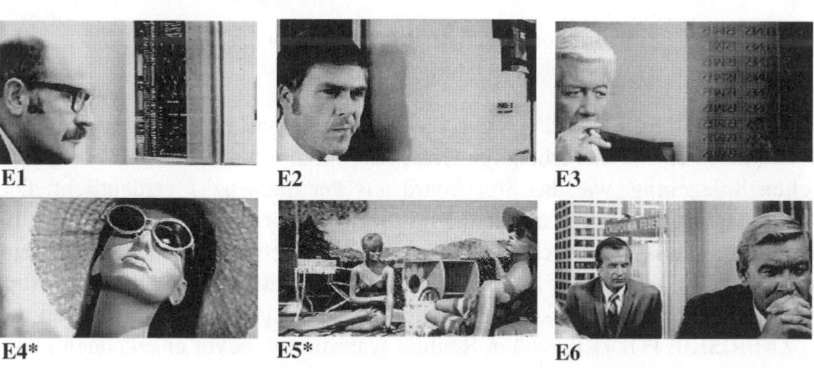

E1 **E2** **E3**

E4* **E5*** **E6**

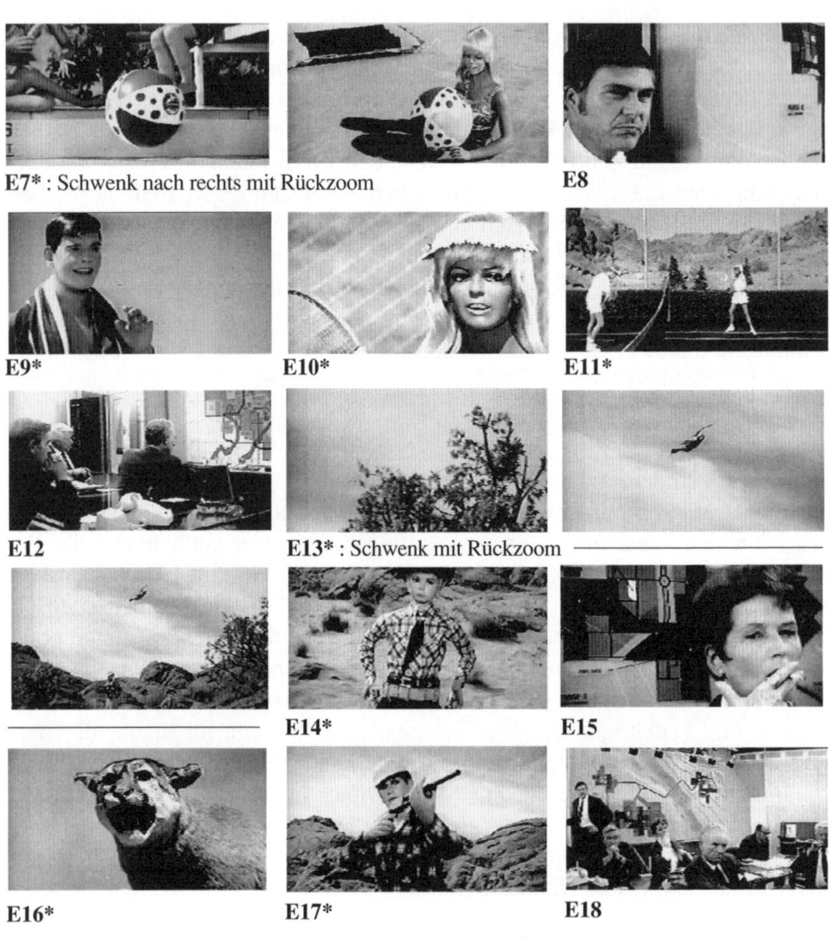

Abb. 3: Storyboard: Sequenz 7, Einstellungen 1–18
Montage Werbefilm / Geschäftsleute

Ein Plastikball rollt über den Sand, Plastikenten schweben in der Luft, und ein Plastikrasen ersetzt das lebendige Gras. Antonioni arbeitet hier mit einer doppelten Spiegelung, wie das Storyboard aus der Sequenz 7 verdeutlicht: Die Kamera ist zunächst groß auf dem Bildschirm, bevor sie ebenfalls in Großaufnahme in Schuss–Gegenschuss die Gesichter der betrachtenden Geschäftsleute davor zeigt, so dass der Zuschauer zunächst die artifizielle Welt des Werbefilms (Siehe die mit * gekennzeichneten Einstellungen) bruchlos als Teil der in ZABRISKIE POINT erzählten Realität wahrnimmt, bevor er erkennen kann, dass es sich um einen Werbefilm im Film handelt. Gleichzeitig werden die zuschauenden Geschäftsleute durch die Art der filmischen Montage selbst der geschilderten Plastikwelt subsumiert. Doppelt ironisch für den Betrachter des Films heißt es im O-Ton des Werbefilms:

»Genießen Sie die volle Entspannung, die ein Leben im Freien bietet!«
»Baden Sie in der Wüstensonne im eigenen Swimmingpool!«
»Warum in der Hetzjagd der Stadt gefangenbleiben, wenn Sie das Leben auf die Sunny Dunes Art genießen können?«
»Spielen Sie Tennis auf smaragdgrünem Rasen, trinken Sie frisches Gebirgswasser aus Eichenholzbechern!«
»Atmen Sie die unverdorbene Luft des Hochlandes!«
»Gehen Sie mit Ihrem Sohn auf Wachteljagd in den weiten Tälern! Vielleicht erbeuten Sie sogar einen Berglöwen.«
»Gehen Sie hinaus in die Sonne und bewässern Sie Ihren eigenen Garten! Werden Sie unabhängig!«
»Gestalten Sie Ihr Leben selbst wie die Pioniere, die den Westen geformt haben!«

Noch deutlicher wird diese Herrschaft der Bilder, die das authentische Leben zugunsten eines Konsumparadieses ersetzt haben, an den Billboards, die der Film wiederholt demonstrativ zeigt und deren Anpreisungen er ironisch in die Erzählung integriert. So preist die Werbetafel vor dem Imbiss, in dem Mark um einen Gratisbissen bittet und zurückgewiesen wird, die Qualität eines Sandwichaufstrichs an. »Fly United. Let's get away from it all« heißt es später auf dem Billboard am Flughafen (Abb. 4). Doch als Mark die Aufforderung in die Tat umsetzt, wird er damit zum Kriminellen. Es sind Chiffren des Verlangens nach Befriedigung von Bedürfnissen, die in der Konsumgesellschaft scheinbar überreich erfüllt werden, letztlich aber in ihrer Leere den Menschen immer wieder auf sich selbst zurückwerfen.

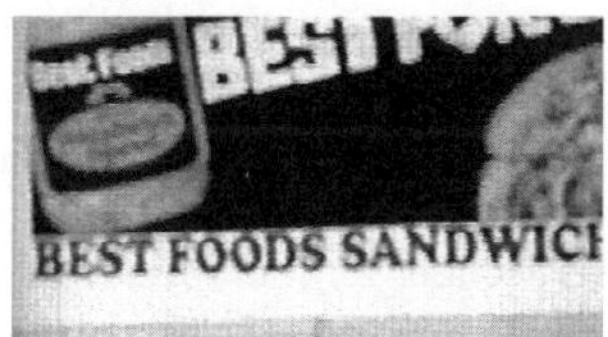

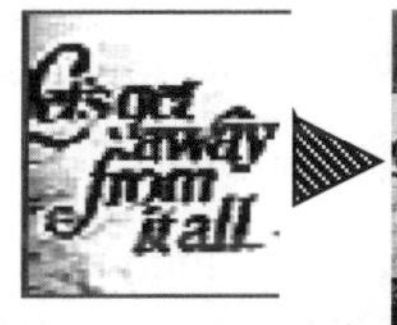

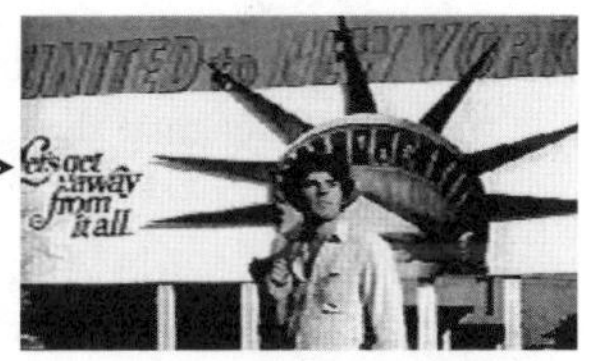

Abb. 4: Die Billboards

Die Billboards von Los Angeles waren, wie Antonioni zu zeigen versuchte, längst zu einem Terror von Zeichen geronnen, die mit dem Bezeichneten nichts mehr zu tun hatten. Das utopische Verlangen nach Freiheit und Glück erschöpft sich in der modernen Gesellschaft in der leeren Konsumption käuflicher Waren und perpetuiert so das Verlangen nach Erfüllung nur noch mehr, da sein eigentlicher Anspruch frustiert bleiben muss. Das Los Angeles von ZABRISKIE POINT ist eine Welt schöner Bilder, die sich von ihrem realen

Gehalt längst unendlich entfernt haben. Hier wird Antonioni zum prophetischen Vorboten jenes Universums der Simulakren, das der französische Soziologe und Philosoph Jean Baudrillard eineinhalb Jahrzehnte später am Beispiel Amerikas als Wirklichkeit des postmodernen Menschen beschwören sollte. Auch Allen selbst, obwohl Agent dieses Prozesses, ist davon nicht ausgenommen. Das System hat sich längst auch von der Steuerung durch seine Träger entfernt und steuert umgekehrt diese. Als Allen im Auto an einer überdimensionalen American Airlines Anzeige mit einer Armbanduhr und der Aufschrift »Fly! Save time!« vorbeikommt, schaut er gehorsam auf die eigene Uhr und beschleunigt den Wagen.

Aus sozialer Perspektive beschreibt ZABRISKIE POINT so eine Welt, aus der das selbstbestimmte Individuum verschwunden ist. Seine Haltung hat jenem »eindimensionalen Bewusstsein« Platz gemacht, von dem Herbert Marcuse 1965 in seiner einflussreichen Studie »The One-Dimensional Man« verkündet hatte, dass es nur noch auf Affirmation der Verhältnisse aus sei:

> Die Mittel des Massentransports und der Massenkommunikation, die Gebrauchsgüter Wohnung, Nahrung und Kleidung, die unwiderstehliche Leistung der Unterhaltungs- und Nachrichtenindustrie gehen mit verordneten Einstellungen und Gewohnheiten, mit geistigen und gefühlsmäßigen Reaktionen einher, die die Konsumenten mehr oder weniger angenehm an die Produktion binden und vermittelst dieser ans Ganze. Die Erzeugnisse durchdringen und manipulieren den Menschen; sie befördern ein falsches Bewußtsein, das gegen seine Falschheit immun ist. Und indem diese vorteilhaften Erzeugnisse mehr Individuen in mehr gesellschaftlichen Klassen zugänglich werden, hört die mit ihnen einhergehende Indoktrination auf, Reklame zu sein; sie wird ein Lebensstil, und zwar ein guter – viel besser als früher –, und als guter Lebensstil widersetzt er sich qualitativer Änderung. So entsteht ein Muster *eindimensionalen Denkens und Verhaltens*, worin Ideen, Bestrebungen und Ziele, die ihrem Inhalt nach das bestehende Universum von Sprache und Handeln transzendieren, entweder abgewehrt oder zu Begriffen dieses Universums herabgesetzt werden. Sie werden neubestimmt von der Rationalität des gegebenen Systems und seiner quantitativen Ausweitung. (Marcuse 1964, 31f.)

In weiten Teilen wirkt Antonionis Film in seiner kritischen Sicht auf die amerikanische Konsumgesellschaft der 60er Jahre wie eine etwas naive Visualisierung der Schlussfolgerungen Marcuses, der in seiner Studie derart eine glückliche Identifikation mit der Entfremdung diagnostiziert hatte, ein Zufriedensein mit dem quantitativen Mehr statt qualitativer Weiterentwicklung der menschlichen Gemeinschaft. In der technischen Eleganz der Arbeitswelt, den vielfältigen Versprechungen des Fortschritts und der artifiziellen Sinnlichkeit der Konsumwelt, die ZABRISKIE POINT zeigt und in der die Protagonisten des Films sich selbstverständlich oder auch in Rebellion dagegen bewegen, scheint jene »repressive Entsublimierung« auf, von der Marcuses gesagt hatte, dass sie dem Menschen jegliches Gefühl des Ungenügens und somit die unabdingbare Grundlage von Kritik und positiver Veränderung in Richtung auf eine Gesellschaft nähme, die ihre Möglichkeiten zu wahrhafter Freiheit und Erfüllung auch wirklich entfalte und nicht der Logik des Kapitals unterordne. Durch die alles durchdringende erotische Gratifikation, lautete Marcuses Fazit, werde dem spätkapitalistischen Subjekt sein Subjektstatus nur noch vorgegaukelt, indem er das Bestehende, die Reduktion auf materielle Befriedigung in Konsum, schon als die Erfüllung seiner Sehnsüchte verkenne. In seiner Felsenvilla sagt Allen während der Verhandlungen mit einem Investor (Sequ. 31): »Also, Jack, Sie wissen doch genauso gut wie ich, dass der Preis einer Sache niemals hoch oder niedrig ist, sondern immer in Relation zum möglichen Nutzen steht. Deshalb gibt es doch wohl nur eine Frage: Ist dieses Land für Sie von Nutzen oder nicht?«

Von daher ist auch nur konsequent, was auf den ersten Blick unlogisch erscheint: Marks Rückkehr in die Stadt, um das Flugzeug zurückzugeben, beweist den Tod des Individuums in der technokratischen Welt der Konsumgesellschaft in einer Parabel des Scheiterns. Das System darf den gereiften und sich in der Liebe zu Daria seiner Individualität wahrhaft bewusst gewordenen einzelnen nicht dulden, will es nicht von dessen Anspruch auf wirklich menschliche Beziehungen gefährdet werden. Marks Tod erscheint von daher geradezu notwendig. Indem Mark mit seiner Rückgabeabsicht die bürgerliche Regel der Unantastbarkeit des Privateigentums respektiert, verletzt er zudem insgeheim ein anderes Gesetz der spätkapitalistischen Gesellschaft, die die Achtung von Eigentumsverhältnissen zwar ideologisch propagiert, tatsächlich aber in der Enteignung der Natur gegenüber der Dynamik der Kapitalkonzentration und Profitmaximierung hintanstellt. Letztlich ist die Botschaft des Films düster: In der fortgeschrittenen Industriegesellschaft ist gerade das bürgerliche Subjekt, das sie durch seine kreativen Leistungen hervorgebracht hat, zum Verschwinden verurteilt.

In Fortführung dieser Logik schildert ZABRISKIE POINT Natur in der verwalteten Urbanität von Los Angeles nur als verwertbares Objekt der kapitalistischen Kreativität des »Entwicklers« Lee Allen oder als konsumierbare Ware. Nicht zufällig sind die Dienstmädchen, denen Daria in Allens Felsenvilla begegnet, Indianerinnen, also Angehörige einer Gruppe von Menschen, die einmal im Einklang mit der Natur lebte, jetzt aber der herrschenden angloamerikanischen Kultur zu Diensten sein muss. Und ebenfalls nicht zufällig arbeitet Mark in einer Fleischfabrik als Staplerfahrer. Als er Feierabend hat und nach Hause aufbricht, verfolgt die Kamera sein Auto, während es an einer gigantischen Wandmalerei an der Außenwand der Fabrik vorbeifährt.[5] Beschrie-

5 Es handelt sich dabei um das Bild »Hog Haven« an der »Farmer John Brand, Clougherty Meat Packing Company«, gemalt von Les Grimes und Arno Jordan.

ben wird darin das idyllische Leben von Schweinen, bevor sie in der Räucherkammer enden. Es ist eine Welt, in der alles Lebendige auf Zahlen reduziert wird. Beim Betreten seines Hochhauses in Sequenz 10 passiert Allen zunächst Projektionswände mit den neuesten Wirtschaftsnachrichten und Tafeln, über die ständig die aktuellen Börsenkurse laufen. Auf dem weiteren Weg in sein Büro geht er an Glaswänden vorbei, hinter denen die digitalen Anzeigen von Großrechnern zu sehen sind. Akustisch wird diese Demographie der entindividualisierten Massengesellschaft in der monotonen Wiederholung von Zahlen im Radio oder von Tonbandgeräten hörbar. Auch die Polizei als Repräsentantin der Staatsmacht wird von dieser Dynamik erfasst. In der Sequenz 5 schwenkt die Kamera beispielsweise von dem Gesicht einer Sekretärin über Karteikästen zu dem teilnahmslosen Gesicht des Polizeibeamten, der die persönlichen Daten der Neuarrestierten aufnimmt.

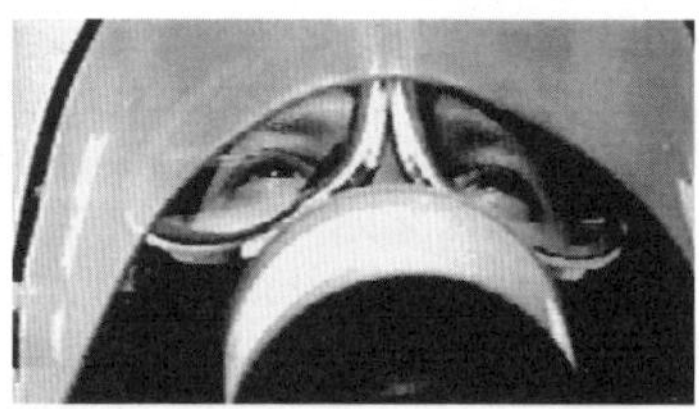

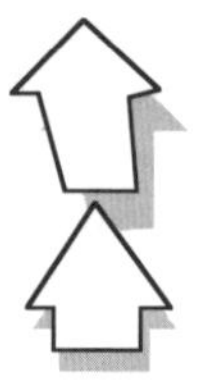

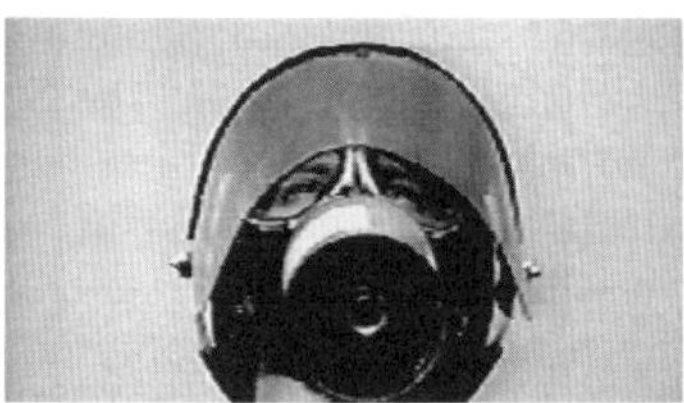

E1: Hochschwenk .... Stand .... Rückzoom

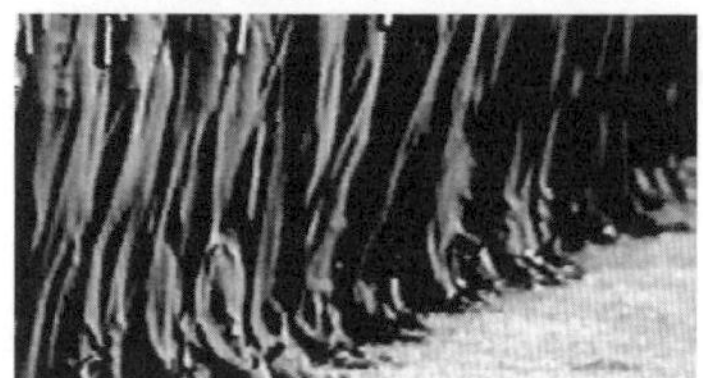

E2: Stand

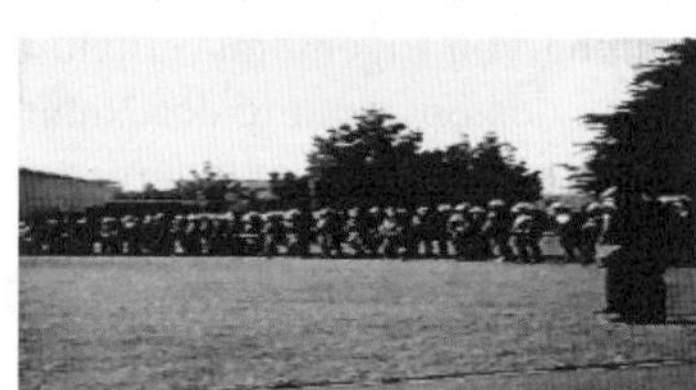

E3: langsamer Schwenk nach rechts

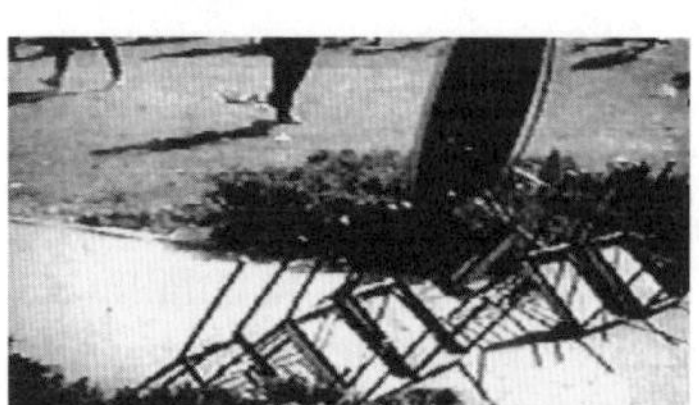

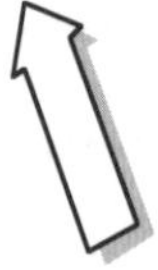

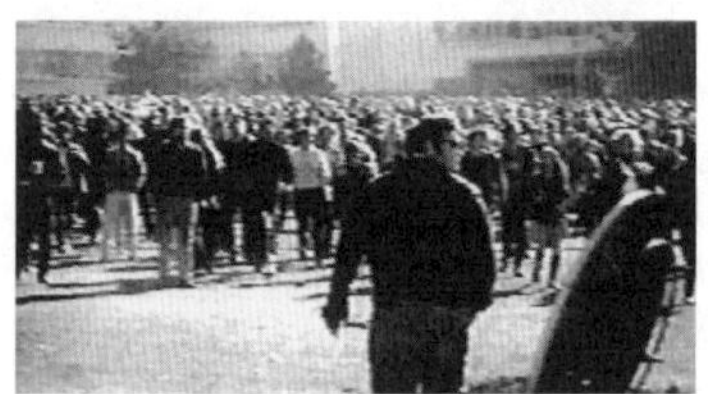

E4: Hochschwenk nach links ....

Abb. 5: Storyboard aus Sequenz 13, Einstellungen 1–4
Montage Polizeiaufstellung

Und die Konfrontation auf dem Campus (Abb. 5) beginnt mit der Großeinstellung einer Gasmaske, gefolgt von einer Halbnahen, die eine Staffelung uniformierter Beine zeigt, und schließlich einer Totalen der mit aufgesetzten Gasmasken für den Angriff aufmarschierten Polizisten. Die Polizei erscheint hier als formierte Reihung von anonymen Teilen einer zahlenmäßig überlegenen Maschinerie. Die gleiche Reduktion gilt jedoch auch für die Gegenseite der protestierenden Studenten, die zu einer konturlosen, ungeordneten Masse voll blinden Hasses und aggressiver Triebentbindung werden, wenn sie der Staatsmacht gegenüberstehen. Allerdings unterscheidet Antonioni dabei deutlich sichtbar zwischen der öffentlichen und der privaten Sphäre. Wenn die Polizisten nicht im Dienst sind, stehen sie entspannt redend und lachend ohne ihre Helme als Individuen da, und in der Diskussion, die den Film einleitet, ergibt sich die Lebendigkeit des Dargestellten aus dem Wechsel von Großaufnahmen der Gesichter der Studenten und halbnahen Gruppenaufnahmen.

Um eine höchstmögliche Authentizität des Dargestellten zu erzielen, hatte sich Antonioni als Mitarbeiter Personen ausgesucht, die direkt mit den gesellschaftlichen Umwälzungen durch die Rebellion der Jugend in Verbindung standen. Seine Hauptdarstellerin Daria Halprin, die spätere zeitweilige Ehefrau von Dennis Hopper, kam wie ein Großteil der Studenten und der Hippiebewegung aus dem Mittelstand. Sie war im wohlhabenden Marin County nördlich von San Franzisko als Tochter eines bekannten Landschaftsarchitekten und einer New Age-Choreographin aufgewachsen, die eine angesehene moderne Tanztruppe führte. Antonioni fiel sie auf, als er sie in einem Dokumentarfilm über die Avantgardeszene von San Franzisco sah, in dem auch die Tanztruppe ihrer Mutter vorkam. Das erste Drehbuch zu ZABRISKIE POINT schrieb Sam Shepard, bereits damals schon einer der bekanntesten Stückeschreiber und Schauspieler des modernen amerikanischen Theaters. Shepard hatte in seinem Drehbuchentwurf vor allem die Ausbeutung der Umwelt und die ökologische Bedeutung der Immobiliengeschäfte betont, die in Los Angeles besonders evident war. Mit seinen Millionen von Einwohnern war und ist Los Angeles auf die Wasserversorgung aus Hunderte von Kilometern entfernten Gebieten angewiesen und hat dort den natürlichen Wasserhaushalt nachhaltig aus dem Gleichgewicht gebracht. Insbesondere die Szenen um Lee Allen und seine Immobilienfirma gehen auf diese ursprüngliche Intention Antonionis zurück. Ebenfalls zur politischen Linken tendierte Sally Kempton, die Frau des ausführenden Produzenten und Tochter eines bekannten linken Kolumnisten. Kempton war wie ihr Vater als engagierte politische Schriftstellerin tätig und machte Antonioni durch ihre Kontakte zur radikalen Linken mit Fred Gardner bekannt, einem Journalisten und politischen Aktivisten aus Berkeley. Gardner sollte schließlich der letzte der fünf Autoren werden, die an dem Drehbuch von ZABRISKIE POINT mitarbeiteten.

1.4 Die »Aussage« des Films: Die Alternative – die große Verweigerung

Antonioni hat einmal über Amerika bemerkt:

> Ein so weites Land mit solchen Entfernungen und Horizonten mußte einfach Gegenstand seiner eigenen Träume, Illusionen, seiner Einsamkeit, seines Glaubens, seiner Unschuld, seines Optimismus und seiner Verzweiflung, seines Patriotismus und seiner Revolten, kurz, seiner Dimensionen werden. (Antonioni 1996, 93)

Ein Erzählstrang von ZABRISKIE POINT versucht in dieser Weise, eindringliche Bilder für die Ausbeutung der Natur durch das kapitalistische Verwertungsprinzip und die damit verbundene Entfremdung des modernen Menschen zu finden. Lee Allen und seine Sunny Dunes Immobilienfirma sowie ihr Pendant, die glänzende, aber leere Oberfläche der Konsumgesellschaft, die sich visuell in den leeren Versprechungen der in Los Angeles allgegenwärtigen Billboards zeigte, können für diesen Versuch stehen. Als politische Alternative setzt Antonioni in ZABRISKIE POINT gegen diese Eindimensionalität der Lebenswelt und Leere menschlicher Beziehungen den studentischen Protest auf dem Campus, allerdings oftmals in naiver Vereinfachung und ohne die tatsächliche Vielfalt der Neuen Linken in Amerika widerzuspiegeln. Dies war jedoch nur die eine Seite des Protests der jüngeren Generation in den USA, mit dem Antonioni offen sympathisierte.

1.4.1 Die gegenkulturelle Utopie der »Hippies«

Als von Bildern besessener Künstler musste Antonioni eine andere Bewegung wesentlich näher stehen – die Bewegung der Hippies, die zwar eigener Erklärung nach seit ihrem symbolischen Begräbnis 1967 nicht mehr bestand, deren Weiterwirken Antonioni aber während seiner Amerikaaufenthalte sowohl in den Straßen von San Franzisco als auch in Venice, einem Vorort von Los Angeles, begegnet war. Gerade in Venice dominierte zudem der künstlerische Reflex der Bewegung in der Street Mural Bewegung, die der konsumorientierten Öffentlichkeit der Billboards und Werbezeichen der Stadt eine gemeinschaftsorientierte, lebensfrohe Alternative entgegenzustellen versuchte. So wurde Wayne Holwicks Bild »Groupie« in der Hart Avenue 1968, das erste dieser »hip« Straßengemälde, zum Treffpunkt der Hippies. Und die ambitionierte Künstlergruppe Los Angeles Fine Arts Squad, die 1969 ihr illusionistisches »Brooks Street Painting« außen an ihr Studio gemalt hatte, war zur Drehzeit des Films gerade mit ihrer Bilderfolge »The Beverly Hills Siddharta« an der Fassade des Climax-Nachtclubs am La Cienega Boulevard beschäftigt.

Die Hippies waren erstmals Mitte der 60er Jahre aufgetreten. Ihr Name leitete sich von dem Wort »hip« als »erfahren«, »weise«, »über den Dingen stehend« ab. Es war dem Wortschatz schwarzer Jazzmusiker der 30er Jahre entlehnt, in dem es den Willen beschrieb, als randständige Existenz die Unterdrückung der weißen Gesellschaft zu bekämpfen. »Weise sein« sollte dann heißen, auf die Dauer überlegen zu sein – eine Bedeutung, die im Pazifismus der Hippiebewegung ihren Niederschlag fand. Der Protest gab sich überwiegend emotional und naiv freundlich, von Ekel und Abscheu gegen die verhärtete »square society« bestimmt. Man war bestrebt, andere für die eigenen Ideen zu begeistern und eine Alternative zu leben, indem »disaffiliation« zu einem Lebensstil erhoben wurde, wie der britische Soziologe Stuart Hall einmal über sie geschrieben hat (Hall 1969, 69). Besonders Kalifornien, mit seinem warmen, gemäßigten Klima ideal für das Leben im Freien, übte auf die Hippies ungeheure Anziehungskraft aus. In Venice und in San Francisco entstanden die Kristallisationspunkte der Bewegung. 1966 wurde die Zahl der Blumenkinder im Haight-Ashbury-District von San Franzisco auf 30.000 bis 50.000 Personen geschätzt, die meisten von ihnen Mittelstandskinder bzw. Personen mit den entsprechenden Berufen.

Der Lebensstil der Hippies bestand vereinfacht gesagt darin, die eigenen Bedürfnisse und Wünsche aus der Verdrängung zu befreien, sich selbst zu leben, ohne Rücksicht auf Moralkodex und Vorstellungen jener Ober- und Mittelschicht, von deren Bigotterie und Materialismus man enttäuscht war. »To live through« bedeutete vor allem, dieses »establishment« ständig zu provozieren, es seiner seriösen Geschlossenheit zu berauben, seine Waffe der reinen Sachlichkeit, seine reine Wissenschaft ad absurdum zu führen und das Bekenntnis zu den eigenen Gefühlen dagegenzusetzen. Seine äußere Widerspiegelung fand dieser optimistische Hedonismus der Hippies in der psychedelischen Buntheit ihrer Erscheinung, die von Anleihen bei den Indianern Nordamerikas bis zu fernöstlichen Accessoires reichte, aber auch in ihrem Gebrauch von halluzinogenen Drogen. Im Rausch sollten die unterdrückten Anteile des Selbst wieder sinnlich-erotisch zugänglich gemacht werden. Der auf die kapitalistische Zweckmäßigkeit und das uneingeschränkte Leistungsprinzip ausgerichteten Askese des seiner inneren Natur entfremdeten spätbürgerlichen Individuums sollte ein erweitertes Bewusstsein entgegengesetzt werden, das sich zu seinen die Normen überschreitenden Träumen und Wünschen bekannte, um so real die Freiheit zu gewinnen, dem anderen an der Erfahrung des Glücks an sich selbst Anteil zu geben. Der äußerlichen Armut der Hippies sollte der innere Reichtum eines »garden of the mind« gegenüberstehen.

Da der Akzent der Bewegung auf der friedvollen Gemeinsamkeit lag, drängte es die Hippies aus den Häusern hinaus auf die Straße oder in die

Parks. Begeistert empfanden die Hippies, dass sie aus einer organisierten Entfremdung in eine freie Gemeinschaft gelangt waren, wo sich alle miteinander verbunden fühlten. »Free love« hieß nichts anderes, als diese Verbundenheit jedes mit jedem körperlich zu zelebrieren. Bemerkenswert ist hier der deutliche Gegensatz zu der Scheinkommunikation der typisch amerikanischen Medien, zu Fernsehen und Film, zu der gesellschaftlich-verpflichtenden Party, die als sozialer Zwang, zu der konventionellen Ehe, die als Ritual aufgefasst wurden – Begegnungssphären, die die Hippies darum strikt ablehnten. Aber die provozierte Gesellschaft verstand es, die Bedrohung von innen aus dem Weg zu räumen. Die Polizei jagte die Hippies im Namen von Recht und Ordnung, sie wurden zusammengeschlagen, die Mädchen vergewaltigt. Auf die gelebte Forderung nach Gleichheit und Brüderlichkeit wehrte sich das bürgerliche Amerika, das ehemals selbst in seiner Revolution diese Tugenden gegen die Kolonialmacht England eingeklagt hatte, mit Autorität und Gewalt. Dazu kamen durch den raschen Zustrom zum »Movement« andere Schwierigkeiten. Überbevölkerung ließ Krankheiten rapide um sich greifen und versetzte die Einwohner angrenzender Straßenzüge im Minoritätendistrikt Haight-Ashbury in Sorge um Lebensrecht und Lebensraum. Gleichzeitig begann eine zunehmende Kommerzialisierung die Rebellion ihres Sinns zu entleeren, indem sie sie zum modischen Phänomen degradierte, das man käuflich erwerben konnte. Am 6. Oktober 1967 fand im Buena Vista Park in San Francisco schließlich das symbolische Begräbnis der Bewegung statt. In der Todesanzeige dazu hieß es: »FUNERAL NOTICE: HIPPIE In the Haight A. District of this city, Hippie, devoted son of Mass Media«. Die Hippiebewegung in ihrer bisherigen Form war damit beendet, ihr Ziel als gescheitert erkannt.

Der spektakuläre Gestus des Begräbnisses von 1967 kann für die Hippiebewegung als symptomatisch genommen werden. Bei aller Unbewusstheit der Bewegung muss den »happenings« und »be-ins« der Hippies zugestanden werden, dass sie ständig neue Formen des politischen Protestes entwickelten. Wichtig war vor allem der symbolische Wert einer Aktion. Die Hippies schufen »scenes«, in denen sie spielerisch und spontan verdinglichte Normen und Interaktionsmuster zu durchbrechen versuchten. In ihren spontanen, fast anarchistischen Gemeinschafts- und Kunstformen definierten die Hippies gelebte Antizipation als Hauptmerkmal einer neuen Gesellschaft. Das sinnliche Erlebnis im Hier und Jetzt sollte eine bessere Wirklichkeit vorwegnehmen und zum treibenden Moment der Veränderung machen. Die symbolische Struktur der hippiesken Aktionen bedingte dabei zugleich ihren oberflächlich apolitischen Charakter. Dem Handeln der Hippies unterlag eher eine aufdeckende Unterwanderung von innen, ein weicher, aber umso nachhaltigerer Angriff auf die Leitvorstellungen, die die amerikanische Gesellschaft ideologisch zusammenhielten.

1.4.2 Daria als »Hippie-Girl« und Naturkind

Am deutlichsten findet sich diese »sanfte« Verweigerung in der Charakterisierung von Daria wieder. Als eine Art italienische Edelausgabe eines amerikanischen Hippie-Mädchens zieht sich ihre Spur als eine untergründige, wenngleich immer präsente passive Subversion durch den Film, die schließlich in der eruptiven Phantasie (aber bezeichnenderweise eben auch nur Phantasie und nicht realen Durchführung) der Explosion der Felsenvilla ihren thematischen Höhepunkt und ihr Ende zugleich findet. Schon Darias Äußeres ist signifikant. Als sie von Los Angeles in Richtung Phoenix aufbricht, hat sie ein gebrochen grünes, fast erdfarbenes Minikleid an. Um den Hals trägt sie eine Navajo-Kette aus Türkisen, am Handgelenk einen Türkis-Armreifen, auf den Fingern stecken Silberringe und um die Taille hat sie einen rot-grünen Indianerperlengürtel geschlungen. Ihr Outfit ist Programm: auch wenn sie für Allen arbeitet, fühlt sie sich eher den Indianern nahe als der städtischen Eleganz ihres Arbeitgebers. Und wie die Hippies lässt sie sich von den Ereignissen treiben. William Arrowsmith hat bemerkt, dass Antonionis Protagonisten generell in ihren Bewegungen, ihrem In-der-Welt-Sein, mehr von sich verraten als durch das, was sie sagen:

> [...] man muß nur einem der Helden von Antonioni auf einem seiner Spaziergänge, Ausflüge oder Reisen folgen und dann die Reise selbst betrachten – den Bewegungsstil, die Enthüllung des Selbst in der Wahl des Reiseziels, in den Umwegen und Pausen des Tempos der Gefühle, seien sie angespannt oder entspannt, in der Affinität zu Texturen und Landschaften. Man beobachte einen der Protagonisten Antonionis, wie er spazieren geht, und seine Natur und sein Schicksal liegen offen. (Arrowsmith 1995, 128)[6]

Bezeichnend ist hier die Sequenz ihrer Fahrt (Sequ.11): Aus der Vogelperspektive ist zunächst der verschlungene Knoten des Autobahnkreuzes zu sehen, an dem der Pomona und der San Bernardino Freeway sich treffen und als Highway 10 in Richtung Riverside weiterlaufen, um dann in die Mojavewüste mit Palm Springs, dem Imperial Valley und schließlich über Blythe nach Arizona zu führen. Die nächste Einstellung zeigt Daria an einem Stopzeichen haltend. Sie greift zur Straßenkarte, sucht eine Straße heraus und verlässt impulsiv den Freeway in Richtung Norden, um ihren eigenen Zielen nachzugehen, einem Besuch bei einem alten Freund, der ein Heim für verwahrloste Kinder

---

6 »[...] follow any Antonioni character on one of those walks, or trips, or journeys, and then watch the passage itself - the style of movement, the revelation of self in the choice of destination, in swervings and pauses in his pace and tempo of feeling, tensed or relaxed, in the affinity for textures and landscapes; observe an Antonioni character take his walks and you have, in completely cinematic terms, the revelation of his nature and destiny.«

aufgemacht hat. Antonioni schildert Daria hier als Blumenkind, das auf intuitive Weise in Einklang mit der Landschaft um es herum steht, schwebend in seinen Gefühlen und Stimmungen.

Filmisch entsprechen dieser Charakterisierung von Daria eher ruhige und lange Einstellungen, deren Dauer sich signifikant von der der Einstellungen unterscheidet, die die anderen Protagonisten des Films zeigen.

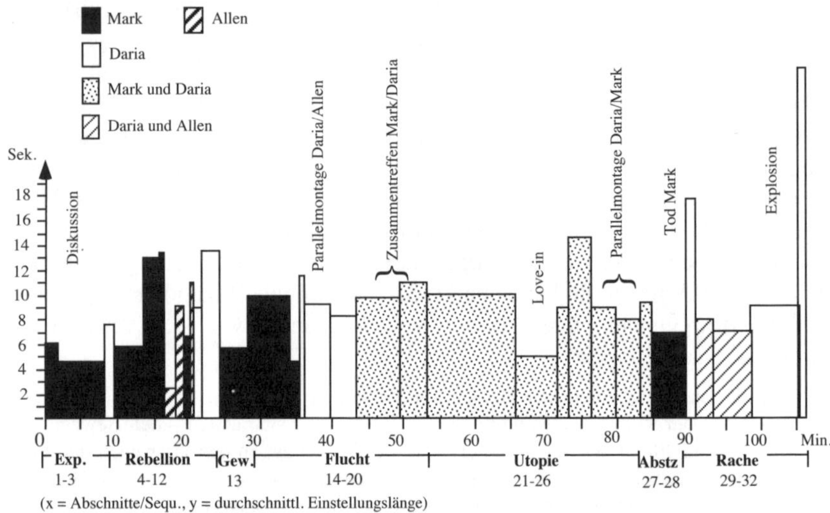

Abb. 6: Durchschnittl. Schnittfrequenz in Zuordnung zu den Personen in ZABRISKIE POINT

Während die durchschnittliche Dauer des Großteils der Einstellungen von ZABRISKIE POINT bei etwa 10 Sekunden liegt, markiert das Auftreten Darias die ruhigsten Passagen des Films. In der Abb. 6 sind diese Passagen teilweise als deutliche »Ausreißer« (weiße Balken) zu erkennen. Deutlich wird aus der Grafik auch der dynamische Impuls, mit der der politische Aktivismus von Mark, seine innere Unruhe, filmisch charakterisiert wird. Seine Szenenanteile liegen in ihrer Dauer größtenteils deutlich unter dem Durchschnitt des Films (schwarze Balken), wobei im Zusammensein mit Daria ein Mittel erreicht wird (graue Balken). Interessant ist, dass dagegen die Szenen, die den Immobilienmakler Allen betreffen, fast genau in diesem Durchschnitt liegen, er und seine Welt also quasi das »Maß« des Films abgeben. Aus der Grafik geht ferner hervor, dass mit der Verlagerung des inhaltlichen Schwerpunktes von Mark auf Daria ein allmähliches, dann immer betonteres Ansteigen der Einstellungslängen verbunden ist, der Film nach der Hektik der angespannten Szenerie in Los Angeles und auf dem Campus also immer ruhiger wird, während sich die Handlung mit Daria aus der Stadt heraus in die Naturlandschaft des amerikanischen Südwestens verlagert.

Die Naturverbundenheit Darias kommt auch in einer der emotional schönsten Szenen des Films zum Ausdruck, als Daria im Autoradio von Marks Tod hört, mit dem Rücken zur Kamera ihren Köper wie ein Indianer auf Fährtensuche hin- und herschwingt und ihre magische Landschaft anschaut, die Wüstensträucher, Mesquites und Jacarandas, die sich in fast perfekter Parallelität zu Darias Bewegungen sanft im Wind wiegen. Das Radio spielt derweilen »Dance of Death« von John Fahey, das zum Genuss von Marihuana und dem Aufbruch aus der Gesellschaft aufruft:

Brother Mary ... Trust in Harry
He don't care what the people say
He's getting everything together
Telling everybody gotta get away
Leaving in the Morning at the break of dawn
Carrying a pocket of seeds ...

Wie Siddhartha in der unter den Hippies vielgelesenen Adaption von Hermann Hesse hat Daria ihre Vision im Alltag selbst, bricht aus der Gesellschaft auf, um am Fluss, in ZABRISKIE POINT ersetzt durch sein Gegenteil, die Wüste, zur Erkenntnis zu kommen. Als Blumenkind und Marihuana-Raucherin verlässt sie die Konsumgesellschaft und sucht die Nähe zur Natur. Es ist ein Thema, das Daria, wie einige Kritiker andeuten, mit vielen der Heldinnen der Filme Antonionis gemeinsam hat, sei es nun die Vittoria in ECLIPSE, Guiliana in IL DESERTO ROSSO oder Lidia in LA NOTTE.[7] Tatsächlich wird Daria denn auch in der Wüste die menschliche Nähe finden, die in der Urbanität von Los Angeles unmöglich geworden ist, erst persönlich in ihrem Liebemachen mit Mark und dann als kollektive Vision in der drogeninduzierten Phantasie eines großen Love-ins, das den einen Höhepunkt des Films bildet (Sequ. 21).

1.4.3 Die zeitliche Dimension der Handlungsentwicklung

Die epistemologische Bewegung Darias von Los Angeles in die Wüste aber hat noch andere Konnotationen als den erkenntnisgeleiteten Weg von der fehlgelaufenen Zivilisation zur Natur. Fast genauso bedeutend wie die räumliche ist die zeitliche Dimension. Los Angeles, das ist in ZABRISKIE POINT die Welt kompromissloser Modernität, in der der gegenwärtige Mensch, wie wir gesehen hatten, einer visuellen Kakophonie ihr Versprechen nicht einlösender Bildzeichen und der Ausbeutung durch geschickte Geschäftemacher wie Lee Allen ausgesetzt ist, sich in Marcuses »glücklichem Bewusstsein« einem ma-

7 Vgl. Kock 1994 (98ff.) und Arrowsmith 1995 (128).

teriellen Hedonismus hingibt, der ihn sich selbst nur noch mehr von seiner inneren wie äußeren Natur entfremdet.

Darias erster Zwischenstop auf ihrer Reise aus der modernen Urbanität von L.A. in die Wüste Arizonas ist Allister. Daria macht in dem Ort Pause, um ihren Freund Jimmy Patterson zu sehen. Die Zeit scheint hier in den 50er Jahren stehengeblieben zu sein. Alte Männer sitzen am Tresen und wollen von Patterson und seinen schwer erziehbaren Stadtkindern nichts wissen, die aus einer Welt kommen, die sie nicht verstehen und auch nicht wollen. In der Jukebox spielt der 50er-Jahre-Hit »Tennessee Waltz«, gesungen von dem damaligen Country-Star Patti Page. Mit anderen Worten, Daria ist atmosphärisch vor die moderne Zeit der urban geprägten 60er Jahre zurückgegangen, die in dieser Umgebung, in die noch gefühlsmäßig die konservativen Werte ländlicher Überschaubarkeit der Pionierzeit hineinragen, als Fehlentwicklung erscheint. Auch hier bietet es sich an, diesen Zusammenhang grafisch darzustellen.

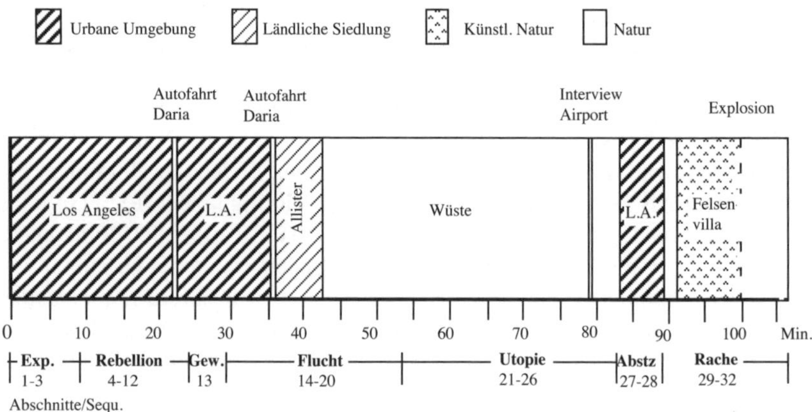

Abb. 7: Zeitachse:
Entwicklung der Handlungsorte

Wie aus der Abb. 7 hervorgeht, können Ort und Zeit in ZABRISKIE POINT als verknüpft gedacht werden, so dass Allister als zeitliches Übergangssegment von der Moderne in die (prä-)historische Vergangenheit erscheint. Prompt bekommt Daria, als sie das Tankstellencafé verlässt, denn auch die atavistische Entfremdung der Jungen in der archaisch-aggressiven Triebhaftigkeit zu spüren, mit der sie ihr die Kleider vom Leib zu reißen versuchen. Darias nächste Station nach dem Zusammentreffen mit Mark ist das Death Valley, dessen urzeitliche Schönheit beide fesselt und Hintergrund ihres Liebemachens wird. Wie die grafische Darstellung verdeutlicht, macht dieses Raum-Zeit-Segment den Hauptteil des Films aus. Die Hippies hatten ein Zurück zur Natur gefordert, eine Rückkehr zu Lebensformen vergleichbar der Einfachheit der Gemeinschaften der frühchristlichen Zeit mit Gemeineigentum, ohne Besitzanspruch und von »freier Liebe« bestimmt, die alle umfassen sollte.

Anders als Lee Allen trägt Daria keine Uhr am Arm, und nicht umsonst wird die ursprüngliche Wüste, die »nackte Natur« jenseits der Zeit zum Medium der Rückkehr in eine ursprüngliche Geborgenheit allgemeiner Liebe. In der Love-in-Sequenz des Films sieht Daria nach dem Genuss des Joints euphorisch sandfarbene Formen sich aus der Erde erheben, die sich liebend umarmen, miteinander balgen und in Myriarden von Stellungen miteinander kopulieren. Die Idee dahinter ist sowohl surrealistisch wie auch mystisch: Mensch und Erde werden eins, der scheinbar tote Staub gebiert Liebe. Wie in der Prometheus-Sage des griechischen Altertums wurde auch in der Überlieferung verschiedener nordamerikanischer Indianerkulturen der Mensch aus einem Stück Lehm geformt, dem dann Leben eingehaucht wurde. Onto- und Phylogenese des Menschen verschmelzen in Antonionis Phantasmagorie so mit der Entstehung des Lebens aus dem Urelement der Erde; Menschheitsgeschichte wird zum Drama der Geschichte des Lebens selbst.

Ihre Vollendung findet diese Zeitreise in die prähistorische Vergangenheit in der Explosion am Ende von ZABRISKIE POINT. In einer Art Urknall löst sich die in der Felsenvilla vergegenständlichte moderne Welt auf. Zurück bleibt die Wüste, die im Sinne der vorher etablierten Symbolik als Ursprung des Lebens quasi den Weg der Menschwerdung und Zivilisationsentwicklung erneut freigibt, die Chance, mit dem ja überlebenden Bewusstsein Darias eine neue, unentfremdetere Zivilisation aufzubauen.

1.4.4 Der theoretische Hintergrund für den »neuen Menschen«

Verschiedene Überlegungen Sigmund Freuds aufgreifend, hatte Marcuse bereits 1955 in seiner einflussreichen Schrift »Eros and Civilization« festgestellt, dass in der spätkapitalistischen Gesellschaft das Realitätsprinzip weit über seine »notwendige Unterdrückung« der archaischen Triebe hinaus zu einem Leistungsprinzip verformt worden sei, das drohe, den Todestrieb in der Kultur über den Lebenstrieb triumphieren zu lassen. Als Alternative entwickelte er einen Menschentypus, der gegen das vom Leistungsprinzip der materiell orientierten Konsumgesellschaft bestimmte Realitätsprinzip eine neue »nicht-repressive« Trieborganisation setze, die ihn zu echter Erfüllung bringe. Voraussetzung sei eine Regression im Dienste des Ich auf entwicklungsmäßig frühere Stufen der Menschwerdung des einzelnen:

> In den gesellschaftlichen Beziehungen würde die Neuorientierung der Arbeitsteilung an der Befriedigung frei sich entwickelnder, individueller Bedürfnisse die Verdingli-

> chung des Menschen verringern; während in den libidinösen Beziehungen das Tabu auf die Verdinglichung des Körpers gelockert würde. Der Körper, der nicht mehr ganztägig als Arbeitsinstrument zur Verfügung stehen müßte, würde resexualisiert. Die mit dieser Ausbreitung der Libido verbundene Regression würde sich als Erstes in einer Reaktivierung aller erogenen Zonen und damit in einem Wiederaufleben der prägenitalen polymorphen Sexualität und in der Abnahme des genitalen Supremats manifestieren. Der Körper in seiner Gesamtheit würde ein Objekt der Besetzung, ein Ding, dessen man sich erfreuen kann – ein Instrument der Lust. (Marcuse 1970, 198f.)

Antonioni scheint die in der amerikanischen Gegenkultur popularisierten Ideen Marcuses nicht nur in seiner Schilderung der »eindimensionalen« Gesellschaft von Sunny Dunes aufzugreifen, sondern auch im Sinne dieser »polymorph-perversen« Sexualisierung, wenn er Mark und Daria lustvoll das rosa Flugzeug bemalen lässt. Mit seinen aufgemalten Brüsten und Penis zugleich ist es ein zweigeschlechtliches Zwitterwesen und unterläuft so die genitale Abgrenzung von der Marcuse geschrieben hatte, dass sie ein Zeichen der unterdrückenden Herrschaft des kapitalistischen Realitätsprinzips sei. Auf der Seite des Flugzeugrumpfes steht zudem in Großbuchstaben »SHE-HE-IT« geschrieben, ein Slogan, der eine Verschmelzung von weiblich und männlich im polymorphgeschlechtlichen Anfang des Freudschen »Id« andeutet. In »Versuch über die Befreiung« hatte Marcuse die Rettung der modernen Gesellschaft in ihrer »Matriarchalisierung« gesehen, deren Anzeichen er (allerdings unter Vorbehalt) zugleich in Teilen der amerikanischen Gegenkultur diagnostizierte. Und auch in dem Love-in von ZABRISKIE POINT waren ja Mann und Frau, Mensch und die »Mother Nature« der Hippies in der staubigen Indifferenz der Pastelltöne der Wüste des Death Valley miteinander verschmolzen.

1.5 Die filmischen Wirkungsmittel: »Das Bild selbst ist Tatsache, die Farben sind die Geschichte«

1.5.1 Farbsymbolik in ZABRISKIE POINT

Ein Teil der Wirkung der Filme Antonionis, die sie von anderen zeitgenössischen Produktionen abhob, war die Sensibilität, mit der Antonioni Farben und Farbigkeiten einsetzte. Filme wie IL DESERTO ROSSO oder auch BLOW-UP wirken in der diffizilen Kostbarkeit ihrer Farbgestaltung und dem ästhetischen Kalkül ihrer Bildkomposition teilweise eher wie Werke eines Malers denn wie die Produkte des Gestalters eines modernen Massenmediums, ein Bezug, den auch Antonioni selbst immer wieder hervorgehoben hat. »Das Bild selbst ist Tatsache, die Farben sind die Geschichte. Wenn ein filmischer Augenblick Farben hat, die einem richtig und gut erscheinen, heißt das, dass er sich selbst ausgedrückt und sein Ziel erreicht hat«, sagte er 1970 über ZABRISKIE

POINT zu »Esquire« (Antonioni 1996, 99). Schauspieler waren für ihn Archetypen und »lebendes Pigment« seiner Filme. Die Schauspielerin Vanessa Redgrave erinnerte sich im Zusammenhang mit den Dreharbeiten zu BLOW-UP daran, dass Szenen oft unzählige Male wiederholt wurden, bis Antonioni mit Kadrierung und den Farbakzenten während aller Phasen eines Schwenks zufrieden war.[8] Tatsächlich bezieht auch ZABRISKIE POINT einen gewichtigen Teil seiner sublimen Wirkung aus einer ausgeprägten Farbsymbolik.

Der Film eröffnet so mit einem aggressiven Orange, das dann in die natürlichen Töne der Szene übergeht, in der die Studenten auf dem Campus das weitere Vorgehen diskutieren. Überhaupt überwiegen im ersten Teil von ZABRISKIE POINT aggressive, klare Primärfarben, die dem Signalcharakter entsprechen, den die Werbung in der urbanen Umgebung hat. Vor allem Blau und Rot sind es, die diesem Teil Atmosphäre, aber auch Bedeutung geben. So ist das Büro von Allen und seiner Sunny Dunes Firma in seiner Glas- und Stahlästhetik von Blau- und Anthrazittönen dominiert, die sich später auch in Taylos Felsenvilla in den Spiegelungen der Fenster, den dunklen Granitwänden der Zugänge und dem Interieur wiederholen (Sequ. 3, 10 und 31–32). Dunkelblau bzw. schwarz sind die Polizisten auf dem Campus gekleidet, die Lichter ihrer Streifenwagen mischen Blau und Rot in ironisch erscheinender Abwandlung der Nationalfarben der USA (Sequ. 4, 13). Das Orange der Eingangsszene setzt sich in den aggressiven Rottönen fort, die die Gewalttätigkeiten zwischen Studenten und Staatsmacht auf dem Campus begleiten: in den roten Ventilatoren zum Heulen der Sirene, in dem Blut auf dem Bürgersteig und in der blutverschmierten Fahne, die anklagend emporgestreckt wird (Sequ. 13). Es ist die Farbe, die auch Mark auf seiner Flucht durch Los Angeles zunehmend umgibt. Als er Zeuge des Polizistenmordes wird, versteckt er sich zunächst im bergenden Grün der Büsche, das dem Blaugrün der halbundurchsichtigen Fensterscheiben des Busses weicht, in dem er seine Flucht durch das Los Angeles der aggressiven Rottöne beginnt, von der Billboardwerbung für Getränke bis zum Hamburger auf dem Plakat vor dem Schnellimbiss, in dem er vergeblich nach einer Gratisportion fragt (Sequ. 14). Bei seiner Ankunft am Flughafen stoppt ein kleiner Firmenjet in seiner Nähe und entlässt eine Gruppe von Geschäftsleuten. Die Kamera verharrt sekundenlang auf dem schwarzen Loch der Düse, die einen ohrenbetäubenden Lärm verursacht. Als wir Mark wieder sehen, steht er, sicherlich nicht zufällig, vor einem roten Streifen, der sich von der Nase über die Tragfläche eines Flugzeugs zieht (Sequ. 15). Letztlich ist es auf einer anderen Ebene dieses schreiende Rot, vor dem Mark flüchtet. Bezeichnenderweise malen er und Daria das rosa Flugzeug, das er gestohlen hat, vor seiner Rückkehr an und machen daraus ein

8 Gespräch m. d. Verf. am 26.9.1991.

Wesen, das halb einem prähistorischen Vogel, halb einer geflügelten Sphinx mit riesigen Brüsten ähnelt (Sequ. 25) – das Flugzeug als Teil der technischen, ins Menschenfeindliche verkehrten Zivilisation wird gleichsam befriedet und in eine vortechnische Utopie zurückgeholt.

Das Rosa der Lilly 7, des von Mark gestohlenen Flugzeugs, leitet die zweite Phase in der Farbnarrativik des Films ein. Daria fährt einen violettfarbenen Buick, dessen Lack durch die Sonne zu einer Fliederfarbe ausgebleicht worden ist (Sequ.11). Diese Farbe deutet den Übergang zu den natürlichen Pastelltönen der Wüste an, den Violetts, Ocker- und Rosatönen der Pflanzen und Landschaft dort. Nur noch dreimal wird diese Pastellfarbigkeit der Naturtöne von dem Farbklang der zurückgelassenen Stadt jäh unterbrochen werden. Zum ersten Mal, als ein Tourist mit seinem knallblauen Camper and Bootsanhänger am Zabriskie Point anhält (Sequ. 23), eine seltsam fehl am Platz wirkende Szene, an die sich die Befragung Darias durch die Streifenpolizisten anschließt, während Mark sich mit gezogenem Revolver hinter den schreiend roten Toilettenhäuschen versteckt, die dort aufgestellt sind. Zum zweiten Mal, als Mark bei seiner Rückkehr zum Flughafen von der Armada von Streifenwagen gestellt und im Cockpit getötet wird (Sequ. 28). Und zum dritten und letzten Mal, als die Felsenvilla in dem orangenen Inferno der Explosion aufgeht, das so die Farbe des Filmbeginns wieder aufnimmt (Sequ. 33).

Tatsächlich scheute Antonioni keinen Aufwand, um seine Inhalte so orchestrieren zu können, dass sie seinen ästhetischen Vorstellungen möglichst nahekamen. Die Szene im Death Valley, als Mark und Daria eng umschlungen den Hügel herunterrollen, ließ Antonioni beispielsweise simultan mit vier Kameras aufnehmen, eine Anzahl, die nur noch von den 17 Kameras übertroffen wurde, die die große Explosion am Ende des Films festhielten. »Ich sah zehntausend Menschen vor mir, die sich über die Wüste verteilten«, hatte Antonioni der Überlieferung nach zu seinem verblüfften MGM-Begleiter gesagt, als der ihm Death Valley zeigte. Trotz des wachsenden Widerstandes gegen seinen Film schaffte es Antonioni, immerhin noch 300 Statisten bewilligt zu bekommen, von denen die Hälfte von einer experimentellen Schauspielertruppe kam, die sich The Open Theatre nannte, und der Rest aus Las Vegas eingefahren wurde. Als man feststellte, dass realer Sand zu schmerzhaft war, wenn die Statisten in ihm herumrollten, ließ Antonioni per Lastwagen Tonnen von künstlichem Sand anfahren.

1.5.2 Der Einsatz von zeitgenössischer Musik

Für den Soundtrack des Films verwendete Antonioni Stücke der britischen Gruppe Pink Floyd und der amerikanischen Band Grateful Dead. An die Stelle des intellektuellen Cool-Jazz war bei den Hippies der Acid-Rock (Acid =

LSD) getreten. In den sich verzweigenden und schwebend wieder miteinander verflechtenden Motiven der rauschhaften Musik sollte das Selbst auf sich zurückgeworfen werden und zu den Quellen von Schönheit, Bewusstheit und Selbstverwirklichung vordringen:

> Rock ist seit dem Barock die erste Musik, die in den Kopf geht. Nur durch sich selbst, ohne Hilfe von Stroboskopblitzen, Leuchtfarben und anderen vorbewußten Tricks fesselt sie alle Sinne, appelliert ohne störendes Eingreifen des Intellekts an die gesamte menschliche Intelligenz. [...] Rockmusik ist eine synthetisierende Kunst, eine Kunst der überraschenden Beziehungen (Collage ist Rock 'n Roll), die als Ordnungssystem (vielleicht) die gesamte Gesellschaft in sich aufnehmen kann, wobei sie das, was sie aufnimmt, zugleich verwandelt und reintegriert (wie bisher geschehen) und so Musiker und Publikum die Realität völlig neu wahrnehmen und gestalten läßt. (Anderson 1968, 63)[9]

Pink Floyd waren zur Zeit des Entstehens von ZABRISKIE POINT noch weit von ihrem späteren Status als Superstars der Rockmusik entfernt. 1966 hatten sie zum ersten Mal auf sich aufmerksam gemacht, als sie mit einer Showeinlage, die »The Journey« genannt wurde, auf Tournee gingen. Dabei liefen Töne durch entsprechend angebrachte Lautsprecher in einem Kreis von 360 Grad um den Saal herum, und mit einer Art Joystick konnte der Ton auf eine bestimmte Stelle projiziert werden. Antonioni wurde während der Dreharbeiten zu BLOW-UP auf sie aufmerksam, als Pink Floyd im Oktober 1966 vor 2.000 Zuschauern im Londoner Roundhouse zu der Eröffnungsparty von Europas erstem Untergrundmagazin »IT«, der »International Times«, spielten, während von sich drehenden Dias auf sie und das Publikum die später für die psychedelische Musik so typischen ineinanderlaufenden Flüssigkeiten projiziert wurden. Mit ihrer elektronischen Feedback-Technik, die verschiedenste akustische Effekte erlaubte, ihren ausgedehnten, schwebenden Improvisationen und der komplexen Lightshow, die ihre Auftritte begleitete, eroberten sich Pink Floyd bald den Ruf als führende Gruppe des »psychedelic rock«. Am 29. Juni 1968, an dem gleichen Tag, an dem auch ihr Album »A Saucerful of Secrets« herauskam, machten Pink Floyd Rock-Geschichte, als sie nach erheblichem Widerstand der Royal Park Commission zusammen mit Jethro Tull das erste »free conzert« gaben, das je im Londoner Hyde Park stattfand. Im gleichen

---

9 »Rock's the first head music we've had since the end of the baroque. By itself, without the aid of strobe-lights, day-glo paints and other subimaginative cop-outs, it engages the entire sensorium, appealing to the intelligence with no interference from the intellect. [...] rock is an intensely synthesizing art, an art of amazing relationships (collage is rock and roll), able to absorb (maybe) all of society into itself as an organizing force, transmuting and reintegrating what it absorbs (as it has so far), and that its practitioners and audience are learning to perceive and manipulate reality in wholly new ways.«

Jahr nahmen sie den Soundtrack für Barbet Schroeders Film MORE auf. Der Name Pink Floyd war eine Schöpfung des Gründungmitglieds der Gruppe Syd Barrett gewesen, der jedoch zur Zeit von ZABRISKIE POINT bereits durch David Gilmour ersetzt worden war, und setzte sich aus den Vornamen von Barretts Vorbildern, den Blues-Musikern Pink Anderson und Floyd Council aus Georgia, zusammen.

Als Antonioni im Dezember 1969 an Pink Floyd herantrat, hatte die Gruppe gerade ihr Album »Ummagumma«, ein Doppelalbum für EMIs neues Underground-Label Harvest veröffentlicht. Die Zusammenarbeit mit Antonioni erwies sich jedoch als schwierig, und nur ein Teil der Pink Floyd-Kompositionen wurde in den Soundtrack aufgenommen, etwa die instrumentellen Stücke »Heart Beat, Pig Meat« mit seinem akzentuierten Beat und den Fetzen von Radio- und Fernsehansagen als Anfangsmusik des Films sowie »Come In Number 51, Your Time Is Up« mit seinen röhrenden Gitarren, hämmernden Drums und menschlichen Schreien dazwischen für die Explosionsszene am Ende, eine überarbeitete Version von »Be Careful With that Axe, Eugene« von »Ummagumma«. Das dritte Stück war der Song »Crumbling Land«, der Darias Fahrt durch die Wüste begleitet (Sequ. 16).

Wie an der Abb. 8 ablesbar, setzte Antonioni in ZABRISKIE POINT Musik nur sehr sparsam ein. Während andere zeitgenössische Filme, die sich mit der Jugend- und der Gegenkultur auseinandersetzten, etwa EASY RIDER, als tragendes Element ausgiebig »source music« verwendeten (also Musik, die eigenständig und außerhalb des Kontextes der Filmproduktion entstanden und nicht eigens für den Film geschrieben worden war), macht der Musikanteil in ZABRISKIE POINT nicht einmal 20 % der Gesamtlänge des Films aus. Antonioni verwendet also Musik nicht als eigenständiges gestalterisches Element, sondern ließ sie eher konventionell nur die Bildwirkung akzentuierend unterstützen. Für diese Absicht spricht auch die Mischung aus zeitgenössischer, für den Film adaptierter Musik wie den Kompositionen von Pink Floyd und »source music«, die zur Zeit der Produktion des Films im Radio gespielt oder auf Schallplatten gekauft wurde. Während Mark mit seiner gestohlenen Lilly 7 über Los Angeles schwebt (Seq.15), ertönt so ein Instrumentalfragment aus »Dark Star« von den Grateful Dead bzw. Jerry Garcia (knapp zwei Minuten von einem 23-minütigen Livekonzert-Ausschnitt auf ihrem Album »Live/ Dead« von 1970), und als Daria Mark in der Wüste trifft (Sequ. 20), spielt das Autoradio einen Ausschnitt aus dem Song »Sugar Babe« der Youngbloods von deren LP »Earth Music« von 1967. Erwähnt wurde zudem schon in anderem Zusammenhang John Faheys »Dance Of Death«, eine Aufnahme von dessen 1964er Takoma Album »The Dance Of Death & Other Plantation Favorites«, den Daria nach der Nachricht von Marks Tod im Autoradio angekündigt hört (Sequ. 29). Die Stimme des Ansagers stammt von Don Hall, der

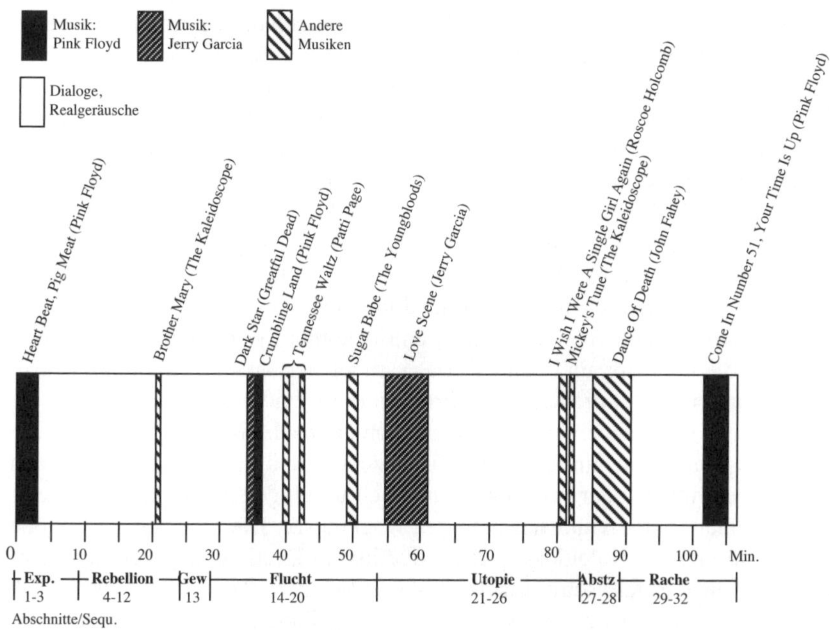

Abb. 8: Musikeinsatz in ZABRISKIE POINT

beim Underground-Sender KPPC-FM die Hauptsendezeit am Abend bestritt und von Antonioni über einen gemeinsamen Bekannten gebeten worden war, die Musikkoordination bei ZABRISKIE POINT zu übernehmen. Es war Hall, der die Authentizität des gegenkulturellen Rockgeschmacks in den Film einbrachte, wie er die FM-Radiosender der späten sechziger Jahre dominierte. »Als wir den Film machten, wollten wir vom Klischee abgehen, daß Rockmusik notwendig harte, intensive elektrische Musik sein mußte«, sagte Hall. »Ich versuchte einen Soundtrack zusammenzustellen, der die vielen verschiedenen Musikvarianten aufgriff, die damals auf Kurzwelle zu hören waren.«[10] Auch die längste Musik des Films (Sequ. 21 und 22) ist auf eine Vorliebe Halls zurückzuführen, ein improvisiertes, melodisches Stück auf der Solo-Gitarre von Jerry Garcia, dem Gitarristen der Grateful Dead, das live im MGM-eigenen Studio in Los Angeles aufgenommen wurde, während vor Garcia auf der Leinwand die Liebesszene ablief. Dennoch ist festzuhalten, dass ZABRISKIE POINT vor allem ein Film der Bilder ist. Musik wurde von Antonioni – wie

10 There was no idea, when we were doing the film, that a rock soundtrack meant everything had to be hard, intense, electric music. I was trying to do a soundtrack using the many different types of music that were being played on FM radio at the time. Don Hall (Umschlagtext des erweiterten Soundtracks. EMI 1997).

erwähnt – eher sparsam eingesetzt. Es entspricht seinem Minimalismus, dass in ZABRISKIE POINT lange Passagen der Stille bzw. des O-Tons dominieren und auch Dialoge auf das Notwendigste beschränkt werden. Das narrative Schwergewicht des Films liegt eindeutig auf dem Prozess des Sehens selbst. Am Anfang, in der urbanen Umgebung von Los Angeles, wird der Blick des Zuschauers überwältigt von der Flut der visuellen Zeichen, nicht zuletzt ausgedrückt durch den langen, mehrmals unsichtbar unterschnittenen Schwenk über die Billboards und Werbezeichen, als Mark von seinem Job in der Fabrik zurückkommt (Sequ. 4). Diese passive Qualität des filmischen Blicks verwandelt sich im Laufe des Films zunehmend in ein aktives, freies Umherschauen, das genießerisch kontemplativ wird, wenn Antonioni jene Alternative der Natur zeigt, die in Person und Fahrt Darias symbolisiert ist. Wo Antonioni Musik einsetzt, unterstreicht die Musik in ihrer Art diese Entwicklung und nimmt die Tendenz des Geschauten auf, indem sie sich atmosphärisch angleicht. Die urbane Umgebung mit ihren grellen Farbakzenten und einer unsteten, bei den Studentenunruhen sogar fast dokumentarisch unruhigen Kamera, geht so einher mit einer eher rhythmisch betonten Rockmusik. Die weichen Pastelltöne der Wüste und das Kaleidoskop des Love-ins im Death Valley korrespondieren mit weichen, fast schwebenden Gitarrenklängen. Auch Pink Floyds sich steigerndes Stück »Come In Number 51. Your Time Is Up« am Schluss des Films steht in Analogie zu dem sich steigernden gefühlsmäßigen Druck in Daria, der sich schließlich in der phantasierten Explosionsszene der Wüstenvilla Luft macht.

1.6 Produktion und zeitgenössische Rezeption: Wenn Kunst politisch wird

Sieht man sich heute ZABRISKIE POINT an, ist schwer verständlich, warum dieser Film bei seinem Erscheinen einen solchen Sturm der Entrüstung hervorrief, ja bereits während seiner Produktion von den amerikanischen Mitarbeitern häufig regelrecht boykottiert und sabotiert wurde. Beides hat mit Krisenerscheinungen in der bei aller technischen Innovationsfreudigkeit latent konservativen amerikanischen Filmindustrie und dem vorherrschenden politischen Konservatismus der zeitgenössischen Filmkritik zu tun.

1.6.1 Die amerikanische Filmindustrie Ende der 60er Jahre

Die amerikanische Filmindustrie befand sich Ende der 60er Jahre deutlich in der Krise. Durch den Siegeszug des Fernsehens und die Abwanderung der traditionellen Zuschauerschaft aus den Stadtzentren mit den Kinos in die an der

Peripherie gelegenen Grüngürtel der Städte waren die Kinoeinkünfte drastisch gesunken. Als Metro-Goldwyn-Mayer Antonioni nach dem Erfolg von BLOW-UP freie Hand gab, einen neuen Film zu realisieren, erhoffte man sich in der Studioführung von dem Einsatz des ausländischen Filmtalents eine Erneuerung und den Zugewinn von neuen Publikumsschichten. Der überwältigende Erfolg von EASY RIDER hatte gezeigt, dass vor allem das jugendliche Publikum eher aktuelle, zeitgenössische Themen favorisierte, wie Antonioni sie mit der Atmosphäre des »swinging London« in BLOW-UP zum Thema gemacht hatte.

EASY RIDER (1969) von Dennis Hopper hatte von der Odyssee zweier Motorradhippies – gespielt von Peter Fonda und Hopper selbst – durch die USA der späten sechziger Jahre erzählt, einem Amerika, das geprägt war von Fremdenhass und kleinbürgerlicher Enge. Die historischen Tugenden der Pionierzeit wie Freiheitsliebe, Toleranz und Gastfreundschaft waren in diesem Amerika einer militanten Feindseligkeit gegen alles Abweichende gewichen. Pessimistisch endete der Film mit dem Tod der Helden, die von einem »redneck«-Farmer aus dem fahrenden Auto erschossen werden. Zwei Jahre später erschien Bill Nortons Film CISCO PIKE, der die Geschichte des ehemaligen Sängers erzählt, der sich mit Drogen-Deals über Wasser gehalten hatte, aber inzwischen seiner Freundin zuliebe abstinent lebt, bis ihn eines Tages ein korrupter Polizist erpresst und zwingt, 100 Kilogramm Marihuana abzusetzen. Eindrücklich kontrastierte Norton hier die Ohnmacht gesellschaftlicher Randgruppen mit der Machtbesessenheit und Geldgier des etablierten Systems. Die Figur des Cisco wurde dabei von dem Country Rock-Sänger Kris Kristofferson gespielt, der auch 1973 die Hauptrolle des Billy in Sam Peckinpahs Film PAT GARRETT AND BILLY THE KID übernahm, dem Abgesang auf die Gegenkultur schlechthin. Der Sheriff Pat Garrett bekommt darin den Auftrag, seinen früheren Gefährten Billy the Kid und dessen Bande von Desperados das Handwerk zu legen. Er schafft es nur durch einen Meuchelmord, indem er Billy im Bett bei seiner Freundin erschießt. Peckinpah beschreibt Billy und seine Bande als unangepasste Hippies, die dem Establishment der ortsansässigen Großgrundbesitzer ein Dorn im Auge sind (in der ungekürzten Version des Films wird auch er selbst anschließend als störendes Überbleibsel dieser Zeit hinterrücks von den Großgrundbesitzern erschossen). Im Genre des Road Movie erzählte auch VANISHING POINT (1971) von Richard Sarafian von der Vergeblichkeit der Freiheit im zeitgenössischen Amerika. Der Held sieht am Ende keine andere Möglichkeit der Freiheit als die des eigenen Todes und rast mit voller Geschwindigkeit in einen Bulldozer, den die ihn jagende Polizei als Straßensperre aufgestellt hat. Die in EASY RIDER zuerst thematisierte Suche nach einem verlorenen Amerika, die zugleich auch das bittere Eingeständnis des Scheiterns einer gesellschaftlichen Utopie war, wurde so eines der zentralen Themen des amerikanischen Kinos der beginnenden siebziger Jahre. »Think young«, denke jung, hieß die neue Parole Hollywoods, mit der die Filmindustrie der Absatzkrise ihrer Produkte zu begegnen suchte.

Zwar war MGM weitgehend dem Schicksal der anderen großen Studios entgangen, von branchenfremden Unternehmen aufgekauft zu werden. Zum Zeitpunkt der Dreharbeiten von ZABRISKIE POINT hatte MGM jedoch keinen jüngeren kommerziell wirklich erfolgreichen Film aufzuweisen. Im Bewusstsein der Beschäftigten wurden diese Alarmzeichen, die schließlich doch zum Verkauf des Studios führen sollten, allerdings ignoriert. Trotz seiner instabilen wirtschaftlichen Situation war das »Tiffany von Hollywood« Ende der sechziger Jahre noch immer eine sakrosankte Institution, die in ihrer paternalistischen Ausrichtung viele Züge der klassischen Studioära erhalten hatte. Man schwelgte weiter in der Größe der Vergangenheit. Metro-Goldwyn-Mayer verfügte über ein ausgezeichnetes Farblabor, bestens ausgebildete Bühnenarbeiter und -handwerker und machte so nach eigenem Dafürhalten immer noch die hervorragendsten Filme.

1.6.2 Die Produktionsbedingungen

In der beschriebenen Situation war Antonionis Drehbuch gerade für das traditionell konservative mittlere Management von MGM, das als Bindeglied zwischen Produktion und Konzernleitung direkt mit der Filmproduktion in Kontakt kam, ein offener Affront. Dies war ein Hippiefilm, genau das, was man ablehnte. Dazu kam ein Problem, das die nach wie vor streng hierarchische Gliederung von MGM betraf. Die Abteilungsleiter waren angewiesen worden, Antonioni freie Hand zu lassen. Dies nahm ihnen ihre Macht und ließ sie neidisch und voller Argwohn den Verlauf der Dinge beobachten. Man hatte das Filmteam größtenteils aus freien, jungen Filmleuten zusammengestellt, die nicht von MGM waren – zum einen, um den Einfluss des Studios zu minimieren, zum anderen aber auch, weil man sich davon, wohl wissend um die konservative Einstellung des Studiopersonals, eine größere Liberalität und Aufgeschlossenheit gegenüber Antonionis Stil und dem Thema des Films versprach. Dies kam wiederum einem Affront gegen die mächtigen Gewerkschaften gleich, die in den Studios mitregierten. Obwohl ZABRISKIE POINT offiziell von Carlo Ponti produziert wurde, war der ausführende Produzent vor Ort Harrison Starr, der schon mit Otto Preminger, Arthur Penn und Paul Newman gearbeitet hatte und darauf insistierte, dass er und nicht die Abteilungsleiter bei MGM die endgültige Besetzung vornahm. Dies verletzte das Anciennitätsprinzip der Gewerkschaften, so dass die Dreharbeiten ständig von kleinen Schikanen behindert wurden. Die Gewerkschaften schärften ihren Mitgliedern ein, jedes noch so geringe Vergehen gegen die Vorschriften bei den Dreharbeiten zu melden. Die Folgen dieser Überkontrolle zeigten sich vor allem in den Kosten von Antonionis Film, die so unnötig aufgeblasen wurden.

Auf dem Set herrschte zwischen dem amerikanischen und dem italienischen Personal latente Feindschaft, die von so harmlosen Zwischenfällen wie dem Verschwindenlassen der Espresso-Thermoskannen des italienischen Beleuchters bis hin zu direkten Sabotageakten gingen, als bei den Dreharbeiten zur Explosionsszene eine Kamera funktionsuntüchtig gemacht wurde (Walker 1992, 38 und 46). Teilweise hatte dieses Verhalten seinen Hintergrund in den Schwierigkeiten der Italiener und Amerikaner, sich zu verständigen, teils war es aber auch auf die Prüderie der Leute zurückzuführen, die am Set arbeiteten. Antonioni konnte sich zudem nur sehr gebrochen auf Englisch verständlich machen. Seine Hauptübersetzerin war die Engländerin Clare Peploe, die spätere Ehefrau von Bernardo Bertolucci. Trotz ihrer Herkunft aus der oberen Mittelschicht, sympathisierte sie offen mit der Black Panther Bewegung. Peploe sprach fließend italienisch und hatte Antonioni schon während der Dreharbeiten für BLOW-UP als Dolmetscherin zur Seite gestanden. Zu der eingeschränkten Verständigung kam ein Verhalten des italienischen Teams, das die Amerikaner als arrogant empfanden. Gewohnt, aufgrund ihrer technischen Professionalität in den Entstehungsprozess eingebunden zu werden, fühlten sie sich außen vor gelassen. Die meisten von ihnen hatten vorher noch nie von Antonioni gehört, geschweige denn seine Filme gesehen. Antonionis improvisierender und zugleich autokratischer Regiestil, etwas auszuprobieren, es dann anzusehen und nach Überlegung in einer Variation wiederholen zu lassen, war ihnen zutiefst fremd. Gewohnt, innerhalb der ausgeprägten Arbeitsteilung des Studiosystems präzisen Anweisungen Folge zuleisten, fühlten sie sich von der schwebenden Unbestimmtheit, die Antonionis Filme wie auch seine Regie ausmacht, letztlich nur irritiert und in ihrem Beitrag nicht ernstgenommen.

Mit der typischen amerikanischen Prüderie ihrer Zeit – noch 1971 war es eine Sensation, als der »Playboy« Liv Lindeland auf dem Centerfold seiner Januarausgabe erstmals mit einer Spur von Schamhaar zeigte – lehnten sie außerdem die Offenheit ab, mit der Antonioni mit Sexualität umging. Bereits als im Zusammenhang mit der Auswahl der Besetzung potentielle Statisten gefragt wurden, ob sie Nackheit oder die offene Darstellung von Sex ablehnten, waren die Medien Sturm gelaufen. Mitglieder der amerikanischen Crew bezeichneten Antonioni unverfroren als »pinko dago pornographer«, regten sich über die Zurschaustellung von Schamhaar in BLOW-UP auf sowie über die »wilde Ehe« Antonionis oder die Affäre, die sich während der Dreharbeiten zwischen Daria Halpin und dem verheirateten Mark Frechette entwickelte. Beverly Walker, die von MGM als Öffentlichkeitsberaterin für den Film eingeflogen worden war, erinnert sich daran, dass sie alle Hände voll zu tun hatte, schlechte Presse zu verhindern. Mark Frechette war Mitglied einer dubiosen Kommune in Boston, die sich Fort Hill nannte und ein wöchentliches Magazin publizierte, das Frechette freigiebig verteilte. Nur wenige Monate vorher war die Nachricht von den bestialischen Morden Charles Mansons und seiner Kommune an Sharon Tate, der schwangeren Frau von Roman Polanski, durch die Medien gegangen. Jede Gruppe, die der von Manson auch nur im Entferntesten ähnelte, war höchst suspekt (Walker 1992, 38, 45). Viele konservative Organisationen im Südwesten der USA taten so ihr Möglichstes, um den Film zu stoppen. Es gab Schwierigkeiten mit den Drehgenehmigungen etwa in Death Valley, als der National Park Service von dem Love-in hörte, das dort gedreht werden sollte. Hilfsbereite Anwohner bekamen anonyme Anrufe, in denen der Film als anti-amerikanisch dargestellt und ihnen eine Zurücknahme ihrer Hilfe nahegelegt wurde. Insbesondere die zusätzlichen Billboards, die Antonioni als Zeichen der kommerziellen Durchdringung des amerikanischen Alltags aufstellen ließ, verursachten Probleme. Oftmals war die Genehmigung entweder der Stadt oder des Countys oder auch von privaten Firmen notwendig. Hier boten sich mannigfaltige Einflussmöglichkeiten. Von Seiten der Versicherung wurde verlangt, dass sie nach den Bauvorschriften der regulären Billboards aus Stahl hergestellt wurden, eine weitere Schikane, die den Druck auf die Produktionskosten des Films erhöhte.

Aber auch das Verhalten von Antonioni selbst war nicht immer hilfreich. Von Italien her war er gewohnt, mit einem kleinen Stab von Mitarbeitern und einem äußerst knappen Budget zu arbeiten. Als MGM ihm freie Hand ließ, verlor er den Maßstab. Um das Büro der Sandy Dunes Immobilienfirma »himmelhoch« anzusiedeln, also ohne Kontakt zu den Bedürfnissen normaler Menschen, sollte es visuell hoch über ihren Köpfen schweben. Also ließ Antonioni kurzerhand das Mobil Oil-Gebäude im Zentrum von Los Angeles um einige Stockwerke erhöhen, so daß man das gegenüberliegende Richmond-Gebäude durch ein großes Fenster sehen konnte, dessen Art Deco Fassade ihm gefiel. Wie sich dann herausstellte, ging es ihm dann aber bei den Dreharbeiten vor allem um eine große amerikanische Flagge im Wind und ein »Jesus saves«-Plakat. Zusätzlich ließ Antonioni Meter über Meter Film von Billboards, riesigen Preisschildern in Parklücken und überdimensionalen Objekten drehen, die er nie verwenden sollte. Auch in seinen Äußerungen tat Antonioni provokativ alles andere als die Spannungen um seinen Film zu entschärfen. Mit der Rolle des Rebellen flirtend, genoss er es im Gegenteil geradezu, den Nationalstolz der Amerikaner zu verletzen und sich öffentlich auf die Seite des Protests zu schlagen. Nachdem er sich an anderer Stelle schon einmal äußerst uncharmant über Amerika geäußert und es mit der Penibilität und der Obrigkeitshörigkeit der Deutschen verglichen hatte (Antonioni 1996, 311), sagte er im »Rolling Stone« in einem Interview:

> Die Macht der Polizei in Amerika ist unglaublich. Als ich in Chicago war, sangen im Park einige Jugendliche und die Polizei verhaftete sie. Warum? Sie sangen doch nur [...] In Los Angeles ist die Polizei allgegenwärtig. Sie verhaften einen, wenn man nur 'fuck' sagt. Alle haben vor der Polizei Angst.

Und wie, um dies noch zu übertreffen, fuhr er fort:

> Man sollte zwei Arten von Gewalt unterscheiden: Wenn jemand gewalttätig gegenüber denen ist, die die Freiheit suchen, ist das schlecht. Aber wenn die, die Freiheit wollen, Gewalt einsetzen, ist das gut. Scheiß auf die Moral. (Zitiert nach Walker 1992, 44)

Diese Äußerungen gossen Öl ins Feuer der gereizten amerikanischen Öffentlichkeit. Es war eine Position, wie sie von den Black Panthers als Resultat der Ermordung Martin Luther Kings vertreten wurde. Ähnliches lehrte auch Herbert Marcuse, das verhasste philosophische Sprachrohr der Neuen Linken in Amerika an der Universität von Kalifornien in San Diego, mit seiner Kritik der »repressiven Toleranz«. Und schließlich, schlimmer noch, dies waren die Slogans mit der zunehmend der Krieg in Vietnam von der sich formierenden Anti-Vietnambewegung als imperialistischer Unterdrückungskrieg gegen den Freiheitsdrang eines Volkes gebrandmarkt wurde, eine Haltung, die die Mehrheit der amerikanischen Öffentlichkeit zu diesem Zeitpunkt noch als Defätismus und Vaterlandsverrat empfand.

1.6.3 ZABRISKIE POINT in der zeitgenössischen Kritik

Die Quittung für Antonionis offenes politisches Engagement kam, als der Film fertig war. Viele der Kritiken spiegelten sogar offenen Hass wider. Das Spiel von Halprin und Frechette wurde als flach und emotionslos bezeichnet, und linke wie rechte Kritiker waren sich einig in ihrer Ablehnung des Drehbuchs als einer unglaubwürdigen Mischung aus Hippie-Jargon, militanten, selbstgerechten Sprüchen und freier-Liebe-Romantik, die den wirklichen Verhältnissen in keinster Weise gerecht werde. John Burks geißelte Antonioni 1970 in seiner langen Kritik im »Rolling Stone« für die Klischeebilder von Freiheit und Unterdrückung in der Szene, als Mark das Flugzeug stiehlt und aus seiner blauen Höhe auf ein smogverhangenes Los Angels mit seinen Knoten von Freeways hinunterschaut (Sequ. 15). »Schmalzig? Darauf kann man wetten«, schrieb Burke beißend. »Antonioni hat seinen Film aus so vielen abgedroschenen Metaphern und schlechten Anspielungen zusammengesetzt, dass es einem schwindelig wird« (zitiert nach Lyons 1973, 83).[11] Noch 1985 ließ sich Seymour Chatman zu der Äußerung hinreißen: »Auf einen Amerika-

---

11 »Corny? You bet your ass it's corny. Antonioni has constructed his movie of so many lame metaphors and bad puns that it's staggering.«

ner wirken die kulturellen Unrichtigkeiten in *Zabriskie Point* so gravierend, daß der Film an ihnen scheitert« (Chatman 1985, 161).[12] Die immer wiederkehrende Zielscheibe dieser Kritiken war Antonionis ›fremder‹ Blick auf Amerika, der sich vor allem in einer bewussten Betonung der Zeichenhaftigkeit des amerikanischen Alltags ausdrückte, etwas, das als »falsche« Widerspiegelung Amerikas empfunden wurde. Es sei daran erinnert, dass es ähnlich später Louis Malle mit PRETTY BABY (1978), ATLANTIC CITY (1981) und ALAMO BAY (1985) oder Wim Wenders mit HAMMETT (1983) und PARIS, TEXAS (1984) ergehen sollte, Filmen, die mit wenigen Ausnahmen als zu europäisch in ihrer Schilderung der USA abgetan wurden und in den USA wenig Anklang fanden.

1.7 ZABRISKIE POINT im filmischen Œuvre von Michelangelo Antonioni

Aber nur ein Teil der negativen Reaktionen auf Antonionis Film ist aus der Verletzung moralischer Prinzipien des konservativen Amerika der 60er Jahre verständlich. Auch Kritiker, denen man eine nationalkonservative Haltung nicht nachsagen kann, fühlten sich befremdet, empfanden ZABRISKIE POINT als einen Fremdkörper im Werk eines hochgeschätzten Regisseurs. Antonioni hatte eine lange Zeit gebraucht, um zu dem Star-Regisseur aufzusteigen, der er zur Zeit der Dreharbeiten von ZABRISKIE POINT war. 1912 in Ferrara geboren, hatte er nach dem Studium der politischen Wissenschaften an der Universität von Bologna während des italienischen Faschismus zunächst als Filmkritiker in seiner Heimatstadt Ferrara gearbeitet und war dann nach Rom gegangen, wo er Rosselini, Carné und andere Regisseure der damaligen filmischen Avantgarde Italiens kennenlernte. In den 40er Jahren drehte er einige beachtete Dokumentarfilme, bevor er 1950 mit CRONICA DI UN AMORE seinen ersten Spielfilm vorlegte. Die Filme der 50er Jahre zeigten bereits den individuellen Stil, der seine späteren Filme auszeichnen sollte, Antonionis Vorliebe für Stimmungen und psychologische Spannungen, denen er die lineare Erzählung unterordnete.

Außerhalb Italiens wurde Antonioni erst mit L'AVVENTURA bekannt, dem Film, der 1960 auf dem Filmfestival von Cannes ausgebuht aber unter Cineasten als Meisterwerk gehandelt wurde. LA NOTTE (1961), L'ECLISSE (1962) und IL DESERTO ROSSO (1964) folgten. Ungewöhnlich an ihnen war, dass sie durchweg in der italienischen Oberschicht spielten und dort Probleme wie Liebe und Heirat aufgriffen. Dies allein schon markierte eine Abkehr von

12 »For an American, the cultural mistakes of *Zabriskie Point* seem so pervasive as to disable the film.«

der dominanten Richtung des italienischen Nachkriegskinos, dem italienischen Neorealismus, der sich auf die Unterschicht und die Armen konzentriert hatte. Antonionis Protagonisten dagegen hungerten zwar nicht, hatten aber jede moralische Orientierung verloren. Seine Filme waren zudem durch eine seltsame Unentschlossenheit gekennzeichnet, einen neuen Stil, der die traditionelle Art, Geschichten zu erzählen, umkehrte. 1966 machte BLOW-UP Antonioni dann zu einer international gefeierten Persönlichkeit. Sein Ruf kam nicht zuletzt von der unorthodoxen Art, mit der er Filme machte. Insbesondere seine Vorliebe für Farben, die er notfalls künstlich schuf, erregte Aufsehen. In seinen Artikeln und Interviews bezog Antonioni sich auf Maler wie Picasso – etwas, das zu seiner Zeit niemand anders gewagt hätte. Ein weiterer Tabubruch war der Umstand, dass er offen mit Monica Vitti, der schönen blonden Hauptdarstellerin seiner Filme, zusammenlebte. Als Antonioni nach Amerika kam, war er mehr als ein Regisseur, für viele Intellektuelle war er ein lebender Mythos, der europäische Künstler schlechthin, der großartige, bewundernswerte Kunstwerke schuf und nicht einfach Filme.

Angesichts dieser übersteigerten Erwartungen musste ZABRISKIE POINT mit seiner naiven Parteinahme für die Protestbewegung der amerikanischen Jugend wie ein Schlag ins Gesicht vieler Ästheten wirken. BLOW-UP war für viele nicht nur das kongeniale Portrait des »Swinging London« gewesen, sondern wie eine Erleuchtung erschienen, oder wie die amerikanische Publizistin Beverly Walker es rückblickend ausdrückte: »Die letzte Sequenz in Blow-Up ging mir in den Kopf, wie es sonst nur Drogen tun: David Hemmings beginnt ein Tennisspiel mit einem imaginären Ball. Antonionis Botschaft: ›schaff dir deine eigene Wirklichkeit‹ wirkte ungeheuer befreiend« (Walker 1992, 37).[13] Gerade die Unentschiedenheit Antonionis zwischen ästhetischer Kritik und politischer Stellungnahme wurde als Ursache für das letztendliche Scheitern des Films gesehen. So kritisierten Ian Cameron und Robin Wood 1971, dass sich an der ausgeklügelten Ästhetik von ZABRISKIE POINT dialektisch eine Dynamik festmache, bei der sich Antonionis Kritik der Bilder an den Bildern gegen sich selbst zu kehren drohe. ZABRISKIE POINT ließe in seiner Traumhaftigkeit, seiner visuellen Faszination von Amerika als Welt der Bilder die Menschen selbst nicht zu Wort kommen. Indem Antonioni auf eine leere äußere Schönheit nur wieder mit schönen Bildern und nicht wirklich inhaltlich reagiere, perpetuiere er letztlich nur, was er eigentlich kritisieren wolle – die Unmenschlichkeit der Konsumästhetik (Cameron / Wood 1971, 141–147). Es

---

13 »The last sequence in *Blow-Up* had blasted my mind the way drugs blasted others: David Hemming enters into a game of tennis with an imaginary ball. Antonioni's message: ›make your own reality‹ was enormously liberating.«

ist eine der Ironien der Filmgeschichte, dass Antonioni wenige Jahre nach ZABRISKIE POINT mit seinem Film CHUNG KUO (1972) eine ähnliche Reaktion provozieren sollte, wenn auch dieses Mal unter genau umgekehrten Vorzeichen. Der Film, ein Dokumentarstück zur Situation in China endete mit den Bildern eines Puppenspiels – eine Anspielung auf die politischen Freiheiten im Reich der Mitte. Während sich Antonioni scharfer Kritik von chinesischer Seite ausgesetzt sah, begrüßten die amerikanischen Kritiker dieses Mal ausdrücklich die politische Stellungnahme des Films.

Nach ZABRISKIE POINT und CHUNG KUO drehte Antonioni noch drei große Kinofilme, in denen es erneut um das Verhältnis von Schein und Wirklichkeit ging, und die sein wiederkehrendes Motiv eines oder mehrerer Menschen aufgriffen, denen ihre Umwelt fremd geworden ist. In diesen Filmen baute Antonioni die allgemeine Sinnkrise, den »Riß zwischen Ich und Welt« (Kock 1994, 351) immer mehr zu einer Krise der Wahrnehmung selbst aus. In PROFESSIONE: REPORTER (1975), dem letzten der Filme, die Antonioni für MGM realisierte, und der in den USA unter dem Titel THE PASSENGER in die Kinos kam, gerät so ein britischer Fernsehreporter, der an einen Dokumentarfilm über eine Rebellion im Tschad arbeitet, zwischen die Machenschaften internationaler Waffenhändler. Als er im Tschad aus beruflicher Neugier die Identität eines Mannes annimmt, der tot in seinem Hotel aufgefunden worden ist, und dem er ähnlich sieht, beginnt ein Spiel, das ihn nach London und nach Spanien führt, und an dessen Ende er schließlich zutiefst verstört von den Einblicken, die er gewonnen hat, in einem Hotel in Barcelona Selbstmord begehen wird. Seine Frau wird sagen, dass sie ihn nicht kennt, und nur seine Geliebte seine Identität bestätigen – die des Waffenhändlers. War es Antonioni in BLOW UP um das Verhältnis von Individuum und visueller Realität und in ZABRISKIE POINT um die Auseinandersetzung mit der Reaktion des Individuums auf die Versprechungen der kapitalistischen Gesellschaft gegangen, richtete sich PROFESSIONE: REPORTER mit seiner Variation des romantischen Doppelgängermotivs auf die fragile Beschaffenheit des Biographischen. Antonionis nächster Film IL MISTERIO DI OBERWALD (1979), ein historisches Melodram nach Jean Cocteaus Bühnenstück »L'aigle à deux têtes«, nahm diese Identitätsproblematik nicht so sehr in seiner visuellen Präsentation, sondern in dem Schicksal der beiden Liebenden auf, die durch ihre unterschiedliche gesellschaftliche Stellung dazu verdammt sind, noch bis in den Tod hinein voneinander getrennt zu bleiben. Zugleich war IL MISTERIO DI OBERWALD, der im kaiserlichen Österreich Anfang des 20. Jahrhunderts spielte, der erste Film, den Antonioni mit dem neuen Medium Video drehte, an dem ihn besonders die neuen Möglichkeiten der Farbgestaltung interessierten.

Mit seinem letzten Film IDENTIFICAZIONE DI UNA DONNA (1982) kehrte Antonioni dann jedoch wieder zur Bestandsaufnahme des zeitgenössischen Zustands der italienischen Gesellschaft zurück. Der Film erzählt die Geschichte des geschiedenen Filmemachers Niccolò Farra, der auf der Suche sowohl nach einer neuen weiblichen Muse als auch nach einer neuen Frau ist. Auf seinen Streifzügen durch Rom trifft er auf die schöne Aristokratin Mavi, muss jedoch schließlich erkennen, dass er nur Gegenstand ihrer sexuellen Experimente ist. Auch mit seiner Geliebten hat er kein Glück. Als sich herausstellt, dass sie von ihrem vorherigen Freund schwanger ist, verlässt Niccolò sie. Die Schlusssequenz zeigt ihn, wie er einen Science Fiction-Film über einen Flug zur Sonne plant – das Leben um ihn herum ist zu kompliziert geworden, um daraus noch Anregungen für einen Film zu schöpfen. Antonioni war zur intimen Ausleuchtung der seelischen Befindlichkeiten seiner Hauptpersonen zurückgekehrt, die schon L'AVVENTURA, LA NOTTE, L'ECLISSE und IL DESERTO ROSSO charakterisierte, seine große Filmtetralogie Anfang der sechziger Jahre. In einem Interview resümierte er denn auch:

> Ich habe das Gefühl, daß ich mit *Identificazione di una donna* eine bestimmte Periode meines künstlerischen Schaffens abgeschlossen habe, die des intimen Kinos, des Kammerkinos. Ich muß hinausgehen, mich verändern. Die Zuschauer haben sich verändert, sie fühlen anders, denken anders, haben andere Bedürfnisse (Zit. n. Chatman 1985, 239).

1985 erlitt Antonioni einen Schlaganfall, so dass er bis auf einige kurze Werbespots und Kurzfilme für das Fernsehen keinen weiteren Spielfilm mehr realisieren konnte. Der Versuch einer politischen Parteinahme, wie er ihn mit ZABRISKIE POINT unternommen hatte, blieb singulär in seinem Werk.

1.8 Literaturverzeichnis

Anderson, C. (1968): »Notes for a New Geology«. In: Jesse Kornbluth (ed.) Notes from the New Underground. An Anthology. New York.

Antonioni, Michelangelo (1985): Zabriskie Point. (Drehbuch). Frankfurt/M. (Suhrkamp).

– (1996): »The Architecture of Vision: Writings & Interviews on Cinema«. In: Carlo di Carlo / Giorgio Tinazzi (Hrsg.). Amerikan. Ausgabe hrsgg. von Marge Cottino-Jones. New York (Marsilio Publishers).

Arrowsmith, William (1995): Antonioni. The poet of Images. New York, Oxford (Oxford University Press).

Biarese, Cesare / Tassone, Aldo (1985): I film di Michelangelo Antonioni. Rom (Gremese Editore).

Burke, John (1970): Rolling Stone.

Cameron, Ian / Wood, Robin (1971): Antonioni. – überarb. Aufl. New York (Praeger).

Chatman, Seymour (1985): Antonioni; or, The Surface of the World. Berkeley, Los Angeles, London (University of California Press).

Hall, Stuart (1969): »The Hippies: An American 'Moment'«. In: Nagel, J. (ed.): Student Power. London.

Herms, Dieter (1973): Agitprop USA. Zur Theorie und Strategie des politisch-emanzipatorischen Theaters in Amerika seit 1960. Kronberg (Scriptor).

Hollstein, Walter (1970): Der Untergrund. Zur Soziologie jugendlicher Protestbewegungen. Neuwied und Berlin (Luchterhand).

Kennedy, John F. (1961): »Inaugural Message vom 20. Januar 1961«. In: Commager: Documents of American History. New York 1963, 688–689.

Kinder, Marsha (1969): »Zabriskie Point«. Sight & Sound 4, 26–30.

Kock, Bernhard (1994): Michelangelo Antonionis Bilderwelt. Eine phänomenologische Studie. München (diskurs film Verlag).

Lyons, Robert (1973): Michelangelo Antonioni's Neo-realism: A World View. New York (Arno Press).

Malamud, Randy (1989): The Language of Modernism. Ann Arbor (UMI).

Marcuse, Herbert (1955): Eros and Civilization. – dt. Ausgabe Frankfurt a.M. (Suhrkamp) 1970.

– (1964): The One-Dimensional Man. Studies in the Ideology of Advanced Industrial Society – dt. Ausgabe Neuwied und Berlin (Luchterhand) 8. Auflage 1976.

Mazzotta, Guiseppe (1985): The Language of Movies and Antonioni's Double Vision. Diacritics 15:2, 2–10.

Pertoldi, Stefania (1987): Il mito del viaggio in Easy rider e Zabriskie. Udine, Italy (Campa-notto).

Quicke, Andrew / Quicke, Juliet (1994): »Renoir and Antonioni: America Viewed by a French Populist and an Italian Intellectual«. In: Schwartz, Joel (introd.). Proceedings of the Conference on Film and American Culture. Williamsburg (Roy R. Charles Center, College of William and Mary), 85–90.

Rifkin, Ned (1982): Antonioni's Visual Language. Ann Arbour, Michigan: UMI.

Rohdie, Sam (1990): Antonioni. London (BFI).

Schütte, Wolfram / Jansen, Peter W. (Hrsg.) (1984): Michelangelo Antonioni. München, Wien (Hanser).

Tomasulo, Frank P. (1986): Michelangelo Antonioni and the Modernist Discourse. Berkeley, Los Angeles (University of California Press).

Walker, Beverly (1992): »Michelangelo and the Leviathan«. Film comment 28:5, 36–49.

2. Erzählen in verschiedenen Medien MISERY Stephen Kings Roman (1987) und Rob Reiners Film (1990)

von Peter Drexler

> Filme machen mir viel Spaß – aber ich meine Unterhaltungsfilme [movies], nicht künstlerische Filme [films]. Ich will nichts über Fellini wissen und was er in seinem Film gemacht hat, was ich nicht kapiere. Ich mag Filme, bei denen du dein Gehirn an der Kasse abgibst, damit der Film dich dann mit einer Masse Energie und Farbe überfluten kann. Ich bin total desinteressiert an Filmen, in denen die Leute in schäbigen Hotelzimmern herumsitzen und über die Affären ihrer Frauen mit Nietzsche reden. Ich mag keine Woody Allen-Filme (Stephen King).[1]

Stephen Kings fast trotziges Bekenntnis zum unterhaltsamen Mittelmaß, beziehbar sowohl auf seine Filme wie auch auf seine Romane, ist ein wiederkehrendes Motiv vieler Äußerungen zu seinem eigenen Werk und zu dessen überwältigendem internationalen Erfolg. Stephen Kings Werk – mittlerweile über 40 Romane und Sammlungen von Kurzgeschichten mit einer Gesamtauflage von über 200 Millionen und fast 50 Spielfilm- und Fernsehadaptationen – lässt sich nur mit Superlativen beschreiben: »König des Horrors«, »Meister des modernen Grauens« (Beahm 1995, 20), »Bestsellersaurus Rex« (Kings eigenwillige Selbstcharakterisierung) oder auch nur das »Phänomen King« (»Chicago Tribune«[2]).

Wie im Fall der Regisseure Steven Spielberg und George Lucas oder der Romanautoren Michael Crichton und John Grisham ist der Name Stephen King mittlerweile ein ›brand name‹, der für eine ›Industrie‹ steht, deren Produkte in unterschiedlichen Medien strategisch vermarktet werden. Für Kings Erfolg werden unterschiedliche Erklärungen angeführt, darunter die, dass er das Horrorgenre »neu definiert« habe (Beahm 1995, 363f.), indem er es vom

---

1 Übersetzung P.D. Im Original heißt es: »Movies are great fun – but I do mean ›movies‹, not ›films‹. I don't want to know about Fellini and what he was doing in his film that I didn't know he was doing. I like the kind of movies where you check your brain at the box office so the movies can wash over you with a lot of energy and color. I'm totally uninterested in pictures where people sit around in dingy hotel rooms talking about their wives' affairs with Nietzsche. I don't like Woody Allen movies.« Stephen King. Zitiert nach Herron 1992, 225.

2 Zitiert nach Loderhose 1993, 11.

Odium des Vulgären, Subliterarischen befreit und für ein breitgefächertes Spektrum von Themen geöffnet und in den Ängsten und Obsessionen der USA der 80er und 90er Jahre situiert habe (vgl. Beahm 1995, 21). Damit hängt auch zusammen, dass King ein sehr breites Publikum anspricht, die Teenager ebenso wie ›reifere‹ Leser, Intellektuelle und Kultleser ebenso wie Konsumenten von Horrorfiction (vgl. Beahm 1995, 360).

King hat seinen Stil selbst als »das literarische Äquivalent eines Big Macs und einer großen Tüte Pommes Frites« (Collings 1987, 22) charakterisiert und damit den Aspekt der schnellen Konsumierbarkeit eines Großteils seiner literarischen Produktion hervorgehoben – aber eben nur eines Teils. Als wolle er zeigen, dass er auch ›ernstzunehmende‹ Romane schreiben kann, überrascht er seine Leserschaft immer wieder mit Werken, die sich nicht umstandslos dem Horrorgenre zuordnen lassen und die von der ›seriösen‹ literarischen und der akademischen Kritik entsprechend gewürdigt werden. Darunter sind etwa ein psychologisch differenzierter Frauenroman wie »Dolores Claiborne« (1992), realistische Erzählungen in dem Sammelband »Different Seasons« (1981) oder Psychothriller, in denen King seine eigenen Probleme als Autor reflektiert und dabei ein hohes Maß an professioneller Autoreflexivität, stilistischer Brillanz und Originalität entfaltet, die seine Selbsteinschätzung als Massenautor Lügen zu strafen scheinen: »The Shining« (1977), »Misery« (1987), »The Dark Half« (1989).

Kings Virtuosität als Erzähler umspannt somit ein breites thematisches und stilistisches Spektrum, das sich aus einer beeindruckenden Kenntnis der US-amerikanischen Literatur und Populärkultur speist, die er mit großer Unbekümmertheit und Souveränität für seine jeweiligen Zwecke appropriiert – gleichgültig, ob es sich dabei um bestimmte Themen, Motive, Figuren oder erzählerische Verfahren handelt. Don Herron (1992, 220) sieht Kings Arbeitsweise als typisch für eine spezifisch postmoderne Auffassung des Autors und zitiert den Kunstkritiker Kay Larson:

> Der große Aneigner darf keinen Stil haben; er ist nur ein Medium für das Rearrangement von Bildern, eine Art Auteur-Regisseur, der die Bilder vom Kollektivauge seiner Kameraleute zusammenschneidet.[3]

Herron charakterisiert King als

> einen der größten Aneigner, ein postmodernes Endprodukt dieses Trends, einen großen Wiederkäuer, der Literatur, Popliteratur, Film, Kultur und Popkultur in einem verschlingt. Nach kurzer Verdauung speit er es wieder von sich und meint offenbar, daß

---

3 Übersetzung P.D. Im Original heißt es: »the Great Appropriator must have no style; he is merely a vehicle for the rearrangement of images, a kind of auteurish director who splices from the collective eye of his cameramen.«

er den Lesern damit seine Lebenserfahrung weitergibt, denn so scheint seine Lebenserfahrung beschaffen zu sein.[4]

Kaum weniger schmeichelhaft ist Paul Greys Kennzeichnung Kings als »Meister der postliterarischen Prosa«.[5] Michael R. Collings (1987, 16) hat King gegen solche Kritik energisch verteidigt und dabei vor allem auf die zahlreichen bildlich-filmischen Elemente in Kings Prosa hingewiesen:

> Intensive Bilder oder die Verwendung von Film und Fernsehen als strukturierende Mittel, Metapher, symbolisches Gegenstück oder geschichtsverdichtende Allusion machen einen Roman jedoch noch lange nicht zu einem nachgeschriebenen Film oder seinen Stil zu etwas grundsätzlich ›Postliterarischem‹. Eher tragen sie schon dazu bei, das Wesen des Romans als untrennbar mit den visuellen Künsten verbundene populäre Form zu betonen. [...] Was uns in King also begegnet, ist ein Schriftsteller, der sich weit mehr als viele seiner Kollegen den darstellenden Künsten verschrieben hat, der Filmanspielungen in seine Prosa einbringt, Episoden anhand filmischer Techniken gliedert, sich des Film- und Fernsehbildreservoirs in den Köpfen seiner Leser bedient.

King ist, so könnte man noch weitgehender formulieren, ein inter- oder sogar transmedialer Autor, der nicht nur in seiner literarischen Produktion herkömmliche Grenzen zwischen ›hoher‹ und ›populärer‹ Kultur und Literatur, zwischen visuellen und Printmedien überschreitet. Davon zeugt auch die Bandbreite seiner Aktivitäten. Er ist ein Autor, der gelegentlich auch noch die Drehbücher zu seinen Filmen schreibt (etwa zu SILVER BULLET oder PET SEMATARY) oder Regie bei der Verfilmung seiner Romane führt (wie bei MAXIMUM OVERDRIVE) und als Schauspieler in Filmen mitwirkt (PET SEMATARY und CREEPSHOW). Vor diesem Hintergrund erscheint der Terminus ›postliterarischer Autor‹ für King in einem durchaus positiven Sinne reklamierbar: weil er vielleicht am konsequentesten die Fiktion vom ›literarischen‹ Autor ad absurdum führt, der für ein ausschließlich ›literarisches‹ Publikum schreibt – in Anbetracht des »Veröffentlichungspluralismus«, der es heute, wie Joachim Paech (1988, 180) schreibt, keinem Autor ermöglicht, »seine Produktion noch außerhalb der audio-visuellen Medien auf einem rein literarischen Markt durchzusetzen«, und angesichts der Tatsache, dass der ›Medien-Produktverbund‹ (›media tie-in‹), die strategische Vermarktung eines Werks in verschiedenen Medien, nicht nur bei internationalen Bestsellern heute der Regelfall ist (vgl. Faulstich / Strobel 1986 und 1987).

---

4 Übersetzung P.D. Im Original heißt es: »one of the Greatest Appropriators, a postmodern end-product of this trend, a great Regurgitator, swallowing literature, pop literature, film, culture, and pop culture whole. After brief digestion, he spews it forth again, and apparently feels he is giving his readers the benefit of his life experience, for such seems to be his life experience.«

5 Zitiert nach Collings 1987, 15.

2.1 Austauschprozesse zwischen Literatur und Film

Solche Befunde haben unmittelbare Folgen für die Ausprägung neuer Schreibweisen und Erzählmodelle, die vor allem das Wechselverhältnis von Film und Literatur unmittelbar tangieren. War der Film kurz nach seiner Erfindung noch deutlich durch Erzählmodelle des Romans geprägt (man denke etwa an die frühen Praktiker und Theoretiker des Spielfilms, vor allem David W. Griffith und Sergej Eisenstein), so lassen sich bereits in den 20er Jahren deutliche Tendenzen im modernen Roman – etwa bei James Joyce und John Dos Passos – zur Verwendung ›filmischer‹ Schreibweisen erkennen (vgl. Spiegel 1976, 71ff). Diese Entwicklung hat Bertolt Brecht bereits 1931 klarsichtig in seinem »Dreigroschenprozeß« erkannt, wo er schreibt: »Der Filmesehende liest Erzählungen anders. Aber auch der Erzählungen schreibt, ist seinerseits ein Filmsehender. Die Technifizierung der literarischen Produktion ist nicht mehr rückgängig zu machen« (Brecht 1967, 156). John Fowles formuliert diesen Sachverhalt 1968 (92) noch prägnanter, wenn er seine Situation als Romanautor reflektiert, der auch für den Film arbeitet:[6]

> Ich sah meinen ersten Film, als ich sechs Jahre alt war; ich nehme an, ich habe seitdem im Schnitt [...] einen Film pro Woche gesehen: sagen wir, etwa zweieinhalb tausend Filme bis jetzt. Eine so häufig wiederholte Erfahrung muß zwangsläufig tiefe Spuren in der Einbildungskraft hinterlassen. Irgendwann analysierte ich einmal meine Träume im Detail; immer wieder erinnerte ich mich an rein filmische Effekte [...] Schwenks, Nahaufnahmen, Verfolgungsfahrten, ›jump cuts‹ und so weiter. Kurzum, diese Art der Vorstellung ist so tief verwurzelt, daß sie nicht ausgelöscht werden kann – nicht nur bei mir, sondern bei meiner Generation insgesamt.

So sieht denn auch Charles Eidsvick (1973, 120) Literatur und Film nicht als Gegenstände separater historischer Reihenbildungen und Traditionszusammenhänge, sondern als »contiguous art forms« innerhalb einer visuell geprägten Medienkultur, deren Verhältnis zueinander sich nicht durch »Einflüsse«, sondern durch »Analogien« beschreiben lassen.

Solche Einsichten sind zumal in der Literaturwissenschaft lange Zeit nicht zur Kenntnis genommen worden, für die sich das Verhältnis zwischen Litera-

---

6 Übersetzung P.D. Im Original heißt es: »I saw my first film when I was six; I suppose I've seen on average [...] a film a week ever since: let's say some two and a half thousand films up to now. How can so repeated an experience not have indelibly stamped itself on the *mode* of imagination? At one time I analyzed my dreams in detail; again and again I recalled purely cinematic effects [...] panning shots, close shots, tracking, jump cuts, and the rest. In short, this mode of imagining is far too deep in me to eradicate – not only in me, in all my generation.«

tur und Film meist auf die Problematik der Literaturverfilmung verengt hat. Damit verbindet sich in der Regel die Fixierung auf die Frage der ›Werktreue‹ und die Abwertung des Films als eines eigenständigen künstlerischen Mediums, die im Einzelfall regelmäßig auf den Nachweis eines ästhetischen Gefälles zwischen Literaturvorlage und Film hinauslief. »Von ›Literaturverfilmung‹ zu reden«, so Knut Hickethier (1989, 183),

> heißt den ersten Schritt in die falsche Richtung tun: denn im Begriff der *Ver*filmung steckt bereits die *Ver*formung des Kunstwerks, eines Originals, das dabei seine Originalität verliert. Das Ergebnis kann nur eine schlechte Kopie, ein unvollständiger Ersatz im anderen Medium sein. Die analytische Literatur zur Verfilmung ist Legion, und ihr vergleichend ermitteltes Ergebnis ist, wie kann es anders sein, immer dasselbe.

In einer Zeit, in der sich Literatur-, Medien- und Kunstwissenschaften unter dem Vorzeichen der ›Intermedialität‹ aufeinander zubewegen, werden solche Ansätze allmählich obsolet.[7] D.h., die neue Sensibilität für die vielfältigen Austausch-, Transformations- und Transferbeziehungen, nicht nur zwischen Literatur und Film, sondern auch zwischen anderen künstlerischen Medien, provoziert neue Fragestellungen und Forschungsansätze, die den Prozess des Medienwechsels nicht als plane Übertragung eines Inhalts von einem Medium in ein anderes begreifen und das entstandene Produkt am Ausgangstext messen, sondern die Differenz und Eigenständigkeit der jeweiligen Zeichensysteme hervorheben und den Veränderungen nachgehen, denen ein Text beim Übergang in ein anderes Medium unterliegt.

2.2 Stephen Kings Roman und Rob Reiners Film

Bei einem ›postliterarischen‹ Autor wie Stephen King, dessen Werk durch eine Vielzahl intermedialer Bezüge und Schreibweisen geprägt ist, erscheint die vergleichende Betrachtung der literarischen und filmischen Realisation seiner Texte besonders aufschlussreich, weil die ›filmisch‹-visuelle Qualität seines Schreibens offenkundig ideale Voraussetzungen für Film- und Fernsehadaptationen bietet. Wie indessen die Realität – die über fünfzig Adaptationen seiner Prosawerke – zeigt, führt kein direkter Weg von einem guten Roman zu einem guten Film. Die gute Handvoll interessanter Filme, die nach Romanen oder Erzählungen Kings entstanden sind – etwa Stanley Kubricks THE SHINING (1980), David Cronenbergs DEAD ZONE (1983), Rob Reiners STAND BY ME (1986) und MISERY (1990), Brian De Palmas CARRIE (1976), Frank Darabonts THE SHAWSHANK REDEMPTION (1994), Tommy Lee Wallaces

---

7 Vgl. dazu den 1998 erschienenen, von Jörg Helbig herausgegebenen Sammelband, der auch einen Forschungsüberblick und eine Bibliographie neuerer Arbeiten enthält.

IT (1990) und Taylor Hackfords DOLORES CLAIBORNE (1995) – demonstrieren eher das Gegenteil: weil sie sich in der Regel konzeptionell deutlich von Kings Texten distanzieren.[8] Festzuhalten bleibt daher – auch bei einem Autor, der sich so offenkundig mühelos ›zwischen‹ den Medien bewegt und ›filmische‹ Schreibweisen so souverän beherrscht – die grundsätzliche Differenz zwischen den für das jeweilige Medium konstitutiven Merkmalen, auch wenn es beim Erzählen um die Bewältigung analoger Probleme geht: den Aufbau von Plot und Spannung, die Gestaltung von Charakteren und Dialogen, die Wahl einer Erzählperspektive, die Herstellung intertextueller und intermedialer Bezüge.

Stephen Kings Roman »Misery« (1987)[9] und der gleichnamige Film von Rob Reiner (1990) bieten sich für eine vergleichende Analyse an, nicht nur wegen der außerordentlichen Resonanz beim Film- und Lesepublikum.[10] »Misery« ist ein erzählerisch sehr komplexer, thematisch vielschichtiger Roman mit einer Fülle von intertextuellen und intermedialen Bezügen, der seine Spannung weniger aus ›action‹- oder Horrorelementen bezieht als aus der Darstellung psychischer Extremsituationen und der daraus entstehenden Konflikte, der durch Reiner eine sehr eigenwillige und eigenständige filmische Interpretation erfuhr.

2.2.1 Der Roman

Stephen King thematisiert in »Misery« eine Problematik, die seine eigenen Erfahrungen als Autor von Bestsellern widerspiegelt: die potentiell pathologischen und bedrohlichen Aspekte des Verhältnisses zwischen einem Autor und seinen Lesern. Aus Kings Biographie sind eine ganze Reihe von Vorfällen bekannt, bei denen er sich der aufdringlichen Neugier und Begeisterung seiner Leser erwehren musste oder gar physischer Bedrohung oder gerichtlicher Verfolgung durch Geistesgestörte ausgesetzt war.[11] Der damit einherge-

8 Aufschlussreich ist auch Kings eigene Drehbucharbeit, etwa zu SILVER BULLETT, die zu einer im Vergleich zum Buch radikal veränderten Filmkonzeption führte (vgl. Collings 1987, 202 ff.), oder seine Drehbuch- und Regiearbeit für MAXIMUM OVERDRIVE, die in einem von der Kritik einhellig verrissenen Film resultierte (vgl. Beahm 1995, 247).

9 Die deutsche Übersetzung von 1987 trägt den Titel »Sie«. Alle entsprechenden Zitate sind dieser Ausgabe entnommen.

10 Zu den Verkaufszahlen des Romans siehe Beahm 1995 (292) und zum Film siehe Kasprzak 1996 (174).

11 Beahm (1995, 293ff.) erwähnt in seiner Stephen King-Biographie mehrere Fälle, so den einer Frau, die den Schriftsteller 1991 verklagte, »da er sich, wie sie behauptete, ihr geistiges Eigentum angeeignet habe und die Hauptfigur in ›Misery‹ [...] auf ihrem Leben basieren würde« (294).

hende Druck, wie er bereits durch Fanbriefe, Rezensionen, öffentliche Lesungen entsteht und den Autor in seiner künstlerischen Freiheit und Autonomie einschränkt, ist das Thema von »Misery«. Ist ein Autor, der für ein Millionenpublikum schreibt, noch Herr seiner künstlerischen Entscheidungen? Kann er die Bahnen seiner erfolgreichen Massenproduktion verlassen und sich auf Experimente und neue Sujets einlassen? Wird ihn der Leser durch Liebesentzug bestrafen, wenn er dies versucht? Wo ist der Punkt erreicht, an dem ihm seine Leser quasi *vor*schreiben, was er zu schreiben hat? »Misery« erzählt die Geschichte dieses problematischen Verhältnisses als pathographische Fallstudie: im Zusammentreffen des Bestsellerautors Paul Sheldon mit seinem »Fan Nummer Eins«, der geistesgestörten Mörderin Annie Wilkes.

Paul Sheldon hat sich durch seine Bücher über die leidenschaftliche, schöne Misery Chastain ein Millionenpublikum ›erschrieben‹, das nach immer neuen Misery-Abenteuern verlangt, auch wenn der Autor selbst sein Geschöpf inzwischen zutiefst verabscheut. Um seine Unabhängigkeit als Autor zu demonstrieren und um sich seinen ›eigentlichen‹ künstlerischen Interessen widmen zu können, lässt Sheldon seine Romanheldin mit dem, wie er es sich vorstellt, letzten Roman, »Miserys Kind«, sterben und schreibt den ambitionierten sozialkritischen Roman »Schnelle Autos«, der ihm die ersehnte Anerkennung als ›seriöser‹ Autor bringen soll. Nachdem er das Manuskript seines neuen Buches im Boulderado Hotel in Boulder, Colorado, beendet hat, macht er sich mit seinem Auto zu einer Fahrt nach Westen auf und verunglückt in einem Schneesturm. Die frühere Krankenschwester Annie Wilkes und, wie sie ihm gleich mitteilt, sein »Fan Nummer Eins«, findet den Schwerverletzten und bringt ihn zu ihrer einsam gelegenen Farm in den Bergen, wo sie ihn aufopfernd pflegt – bis sie sein Romanmanuskript und seinen letzten »Misery«-Roman gelesen hat. Sie gerät außer sich, als sie vom Tod Miserys liest, und zwingt ihn, das Manuskript von »Schnelle Autos« zu verbrennen und Misery in einem neuen Roman – »Miserys Rückkehr« – wieder zum Leben zu erwecken.

Im Verlauf der monatelangen Gefangenschaft Pauls bei Annie entwickelt sich eine intensive Beziehung zwischen den beiden. Diese ist auf seiner Seite zunehmend geprägt durch Angst, Hass und Bewunderung für eine Frau, die er als wahnsinnige Mörderin verabscheut und die ihn dazu zwingt, seine Verantwortung als Autor zu reflektieren und seinen besten »Misery«-Roman zu schreiben. Dagegen ist Annies Verhältnis zu Paul geprägt durch Bewunderung und zunehmend durch die pathologische ›Liebe‹ zu einem berühmten Schriftsteller, den sie zweimal verstümmelt, um ihn an der Flucht zu hindern und ihn dazu zu zwingen, sein Buch zu Ende zu schreiben. Als es Paul gelingt, seine Peinigerin zu töten und sein Martyrium zu beenden, ist er ein gebrochener

Mann. Erst ein neues Romanprojekt, das er Monate später nach seiner Rückkehr nach New York beginnt, gibt ihm wieder Mut zum Schreiben.

»Misery« ist – im Vergleich zu Kings übrigem Werk – ein dezidiert ›literarischer‹ Roman. Dies zeigen die Zitate, die den einzelnen Teilen des Romans als Motti vorangestellt sind (Friedrich Nietzsche, Michel de Montaigne, John Fowles) und die vielfältigen literarischen Bezüge in den Reflexionen des Romanhelden (zur Figur der Scheherezade aus »Tausend und eine Nacht«, zu Romanen von H. Rider Haggard, John Fowles, Somerset Maugham, Charles Dickens, Thomas Hardy, Arthur Conan Doyle, William Golding, John Irving, John Ronald Reuel Tolkien). Hinzu kommt eine sehr differenzierte und komplexe Erzählstrategie, die moderne Erzählverfahren wie ›stream of consciousness‹, ›filmische‹ Montage und psychoanalytisch inspirierte Assoziationstechnik miteinander verbindet. Stephen King zeichnet damit ein Bild der Autor-Persona Paul Sheldon, im Zwiespalt zwischen den Forderungen seines Massenpublikums und seinen ›eigentlichen‹ Ambitionen als Autor.

Insofern ist »Misery« eine Studie über das Schreiben von Romanen und die Verantwortung des Autors gegenüber seinem Publikum, dramatisiert in der tödlichen Auseinandersetzung mit einer offenkundig verrückten Leserin, die ihn nicht nur zwingt, nach ihren Bedürfnissen zu schreiben, sondern auch, sein eigenes Handwerk kritisch in Frage zu stellen, gleichgültig, ob es sich dabei um ›triviale‹ oder ›anspruchsvolle‹ Literatur handelt. Dieses autoreflexive Moment ist ein konstitutives Merkmal des Romans. Dies dokumentieren vor allem die zahlreichen Einschübe aus dem entstehenden neuen »Misery«-Manuskript Paul Sheldons in die fortlaufende Romanhandlung, die den Prozess des Schreibens und die verzweifelte Lage des Autors als Gefangener seiner Leserin reflektieren. Es hat den Anschein, als wolle Stephen King damit nicht nur seine literarischen ›Potenzen‹ spielerisch andeuten, sondern auch – ähnlich wie sein Protagonist Paul Sheldon – das eigene Dilemma als Autor demonstrieren, der sich mit den Erwartungen seiner Massenleserschaft konfrontiert sieht. Dass er sich dieser Problematik bewusst war, zeigen seine Äußerungen über die Genese von »Misery«:[12]

> Ich dachte, die Geschichte würde schlicht und ergreifend von einer Flucht handeln. Als ich ungefähr die Hälfte oder zwei Drittel geschrieben hatte, entdeckte ich, daß ich tatsächlich über etwas sprach, das mit einer bloßen Erzählung nur wenig gemein hatte. Ich dachte mir, du redest über »Tausend und eine Nacht«, und du sprichst von dem, was du tust. Je mehr ich schrieb, desto mehr sah ich mich gezwungen, das, was ich tat, wenn ich meine Phantasiewelt schuf, zu untersuchen; warum ich es tat und aus welchem Grund ich damit Erfolg hatte; ob ich andere Leute damit verletzte oder nicht und ob ich mich damit verletzte oder nicht.

---

12 Zitiert nach Beahm 1995 (259).

2.2.2 Der Film

Für die filmische Adaptation bietet ein derart komplexer, autoreflexiver Roman, der zudem als ›Kammerspiel‹ konzipiert ist, d.h. Konflikte zwischen zwei Personen in der begrenzten Lokalität einer einsamen Farm in den Rocky Mountains gestaltet, spezifische Probleme. Mit Rob Reiner, der durch die sensible und erfolgreiche Verfilmung einer Erzählung Stephen Kings (»The Body«) mit STAND BY ME dessen Vertrauen gewonnen hatte, bot sich ein Regisseur an, der dafür die idealen Voraussetzungen mitbrachte. »Was mich an diesem Buch anzog«, erklärte er in einem Interview,

> war nicht, daß es sich dabei um einen spannungsgeladenen Thriller handelte. Was mich anzog, war das Thema. Das Dilemma des Künstlers, der etwas angefangen hat, was ihm einen sicheren Erfolg garantiert, und seine Angst, sich davon zu lösen, zu wachsen und sich zu verändern; die Angst, daß man sein Publikum verliert.[13]

Hinzu kam ein sehr gutes Drehbuch von William Goldman, der mit seinen Skripts für BUTCH CASSIDY AND THE SUNDANCE KID (1968) und THE UNTOUCHABLES (1986) bereits Oscars gewonnen hatte, und zwei brillante Schauspieler in den Hauptrollen: Kathy Bates in der Rolle der Annie Wilkes, die dafür einen Oscar erhielt, und James Caan in der Rolle Paul Sheldons. Wie Sequenzprotokoll und Sequenzgraphik (Abb. 1) zeigen, haben Reiner und Goldman in ihrer Konzeption des Films gegenüber dem Roman eine ganze Reihe durchgreifender Veränderungen vorgenommen, auf die in den folgenden Kapiteln einzugehen sein wird. Der Film lässt sich in sechs Sequenzen und insgesamt 25 kleinere Handlungseinheiten oder Subsequenzen unterteilen:

Sequenz 1, Exposition: Ein Roman ist beendet (00´00–11´46)

(1. / 00´00) Vorspann: Ein Hotel in Silver Creek, Colorado. Paul Sheldon beendet das Manuskript seines neuen Romans. Er verlässt Silver Creek mit seinem Auto und verunglückt in einem Schneesturm.

(2. / 04´01) Rückblende: Paul im Gespräch mit seiner Literaturagentin Marcia Sindell in deren New Yorker Büro. Er teilt ihr seinen Entschluss mit, keine »Misery«-Romane mehr zu schreiben und sich ›seriöseren‹ Themen zu widmen.

(3. / 05´05) Die ehemalige Krankenschwester Annie Wilkes findet den schwerverletzten Paul und nimmt ihn mit zu ihrer abgelegenen Farm, um ihn zu pflegen.

(4. / 09´41) Marcia Sindells Büro in New York. Sie ruft den Sheriff von Silver Creek an, um sich nach Pauls Verbleib zu erkundigen.

Sequenz 2, Romankritik und Nachforschungen (11´46–31´07)

(5. / 11´46) Annie Wilkes, ihren Worten nach Paul Sheldons »Fan Nummer Eins«, will sein neues Buch im Manuskript lesen.

(6. / 14´42) Der Sheriff stellt erste Nachforschungen nach Paul Sheldon an.

13 Zitiert nach Beahm 1995 (287).

Min´Sek	Sequenzen
00´00	**1. Exposition: Ein Roman ist beendet** (1) Pauls Unfall. (2) Rückblende: Paul erklärt Ende der »Misery«-Serie. (3) Annie findet / rettet Paul. (4) Marcia erkundigt sich nach Paul.
11´47	**2. Romankritik und Nachforschungen** (5) Annie liest das neue Manuskript. (6) Erste Nachforschungen des Sheriffs. (7) Annies Kritik. (8) Der Sheriff sucht Pauls Wagen. (9) Annie ist wütend. (10) Telefongespräch Sheriff – Marcia.
31´08	**3. Das erzwungene Happy End und erste Spuren** (11) Paul muss das Manuskript verbrennen, soll den letzten Roman umschreiben. (12) Annie kauft Papier, Paul erkundet das Haus. (13) Der Sheriff findet Pauls Auto und entdeckt die Spuren.
55´54	**4. Miserys Rückkehr** (14) Paul arbeitet am Manuskript. (15) Sheriff liest »Misery« (16) Feierliches Abendessen. (17) Annie gesteht ihre Liebe und kündigt den gemeinsamen Tod an. (18) Sheriff liest »Misery«. (19) Annie betäubt Paul. (20) Paul ist gefesselt. Annie bricht ihm die Beine.
79´11	**5. Miserys Ende** (21) Sheriff entdeckt Annies Vergangenheit. (22) Sheriff bei Annie. Er entdeckt Paul und wird von Annie erschossen. (23) Annie will Paul umbringen und Selbstmord begehen. Paul verbrennt das »Misery«-Manuskript und tötet Annie im Zweikampf.
97´48	**6. Die Lösung?** (24) Pauls Halluzination. (25) Abspann.
102´14	**Ende**

Abb. 1: Sequenzgrafik MISERY

(7. / 15´38) Annie kritisiert die obszöne Sprache von Pauls neuem Buch und gerät außer sich.
(8. / 17´58) Der Sheriff und seine Frau suchen Pauls Auto.
(9. / 20´27) Annie hat sich den neuesten »Misery«-Roman gekauft. Sie beschimpft und misshandelt Paul, weil er Misery darin sterben ließ. Wütend verlässt sie den hilflos ans Bett Gefesselten.
(10. / 30´31) Erneutes Telefongespräch zwischen dem Sheriff und Marcia Sindell über das Verschwinden Pauls.

Sequenz 3, Das erzwungene Happy End und erste Spuren (31´07–55´53)

(11. / 31´07) Annie zwingt Paul, sein ›unanständiges‹ Romanmanuskript zu verbrennen und den letzten »Misery«-Roman zu einem Happy End umzuschreiben.

(12. / 44´05) Während Annie Wilkes nach Silver Creek fährt, um Schreibmaschinenpapier zu kaufen, erkundet Paul Sheldon heimlich das Haus und entwendet dabei einige Packungen des Betäubungsmittels Novril.
(13. / 54´32) Der Sheriff findet Paul Sheldons Auto und entdeckt Spuren an dessen Tür.

Sequenz 4, Miserys Rückkehr (55´53–79´10)

(14. / 55´53) Paul schreibt unter den kritischen Blicken Annies »Miserys Rückkehr«.
(15. / 61´59) Das Sheriff´s Office in Silver Creek: Der Sheriff hat sich mehrere »Misery«-Bände gekauft, um daraus Aufschlüsse über den Fall zu gewinnen.
(16. / 63´06) Paul und Annie feiern »Miserys Rückkehr« mit einem Abendessen. Pauls Versuch, Annie durch eine Überdosis Novril im Rotwein zu betäuben, misslingt.
(17. / 66´31) Paul setzt seine Arbeit an »Miserys Rückkehr« fort. Annie gesteht ihm ihre Liebe und droht, sich gemeinsam mit ihm umzubringen. Dann lässt sie ihn allein. Paul untersucht erneut das Haus. Er besorgt sich ein Messer in der Küche und versteckt es unter seiner Matratze.
(18. / 71´09) Der Sheriff liest seiner Frau aus einem »Misery«-Roman vor: »Es gibt eine höhere Gerechtigkeit als die des Menschen. Ich werde gerichtet von Ihm.«.
(19. / 71´43) Paul liest heimlich in Annies Erinnerungsalbum: Dokumente, die sie als Massenmörderin entlarven. Nachts: Annie kehrt zurück. Sie erscheint an Pauls Bett und verabreicht ihm eine Betäubungsspritze.
(20. / 76´20) Am nächsten Morgen: Annie weiß alles über Pauls geheime Aktivitäten. Sie hat ihn ans Bett gefesselt und bricht ihm mit einem Vorschlaghammer die Beine, um ihn an der Flucht aus dem Haus zu hindern.

Sequenz 5, Miserys Ende (79´10–97´47)

(21. / 79´10) Silver Creek: Der Sheriff wird auf Annie aufmerksam und geht zur Bibliothek. Bei der Lektüre alter Zeitungen stößt er auf einen Bericht über die »Drachenlady« Annie Wilkes, die sich vor dem Gericht in Denver wegen der Tötung von Patienten mit dem Satz verteidigte: »Es gibt eine höhere Gerechtigkeit als die des Menschen. Ich werde gerichtet von Ihm.« Beim Buchhändler von Silver Creek erfährt er, dass Annie regelmäßig »Misery«-Romane und in letzter Zeit häufig Schreibmaschinenpapier gekauft hat. Er fährt zu ihrer Farm.
(22. / 83´01) Der Sheriff bei Annie: Bevor sie dem Sheriff das Haus zeigt, hat sie Paul betäubt und im Keller versteckt. Der Sheriff verlässt unverrichteter Dinge die Farm, als er plötzlich Schreie im Keller hört. Er eilt ins Haus zurück und wird von Annie erschossen, als er die Kellertür öffnet. Paul findet im Keller eine Flasche Grillanzünder, die er in seiner Hosentasche versteckt.
(23. / 89´26) Annie will Paul und sich selbst umbringen. Paul gewinnt Aufschub, um das Romanmanuskript zu beenden. Als Annie ihm zur Feier des Tages eine Zigarette und ein Streichholz bringt, zündet Paul damit das »Misery«-Manuskript an und bringt Annie im anschließenden Kampf um.

Sequenz 6, Die Lösung? (97´47–102´14)

(24. / 97´47) 18 Monate später: Paul trifft Marcia Sindell in einem New Yorker Hotel, die ihn zu seinem neuen Roman, »The Higher Education of J. Philip Stone«, gratuliert. Paul hat eine Halluzination Annies als Kellnerin, die ihn mit einem Messer bedroht.
(25. / 99´34) Abspann, Ende (102´14).

2.3 Plot und Spannung

2.3.1 Der Roman

Der Roman besteht aus vier Teilen, welche die sukzessiven Phasen des Konflikts zwischen Paul Sheldon und Annie Wilkes markieren. Teil I / »Annie« bringt den Konflikt bis zu dem Punkt, an dem Annie Paul zwingt, seinen Roman »Miserys Kind« umzuschreiben. Teil II / »Misery« thematisiert die Auseinandersetzungen zwischen Paul und Annie um die Verantwortung des Autors gegenüber seinem Leser und führt die Handlung bis zu dem Punkt, an dem Annie Paul durch die Amputation eines Fußes ›bestraft‹. In Teil III / »Paul« stellt sich dieser der Situation, indem er den Roman vollendet und Annie umbringt. Teil IV / »Göttin« schließlich hat die Funktion eines Epilogs: Paul versucht, sein Annie-Trauma zu überwinden, indem er einen neuen Roman beginnt.

Damit sind die wesentlichen Stadien eines Prozesses beschrieben, den der Roman zum Thema hat: die Schaffenskrise eines Schriftstellers, der sich – durch die existenzbedrohende Konfrontation mit einer pathologischen Leserin – gezwungen sieht, seine Praxis und sein Selbstverständnis als Autor radikal in Frage zu stellen und neu zu begründen. »Misery« ist also vor allem ein Roman, der das Schreiben selbst zum Thema hat, und die Thriller-Elemente entwickeln sich fast ausschließlich aus der Dynamik dieses Prozesses. Von dem Augenblick, als Paul erkennt, dass »Annie Wilkes auf gefährliche Weise verrückt« ist (King 1987, 20), spitzt sich die Handlung zu. Über sich steigernde Phasen der Demütigung durch seine Peinigerin gelangt Paul (nachdem er das Manuskript von »Schnelle Autos« verbrennen musste) zu dem nunmehr alles beherrschenden Entschluss: »*Ich werde sie umbringen*« (67).

Für den Spannungsaufbau des Romans ergibt sich damit die zentrale Frage: Wird es Paul gelingen, Annie zu töten, oder wird umgekehrt diese ihm zuvorkommen? Das Schreiben an »Miserys Rückkehr« fungiert dabei, nach dem »Scheherezade-Prinzip«, als aufschiebendes Motiv, und die zahlreichen Texteinschübe aus dem entstehenden Roman in die fortlaufende Handlung dokumentieren nicht nur ein zunehmendes Maß an Autoreflexivität, sondern eine Steigerung der Spannung: weil vom Gelingen oder Nichtgelingen des entstehenden Buches Pauls Weiterleben abhängt. Aus diesem Gegenspiel wechselseitiger Mordabsichten beziehen die Teile I–III des Romans ihre wesentlichen Handlungsimpulse.

Neben diesen Spannungselementen, die sich also aus der Binnenhandlung, der Psychomachie zwischen Paul und Annie, ergeben, baut Stephen King sukzessiv eine Spannungskurve auf, die sich durch Handlungsimpulse von außen konstituiert. Die Personen, die Annies Farm aufsuchen, wecken zunächst die

Erwartung, dass sie Paul Sheldon entdecken und damit seine Gefangenschaft beenden könnten. Das Auftauchen eines Steuerbeamten (»Mr. Rancho Grande«, 181ff.) sowie das des jungen Polizisten, den Annie grausam umbringt (298ff.), machen Paul deutlich, dass es zwecklos ist, auf Hilfe von außen zu hoffen. Als schließlich zwei Polizisten erscheinen und Annie verhören (345ff.), verzichtet er darauf, sie auf sich aufmerksam zu machen, obwohl er es könnte. Jetzt geht es ihm nur noch darum, selbst Rache an ihr zu nehmen:

> Der Sachverhalt war schlicht und einfach: Er wollte sich selbst um Annie Wilkes kümmern. *Sie könnten dich nur ins Gefängnis stecken, Miststück*, dachte er. *Aber ich weiß, wie ich dich fertigmachen kann* (347).

Daher lassen ihn auch die sich in der Folge immer zahlreicher erscheinenden Besucher kalt: ein Fernsehteam, weitere Polizisten, Gaffer, die von dem auf Annie Wilkes lastenden Verdacht erfahren haben (353ff.). D.h., die Interventionen der Außenwelt werden zu einer Spannungskurve entwickelt, die, nach der Ermordung des Polizisten, antiklimaktisch verläuft und damit die Spannung der Binnenhandlung in Richtung des Finales – des Zweikampfs zwischen Paul und Annie – noch zuspitzt: durch die paradoxe Situation Pauls, der in seinem Zimmer besessen an seinem Roman weiterschreibt und dabei den Tod Annies plant, während die Außenwelt immer stärker in ihre mörderische ›Idylle‹ eindringt.

2.3.2 Der Film

Spannung wird im Roman ausschließlich aus der Konfliktkonstellation der beiden zentralen Charaktere aufgebaut, wobei die Außenwelt-Interventionen zunehmend als ›blinde Motive‹ eingesetzt werden, um diese Spannung noch zu verstärken. Hinzu kommt, dass wir das Geschehen ausschließlich aus der (informationsbeschränkten) Perspektive des im Haus eingeschlossenen Paul wahrnehmen. Die damit einhergehende extreme Subjektivität der Wahrnehmung und die zunehmende Autoreflexivität des Erzählens, wie sie sich in den langen Einschüben aus dem entstehenden »Misery«-Manuskript dokumentiert, sind die hervorstechenden narrativen Elemente des Romans. Eben diese Elemente erfahren in der filmischen Konzeption Rob Reiners und William Goldmans eine durchgreifende Veränderung: durch die Erweiterung des Personals und – damit verbunden – die Einführung zweier paralleler Handlungsstränge, was Folgen sowohl für Plot und Spannungsaufbau hat, aber auch thematische Akzentverlagerungen mit sich bringt. Wie Rob Reiner in einem Interview ausführte, hielt er es für die filmische Adaptierung des Romanstoffs für notwendig, »den Rahmen eines bloßen Zwei-Personen-Stücks zu sprengen und die Charaktere ebenso wie die Situationen offener als im Buch anzulegen«.[14] Wie aus der folgenden Übersicht hervorgeht, haben Reiner und Goldman die wesentlichen Handlungselemente des Plot-Aufbaus beibehalten (siehe mittlere Spalte), allerdings durch die Einführung neuer Schauplätze und Figuren entscheidende Modifizierungen des Plots vorgenommen:

Roman	Plot (Roman und Film)	Film
	Paul Sheldon beendet seinen neuen Roman in einem Hotel in Colorado.	Rückblende: Paul im Gespräch mit Marcia Sindell.
	Er verunglückt mit seinem Auto in einem Schneesturm.	
	Annie Wilkes rettet ihn und nimmt ihn mit zu ihrer Farm.	Marcia ruft den Sheriff von Silver Creek an: Wo ist Paul?
	Sie liest »Schnelle Autos« und »Miserys Kind« und gerät außer sich.	Erste Nachforschungen des Sheriffs.
	Dann zwingt sie Paul, das Manuskript von »Schnelle Autos« zu verbrennen und »Miserys Kind« umzuschreiben in »Miserys Rückkehr«.	Der Sheriff und seine Frau suchen Pauls Auto.
	Annie lässt Paul allein. Während ihrer Abwesenheit exploriert er das Haus.	Erneutes Telefongespräch zwischen Marcia und dem Sheriff.
		Der Sheriff findet Pauls Auto und schöpft Verdacht.
Teil II, K. 1, K. 6: Einschub: »Miserys Rückkehr«. Besuch von Mr. Rancho Grande.	Annie kritisiert Pauls Arbeit an »Miserys Rückkehr«. Paul akzeptiert ihre Vorschläge.	Der Sheriff hat sich mehrere »Misery«-Bände gekauft, um Aufschlüsse zu gewinnen.
		Missglückter Versuch Pauls, Annie durch eine Dosis Novril im Rotwein zu betäuben.
	Annie gerät in eine depressive Phase. Sie bietet Paul den gemeinsamen Selbstmord an und verlässt das Haus.	
	Paul erkundet erneut das Haus und findet Annies Album »Straße der Erinnerung«. Er nimmt ein Messer aus der Küche mit und versteckt es unter der Matratze seines Bettes.	Der Sheriff kommt durch einen »Misery«-Roman auf die Spur Annies.

14 Zitiert nach Kasprzak 1996 (170).

Teil III, K. 1, K. 3: Einschub: »Miserys Rückkehr«	Annie kehrt zurück. Sie betäubt Paul und fesselt ihn an sein Bett. Dann verstümmelt sie sein Bein, um ihn an der Flucht zu hindern.
Annie schneidet Paul einen Daumen ab.	Annie bringt einen Polizisten um, der Paul sucht, und sperrt Paul im Keller ein.
T. III, K. 28: Einschub: »Miserys Rückkehr«.	Paul nimmt heimlich einen Behälter Brennstoff mit, als ihn Annie aus dem Keller holt.
Besucher kommen: Polizisten, TV-Team, Gaffer.	
T. III, K. 39: Einschub: Ende von »Miserys Rückkehr«.	Paul verbrennt das Manuskript von »Miserys Rückkehr« vor Annies Augen. Beim anschließenden Kampf tötet er sie. Paul kehrt nach New York zurück, wo er Halluzinationen von Annie hat. Er schreibt einen neuen Roman.

Mit der Einführung der beiden Parallel-Plots – den Nachforschungen der Literaturagentin Marcia Sindell nach dem Verbleib ihres Autors und der Verfolgung der Spur durch »Buster«, den Sheriff von Silver Creek – wird der extrem subjektive Erzählfokus des Romans aufgegeben und damit die Konzentration auf die Psychomachie zwischen den beiden Hauptcharakteren. Noch entscheidender ist, dass damit eine zusätzliche Spannungskurve aufgebaut wird, die mit der detektivischen ›whodunnit‹-Handlung neben dem Psychothriller der Binnenhandlung herläuft – mit gelegentlichen Berührungen, etwa wenn der Sheriff mit dem Hubschrauber über Annie Wilkes' Haus fliegt oder diese an dem Sheriff vorbeifährt, als dieser nach vergeblicher Suche nach Pauls Auto wieder in seinen Wagen steigt. Beide Erzählstränge werden schließlich zusammengeführt, nachdem der Sheriff als ›literarischer‹ Detektiv Stück für Stück das Puzzle zusammengefügt hat, das ihn auf Annies Spur bringt und ihn sein Leben kostet. Während also im Roman die Interventionen der Außenwelt als ungeplant und zufällig dargestellt werden, um die psychologische Spannung des Konflikts zwischen Annie und Paul zu verstärken, wird im Film von Beginn an durch die systematische Suchaktion des Sheriffs eine zweite Spannungskurve etabliert, die durch Parallelmontage die Dramatik der sich zuspitzenden Ereignisse noch verstärkt.

Hinzu kommt ein weiteres ›action‹-Element innerhalb der Binnenhandlung, das als spannungssteigerndes Nebenmotiv fungiert. Anders als im Roman, wo diese Möglichkeit, Annie aus dem Weg zu räumen, ausdrücklich verworfen wird,[15] sammelt Paul heimlich das Schmerzmittel Novril, um seine Peinigerin zu vergiften – ein Plan, der misslingt, weil Annie beim Festessen zu Ehren von »Miserys Rückkehr« versehentlich das Rotweinglas umstößt, in das Paul eine Überdosis des Mittels gerührt hat.

Wie das folgende Diagramm (Abb. 2) verdeutlicht, bezieht der Film seine Spannung aus drei Handlungselementen:

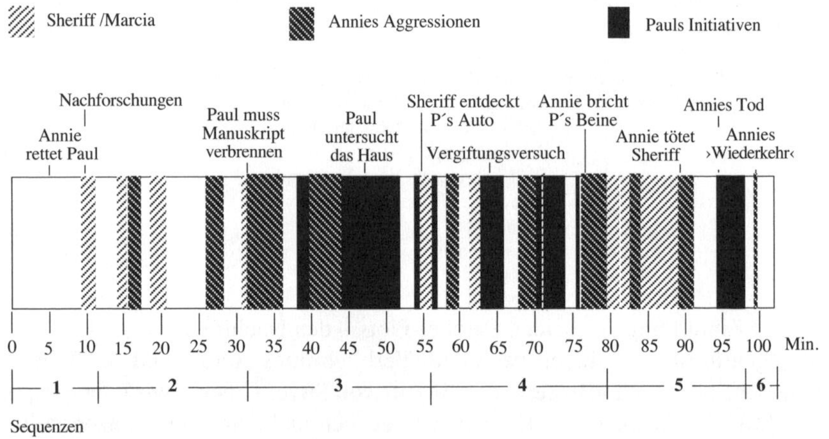

Abb. 2: Zeitachse – Spannungselemente

– der *Detektionshandlung*, die durch die Anfrage Marcias beim Sheriff von Silver Creek nach dem Verbleib Paul Sheldons initiiert wird (09´39). In der Folge konzentriert sich die Suche des Sheriffs auf Pauls Auto. Nachdem er dies gefunden hat, bringen ihn die Spuren an der Autotür (55´50) auf den zunächst unbestimmten Verdacht, dass sich Paul auf Annies Farm befinden könnte (81´37), der durch die Lektüre von Pauls Romanen allmählich zur Gewissheit wird. In dem Augenblick, in dem er Paul findet, wird er von Annie erschossen (89´25).

15 An einer Stelle denkt Paul darüber nach, Annie mit Novril zu vergiften: »In einer Geschichte wäre es ein hervorragender Einfall gewesen. Im wirklichen Leben jedoch klappte es einfach nicht. Er war nicht sicher, ob er das Risiko eingegangen wäre, selbst wenn das weiße Pulver in den Kapseln vollkommen geschmacksneutral gewesen wäre. Es war nicht sicher genug, es war nicht gründlich genug. Dies war kein Spiel, dies war das Leben« (King 1987, 244).

- einer Folge von *Aggressionen Annies gegen Paul*, die sich in ihrer Brutalität steigern: von der Erregung Annies über die ›Obszönität‹ der Sprache von Pauls neuem Roman (16´01) über die nächtliche Attacke gegen Paul, als sie von Miserys Tod erfährt (26´25) und die erzwungene Verbrennung des ›obszönen‹ Romanmanuskripts (36´18) bis hin zur physischen ›Bestrafung‹ Pauls (79´09) und die Drohung, gemeinsam mit ihm zu sterben (91´27).
- *Pauls Initiativen*, die sich zunächst auf das heimliche Sammeln von Novriltabletten konzentrieren, als er erkennt, dass er Annie ausgeliefert ist (37´48) und die ihn zu einer ausgedehnten Erkundung des Hauses während Annies Abwesenheit führen (44´05–54´31). Nach dem missglückten Versuch, Annie beim ›Festessen‹ zu Ehren von »Miserys Rückkehr« zu betäuben (64´12–66´25), entwendet er bei einer zweiten Exkursion in Annies Haus ein Messer (71´07), das er unter der Matratze seines Betts versteckt, wo sie es bei der Vorbereitung seiner ›Bestrafung‹ findet (77´30). Erst der dritte Versuch, Annie zu töten, hat Erfolg, als Paul im Keller eine Flasche Grillanzünder findet (91´29), die er versteckt, um damit das Manuskript von »Miserys Rückkehr« zu verbrennen, wodurch das Finale eingeleitet wird (95´08).

Wie das Spannungs-Diagramm zeigt, erfolgt eine zunehmende Verzahnung der Parallel- und der Binnenhandlung. Besonders aufschlussreich ist dabei ein Punkt der Handlung: Nach der erzwungenen Verbrennung des Romanmanuskripts hören Paul und Annie das Geräusch eines Polizeihubschraubers, der über das Haus fliegt (37´00). Pauls zunächst aufmerksam-interessiertes Gesicht verdüstert sich, als der Hubschrauber weiterfliegt. Er weiß nun, dass er auf Hilfe von außen nicht rechnen kann. Als Annie das Zimmer verlässt, ergreift er zum ersten Mal die Initiative, indem er damit beginnt, Novril zu sammeln (37´55). Die folgenden beiden Subsequenzen (11, 12) markieren den Beginn der Psychomachie zwischen Paul und Annie. Erst die folgende Subsequenz knüpft mit dem Autofund wieder an die Detektionshandlung an, die sich in den folgenden Subsequenzen (13–22) durch eine zunehmende und beschleunigende Parallelmontage auf ihren Höhepunkt, den Tod des Sheriffs (89´19) hinbewegt. Insgesamt lassen sich drei Spannungsbögen unterscheiden, die ihre Impulse durch die Initiativen des Sheriffs, Annies und Pauls erhalten, phasenversetzt beginnen und dementsprechend ihren Zielpunkt erreichen: Die Detektionshandlung beginnt mit dem Anruf Marcias im Büro des Sheriffs (09´41) und endet mit dem Tod des Sheriffs (89´25); die Serie von Annies Aggressionen gegen Paul beginnt mit der Erregung über die Sprache seines neuen Romans (15´38) und endet mit der Androhung des gemeinsamen

Selbstmordes (91´27); Pauls Initiativen beginnen mit dem Sammeln von Novril (37´55) und enden mit der Tötung Annies (97´47).

Mit dieser Konzentration auf die Detektions- und ›action‹-Elemente wird die autoreflexive Erzählhaltung des Romans, die durch die Einschübe von Kapiteln des entstehenden Manuskripts von »Miserys Rückkehr« in die Romanhandlung immer stärker hervortritt, praktisch aufgegeben. Zwar nehmen wir im Film an den Auseinandersetzungen zwischen Annie und Paul über die beiden Romane und an der Entstehung des neuen Romanmanuskripts teil, aber über die inhaltlichen Bezüge erfahren wir nur das zum Verständnis des Konflikts Notwendige, und Pauls Krise als Autor wird ausgeblendet. Das ›literarische‹ Thema wird dafür quasi filmisch interpretiert durch die Einführung des ›literarischen‹ Detektivs, der sich aus der Lektüre von Zeitungsartikeln und »Misery«-Romanen allmählich ein Psychogramm der Täterin zusammensetzt, bis er schließlich auf einen Satz Annies vor Gericht stößt, der sich als Roman-Zitat erweist und dem Sheriff den entscheidenden Hinweis auf sie gibt: »Es gibt eine höhere Gerechtigkeit als die des Menschen. Ich werde gerichtet von Ihm.«

Der Film bezieht also, anders als der Roman, seine Spannungselemente nicht primär aus der Problematik des Schreibens und der Pathologie der Autor-Leserin-Beziehung, sondern aus seinen Detektions- und ›action‹-Elementen sowie der Dramatik der pathologischen ›Liebe‹ Annie Wilkes' zu Paul Sheldon, die im Film eine andere Interpretation erfährt als im Roman.

2.4 ›Point of View‹

Wie wir bereits feststellten, bezieht der *Roman* einen wesentlichen Anteil seiner Spannung aus der extremen Subjektivität der Wahrnehmung der Hauptfigur, Paul Sheldon, die bedingt ist durch seine physische und psychische Extremsituation: seine räumliche Isolation, seine Hilflosigkeit und Abhängigkeit von einer wahnsinnigen Mörderin, seine Schmerzen und seine Novrilsucht, damit zusammenhängend das Oszillieren zwischen Phasen der Benommenheit, der Halb-Bewusstlosigkeit, der Erinnerung und der hellsichtigen Reflexion seiner Lage.

Die Subjektivität der Wahrnehmung wird durch die im Roman vorherrschende »personale Erzählsituation« gewährleistet, in der die Figur Pauls als »Reflektor« (vgl. Stanzel 1989, 70ff.) oder »interner Fokus« (vgl. Genette 1994, 134ff.) des Romans fungiert, d.h. alle Personen und Ereignissse werden aus der zeitlich, räumlich und kognitiv begrenzten Perspektive Pauls wahrgenommen und reflektiert.[16] Diese mediatisierte Perspektive, die den Leser auf den Wissensstand und die Wahrnehmungsweise Pauls reduziert, ermöglicht ihm die unmittelbare Teilhabe an dessen Erfahrungen, während er diejenigen Annies stets nur durch den entstellenden Filter von Pauls Bewusstsein wahrnimmt, die damit – wie noch zu zeigen sein wird – zur Projektionsfläche von dessen Gefühlen wird und zunehmend mythische Eigenschaften erhält.

Die Innensicht von Pauls Bewusstsein wird durch eine Reihe differenzierter erzählerischer Verfahren vermittelt, die heterogene Bewusstseinslagen zur Darstellung bringen und damit die Zuspitzung des Konflikts zwischen Paul und Annie psychologisch intensivieren. Dazu gehören vor allem:

- Erinnerungen und Assoziationen, welche Grundmuster traumatischer Erfahrungen an ihren Ursprüngen aufsuchen und den Bezug zur Gegenwart herstellen. Dazu gehören etwa die Erinnerung Pauls an Nachmittage mit seinen Eltern an der Revere Beach, die sich mit phallischen Assoziationen und Kastrationsängsten verbindet (vgl. King 1987, 14ff.), oder die Erinnerung an einen Besuch des Bostoner Zoos, wo ihm seine Mutter einen schönen exotischen Vogel mit traurigen Augen gezeigt hatte, der, wie er weinend erkannte, nie seinen Käfig verlassen und nach Afrika zurückkehren würde (vgl. 45ff.), eine immer wiederkehrende Erinnerung, die er mit seiner Gefangenschaft bei Annie assoziiert;
- Phantasien und Halluzinationen, oft in Träumen und Dämmerzuständen, die manchmal die Form des inneren Monologs annehmen, etwa wenn er in der Nacht nach der grausamen Ermordung des jungen Polizisten dessen entstellte Leiche in seinem Kellergefängnis wahrzunehmen meint (vgl. 332ff.), oder wenn er nach Annies Tod ihre Wiederkehr in seinem New Yorker Hotelzimmer halluziniert (vgl. 393ff.);
- ›filmische‹ Erzählweisen wie die Parallelmontage, welche Erinnerungen und gegenwärtige Situationen miteinander verknüpft, wie etwa in Teil I, Kapitel 6, wenn Annie die Geschichte seiner Rettung erzählt, die von Erinnerungsfetzen Pauls unterbrochen wird, in denen er die unmittelbar davorliegenden Ereignisse (den Abschluss seines Romanmanuskripts im Boulderado Hotel) rekonstruiert (vgl. 26ff.);
- die vielen Inserts aus dem entstehenden Romanmanuskript »Miserys Rückkehr«, die als eine Art metafiktionaler Kommentar zu Pauls psychi-

[16] Diese Perspektive wird allerdings nicht strikt durchgehalten, wie die folgende Vorausdeutung am Ende des 3. Kapitels in Teil I zeigt, wo sich eine Erzählerfigur wissend einschaltet: »Es sollte noch eine Weile vergehen, bis sein Fan Nummer Eins ihm die alte klappernde Royal mit dem grinsenden Zahnlückenmund und der Ducky Daddles-Stimme brachte, aber Paul begriff schon lange vorher, daß er in einem verfluchten Schlamassel steckte« (King 1987, 18).

schem Zustand fungieren, was durch die graphischen Eigenarten des Manuskripts (der allmähliche Typenverlust der Schreibmaschine, schließlich handschriftliche Aufzeichnungen) drastisch dokumentiert wird.

In der *filmischen Version* wird durch die Einführung der beiden parallelen Handlungsstränge also die Monoperspektive aufgegeben und damit der erzählerische Fokus teilweise objektiviert. Dennoch gelingt es dem Film insgesamt, die Wahrnehmung Paul Sheldons als dominierenden Fokus des Geschehens zu etablieren, d.h. vor allem in den Sequenzen der Binnenhandlung (ca. 75 von 102 Min.), eine sich steigernde Serie von traumatischen Erfahrungen – der Isolation, der Bedrohung und der Angst – aufzubauen, die der Zuschauer aus der Perspektive Pauls wahrnimmt und die sich in der Figur Annies konkretisieren.

Edward R. Branigan stellt in seinem Standardwerk »Point of View in the Cinema« (1984) die wesentlichen Kategorien zur Typologisierung von filmischer Subjektivität bereit, auf die im Folgenden zurückgegriffen wird,[17] dies vor allem weil MISERY mit seiner Erzählweise in der Tradition des klassischen Hollywoodkinos steht (auf das sich Branigan vorwiegend bezieht) und zur Darstellung filmischer Subjektivität auf ›ungewöhnliche‹ Mittel verzichtet.[18] Statt dessen arbeitet der Film vorwiegend mit verschiedenen Konfigurationen des Blicks innerhalb der filmischen Diegese, mit denen sich ein Charakter einen Raum schafft, in dem sich seine Subjektivität entfaltet (vgl. Branigan 1984, 73).

In MISERY können wir den allmählichen Aufbau von Pauls ›point of view‹ als subjektiven Fokus der Filmhandlung exemplarisch an einer Serie von Konfrontationen mit Annie verfolgen, die sich in einer Reihe entsprechender ›POV-shots‹ von Annies Gesicht konzentrieren und in verschiedenen mimischen Ausdrucksvarianten – von Fröhlichkeit, ›mütterlicher‹ Besorgtheit bis zu nackter Mordlust – reichen:[19]

---

17 Vgl. besonders seine Ausführungen über Subjektivität im Film und den ›Point of view shot‹, 73-121.

18 Wie ›voiceover‹, lange subjektive Kamerafahrten, ›perception shots‹, die durchaus filmische Analogien zu den oben aufgeführten literarischen Erzähltechniken bieten.

19 Branigan (1984, 103) definiert den ›POV shot‹ folgendermaßen: »The POV shot is a shot in which the camera assumes the position of a subject in order to show us what the subject sees«. Nach seiner komplexen Taxonomie sind je nach Achsenverhältnis zwischen dem Subjekt und dem Objekt der Wahrnehmung unterschiedliche Grade filmischer Subjektivität gegeben, wobei die Kameraposition und der Aufnahmewinkel, mit dem das Objekt eines Blicks gezeigt wird, relevant sind. Dabei lassen sich insgesamt 10 Konstellationen unterscheiden (118).

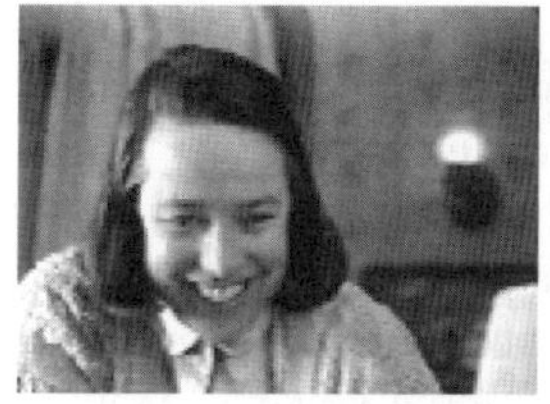
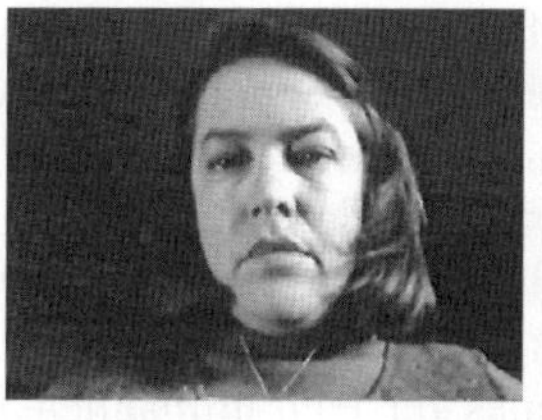
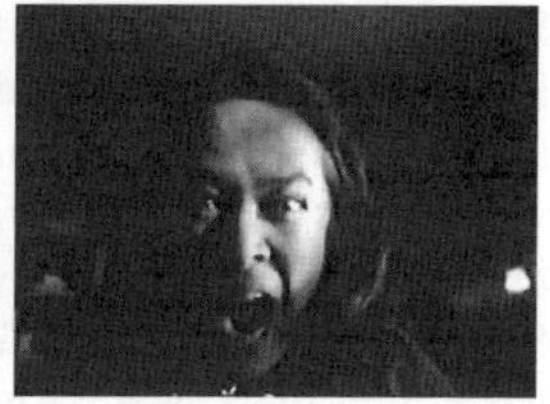

Abb. 3: Annie / Ausdrucksvarianten

Die insgesamt 15 Konfrontationen zwischen Paul und Annie sind sowohl in den atmosphärischen Details als auch in Kameratechnik und Schnitt variabel gestaltet.[20] Sehr geschickt werden dabei die physischen und psychischen Nuancen des Verhältnisses der beiden Charaktere in räumliche Konfigurationen umgesetzt, die ihrerseits durch bestimmte Aufnahmewinkel, Kamerabewegungen und Achsenverhältnisse graduell ein Bild Annies aus der Sicht Pauls aufbauen, das zunehmend durch Unberechenbarkeit, Dominanz, Gewalttätigkeit und irrationale Destruktivität gekennzeichnet ist. So wird beispielsweise in den ersten Konfrontationen der beiden Figuren bereits durch die physisch-räumliche Situation – Paul ist hilflos ans Bett gefesselt und wird von Annie gepflegt – ein Dominanz- und Abhängigkeitsverhältnis etabliert, das durch verschiedene Einstellungen von Annie (Untersicht) aus Pauls Blickwinkel bzw. durch entsprechende Bildfolgen von Paul (Aufsicht) aus Annies Perspektive visuell konkretisiert wird. Mit der allmählichen Genesung Pauls verändert sich die Ausgangskonfiguration allein schon dadurch, dass er jetzt im Rollstuhl bzw. am Schreibtisch sitzt und dadurch die Kamerawinkel sich ändern, so dass wir beispielsweise beim Festessen zu Ehren von »Miserys Rückkehr« (Subsequ. 16) Annie und Paul in einer Reihe von wechselseitigen ›POV-shots‹ in Normalsicht wahrnehmen.

Solche Einstellungsfolgen, die Phasen trügerischer Harmonie signalisieren, werden indessen immer wieder überraschend von Konfrontationen unterbrochen, welche die alten Dominanz- und Abhängigkeitsverhältnisse wieder herstellen. Die physischen Angriffe Annies gegen Paul (etwa Subsequ. 9, 19, 20, 23), die diesen entweder im Bett oder im Keller liegend ins Bild setzen, werden durch eine Reihe von entsprechend subjektiven Einstellungen begleitet, die Annie in zum Teil extremer Untersicht aus Pauls Blickwinkel zeigen und durch Großaufnahmen (Zooms) von ihrem Gesicht mit auffallenden Licht-Schatten-Effekten in ihrem bedrohlichen Charakter verstärkt werden.

---

20 Vgl. dazu die Äußerungen des Kameramanns Barry Sonnenfeld: »Wir drehten wesentlich mehr Zwischenschnitte und sehr viel mehr mit extremen Brennweiten, seien es Weitwinkel- oder Teleaufnahmen« (zitiert nach Loderhose, 425).

Die beiden folgenden Fallbeispiele sollen die Mittel verdeutlichen, mit denen Pauls ›point of view‹ bereits in den ersten Sequenzen des Films als dominanter Fokus der Wahrnehmung etabliert wird. Anders als im Roman, wo sich in vier Kapiteln mit dem Erwachen Pauls aus seiner Ohnmacht nach dem Autounfall unmittelbar ein solcher Fokus etabliert – in Geräuschen, Gerüchen, Schmerzempfindungen, literarischen Assoziationen und Kindheitserinnerungen – und die Gestalt Annies für Paul allmählich Konturen gewinnt, beginnt der Film mit dem Abschluss des neuen Romans von Paul Sheldon. Es folgen der Unfall und eine Rückblende, die ihn im Gespräch mit seiner Literaturagentin zeigt, der er seinen Entschluss mitteilt, Misery ›sterben‹ zu lassen. Dies sind Informationen, die im Roman erst in den folgenden Kapitel retrospektiv wiedergegeben werden.

Die chronologische Umstellung ist also nicht nur im Sinne einer filmgerechteren, da zügigeren und aktionsbetonteren Exposition zu begreifen, sondern auch als Etablierung eines – zunächst – externen Erzählfokus. Dadurch wird Paul aus einer distanzierten Perspektive vorgestellt: als attraktiver Mann und selbstbewusster Autor, der sein Leben genießt: ein Image, das durch die folgenden Ereignisse radikal in Frage gestellt und fast zerstört wird.

2.4.1 Subsequenz 3: Erste Begegnung

Nachdem Annie Paul aus dem Autowrack gezogen hat, trägt sie ihn auf dem Rücken durch das Schneetreiben davon. Durch eine Überblendung wird eine diffuse graue Fläche sichtbar, in die ein gestreiftes Lichtviereck (ein Fenster?) eingebettet ist. Die Kamera schwenkt nach links auf ein – zunächst – nur schemenhaft identifizierbares Objekt, das (durch Schärfeverlagerung) allmählich als Infusionsgerät erkennbar wird. Gleichzeitig sind schwere Atemgeräusche zu hören und eine Frauenstimme, die durch einen Nachhall verfremdet wird: »Ich bin Ihr größter Fan. Kein Grund zur Beunruhigung. Sie sind bald wieder gesund. Ich werde gut für Sie sorgen. Ich bin Ihr absolut größter Fan.« Dabei schwenkt die Kamera nach rechts oben und zeigt – zunächst in der verschwommenen Unschärfe wieder nur vage zu erahnen – in extremer Untersicht das Gesicht Annies: besorgt, ernst, dann lächelnd:

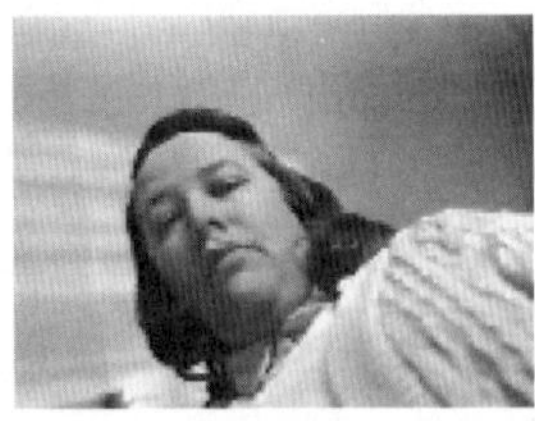
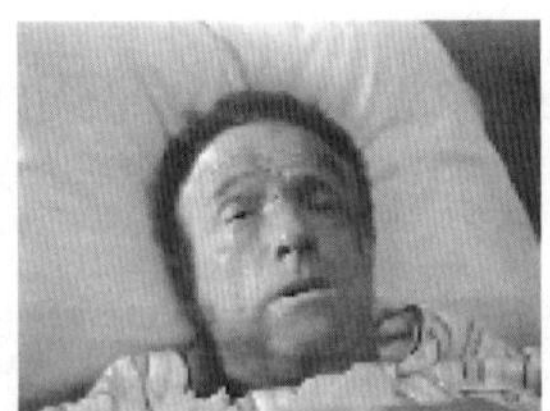
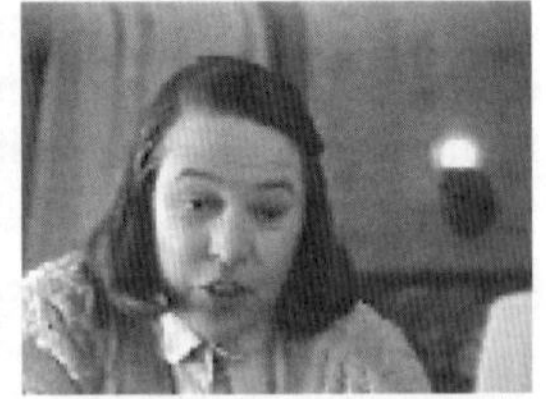

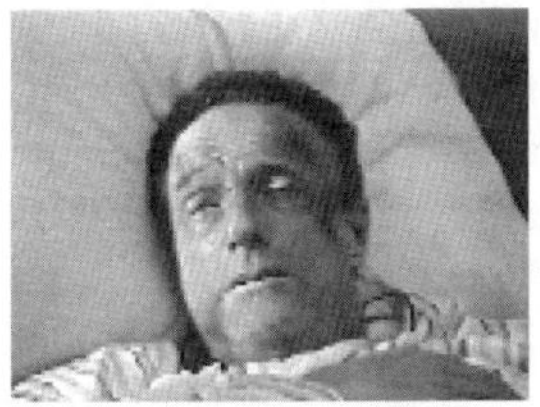 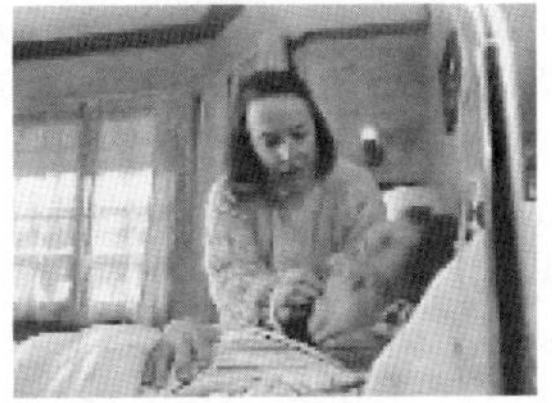 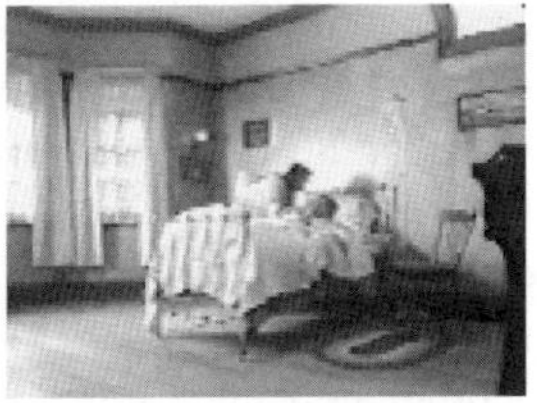

Abb. 4: ›Point of View‹

Diese Einstellung ist in verschiedener Hinsicht signifikant für die Etablierung von Pauls ›Point of View‹ als der zentralen Wahrnehmungsperspektive: Sie ist – neben seiner ›Halluzination‹ der wieder zum Leben erweckten Annie am Ende des Films – der einzige ›perception shot‹ des Films, d.h. durch eine extrem subjektive »mental condition« einer Figur markierte Einstellung,[21] wie sie hier vor allem durch die unfokussierten Objekte und den stark verfremdeten Ton zum Ausdruck kommt.[22] Zudem etabliert sie an einer strategischen Stelle des Films das Grundmuster der Wahrnehmung Annies durch Paul, wie wir es in verschiedenen Variationen in den folgenden Begegnungen der beiden Figuren immer wieder wahrnehmen werden. Es folgen dann vier wechselnde ›POV-shots‹ zwischen dem im Bett liegenden Paul und der über ihn gebeugten Annie, bis sich die Kamera mit zwei externen Einstellungen (Halbnahe, Halbtotale) von den beiden Figuren entfernt.

2.4.2 Subsequenz 3: Erste Beunruhigung Pauls über Annies Verhalten

Paul merkt, dass mit Annie etwas nicht stimmt, als sie sich über die Sprache seines Romanmanuskripts ereifert und dabei die Suppe vergießt, mit der sie ihn füttert.

In einer Halbnahen sehen wir zunächst Annie neben Pauls Bett sitzen (Abb. 5). Die Kamera nähert sich ihrem Kopf mit einer Einstellung über Pauls Schulter (Halbnahe, leichte Untersicht). Als sie sich zunehmend erregt, zeigt die Kamera in Augenhöhe ihr wutverzerrtes Gesicht. Ein fünffacher Schuss-

---

21 Branigan (80 f.) führt eine Reihe von Beispielen auf, um den »perception shot« als Mittel der Darstellung unterschiedlicher psychischer Zustände einer Figur zu charakterisieren, darunter Kamerafokus, Beleuchtung und Zoom.

22 Außerdem weicht sie als ›retrospective‹ oder ›discovered POV shot‹ (siehe Branigan 1984, 111f.) vom ›klassischen POV‹ shot ab, weil sie nicht zuerst das Subjekt des Blicks (Paul) fixiert, sondern dessen Objekt und somit eine Desorientierung des Zuschauers bewirkt.

Gegenschuss zwischen Annie (in Augenhöhe) und Paul (in Aufsicht) schließt sich an. Nachdem sie die Suppe verschüttet hat und nun vollends in Rage ist, werden diese Einstellungsfolgen variiert, indem nunmehr Annie aus Pauls Perspektive (also in Untersicht) zu sehen ist und damit der subjektive Eindruck verstärkt wird. Während sein Gesicht die wachsende Beunruhigung verdeutlicht, legt sich Annies Erregung langsam, und sie sieht ihn schließlich schmelzend an: »Ich liebe Sie, Paul«, dann verwirrt: »Ihren Verstand, Ihre Kreativität«. Dabei verweilt die Kamera stets wesentlich länger auf Annie als auf Paul.

Als sie das Zimmer verlassen hat, folgt ein ›Gedanken‹-Schuss auf sein Gesicht, das zum Fenster blickt: Die Einstellung zeigt die verschneiten Tannen davor. Er ahnt jetzt, dass mit Annie etwas nicht stimmt, dass er ihr hilflos ausgeliefert und von der Außenwelt isoliert ist.

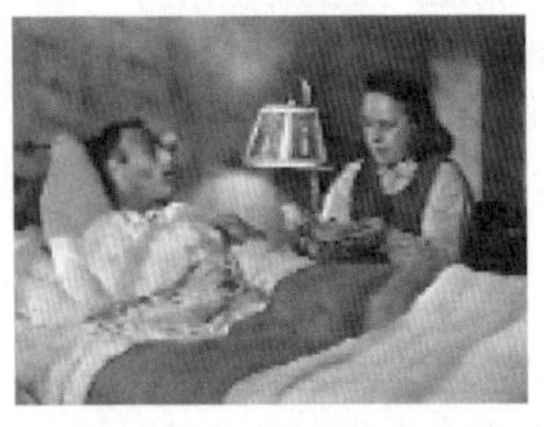
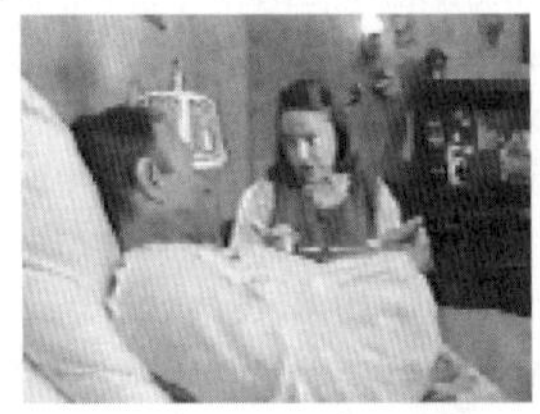
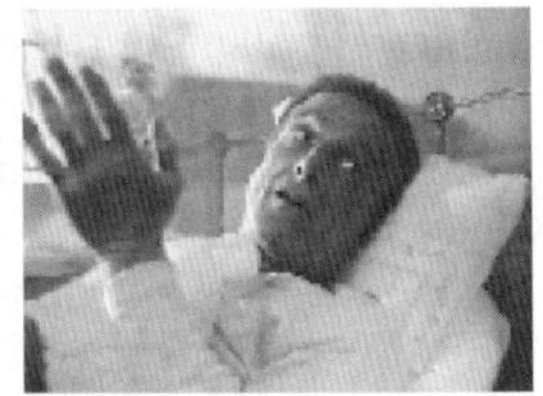
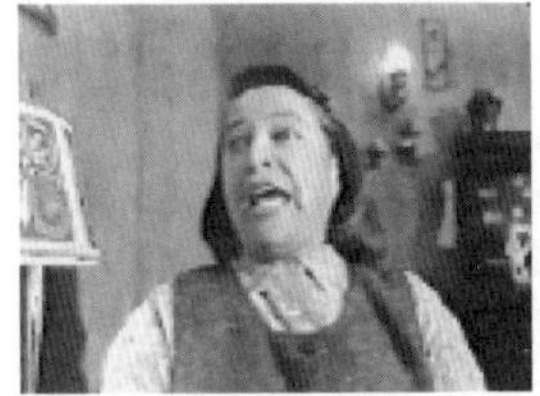
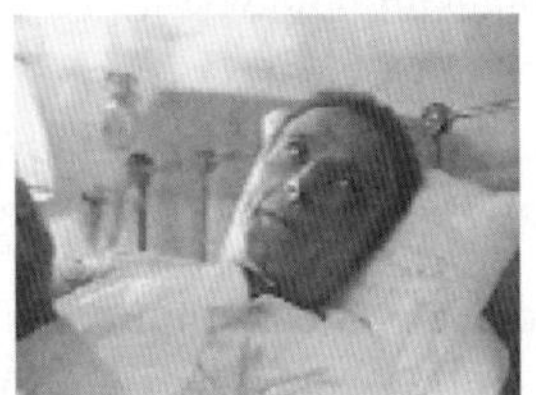
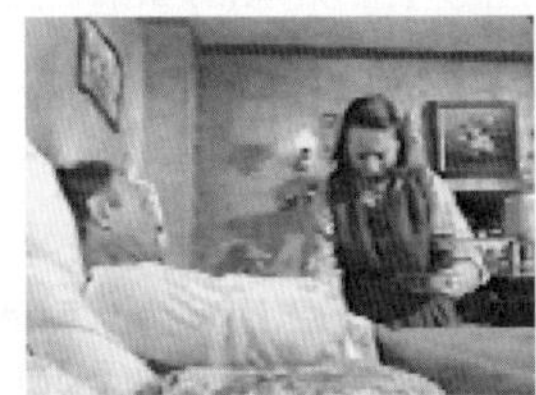

Abb. 5: ›Point of View‹

Die hier beginnende zunehmende Konzentration auf die Wahrnehmung Pauls ist charakteristisch für viele der Konfrontationen zwischen den beiden Figuren. Dabei spielt auch sein gleichsam resümierender Blick, der solche Einstellungsfolgen meist abschließt, eine wichtige Rolle, weil er dadurch – im Gegensatz zu Annie – als reflektierende Figur gekennzeichnet wird. Über das Blickphänomen also und die damit verbundene Dramaturgie von Kameraaktivitäten und Achsenverhältnissen etabliert der Film die Figur Paul als zentralen Fokus der Wahrnehmung und Annie als deren Objekt. In einem weiteren Sinne ist dies auch der Fall, wenn sie nicht im Bild ist, vor allem in den Phasen ihrer Abwesenheit, wenn Paul ihr Haus erkundet und sie damit zum Objekt seines beobachtenden Blicks macht. Besonders augenfällig wird dies bei der zweiten Durchsuchung des Wohnzimmers, als er Annies makabres Erinnerungsalbum entdeckt und von ihrer kriminellen Biographie erfährt. Dass Annie umgekehrt auch ihn beobachtet, erfahren wir nur aus ihren Äußerungen ihm gegenüber, ohne daran teilzunehmen.

2.5 Charaktere

2.5.1 Die Romanfiguren

Stephen Kings Roman erzählt – wie bereits erläutert – die Geschichte einer schriftstellerischen Schaffenskrise und ihrer Überwindung. Die tödliche Bedrohung durch Annie wird dabei für Paul zum Katalysator eines analytischen Prozesses, der ihn zur Konfrontation mit seinem Selbstbild als Mann und als Autor nötigt und ihn zwingt, Annies Charakter zu entziffern, um zu überleben. Wie der englische Titel des Romans doppelsinnig andeutet, ist dieser Prozess mit ›misery‹, mit Leiden, verbunden. Die wesentlichen Elemente dieses Prozesses sind Erinnerung, (Selbst)reflexion, Beobachtung und Projektion.

Pauls Beziehung zu Annie ist von Anfang an durch ein fast parodistisch anmutendes freudianisches Szenario gekennzeichnet.[23] Sein Erwachen aus der Bewusstlosigkeit nach dem Unfall, mit dem der Roman beginnt, liest sich wie eine Regression in frühe Phasen der Kindheit, in der Annie die Rolle der strafenden und ernährenden Mutter zugewiesen wird. Während Paul das Bewusstsein wiedererlangt, erinnern ihn die Phasen des abebbenden Schmerzes in seinen gebrochenen Gliedern an die Gezeiten des Meeres an der Revere Beach, wohin er als Kind von seinen Eltern manchmal mitgenommen wurde, und an einen Pfahl im Wasser, an dem man den Stand der Gezeiten erkennen konnte. Assoziativ stellt sich die Beziehung zu seinen gebrochenen Beinen her (vgl. King 1987, 19, weiterhin 39, 67 f., 285) und zu einer Frau, die ihn mit ihrem stinkenden Atem und ihren abstoßenden trockenen Lippen »ins Leben zu-

---

23 Magistrale (1992, 132) zitiert in diesem Zusammenhang Äußerungen Stephen Kings aus einem »Playboy«-Interview aus dem Jahre 1983 über sein Schreiben als quasi-psychoanalytische Selbsttherapie: »Ich brauche das Schreiben für mein seelisches Gleichgewicht. Als Autor kann ich meine Ängste, Unsicherheiten und Alpträume externalisieren, indem ich sie zu Papier bringe [...] Es ist eine alte therapeutische Technik [...] Bringen Sie den Patienten dazu, seine Dämonen durchs Schreiben loszuwerden. Ein freudianischer Exorzismus.« – Übersetzung, P.D. Im Original heißt es: »Writing is necessary for my sanity. As a writer I can externalize my fears and insecurities and night terrors on paper [...] It's an old technique of therapists, [...] get the patient to write out his demons. A Freudian exorcism.«

rückvergewaltigt« (17) hat und dann wie ein Baby füttert mit den Novril-Tabletten, die ihn süchtig werden lassen und in orale Abhängigkeit von Annie bringen:

> Alle sechs Stunden brachte sie ihm zwei, anfangs tat sich ihre Anwesenheit lediglich als ein Fingerpaar kund, welches sich in seinen Mund bohrte (und er lernte recht bald, begierig an diesen bohrenden Fingern zu saugen, obschon sie einen bitteren Geschmack hatten) (19).

Paul erlebt seine Rettung wie ein Geburtstrauma und eine Vergewaltigung zugleich. So gesehen, bedeutet die Zeit seiner Gefangenschaft bei Annie für ihn eine Art unfreiwillige Anamnese, in der er durch die erzwungene Regression in infantile Phasen seiner Entwicklung seine Biographie erneut aufarbeiten muss. Er erlebt dabei Annie zugleich als fordernde und strafende Mutter *und* als sexuell fordernde und gewalttätige Frau, als ›phallische‹ Frau, die ihn mit Kastration bedroht – und dies auch symbolisch exekutiert, indem sie ihm einen Fuß und einen Daumen amputiert.[24]

Die regelmäßig wiederkehrenden Szenen der Erniedrigung Pauls werden häufig begleitet von Erinnerungen an seine fordernde und strafende Mutter, etwa wenn Annie ihn das Novril mit schmutzigem Wischwasser einnehmen lässt, was ihn daran erinnert, »daß der Geschmack wie damals war, wenn seine Mutter ihn gelegentlich gezwungen hatte, sich die Zähne mit Seife zu putzen« (40). Die Erinnerung an den Zoobesuch mit seiner Mutter und die Trauer um den in seinem Käfig gefangenen schönen exotischen Vogel (vgl. 45ff.) verbindet sich mit dem Bewusstsein, kein »richtiger Mann« zu sein, weil ihn seine Mutter damals als »eine Heulsuse und ein[en] Schwächling« beschimpft und sich über seine schriftstellerische Begabung lustig gemacht hatte. In der Folge vermischen sich Erinnerungsfetzen aus der Kindheit – abschätzige Urteile seiner Mutter wie: *»Ich weiß gar nicht, woher er das hat.«* oder: *»Niemand in MEINEM Zweig der Familie hatte eine so blühende Fantasie.«* (46) – mit imaginierten Szenen im Gerichtssaal von Denver, wo Annie sich für etwas verantworten muss, von dem er vorerst nur eine Ahnung hat, die sich erst durch die spätere Lektüre ihrer makabren »Straße der Erinnerung« konkretisieren wird.

In dem Maße, in dem sich Paul der Macht dieser Erinnerungen und der Herausforderung durch Annie Wilkes stellt, indem er sich entschließt, seinen besten »Misery«-Roman zu schreiben und sie zu töten, gelingt es ihm, seine Krise zu überwinden, so wie es das Nietzsche-Zitat andeutet, das King dem

24 Der Begriff der »phallischen« Frau ist vor allem von der psychoanalytischen Filmtheorie reflektiert worden als »Konstrukt von Weiblichkeit [...] zusammengefaßt unter dem Gesichtspunkt seiner Charakterisierung durch phallische Attribute und der darin ausgedrückten Usurpierung phallisch-männlicher Macht« (Weingarten 1995, 5).

Roman voranstellt: »*Und wenn du lange in einen Abgrund blickst, blickt der Abgrund auch in dich hinein.*« Paradoxerweise geschieht dies dadurch, dass er sich allmählich ihrem mütterlich strengen Regiment – sowohl was seine Lebensführung als auch seine Schreibpraxis angeht – unterwirft. Der frühere Paul Sheldon – so erfahren wir in Teil II des Romans, als er mit seiner Überarbeitung des »Misery«-Manuskripts zügig vorangekommen ist und feststellt, dass es »für eine erste Version überraschend gelungen war« (195), – war ein undisziplinierter, dem Alkohol und den Frauen zugetaner Autor (vgl. 196). Annie wird in mehrfacher Hinsicht zu Pauls ›Muse‹: indem sie ihn zwingt, die Überarbeitung glaubwürdig und »fair« vorzunehmen, indem sie ihm entscheidende Anregungen für die Überarbeitungen gibt, indem sie ihn zu einem »disziplinierte[n] Leben« (196) zwingt, ohne Alkohol und Zigaretten und mit einer genauen Tageseinteilung, und indem sie ihm eine Vorstellung von der »*Macht des Muß*« (294), des »Scheherezade-Komplex[es]« (298), vermittelt – also der Macht, die ein Schriftsteller auf seine Leserschaft ausübt, und der damit zusammenhängenden Verantwortung, der er sich nicht entziehen kann.

Am Ende seiner Leiden, als er die letzten Kapitel von »Miserys Rückkehr« schreibt, muss Paul zugeben, dass Annie ihm geholfen hat, sein bisher bestes Buch zu schreiben und dass sein Abstecher in die ›ernste‹ Literatur mit »Schnelle Autos« ein Fehler war, der durch ihre Intervention korrigiert wurde (vgl. 337f.). Seine Rache an ihr, verständlich als Reaktion auf die Demütigungen und physischen Verstümmelungen, ist jedoch vor allem Vergeltung für eine tiefere Verletzung seiner Identität als Mann und als Schriftsteller. Der Akt des Schreibens ist für ihn – dies wird mehrfach deutlich – eine sexualisierte Tätigkeit. So reflektiert er nach der Amputation seines Fußes, als er wieder mit dem Schreiben beginnt, über seine Phantasien beim Schreiben:

> Ja, er nahm schon an, daß er seine eigene Scheherezade gewesen war, ebenso wie er seine eigene Traumfrau gewesen war, wenn er sich selbst angefaßt und im fiebrigen Rhythmus seiner eigenen Männerfantasien an sich gespielt hatte. Er brauchte keinen Psychiater, um einzusehen, daß das Schreiben seine autoerotische Seite hatte – man treibt es statt mit Fleisch mit der Schreibmaschine, aber bei beiden Akten kommt es weitgehend auf gewandtes Denken, schnelle Hände und eine tief empfundene Hingabe an die Kunst des So-tun-als-ob an (288f.).

Sein Entschluss, Misery sterben zu lassen und eine Karriere als ›seriöser‹ Autor zu beginnen, ist nicht nur eine ästhetische Entscheidung, sondern auch eine ›gender‹-orientierte. Er vollzieht damit eine Abkehr von dem ›weiblichen‹ Genre der ›romance‹ mit einer Frau als Heldin und eine Entscheidung für das ›männliche‹ Genre des realistischen Sozialromans mit einem jungen Mann als Helden, wobei bereits der Titel »Schnelle Autos« die phallischen Aspekte des Projekts andeutet. Annies Kritik an der Obszönität der Sprache des Romans (vgl. 35f.) zielt instinktiv exakt auf diesen Aspekt, und die erzwungene Verbrennung des Buches wird von Paul auch instinktiv als eine symbolische Kastration seines – sexualisierten – Autor-Ichs empfunden. Nach der Vernichtung des Manuskripts heißt es: »Er sah in den Grill und erblickte etwas, das wie ein verkohlter Holzstamm aussah, der in einem Brackwasser trieb« (67). Die phallischen Assoziationen (vor dem Hintergrund des mehrfach erinnerten Gezeiten-Pfahls von Revere Beach, der wiederum mit seinen verkrüppelten Beinen und später mit seinem amputierten Fuß assoziiert wird) sind eindeutig. Als Annie etwas später zum Krankenbett zurückkommt und ihm ›summend‹ die Novril-Kapseln in den Mund schiebt, fasst er den Entschluss: »*Ich werde sie umbringen.*«

Im Roman ist der Konflikt zwischen Paul und Annie also – auf einer mehr als nur symbolischen Ebene – ein Kampf um den Phallus, als Prinzip des Schreibens und der Selbstbehauptung, der in unmittelbar physischer Form ausgetragen wird.[25] Annie wird dabei von Paul von Anfang an als ›phallische‹ Frau erfahren, die ihn als ›Vergewaltigerin‹ bei der künstlichen Beatmung und durch ihre Novril-Verabreichungen penetriert und in Abhängigkeit hält, selbst aber unpenetrierbar erscheint. Bereits bevor er die Augen öffnet, heißt es im vierten Kapitel von Teil I – »assoziiert« er »strenge, geheimnisvolle Götterbilder« mit Annie, die sich danach in Bildern von Romanen H. Rider Haggards konkretisieren:

> Das Ebenbild von Annie Wilkes als afrikanisches Götzenbild aus *Sie* oder *König Salomons Diamanten* war albern und auf seltsame Weise zutreffend zugleich. [...] Ihr Körper war groß, jedoch nicht großzügig. Sah man sie an, mußte man unwillkürlich an Klumpen und Straßensperren, nicht an aufnahmebereite Körperöffnungen oder gar an entblößte Stellen, an Spalten, denken. Mehr und mehr war er davon überzeugt, daß ihre Augen, die sich zu bewegen schienen, lediglich aufgemalt waren, und sich nicht mehr als die Augen von Porträts zu bewegen schienen, deren Blicke einen in einem Zimmer, in dem sie hängen, scheinbar in jeden Winkel verfolgen. [...] Daher war der Eindruck, sie könne ein Götzenbild in einem leidenschaftlichen Roman sein, keineswegs überraschend. Wie eine Göttin vermittelte sie nur eines: ein Gefühl des Unbehagens, welches sich zunehmend zum Entsetzen hin steigerte (18f.).

Annie als ›phallische‹ Frau, als »Sandfrau«, wie sie Paul in einem Traum erscheint (vgl. 48),[26] als Götzenbild und als Göttin – diese Vorstellung entwickelt der Roman fortschreitend, als Projektion einer aus Angst und Ekel zu-

25 Vgl. dazu Schopp 1994.

26 Ein Bezug zu Freuds bekannter Analyse von E.T.A. Hoffmanns Erzählung »Der Sandmann« in dem Aufsatz »Das Unheimliche«, wo Freud u.a. verstümmelte Gliedmaßen mit dem Kastrationskomplex assoziiert.

sammengesetzten Abwehrstrategie Pauls gegen Annie, die ihm mehrfach ihre Liebe eingesteht.

Der Bezug zu H. Rider Haggards Roman »She« (1887), den der deutsche Titel aufnimmt, ist dabei bedeutsam. Haggards Bestseller von 1887 thematisiert eine Männerphantasie aus der Blütezeit des Imperialismus: die Expedition einer Gruppe englischer Abenteurer in die unerforschten Tiefen des Schwarzen Kontinents zu einem matriarchalisch organisierten Stamm, den Amahaggar. Diese werden von Ayesha (»She-who-must-be-obeyed«), einer unendlich schönen, verführerischen und grausamen weißen Königin (eine Version der mythischen Großen Mutter), beherrscht, die am Ende durch einen phallischen »rolling pillar of Life«, vernichtet wird: einer mythischen lebensspendenden Kraft, der sie ihre 2000 Jahre währende Existenz verdankt und gegen die sie sich schließlich versündigt. Die Haggardsche Phantasie formt zunehmend Paul Sheldons Bild von Annie Wilkes und findet schließlich auch Eingang in den Plot von »Miserys Rückkehr«. Der zweite Teil dieses Romans führt nach Afrika, zu einem Stamm gefährlicher »Bienenmenschen«, den Bourkas, wo Misery schließlich in der Höhle hinter dem steinernen Antlitz der Bienengöttin gefangengehalten wird, wo »ein Stamm riesiger Albinobienen hauste, die ihre Königin schützend umwuselten, eine gallertartige Monstrosität von grenzenloser Giftigkeit ... und grenzenlosem Zauber« (King 1987, 243). Es ist nicht ohne Ironie, dass Paul diese entscheidende Inspiration für den Ausgang von »Miserys Rückkehr« hat, nachdem er Annies eigenen »abscheulichen Roman« (232), die »Straße der Erinnerung«, gelesen hat: das Album mit Zeitungsausschnitten und anderen Dokumenten, die ihre Karriere als Massenmörderin darstellt. Er muss also, um die Ungeheuerlichkeit ihres Wesens (»Göttin«) zu erkennen, erst selbst ein Leser ihrer Geschichte werden, sich mit ihr identifizieren und sie entziffern, um sie zu verstehen: »Als Akt des Selbstschutzes war ein Teil seiner Phantasie in den letzten Wochen in gewisser Weise zu Annie *geworden*, und dieser Annie-Teil ergriff nun mit seiner trockenen und keinen Widerspruch duldenden Stimme das Wort« (225). So wie Misery schließlich von ihrem Geliebten Geoffrey gerettet wird, befreit sich Paul von Annie, indem er vorgeblich das Manuskript von »Miserys Rückkehr« vor ihren Augen verbrennt. Und er tötet sie im Zweikampf, nachdem er sie – in Umkehrung ihrer »Vergewaltigung«, mit der sie ihm das Leben rettete – seinerseits nun mit dem Manuskript des Buches »vergewaltigt« und damit den Bann der »Göttin« bricht :

> »RUNTER VON MIR!« schrie sie und riß den Mund weit auf, und plötzlich sah er in die feuchte rote Grube der Göttin. [...] Er stopfte ihr Papier, weißes und verkohltes, in den klaffenden, schreienden Mund. [...] *Ich vergewaltige dich tatsächlich, Annie.* [...] *Also, saug mein Buch. Lutsch mein Buch. Lutsch daran, bis du verdammt noch mal daran ERSTICKST!* (373f.)

Mit diesem Akt der Penetration besiegt Paul die phallische ›Anmaßung‹ seiner Rivalin, ihm ihre Geschichte aufzuzwingen. Indem er sie zur »Göttin« macht, kann er die Bedrohung, die von der realen, lebenden Annie Wilkes ausging, neutralisieren, auch wenn sie ihn in seinem weiteren Leben in »Träumen und Tagträumen« heimsuchen wird: »Die Göttin konnte man nicht töten. Man konnte sie vielleicht vorübergehend mit Bourbon benebeln, aber das war alles« (396).

2.5.2 Die Filmfiguren

Der Film verzichtet auf eine entsprechende literarische Tiefendimension der beiden Charaktere, und auch die problematische Biographie Paul Sheldons, die ihn zum Schriftsteller werden ließ, bleibt unerwähnt. Dafür werden andere – filmisch wirksamere – Elemente in den Vordergrund gerückt. Während der Roman die Überwindung seiner Krise als Autor zum zentralen Thema macht, führt der Film vor allem seine Erniedrigung als Mann vor – und die Wiedergewinnung seiner Selbstachtung als Mann – und damit auch als Autor. Dies beweist der ›seriöse‹ Roman »The Higher Education of J. Philip Stone«, den Paul nach seiner Gefangenschaft bei Annie offenbar geschrieben hat und dessen erstes Exemplar ihm seine Agentin Marcia Sindell am Ende des Films stolz überreicht, mit der Ankündigung, dass er wohl diesmal einen renommierten Preis erhalten werde.

Der Vorspann des Films entwirft ein fast parodistisch anmutendes Bild Pauls als Mann und erfolgreicher Autor. Dabei greift er bewusst auf die Klischees des Videoclips zurück: eine Serie rascher Schnitte, die den Charakter eines Werbespots haben. Im Drehbuch heißt es:

> EINE ZIGARETTE. Ein Streichholz. Ein Hotel-Sektkübel mit einer Flasche Champagner. Die Zigarette ist noch nicht angezündet. Das Streichholz von der haushaltsüblichen Sorte. Der Champagner, Marke Dom Perignon, ist noch nicht geöffnet (Goldman 1989, 1).[27]

Ähnlich stereotyp wird Paul hier beschrieben:

> Zweiundvierzig Jahre alt. Interessantes Gesicht. Der Mann hat schon einiges hinter sich. In anderen Worten: Wir haben es nicht mit einer Jungfrau zu tun. Er ist seit achtzehn Jahren Schriftsteller, die Hälfte davon, d.h. die zweite Hälfte, ein außerordentlich erfolgreicher Schriftsteller (Goldman 1989, 1).[28]

---

27 Übersetzung P.D. Im Original heißt es: »A SINGLE CIGARETTE. A match. A hotel ice bucket that holds a bottle of champagne. The cigarette is unlit. The match is of the kitchen variety. The champagne, unopened, is Dom Perignon.«

28 Übersetzung P.D. Im Original heißt es: »Forty-two, he's got a good face, one with a

Weitere Klischees runden das Bild ab: Bevor Paul in seinen alten Ford Mustang einsteigt, wirft er einen Schneeball an einen Baum und murmelt zufrieden: »Na also, geht ja noch.« Im Auto legt er eine Kassette in den Recorder, und wir hören den Rock-Song »Shotgun« von Jr. Walker und den Allstars. Die Demontage dieses Klischeebildes phallischer Virilität in der Sequenz nach seinem Unfall, die ihn als hilflos im Bett liegenden Patienten zeigt, wirkt wie ein Schock. Und dieser Eindruck wird sukzessive gesteigert durch die Serie von Konfrontationen mit Annie, die diese als ›phallische‹ Frau ins Bild setzen. Wie gezeigt, wird dies durch die kalkulierte Dramaturgie von ›POV-shots‹ erreicht, wobei vor allem solche, die Annie mit Injektionsnadel, Revolver, Messer, Gewehr und Vorschlaghammer zeigen, eine verstärkte Kastrationsbedrohung signalisieren.[29] Diese aggressiv-bedrohlichen Aspekte von Annies Verhalten wechseln – zuweilen abrupt – mit mütterlich-besorgten und verliebten Gefühlsumschwüngen, die den Eindruck eines instabilen, unberechenbaren Charakters vermitteln, der zunehmend psychotische Züge erhält.[30] Reiner und Goldman haben auf eine Reihe von Charakteristika der Annie des Romans verzichtet: vor allem auf ekelerregende Elemente (z.B. ihre Fressorgien und anschließende Verwahrlosung, durch Abminderung der Grausamkeit der Darstellung von Pauls Verstümmelung und der des Mordes an dem Polizisten). Dafür werden Elemente verstärkt, die Annies Gefühlswelt als banal und kitschig charakterisieren. So ist sie etwa in einer Einstellungsfolge vor dem Fernsehgerät in ihrem Schlafzimmer zu sehen, wie sie gebannt die Sendung »Love Connection«, das amerikanische Pendant zur deutschen »Herzblatt«-Sendung, verfolgt. Als Paul den zweiten Anlauf zur Überarbeitung des Manuskripts von »Miserys Rückkehr« unternimmt, der zu Annies Zufriedenheit ausfällt, tanzt sie glücklich im Zimmer herum und kündigt an, dass sie ihre Liberace-Platten auflegen will, um Paul Sheldon zu inspirieren. Auf die

---

certain mileage to it. We are not, in other words, looking at a virgin. He's been a novelist for eighteen years and for half that time, the most recent half, a remarkably successful one.«

29 Offensichtlich sollte dies nach der ursprünglichen Drehbuchkonzeption, in Anlehnung an den Roman, noch deutlicher zum Ausdruck gebracht werden. Die mir zugängliche 5. Fassung des Drehbuchs (Nov. 17, 1989) enthält einen Dialog zwischen Annie und Paul, kurz vor dem Erscheinen des Sheriffs auf der Farm, der im Film weggefallen ist. Paul zeigt sich hier renitent gegenüber Annies Ansinnen, zügig an seiner Überarbeitung von »Miserys Rückkehr« weiterzuarbeiten, und provoziert sie: »[...] you keep me prisoner, you make me burn my book, you drive a sledgehammer into my ankles«; darauf Annie: »I'll drive a sledgehammer into your man gland if you're not nicer« (Goldman 1989, 98).

30 Im Drehbuch heißt es: »She is in many ways a remarkable creature. Strong, self-sufficient, passionate in her likes and dislikes, loves and hates« (Goldman 1989, 8 A).

Frage, ob er diese Musik möge, antwortet er: »Wenn der in Radio City gespielt hat, wer hat dann wohl in der ersten Reihe gesessen?«, wobei er ganz offensichtlich lügt. Paul bezieht sich damit auf die spektakuläre Serie von Konzerten, die der berühmte schwule Kitsch-Pianist Liberace, der Liebling sentimentaler Frauen über vierzig, auf dem Höhepunkt seiner Karriere zwischen 1984 und 1986 (kurz vor seinem Tod an AIDS, 1987) in der Radio City Music Hall in New York gab. Die Unterlegung der folgenden Einstellungsfolge (das Festessen zu Ehren von »Miserys Rückkehr«, Subsequ. 16) mit dem sentimentalen Liberace-Song »I'll be seeing you« taucht diese Szene in ein sinistres Zwielicht, welches die Gefühlswelt Annies in ihrer ganzen pathologischen Widersprüchlichkeit – dem unvermittelten Nebeneinander von kitschiger Sentimentalität und gefühlloser Brutalität – auf den Nenner bringt. Diese Musik begleitet auch die folgenden Einstellungen: Die zügige Vollendung des Romanmanuskripts, die in einer Serie von raschen Überblendungen dargestellt wird, ist unterlegt mit einer pompösen Liberace-Interpretation von Tschaikowskis »Klavierkonzert No. 1 b-Moll«. Während Annie ihm mit einem Hammer die Beine bricht und auf dem Höhepunkt ekstatisch haucht »Oh, Paul, ich liebe dich«, hören wir im Hintergrund die Liberace-Version von Beethovens »Mondscheinsonate«. Und der letzte, von Paul halluzinierte, Auftritt Annies im Restaurant (Subsequ. 24) wird wiederum von »I'll be seeing you« begleitet.

Gerade dieser sentimental-makabre Ausklang des Films macht die unterschiedlichen Konzeptionen des Geschlechterkonflikts in Roman und Film deutlich. Während im ersteren Paul die andauernde, quälende und von grässlichen Halluzinationen begleitete Erinnerung an Annie nach seiner Rückkehr in New York als eine fast »mythische« Präsenz erfährt (»Die Göttin kann man nicht töten«, King 1987, 396), die es ihm schwer macht, seine Arbeit als Schriftsteller fortzusetzen, ist hier Annies Auftritt (mit erhobenem Kuchenmesser) eher eine makabre Pointe, die durch den schmalzigen Liberace-Song ironisch-sentimental entschärft wird. An die Stelle Annies tritt eine ihn harmlos anschmachtende Kellnerin, die sich als Paul Sheldons »allergrößter Fan« bekennt. Wo der Roman mit der Figur der Annie Wilkes also eine anhaltende Bedrohung Pauls als Mann und als Schriftsteller beschreibt, bleibt diese im Film episodisch, da Annie hier zwar als gefährliche und kranke, aber letztlich lächerliche und sentimentale Figur erscheint.

Nicht zu unterschätzen ist in diesem Zusammenhang auch die Funktion der im Film auftretenden Nebencharaktere, der Literaturagentin Marcia Sindell sowie des Sheriffs »Buster« und seiner Frau, die auch als Kontrapunkte zur ›kranken‹ Welt der Annie fungieren. Marcia Sindell, die in zwei Gesprächen mit Paul Sheldon und in mehreren Telefongesprächen mit dem Sheriff auftritt, stellt gewissermaßen die ›mütterliche‹ Antithese zur phallischen Bedrohung durch Annie Wilkes dar. Die Beziehung zwischen dem alten Sheriff und seiner Frau wird in der Parallelhandlung zum Alptraumszenario der Paul-Annie-Handlung als eine humorvolle, erotisch noch ›knisternde‹ Partnerschaft dargestellt, die einen beruhigenden Rahmen von ›Normalität‹ bereitstellt und damit die durch Annie in Frage gestellte patriarchalische Ordnung bekräftigt.

2.6 Intertextualität

2.6.1 Intertextualität im Roman

Kings Roman ist, wie eingangs erläutert, durch ein dichtes Netz intertextueller Verweise gekennzeichnet. Am augenfälligsten wird dies durch die Zitate von Nietzsche, Montaigne, John Fowles sowie aus den »Misery«-Romanen, die den einzelnen Teilen des Buches vorangestellt sind und thematisch auf deren Inhalt Bezug nehmen. Der Bezug zu Haggards »She«, ist, wie wir sahen, aufs engste mit Paul Sheldons schöpferischer Krise und der von Annie ausgehenden Bedrohung verknüpft, d.h., Paul benutzt Haggards Roman als Mittel der Projektion eines mythischen Frauenbildes, welches ihm das Rätsel Annie Wilkes erklärbar macht und ihn zur Konzeption von »Miserys Rückkehr« inspiriert. Damit wird »She« zu einem durchgängig markierten Prä-Text für Kings Roman, der sowohl für die Selbstvergewisserung des Hauptcharakters einen Orientierungs-und Erklärungsrahmen bereitstellt als auch für die autoreflexive Thematik und die narrative Organisation des Romans insgesamt.

Ein weiterer wichtiger intertextueller Bezug, der allerdings kaum markiert ist, ist der zu John Fowles' Roman »The Collector« (1963). Im 12. Kapitel von Teil II, in dem Paul über sein »diszipliniertes« Leben bei Annie und seine zügigen Fortschritte beim Schreiben von »Miserys Rückkehr« nachdenkt, heißt es:

> Sie [Annie] besaß alles, was Somerset Maugham je geschrieben hatte (einmal fragte Paul sich mürrisch, ob sie John Fowles [sic] ersten Roman im Regal haben würde, kam aber zur der Überzeugung, daß es vielleicht besser war, nicht zu fragen), und Paul begann sich durch die über zwanzig Bände von Maughams *Œuvre* durchzuarbeiten, wobei ihn das feine Gespür für Geschichten des Mannes faszinierte (King 1987, 196).

An dieser Passage ist zweierlei bemerkenswert: zum einen der äußerst kryptische Verweis auf Fowles' »The Collector«, ohne Titelnennung und ohne erkennbaren inhaltlichen Bezug; zum anderen der Hinweis auf das Werk William Somerset Maughams, den Paul (wie übrigens auch Stephen King selbst) vor allem wegen seines handwerklichen Könnens schätzt. Die Tatsache, dass Annie diesen Autor offenbar ebenfalls schätzt, wertet ihre literarische Kompetenz auf – als Kritikerin von Pauls handwerklichen Fähigkeiten. Der Verweis auf John Fowles' »ersten Roman« ist in doppelter Hinsicht ironisch: weil er sich an einen literarisch ›gebildeten‹ Leser wendet, der weiß, dass es sich dabei um »The Collector« handelt, zugleich den Bezug zu Pauls Situation herstellt und sich dann natürlich auch Annies Reaktion vergegenwärtigen könnte – falls sie denn diesen Roman kennen würde. Pauls Situation ist eben die, welche Fowles in seinem Roman beschreibt, allerdings unter Umkehrung der Geschlechterverhältnisse: In »The Collector« kidnappt ein psychisch gestörter junger Mann, Frederick Clegg, ein Hobby-Entomologe, eine schöne junge Künstlerin, Miranda Grey, die er in einem entlegenen Haus auf dem Land gefangenhält und wie einen schönen Schmetterling bewundert und als ›Sammelstück‹ besitzen will. Dabei wird die Geschichte von Mirandas Gefangenschaft aus der Perspektive beider Charaktere entfaltet. Für Miranda, die ein Tagebuch führt, wird das Schreiben zu einer Überlebensstrategie. Hier liegt die deutliche Parallele zur Situation Pauls, wie es das Zitat aus ihrem Tagebuch verdeutlicht, das King Teil IV des Romans voranstellt:

> Es geht nicht. Ich versuche seit einer halben Stunde zu schlafen, aber es geht nicht. Das Schreiben ist eine Art Droge. Es ist das einzige, worauf ich mich freue. [...] es scheint auch eine Art Magie zu sein ... Und ich kann in dieser Gegenwart einfach nicht leben. Ich würde verrückt werden, wenn ich es täte (King 1987, 269).

Fredericks Erzählung ist das beklemmende Psychogramm eines Soziopathen, der, unfähig zu ästhetischem Genuss und zu verklemmt, um sich Miranda sexuell zu nähern, ausschließlich die Macht genießt, die er über sie ausübt, und der sie in seiner Gefangenschaft zugrunde gehen lässt, um sich am Ende des Romans ein neues Opfer zu suchen. Was Stephen King offensichtlich an Fowles' Roman fasziniert, ist der Konflikt zwischen dem kreativen Individuum, das in seinem künstlerischen Gestaltungsanspruch mit den rigiden, quasimoralischen Normen einer verständnislosen und vorurteilsbehafteten Umwelt in Konflikt gerät und daran scheitert. Wie Fowles gestaltet King diesen Konflikt in der Form des Geschlechterkampfes, allerdings mit einem charakteristischen Unterschied: »The Collector« kann auch als eine Kritik männlicher Herrschaftsansprüche gegenüber Frauen gelesen werden, in Kings Roman dagegen nimmt, wie gezeigt, das Thema der Angst des Autors vor den Ansprüchen des Lesers die Form einer misogynen Phantasie an, in der die Frau als kreativitäts- und potenzbedrohende Macht erscheint.[31]

Die Bezüge zu den Romanen Haggards und Fowles', im Falle von »She«, einem populären Bestsellerroman, deutlich markiert, im letzteren Falle kryptisch und ironisch, lassen eine Art ›doppelter Kodierung‹ von Intertextualität

---

31 Zur Beziehung von »Misery« zu »The Collector« siehe Magistrale 1992, 124ff., zur Misogynie als Problem in Stephen Kings Romanen siehe Schopp 1994, 30f.

erkennen, die Paul Sheldons Situation als Autor (und damit indirekt auch Stephen Kings eigene Situation) reflektieren: die Bewusstseinslage eines literarisch gebildeten und ambitionierten Schriftstellers, der unter seinem Image als Massenautor leidet und sich davon zu befreien sucht. Davon nicht zu trennen ist die Frage nach der Verantwortung des populären Autors gegenüber seinem Publikum, der »Macht des Muß«, die der Autor über seine Leser ausübt, indem er sie durch seine Fiktionen in Abhängigkeit von ihm bringt und damit in ihr Leben eingreift. Nachdem Annie ihm den Daumen abgeschnitten hat, erkennt Paul, dass sie ihn dafür bestraft hat, dass er *»eine gewisse passive Macht«* über sie besitzt:

> Es war verrückt, es war komisch. Und es war wirklich. Millionen mochten spotten, aber nur deshalb, weil sie nicht einsahen, wie prägend der Einfluß der Kunst – selbst einer so degenerierten Kunst wie der populären Literatur – sein konnte. (King 1987, 294)

Paul Sheldon reflektiert diese Frage der »radikale[n] Leseridentifizierung mit den erdachten Welten, die der Schriftsteller erschafft« (296) an einer ganzen Reihe von Beispielen aus dem 19. und 20. Jahrhundert: Charles Dickens, Arthur Conan Doyle, John Galsworthy, William Golding und John Irving.

Die zahlreichen intertextuellen Bezüge in »She«, sei es in der Form der direkten Orientierung an anderen Romanen, sei es in der Form des thematisch relevanten Zitats oder in Form der Verortung des eigenen Schreibens in der literarischen Tradition und im Spannungsfeld zwischen ›seriöser‹ und ›populärer‹ Literatur, kennzeichnen den Roman als Kings wohl intensivste und radikalste Selbstüberprüfung als Schriftsteller. Und es ist vor allem diese Dimension des Romans, die in der filmischen Adaptation eine durchgreifende Veränderung erfährt.

2.6.2 Filmische Intertextualität

Wie wir in den vorangegangenen Abschnitten feststellten, haben Reiner und Goldman die ›literarischen‹ Aspekte des Romans entscheidend modifiziert. Dies gilt insbesondere für die eben diskutierten intertextuellen Bezüge, mit denen sich der Roman nicht zuletzt auch im Kontext des Literatursystems situiert und konstituiert. Mit dem Medienwechsel findet zwangsläufig auch ein Wechsel in ein anderes Bezugssystem statt, der in Untersuchungen zur Literaturverfilmung in der Regel unbeachtet bleibt. »Wie jeder Text nur vor dem Hintergrund des gesamten bisherigen Geschriebenen zu denken ist«, stellt Knut Hickethier (1989, 184) fest,

> steht auch jeder Film im Kontext anderer Filme und enthält ungleich mehr Anspielungen und Verweise, unbewußt entlehnte Motive, Metaphern und assoziierte visuelle Er-

> innerungen, als sich in der Textvorlage erkennen läßt. Genrezusammenhänge, Verweise der Darsteller auf andere Rollen, die sie in anderen Filmen verkörpert haben, Kamera-, Regie- und Lichtstile, Architekturbedeutungen, Kleidungsstile etc. eröffnen eine Fülle anderer Bezugsebenen.

Mit dem Medienwechsel tritt also an die Stelle literarischer Intertextualität ein völlig verändertes Bezugssystem filmischer Intertextualität.

Wie bei der Analyse der Charaktere gezeigt, kommt der Filmmusik als nonverbalem Medium eine atmosphärisch verdichtende und die beiden zentralen Figuren in ihren konträren emotionalen und kulturellen Prägungen charakterisierende Funktion zu: Die harten Rockrhythmen von Jr. Walker und den Allstars, die Pauls Aufbruch aus der Silver Creek Lodge begleiten, und die bizarr-sentimentalen Songs und Klaviersoli von Liberace, die das Finale der Auseinandersetzung zwischen Annie und Paul grundieren, schaffen ein filmisches Bezugssystem, das sich völlig von den vorwiegend literarischen Assoziationen und persönlichen Reminiszenzen unterscheidet, mit denen der Konflikt zwischen Paul und Annie im Roman entfaltet wird.

Mit der Entscheidung für die Besetzung der Haupt- und Nebenrollen setzt der Regisseur auf die mehr oder weniger ausgeprägten Star-Images, die sich beim Publikum mit einzelnen SchauspielerInnen verbinden: durch Assoziationen mit früheren Filmen, öffentliche Auftritte, biographische Eigenarten. Der Entscheidung, die Rolle Paul Sheldons mit James Caan zu besetzen, lag offensichtlich die Überlegung zugrunde, dass dieser ein bekannter Schauspieler ist, der sich durch zahlreiche Filme, darunter RAIN PEOPLE und THE GODFATHER, ROLLERBALL und DICK TRACY ein ausgeprägtes Image als physisch starker, viriler Typ erarbeitet hatte, der das Klischee phallischer Männlichkeit überzeugend verkörpern könnte, das der Filmbeginn aufbaut und das die folgende Konfrontation mit Annie Wilkes in Frage stellt. Die Schauspielerin Kathy Bates dagegen war dem breiten Kinopublikum bis dahin kaum bekannt, da sie vorwiegend am Broadway gearbeitet hatte und erst durch ihre mit einem Oscar ausgezeichnete schauspielerische Leistung in MISERY ein Star wurde, der sich in weiteren interessanten Filmen, etwa DOLORES CLAIBORNE (nach dem Roman gleichen Titels von Stephen King) und GREEN TOMATOES profilieren sollte. Diese Entscheidung für die Kombination eines bekannten Schauspielers mit einer relativ unbekannten Schauspielerin ist möglicherweise durch die Konstellation im Roman vorgegeben, wo ein bekannter Bestsellerautor auf einen unbekannten Fan trifft – mit dem damit verbundenen Überraschungseffekt durch die Umkehrung der Rollen im Verlauf der Filmhandlung.

Bei der Besetzung der Nebenrollen, die durch die Einführung der Parallelhandlungen nötig waren, wurden SchauspielerInnen ausgewählt, die dem Publikum durch ihre Bekanntheit ein Höchstmaß an intertextuellen filmischen

Assoziationen ermöglichen. Laureen Bacall als Hollywood-Ikone in der Rolle der Marcia Sindell ist eine Figur, die schon durch ihre Präsenz und durch ihre Blicke, gewissermaßen als ›Zitat‹ ihres einstigen Image als »The Look«, in den wenigen Einstellungen, in denen sie zu Beginn und am Ende des Films zu sehen ist, einen weiten Raum filmischer Assoziationen und Erinnerungen an frühere Rollen öffnet (vor allem natürlich Filme aus der Schwarzen Serie mit Humphrey Bogart). Ihre Auftritte mit Paul ›rahmen‹ gewissermaßen die Schrecken der Binnenhandlung und setzen damit feste Orientierungspunkte: durch ihre ›mütterliche‹ Bestätigung Paul Sheldons als Autor und als Kontrapunkt zur Figur der Annie. Sheriff »Buster« und seine Frau Virginia wurden durch Richard Farnsworth und Frances Sternhagen besetzt, zwei dem US-amerikanischen Publikum durch zahlreiche (oft komische und rührende) Film- und Fernsehrollen vertraute Schauspieler.[32] Gerade mit den Nebenrollen der Parallelplots, die der Film abweichend vom Roman einführt, wird ein Orientierungsraum der ›Normalität‹ geschaffen – als Kontrapunkt zur klaustrophobischen und bedrohlichen Welt der Binnenhandlung und als Brücke zur filmischen Alltagserfahrung des Zuschauers, der die verstörenden und bedrohlichen Elemente des Films dadurch neutralisieren kann, weil sie damit in die Koordinaten des Normensystems geraten, für die das Hollywood-Kino als moralisch-ästhetisches Ensemble steht.

Intertextuelle Anschlüsse lassen sich auch ausmachen in der Verwendung bestimmter erzählerischer Codes und filmästhetischer Konventionen, die MISERY mit anderen Filmen der späten 80er und frühen 90er Jahre verbinden, etwa des Werbefilms, dessen Ästhetik in dieser Zeit erkennbar in den Spielfilm eindringt.

Im Vorspann von Reiners Film werden, wie oben beschrieben, Elemente des Werbefilms gezielt eingesetzt, um ein Klischee erfolgreicher Männlichkeit aufzubauen: beispielsweise mit der ersten Einstellung: die Detailaufnahme einer Zigarette und eines Streichholzes, das Paul Sheldon dann mit dem Daumennagel entzündet, um sich eine Zigarette anzustecken (Abb. 6).

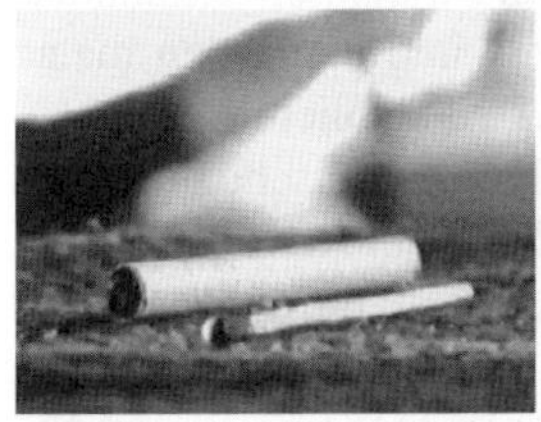
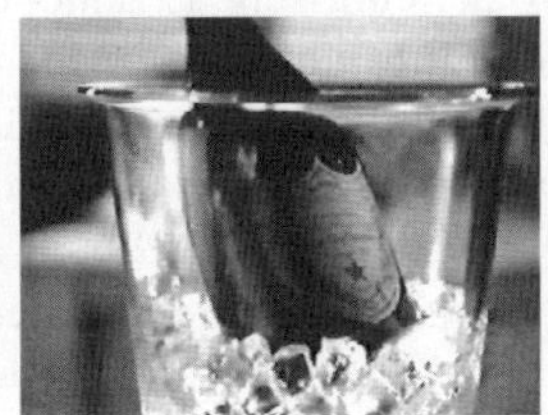
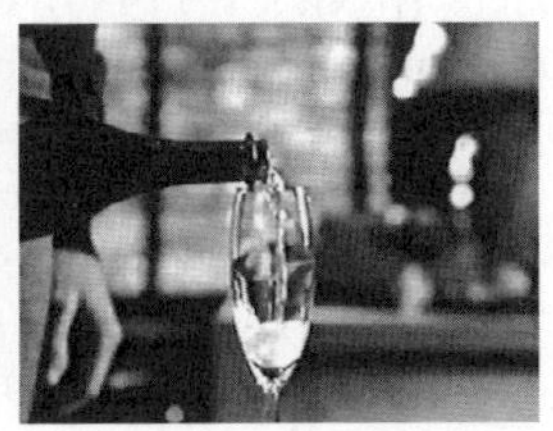

32 Details bei Loderhose, 428f.

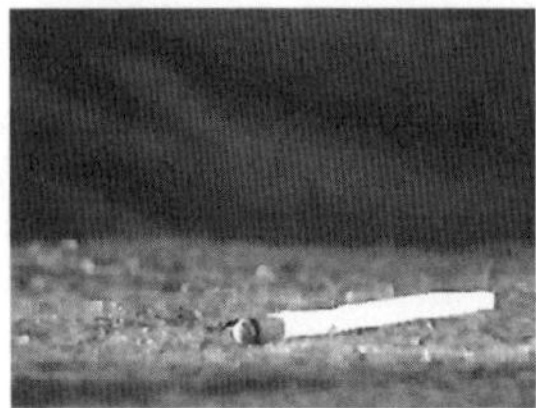 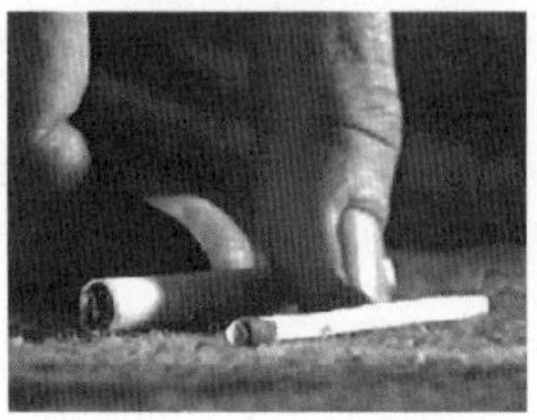 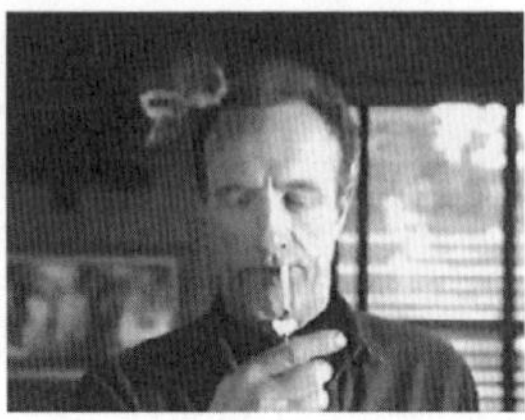

Abb. 6: Vorspann MISERY

David Lynchs Film WILD AT HEART (1990), der mit dem Bild eines aufflammenden Streichholzes in Großaufnahme beginnt, benutzt das gleiche Motiv ungleich differenzierter, indem er dieses innerhalb der Filmhandlung immer wieder an strategischen Stellen wiederholt, um die Beziehung der beiden Hauptcharaktere zu kennzeichnen (vgl. Rodenberg 1995, 251).

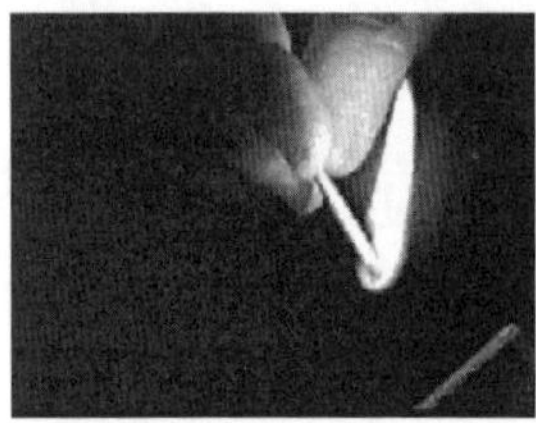 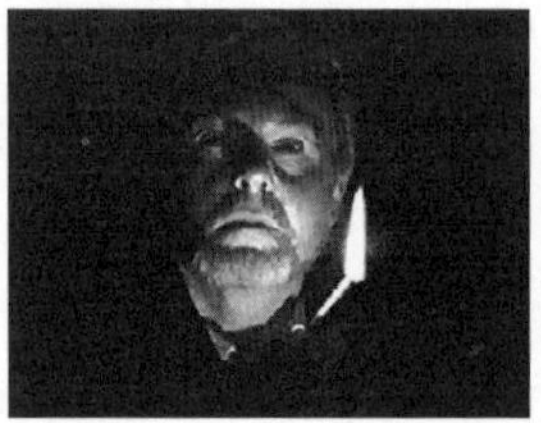 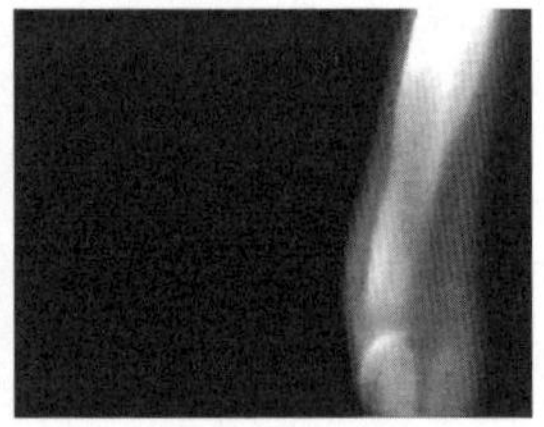

Abb. 7: Einstellungen aus
SCHINDLERS LISTE (1993), HENRY V. (1989) und WILD AT HEART (1990)

Eine vergleichbare narrative und metaphorische Verselbständigung des Motivs findet sich in anderen Filmen dieser Jahre: etwa in Steven Spielbergs SCHINDLERS LISTE (1993), wenn im Vorspann ein aufflammendes Streichholz in Großaufnahme eine Einstellungsfolge eröffnet, die eine metaphorische Brücke zur Thematik des Films herstellt,[33] oder beispielsweise Kenneth Branaghs HENRY V. (1989), wo der chorische Erzähler ein Streichholz entzündet, um den dunklen Raum eines Filmstudios zu erleuchten und damit den metafilmischen Rahmen für das verfilmte Shakespearestück zu etablieren.

Bei allen Unterschieden dieser Filme lassen sich hier motivische und stilistische Gemeinsamkeiten erkennen, die MISERY in den Kontext von Tendenzen des Hollywood-Films der späten 80er und frühen 90er Jahre rücken. Dies gilt auch für das Motiv der ›phallischen‹ Frau, das den Film mit vielen zeitgenössischen Produktionen verbindet, d.h. Filmen, in denen Frauen eine berufli-

33 Siehe den Beitrag von Helmut Korte in diesem Band.

che, sexuelle, soziale oder psychische Bedrohung der männlichen Charaktere darstellen, diese auch in physische Aggressionen umsetzen und in der Regel dafür durch gesteigerte männliche Gewalt ›bestraft‹ werden.[34] Zu nennen sind hier vor allem Adrian Lynes FATAL ATTRACTION (1986), Paul Verhoevens BASIC INSTINCT (1991), Uli Edels BODY OF EVIDENCE (1993), Barry Levinsons EXPOSURE (1994), Alan J. Pakulas PRESUMED INNOCENT (1990) und Ridley Scotts THELMA AND LOUISE (1991). Wenn man die brutalen Details der ›Hinrichtung‹ Annies in MISERY mit ähnlichen Szenen in FATAL ATTRACTION oder PRESUMED INNOCENT vergleicht, wird man feststellen, dass die Ikonographie sexueller Gewalt im Hollywood-Film, zumal gegen Frauen, offenbar eine Stufe kultureller Akzeptanz erreicht hat, die sich auf ein Repertoire geteilter Phantasien berufen kann.

2.7 Literaturverzeichnis

Beahm, George (1995): Stephen King. Leben und Werk. Bergisch Gladbach (Bastei).

Branigan, Edward R. (1984): Point of View in the Cinema. A Theory of Narration and Subjectivity in Classical Film. Berlin, New York, Amsterdam (Mouton Publishers).

Brecht, Bertolt (1967): »Der Dreigroschenprozeß. Ein soziologisches Experiment«. In: Brecht, Bertolt: Gesammelte Werke 18. Frankfurt/M. (Suhrkamp), 139ff.

Collings, Michael R. (1987): Stephen King und seine Filme. München (Heyne).

Eidsvick, Charles (1973): »Demonstrating Film Influence«. In: Literature, Film Quaterly 1, 113ff.

Faulstich, Werner / Strobel, Ricarda (1986): Bestseller als Marktphänomen. Ein quantitativer Befund zur internationalen Literatur 1970 in allen Medien. Wiesbaden (Otto Harrasowitz).

– (1987): Innovation und Schema. Medienästhetische Untersuchungen. Wiesbaden (Otto Harrassowitz).

Fowles, John (1963): The Collector. London (Jonathan Cape).

– (1968): »Notes on Writing a Novel«. In: Harper´s Magazine 237, 88ff.

Genette, Gérard (1994): Die Erzählung. München (Wilhelm Fink).

Goldman, William (1989): Misery. Screenplay. Revised November 1989. Beverley Hills (Castle Rock Entertainment).

Haggard, H. Rider (1991): She. Oxford, New York (Oxford University Press).

Helbig, Jörg (Hrsg.) (1998): Intermedialität. Theorie und Praxis eines interdisziplinären Forschungsgebiets. Berlin (Erich Schmidt) – Der Band ist vergriffen aber im Internet verfügbar unter <www.uni-koeln.de/phil-fak/englisch/helbig/inhalt.htm>.

Herron, Don (Hrsg.) (1992): Reign of Fear. The Fiction and the Films of Stephen King. Novato, California and Lancaster, Pennsylvania (Underwood-Miller).

Hickethier, Knut (1989): »Der Film nach der Literatur ist Film – Volker Schlöndorffs ›Die Blechtrommel‹ (1979) nach dem gleichnamigen Roman von Günter Grass (1959)«. In:

34 Vgl. Peitz 1995, bes. 20ff., 48ff. und Weingarten 1995.

Albersmeier, Franz-Josef / Roloff, Volker (Hrsg.): Literaturverfilmungen. Frankfurt/M. (Suhrkamp).

Hurst, Matthias (1996): Erzählsituationen in Literatur und Film: Ein Modell zur vergleichenden Analyse von literarischen Texten und filmischen Adaptionen. Tübingen (Niemeyer).

Kasprzak, Andreas (1996): Stephen King und seine Filme. München (Heyne).

King, Stephen (1987): Sie. München (Heyne).

Loderhose, Willy (1993): Das große Stephen King Film-Buch. Bergisch Gladbach (Bastei).

McFarlane, Brian (1996): Novel to Film: An Introduction to the Theory of Adaptation. Oxford (Oxford University Press).

Magistrale, Tony (1992): Stephen King. The Second Decade, Danse Macabre to The Dark Half. New York (Twayne Publishers).

Paech, Joachim (1988): Literatur und Film. Stuttgart (Metzler).

Peitz, Christiane (1995): Marilyns starke Schwestern. Frauenbilder im Gegenwartskino. Hamburg (Ingrid Klein).

Rodenberg, Hans-Peter (1995): »Alte und neue Bauformen des Erzählens: WILD AT HEART – DIE GESCHICHTE VON SAILOR & LULA (1990)«. In: Faulstich, Werner / Korte, Helmut (Hrsg.): Fischer Filmgeschichte Band 5: Massenware und Kunst 1977–1995. Frankfurt/M. (Fischer TB 4495), 247ff.

Schneider, Irmela (1981): Der verwandelte Text. Wege zu einer Theorie der Literaturverfilmung. Tübingen (Niemeyer).

Schopp, Andrew (1994): »Writing (with) the Body: Stephen King's ›Misery‹ «. In: Literature Interpretation Theory 5, 29ff.

Spiegel, Alan (1976): Fiction and the Camera Eye. Visual Consciousness in Film and the Modern Novel. Charlottesville (University Press of Virginia).

Stanzel, Franz K. (1989): Theorie des Erzählens. Göttingen (Vandenhoeck & Ruprecht).

Weingarten, Susanne (1992): Die Rückkehr der phallischen Frau im Hollywood-Kino der achtziger Jahre. Coppengrave (Coppi Verlag).

3. Hollywoodästhetik und die deutsche Geschichte: SCHINDLERS LISTE (Spielberg 1993)

von Helmut Korte

Kaum ein Kinofilm der letzten Jahre hat eine derartige weltweite Beachtung gefunden und die Gemüter bewegt wie Spielbergs SCHINDLERS LISTE nach dem gleichnamigen Dokumentar-Roman des australischen Autors Thomas Keneally. Und kaum eine Hollywood-Produktion der letzten Jahre hat die Meinungen zugleich so gespalten wie dieser Film.[1] Für die einen die »geniale«, gar »ultimative« Verfilmung des Holocaust schlechthin, für die anderen ein bis an den Kitsch gehendes Hollywood-Melodram, das die zugrundeliegenden historischen Ereignisse – den systematischen Völkermord – individualisiere und verharmlose. Zumindest unmittelbar nach dem Kinostart Ende 1993 gab es zwischen diesen Polen seitens der professionellen Kritik keine nennenswerten Stellungnahmen. Differenziertere Lesarten waren aufgrund der starken emotional aufwühlenden Wirkung offensichtlich erst mit einer gewissen zeitlichen Distanz möglich. Während die älteren thematisch ähnlichen Filme, etwa die dokumentarischen Produktionen NACHT UND NEBEL (Alain Resnais, F 1955) und vor allem SHOAH (Claude Lanzmann, F 1974–1985) oder auch der Spielfilm AUS EINEM DEUTSCHEN LEBEN (Theodor Kotulla, BRD 1977) von der Kritik zwar hochgelobt, aber nur vom kleinen Kreis der Kenner wahrgenommen wurden, geriet SCHINDLERS LISTE gerade auch beim breiten Publikum zu einem Welterfolg:

> Rund 47 Millionen Dollar hat er in den USA seit dem Start im vergangenen Dezember eingespielt. Über 100 000 Deutsche haben ihn in der ersten Woche [...] gesehen, Kinokarten gibt es oft nur Wochen im voraus. In Österreich werden Schüler, während der Unterrichtszeit, zu Gratisbesuchen geladen – ungewöhnliche Ehre für einen Kommerzfilm. (»Der Spiegel«, 14.3.94)

Bis auf einen farbigen Anfangs- und Schlussteil in Schwarz-Weiß gedreht, erzählt der Film die Geschichte des sudetendeutschen Geschäftsmanns Oskar Schindler, der im September 1939 auf den Spuren der in Polen einmarschierenden Wehrmachtsverbände und Einsatzkommandos zur »Judenbehandlung«

---

[1] Regie: Steven Spielberg; Buch: Stephen Zaillian; Kamera: Janusz Kaminski; Schnitt: Michael Kahn; Musik: John Williams; Produzenten: Steven Spielberg, Gerald R. Molen, Branko Lustig; Produktion: Amblin Entertainment für Universal. USA-Premiere: Anfang Dezember 1993, deutsche Uraufführung: 3. März 1994 – Allenfalls die amerikanische »Fernsehseifenoper« HOLOCAUST hatte gut 16 Jahre zuvor eine ähnlich breite Kontroverse ausgelöst (s.u.).

nach Krakau kommt, um – wie viele andere deutsche Glücksritter auch – von der Entrechtung des jüdischen Bevölkerungsteils zu profitieren und möglichst schnell viel Geld zu verdienen. Sein ›Startkapital‹, Charme, gepflegte Umgangsformen und Selbstbewusstsein sowie eine bereits längere Mitgliedschaft in der NSDAP nutzt er konsequent, um die örtliche SS-Hierarchie für sich einzunehmen und ihr Wohlwollen durch massive Bestechung aufrechtzuerhalten. Mit dieser Protektion, jüdischem Geld und jüdischen Zwangsarbeitern – unterstützt von Itzhak Stern, seinem sehr fähigen jüdischen Buchhalter – gelingt es ihm, in kurzer Zeit eine »arisierte« Emaillewarenfabrik zu einem florierenden Unternehmen auszubauen. Während die Juden aus Krakau und den umliegenden Gebieten in das durch Mauern und Stacheldraht abgeriegelte Ghetto ›umgesiedelt‹ werden und dort unter primitivsten Bedingungen leben müssen, ist Schindler im Frühjahr 1941 am Ziel seiner Wünsche. Die Fabrik wirft hohe Gewinne ab, durch seine Schwarzmarktkontakte verfügt er über jeglichen Luxus, und die Beziehungen zu den Amtsträgern sind ausgezeichnet. Zudem gilt er unter der Hand bei seinen jüdischen Untergebenen als vergleichsweise human und zunehmend auch als vertrauenswürdig. Angesichts der miterlebten Vernichtungsspirale von Menschenverachtung, Mordwillkür und Todestransporten wandelt er sich unter Sterns Einfluss langsam vom opportunistischen Kriegsgewinnler zum listigen Retter seiner jüdischen Arbeiter, der dafür sein gesamtes zuvor zusammengerafftes Vermögen einsetzt und – auch dieses gehört zu einer Hollywood-›success story‹ – in dieser Wende zum Guten zugleich vom Salonlöwen und Frauenhelden geläutert zu seiner verlassenen Ehefrau zurückfindet.

Als Keneallys Buch 1982 auf den Markt kam, wurde es schnell zum internationalen Bestseller und u.a. mit dem Booker-McConnell-Literaturpreis ausgezeichnet – in offizieller Anerkennung und kommerziellem Erfolg allerdings weit übertroffen von Spielbergs Film: Im Dezember 1993 in den USA angelaufen, wurde der Kinobesuch von Präsident Clinton der amerikanischen Bevölkerung öffentlich anempfohlen, und die Uraufführungen in den anderen Ländern erhielten durch die Beteiligung höchster Staatsvertreter vielfach den Rang von Staatsakten. So fand die Frankfurter Deutschland-Premiere im März 1994 im Beisein des Bundespräsidenten von Weizsäcker statt. In Paris waren Staatspräsident Mitterand und bei der israelischen Erstaufführung Premier Rabin und Präsident Weizmann anwesend. Die Institutionen der Filmindustrie reagierten entsprechend spektakulär: 1994 erhielten der Film bzw. die daran direkt Beteiligten u.a. insgesamt sieben der begehrten »Oscars« und fünf entsprechende Nominierungen, den Preis der »Directors Guild of America«, sieben der britischen »Academy Awards« und neben weiteren Auszeichnungen in drei Sparten den »Golden Globe«. Der Reinerlös aus den Kasseneinnahmen von rund 60 Millionen Dollar floss in die von Spielberg gegründete »Shoah

Foundation« mit dem Ziel, weltweit die Berichte von Überlebenden des Holocaust zu sammeln und zu dokumentieren. Im September 1998 wurde eine CD-ROM mit den ersten Ergebnissen der Öffentlichkeit vorgestellt und Spielberg mit dem »Großen Bundesverdienstkreuz mit Stern« geehrt.

Für Spielberg, der vor allem mit Filmen wie JAWS / DER WEISSE HAI (1975), E.T. DER AUSSERIRDISCHE (1982) und zuletzt JURASSIC PARK (1993) immer wieder die eigenen Kassenrekorde und die seiner Kollegen übertrumpft hatte, bedeutete SCHINDLERS LISTE nach eigenem Bekunden eine entscheidende Umkehr, eine Rückbesinnung auf die eigenen Wurzeln als Nachkomme osteuropäischer Juden mit vielen Holocaust-Opfern in der Familie. Galt er bis zu diesem Zeitpunkt allgemein als »Guru des populären Unterhaltungskinos« mit einer instinktiven Begabung, Kinderträume, Emotionen und Urängste in kommerziell äußerst erfolgreiche Filmgeschichten umzusetzen,[2] der schon aus diesem Grunde vom Filmfeuilleton kaum ernst genommen wurde, so kam es jetzt auch in dieser Hinsicht zu einer Neubewertung. Neben seinem ambitionierten Kinodebüt DUELL (1971), den bereits genannten Kassenerfolgen und weiteren, wie UNHEIMLICHE BEGEGNUNG DER DRITTEN ART (1977/1980) oder die INDIANA JONES-Trilogie (1981, 1984, 1989), hatte sich Spielberg bereits mit der turbulenten Satire 1941 – WO BITTE, GEHT´S NACH HOLLYWOOD (1979), dem emanzipatorischen Südstaatenmelodram DIE FARBE LILA (COLOR PURPLE, 1985) sowie DAS REICH DER SONNE (1988) außerhalb seines sonst üblichen Themenspektrums begeben, war damit aber beim Publikum und der Kritik überwiegend gescheitert. Erst SCHINDLERS LISTE ließ nun auch die ›anspruchsvolleren‹ Kolumnisten aufhorchen, und man entdeckte die ausgeprägt filmischen und erzählerischen Qualitäten, obgleich es sich hinsichtlich Emotionalisierung, Spannungsaufbau sowie der präzise darauf abgestimmten Kamerastrategie um einen typischen Spielberg-Film handelt, der sich eigentlich ›nur‹ in Anspruch und inhaltlicher Problemstellung von seinen früheren Arbeiten unterscheidet. Gerade aber an dieser Kombination von publikumswirksamer Hollywoodästhetik mit einem derart vorbelasteten seriösen Thema entzündete sich die Diskussion. Um dieses sowie die häufig damit verbundenen vehement politischen Motivationen verständlicher zu machen, sollen zunächst die wichtigsten Positionen der Gegner und Befürworter genauer vorgestellt werden.

---

2 Vgl. zu den früheren Spielberg-Filmen bis einschließlich COLOR PURPLE u.a. Korte/Faulstich 1987.

3.1 Die Kontroverse: Stellungnahmen zum Film

Trotz der kaum mehr überschaubaren Flut unterschiedlichster Publikumsberichte, offizieller Verlautbarungen, Einschätzungen und Kritiken zu diesem Film lassen sich die zentralen Aussagen einigen wenigen, meist nur geringfügig variierten Argumentationsfiguren subsumieren,[3] die nicht zufällig eine große Übereinstimmung mit der öffentlichen Reaktion auf Marvin Chomskys HOLOCAUST von 1978 aufweisen.[4] Denn in dieser vierteiligen Fernsehserie über das Schicksal der (fiktiven) jüdischen Familie Weiss im Dritten Reich wird – bei deutlichen Differenzen in der filmischen und erzählerischen Qualität – in tendenziell vergleichbarer Weise der Genozid individualisiert und dem Betrachter mit allen Mitteln der Populärkultur emotional nahegebracht. Und ähnlich kontrovers waren die Stellungnahmen, wobei in beiden Fällen die Gruppen der Befürworter als auch die der Gegner sich durch eine auffallende Inhomogenität auszeichnen und sich nur sehr bedingt dem üblichen Rechts-Links-Schema zuordnen lassen; oder, wie »Der Spiegel« (14.3.94) treffend formulierte, die »Abwehrfront gegen SCHINDLERS LISTE und gegen die Figur Schindler ist bunt gesprenkelt, ideologisch konträr und von kunstsinnigen Vorbehalten«. Für die jeweiligen Einschätzungen waren neben den politischen Grundüberzeugungen und historischen Kenntnissen der Autoren offenbar weitere Motive entscheidend. Miriam Bratu Hansen (1997) beispielsweise ordnet die in der internationalen Diskussion immer wieder genannten Einwände gegen Spielbergs Film vier einander überschneidenden Argumentationsschwerpunkten zu:

Erstens: Die Tatsache, dass es sich unbestreitbar um ein den ökonomischen und ideologischen Grundsätzen der Kulturindustrie folgendes, auf Unterhaltung und Spektakel ausgerichtetes Hollywood-Produkt der Superlative

---

3 Vgl. zur US-amerikanischen und internationalen Einschätzung des Films u.a. den Sammelband Loshitzky 1997 und speziell zu den deutschen Reaktionen Weiss 1995, der eine repräsentative Auswahl von Kritiken dokumentiert. Daneben die zum Teil recht materialreichen pädagogischen Begleitpublikationen Kößler o.J., Schultze 1994, Hesse/Twele/Allwardt 1995, Wagner/Matthias 1995, van der Gieth 1998 u.a.

4 Die Serie wurde erstmals am 16.4.78 und den folgenden drei Tagen von dem amerikanischen Sender NBC ausgestrahlt. Die deutsche, vom WDR betreute TV-Premiere fand vom 22. bis 26.1.79 über alle dritten Programme der ARD statt und wurde zu *dem* Medienereignis. Begleitet von Dokumentar-Features über die geschichtlichen Ereignisse und den historisch-gesellschaftlichen Kontext, Talk-Runden, Presseseminaren, Telefon- und Briefaktionen sowie zahlreichen Publikationen etc., führte die Serie zu ähnlich kontroversen Diskussionen in der Öffentlichkeit. – Vgl. als differenzierte Darstellung der Reaktionen und historischen Hintergründe u.a. Märthesheimer/Frenzel 1979.

handele, das die historischen Vorgänge trivialisiere und mit sentimentalem Optimismus auflade und daher absolut ungeeignet sei, die traumatischen Ereignisse der Shoah angemessen wiederzugeben. Oder mit Blick auf Spielbergs einige Monate zuvor uraufgeführtes »Mega-Spektakel« JURASSIC PARK, der Holocaust würde hier zum Element eines kassenträchtigen Themenparks herabgewürdigt.

Zweitens: Die bewusste Wahl einer fiktiven Erzählung mit individuell gezeichneten Charakteren in Form klassischer Hollywood-Produktionen, die u.a. durch eine männlich geprägte Hierarchie der Geschlechter, eine sadistisch-voyeuristische Faszination des weiblichen Körpers sowie die Neubewertung der Familie geprägt sei: Schindler als Übervater, der auf seine promiskuitiven Neigungen verzichtet und sich mit seiner Frau versöhnt, um seine historische Mission, eben die Rettung der jüdischen Familien, durchführen zu können. Außerdem werde durch die Einbeziehung von Originalschauplätzen, die Verwendung von Schwarz-Weiß-Filmmaterial ebenso wie die Anlehnung an den Filmstil der 40er Jahre eine filmische Präsentation erzeugt, die in hohem Maße Authentizität suggeriere. Obwohl mit Schindler als dem geläuterten Nazi und dem Überleben ›seiner‹ Juden ein historisch belegter, aber angesichts der Massenvernichtung absoluter Sonderfall geschildert wird, entstünde damit der verfälschende Eindruck einer filmisch repräsentierten Totalität aller Holocaust-Erfahrungen.

Drittens: Der Film erzähle die Geschichte der geretteten Juden aus der Täterperspektive, vorrangig aus dem Blickwinkel des deutschen sich zum Widerständler wandelnden Nazi und seines Alter Ego, des psychotischen SS-Kommandanten Amon Göth. Durch die spezifische Ausgestaltung der Charaktere und ihre filmische Präsentation würden die Juden auf schwache »Pappkameraden« reduziert, so dass sich dem Zuschauer primär die »starken deutschen Täter« als Identifikationsfiguren anböten. Daneben gerate die Zeichnung der Juden in eine gefährliche Nähe zu den üblichen antisemitischen Stereotypen: geldscheffelnde Juden, Juden als die ewigen Opfer, die provozierte Assoziation jüdischer Frauen mit gefährlicher Sexualität, die Charakterisierung von Itzhak Stern als »König der jüdischen Schwächlinge«.

Und *viertens* der zentrale Einwand gegen den Film: Der besonders von Claude Lanzmann erhobene Vorwurf der Tabuverletzung, der Visualisierung des Nichtdarstellbaren,[5] da jeder Versuch, den Völkermord direkt darzustellen angesichts der Ungeheuerlichkeiten des historischen Geschehens »obszön«

---

5 In diesem Sinne hatte Lanzmann in seinem neuneinhalbstündigen Dokumentarfilm SHOAH sich bewusst auf die *oral history*, also die Wiedergabe von Statements Überlebender, Täter und Zeitzeugen, beschränkt, um die angestrebte Imagination nicht durch konkrete Bilder zu zerstören.

werden müsse. Daneben berge die mit allen publikumswirksamen Mitteln ausgestattete und dabei höchst authentisch wirkende Erzählung in Spielbergs Film die Gefahr, dass diese zugerichtete ›Realität‹ die Wiedererinnerung an die realen Ereignisse im Bewusstsein der Menschen ersetze.

Zu einem sehr ähnlichen Ergebnis kommt Haim Bresheet (1997) bei seiner Untersuchung der israelischen Reaktion auf den Film. Er identifiziert insgesamt sechs zentrale Gegenargumente, die mit nationalspezifischen Varianten auch für die internationale Diskussion repräsentativ sind: *The taboo argument* – die Darstellung des Holocaust durch Bilder kann und darf nicht sein; *The »good Nazi« argument* – in einem Film über den Holocaust darf kein »guter Nazi« die Hauptrolle spielen; *The impersonel Jews argument* – Juden werden nicht als Individuen, sondern als Masse gezeigt; *The mismatch argument* – die bei dieser Thematik absolut inadäquate Kombination von kitschigen und melodramatischen Elementen; *The historical accuracy argument* – in der Darstellung vieler Details ist der Film nicht historisch korrekt; *The »Americanization« of the Holocaust* – der Holocaust ist ein »israelisches« Thema, und ein Film vom amerikanischen Regisseur Spielberg sowie die Errichtung des Holocaust Memorial Museums in Washington »amerikanisieren« das Thema.

Ähnlich wie bei unterschiedlicher Gewichtung dieser Argumente das Spektrum der Einwände zwischen vergleichsweise moderat vorgetragenen und bissig-scharfen oder auch polemischen Ablehnungen schwankte, gab es auch bei der Gruppe der Befürworter eine entsprechende Bandbreite von kritisch abwägenden Auseinandersetzungen mit dem Film bis hin zu enthusiastischen Stellungnahmen, die meist jegliche Differenzierung nivellierten und überwiegend auf die schon früh erkennbare Breitenwirkung abhoben. Besonders deutlich äußerte sich die Polarisierung in der deutschen Reaktion auf SCHINDLERS LISTE, die bisweilen recht bizarre Formen annahm.

Bereits unmittelbar nach der amerikanischen Premiere erschienen die ersten in diesem Sinne uneingeschränkten Lobeshymnen und prägten die zentralen Begriffe, die in den folgenden Monaten immer wieder zur Charakterisierung des Films bemüht wurden. So sprach beispielsweise Stanley Kauffmann in »The New Republic« (13.12.93) von dem besten Film in Spielbergs Karriere, »meisterhaft« in schauspielerischer Leistung, Kameraführung und Regie, der abgedroschene und billige, tränentreibende Einstellungen vermeide und in jedem Bild visuelles Talent und Engagement erkennen lasse. Die evozierten Tränen seien »ehrenhafte«, denn das »Ziel war es, einen Film zu machen, der durch Authentizität ergreife« (und überzeuge), eine angesichts der früheren Filme Spielbergs willkommene Überraschung, die den Beginn einer neuen Periode in seiner erfolgreichen Karriere erwarten ließe. Ähnlich überschwenglich äußerten sich zahlreiche Rezensenten. So meinte – um nur einige zu nennen – etwa Janet Maslin in »The New York Times« (15.12.93), Spielberg habe dafür gesorgt, dass das Wiedererinnern an den Holocaust niemals wieder in dieser Eindringlichkeit erreicht werden könne; oder, wie Richard Cohen in »The Washington Post« (14.12.93) resümierte, er hätte zwar viel über den Holocaust gelesen, sei aber erst mit diesem Film in der Lage, den unermesslichen Horror nachempfinden zu können.

War in anderen Blättern mit entsprechender Argumentation von Spielbergs ›masterpiece‹ als dem besten Film des Jahres die Rede, so wurde – trotz der sich vehement zu Wort meldenden kritischen Gegenstimmen – die allgemeine Euphorie über die realistische, ergreifende und zugleich publikumswirksame Darstellung des Genozids auch in den deutschen Vorabberichten übernommen und spezifisch erweitert. So kam Jürgen Koar knapp drei Monate vor dem deutschen Kinostart in der »Stuttgarter Zeitung« (18.12.93) zu dem Ergebnis, der Film beschwöre »dokumentarisch die Wirklichkeit des Holocaust« und Spielberg habe hier ohne die bei ihm ansonsten üblichen ›special effects‹ den Versuch gewagt,

> die unglaubliche Wirklichkeit des Holocaust in Schwarzweiß nachzuzeichnen. Der Versuch ist so sehr gelungen, daß mancher Zuschauer in der Hoffnung, seine Benommenheit loszuwerden, länger als üblich im Kinodunkel verharrt. [...] Spielberg erzählt nichts, was über den Holocaust nicht schon längst bekannt wäre, aber er macht ihn für dreieinviertel Stunden zu einem hautnahen Erlebnis [...]. (Auch in Weiss 1995, 23ff.)

Bezug nehmend auf amerikanische Kritiker meldete auch Peter Buchka einige Tage später in der »Süddeutschen Zeitung« (23.12.93):

> Der Mann, der so viele Jahre mit der Realität nichts zu tun haben wollte, hat auf einmal die wirkliche und grausame Geschichte entdeckt und etwas gewagt, was sich bisher in dieser Direktheit noch keiner getraut hat: Spielberg hat den Völkermord an den Juden verfilmt, er hat das Grauen der Vernichtungslager dargestellt, und er hat, nicht zuletzt auch im Hinblick auf den Brudermord im früheren Jugoslawien, die noch immer aktuelle Frage aufgeworfen, was ein Menschenleben wert ist. (Auch in Weiss 1995, 26f.)

Noch weitergehend konstatierte Andreas Kilb in »Die Zeit« (21.1.94) mit triumphierendem Unterton, der Film sei bereits jetzt »ein Ereignis der Zeitgeschichte«, sowie, Hollywood hätte mit der Fernsehserie HOLOCAUST und besonders mit SCHINDLERS LISTE gar die deutsche Vergangenheit bewältigt:

> Mit Schindlers Liste ist Spielberg gelungen, [...] die Geschichte der Ghettos und Konzentrationslager in eine Kino-Fiktion zu verwandeln, ohne sie durch kitschige oder billig-brutale Effekte zu entstellen. Fünfzehn Jahre nach der Erstausstrahlung von Marvin Chomskys Fernsehserie Holocaust wird durch diesen Film die Frage, ob sich der Massenmord an den europäischen Juden überhaupt in bewegten Bildern darstellen läßt, ebenso eindrucksvoll wie endgültig beantwortet. Ja, es geht, und es geht sogar dann, wenn die Hauptfigur der Geschichte, wie in Schindlers Liste, ein Deutscher ist. (Auch in Weiss 1995, 31ff.)

Wie Christoph Weiss (1995, 295ff.) anhand der von ihm dokumentierten Kritiken genauer aufzeigt, war damit Wochen, bevor der Film in Deutschland anlief, gewollt oder ungewollt ein in der folgenden Diskussion immer wieder aufgegriffenes, zentrales Missverständnis entstanden. Denn – so stellte er fest – hier steht »nicht das dominante historische Ereignis, die Vernichtung, sondern der Ausnahmefall, das Überleben, [...] im Zentrum«, so dass der Film selbst mit dem ihm unterstellten Totalitätsanspruch als die »endgültige« Darstellung des Holocaust eigentlich nichts zu tun hätte.

Lothar Baier brachte die recht durchsichtige und stramm konservative Vereinnahmung von SCHINDLERS LISTE in der Formulierung vom »›volkseigenen Film‹ der Deutschen« in »Die Woche« (21.4.94) auf den Punkt und brandmarkte gleichzeitig die damit häufig verbundene Diffamierung jeglicher Kritik:

> Auf der einen Seite haben wir den hinter dem Wort »Holocaust« verschwundenen industriellen Massenmord und dazu die ganze unbewältigte deutsche Vergangenheit, auf der anderen Seite wird eine richtige schlüssige Kinogeschichte erzählt, und zwar die success story der geglückten Rettung von tausend jüdischen Deportierten, deren Hauptfigur jedoch »ein Deutscher« ist – und auf einmal schnurrt in einem magischen Akt alles zusammen, das monströse administrative Verbrechen und Hollywood, das Gute in der deutschen Hauptfigur und die ausstehende Bewältigung, und alle in Deutschland sind glücklich, daß sich das alles zusammen in drei Kinostunden absolvieren läßt. [...] Hat da einer etwas an dem Film und der Rührung der Zuschauer auszusetzen? Da kann nur Antiamerikanismus dahinterstecken, vielleicht auch Antisemitismus, jedenfalls Widerwillen gegen die »Bewältigung der deutschen Vergangenheit«, mit Sicherheit intellektuelle Volksfeme und ganz bestimmt nationale Gefühlsarmut. Seit Schindlers Liste zum volkseigenen deutschen Film promoviert wurde und seither als Klebstoff für die etwas aus dem Leim gegangene »nationale Indentität« gehandelt wird, hat Kritik an dem Film Bürgerrecht verloren. [...] Eine Öffentlichkeit, die offen genug ist, um nicht alles von vornherein auszugrenzen, was sich dem massenmedialen Konformitätsdruck nicht beugt, scheint mir aus dem gegenwärtigen Deutschland verschwunden, verscheucht von der Arbeitsgemeinschaft Kulturindustrie & Nationale Identität AG. (Auch in Weiss 1995, 230ff.)

Zu diesem Zeitpunkt war die Diskussion bereits derart eskaliert, dass die zahlreichen Statements, die – weit entfernt von derartigen Vereinnahmungen – meist aus einer humanistischen Haltung heraus sich für den Film einsetzten (Breitenwirkung) oder sich um eine differenzierte Würdigung des Für und Wider von SCHINDLERS LISTE bemühten, in der öffentlichen Auseinandersetzung kaum Gehör fanden.

In qualitativer Hinsicht und vor allem bezüglich der politischen Motivation entsprechend konträr war die Gruppe der Filmgegner. Einerseits gab es auch hier betont konservative Stellungnahmen, etwa Will Trempers Verriss in »Die Welt« (26.2.94: »Indiana Jones im Ghetto von Krakau«; in Weiss 1995,

63ff.), der sich bemühte, die Authentizität der im Film als »schießwütig« und »korrupt« dargestellten SS-Offiziere sowie die angeblichen »sexuellen Intimitäten zwischen SS-Männern und nackten Jüdinnen« (die es im Film nicht gibt) mit gegenteiligen Aussagen Himmlers sowie den entsprechenden SS-internen Strafregelungen zu widerlegen. Mit ähnlicher Stoßrichtung, wenn auch anderer Begründung, wäre hier beispielsweise Reginald Rudorfs Rundumschlag in dem von ihm herausgegebenen Medienbulletin »rundy« (8.3.94) zu nennen, in dem es abschließend hieß:[6]

> Aber es gibt auch jene, die Schindler zum Antifa-Agitprop umfunktionieren. Die mit Schindler ablenken von Stalins Auschwitz, das 100 Millionen ermordete. Und das war eben Holocaust heute. Davon redet niemand. Das filmt niemand. Denn diese 100 Mio. wurden ja humanistisch mit Marx gemordet. (Auch in Weiss 1995, 178f.)

Anderseits wurde auch von links-liberaler und pointiert linker Seite zum Teil sehr scharfe Kritik geübt. War die bereits erwähnte Stellungnahme von Lothar Baier in »Die Woche« (21.4.94) noch durch ein differenziertes Interesse am Film und der Abwehr reaktionärer Einverleibungsversuche geprägt, so ging Sigrid Löffler unter Verzicht auf derartige Feinheiten gleich zum Generalangriff über. In ihrem Artikel für die »Wochenpost« (24.2.94, »Kino als Ablaß. Spielbergs mißlungener Holocaust-Film«) meinte sie, es sei nichts einfacher »als mittels Gefühlskino Gefühle wachzurufen«.[7]

> Haben wir nicht, vor elf Jahren, bei E.T.s herzzerreißendem Abschied von seinen irdischen Freunden, ähnlich geweint? Hollywood ist ein Kraftwerk der Gefühle. Dort wird die Emotionalisierungsklaviatur professionell beherrscht und gezielt eingesetzt; dort werden, mit den erprobten Mitteln der Hollywood-Dramaturgie, Gefühle stimuliert, gelenkt, aufgestaut und schließlich befriedigend gelöst. Schindlers Liste macht da keine Ausnahme. Der Streifen ist der gelungene Beweis dafür, daß sogar der Holocaust durch die Gefühlsstimulationsmaschinerie Hollywoods gedreht werden und doch die emphatische Zustimmung praktisch der gesamten Filmkritik erringen kann. [...] Aber ist Geschmackssicherheit angesichts dieses Themas wirklich eine kritische Kategorie? Ist die Aura des Authentischen, der dokumentarische Anstrich und die Wochenschauhaftigkeit dieses Schwarz-weiß-Streifens, wirklich eine Tugend? Hat das Zeigen per se eine aufklärerische Wirkung? Kann man mit den Mitteln der Empathie, der Einfühlung, den Kinobesucher positiv beeinflussen, seinen Meinungs- und Haltungsapparat verändern? [...] Doch leider spricht manches eher für den gegenteiligen Verdacht: Der Film funktioniert als seelische Schnell-Reinigung, als Instant-Absolution, als Gefühls-

---

6 Vgl. die unmittelbar auf diese Kritik bezogene Darstellung von Roger Willemsen in »Die Woche« (17.3.94, auch Weiss 1995, 188f.): »Nirgends lebt der deutsche Faschismus schamloser fort als in der faszinierenden Welt des Antikommunismus [...].«

7 Vgl. hierzu die ebenso polemische Entgegnung von Henryk M. Broder in der »Frankfurter Allgemeinen Zeitung« (15.3.94, auch Weiss 1995, 133ff.), der zwar einige m.E. durchaus zutreffende Überspitzungen benennt, in seiner oberlehrerhaften ›Holzhammer‹-Argumentation aber weit über das Ziel hinausschießt.

> Quickie. Dreieinviertel Kinostunden lang mit Schindlers Juden zu bangen, zu leiden, zu weinen und schließlich miterlöst zu jubeln und zu jauchzen, ist nur wohlfeil: Da wird die Kinokarte zum bequemen Ablaßzettel. [...] Ist Spielberg nicht aufgefallen, daß er hier unbeabsichtigt den Auschwitz-Revisionisten in die Hände arbeitet? (Siehe auch Weiss 1995, 57ff.)

Und Joachim Bruhn beispielsweise nahm in seiner Polemik für »Konkret« (6.6.94, auch Weiss 1995, 257ff.) mit dem bezeichnenden Untertitel »Anmerkungen zur Nationalerotik des Kapitals« den kritisierten Film selbst nur noch als lockeren Ausgangspunkt für ein flapsiges Räsonnement über den eigenen Metafilm gleichen Namens, in dem Keneallys Roman, Spielbergs Film und recht freie Assoziationen zu einer schier unauflöslichen Einheit verrührt wurden.[8]

Neben dem Umstand, dass sich hier einer der erfolgreichsten Vertreter des populären Kinos an ein derart sensibles, mit Tabus belegtes Thema gewagt und damit ein Millionenpublikum erreicht hatte, war der ›erdrückende‹ Grad unmittelbarer Betroffenheit, die der Film unabhängig von historischem Vorwissen und politischer Grundüberzeugung des Publikums provoziert, offensichtlich ein zentraler Grund für die ungewöhnlich stark polarisierte Wahrnehmungscharakteristik. Heraus kam ein kaum mehr entwirrbares Gemenge von entsprechenden Vorabinformationen (s.o.), individuell variierenden Einschätzungen und politisch-kulturellen Präferenzen sowie einer hochgradig intensiven emotionalen Ergriffenheit, das für die extrem differierende Wahrnehmung von Inhalt und Handlungsablauf seitens der einzelnen Betrachter verantwortlich war.[9] Häufig liessen sich sogar betont gegenteilige Reaktionsformen beobachten. So versuchten viele der jüngeren Zuschauer sich der emotionalen Intensität durch ›witzige‹ Bemerkungen zu entziehen oder – Berichten über die Reaktionen Jugendlicher aus den von Rassismus und Gewalt beherrschten Slums amerikanischer Großstädte zufolge – durch aggressive Zwischenrufe und massive Störungen.[10] Dass in diesem komplexen Verarbeitungsprozess der Film selbst nur noch als spezifisch selektierter und entsprechend reduzierter Auslöser fungierte, zeigt sich auch daran, dass viele der von den Rezensenten für die jeweilige Argumentation als Beleg bemühten Hand-

---

8 Vgl. auch die weitgehend von Joachim Bruhn dominierte Diskussion der »Initiative Sozialistisches Forum« (1994), die u.a. verdeutlicht, dass jeder einzelne der Teilnehmer offenbar einen eigenen (Meta-)Film gesehen hatte.

9 Wie oben genauer dargestellt (vgl. Kap. A 1, 2), ist das Phänomen einer subjektspezifischen Zurichtung generell für die (Film-)Wahrnehmung kennzeichnend, in diesem Fall aber aufgrund der genannten Faktoren in extremer Weise nachweisbar.

10 Vgl. dazu beispielsweise Bascha Mika: »Schindler und die Schüler« in »Die Tageszeitung« (15.3.94) sowie Rolf Paasch: »Wo die Gewalt vor der Haustür beginnt« in »Frankfurter Rundschau« (1.3.94) u.a.

lungsdetails sich in Spielbergs Film nicht wiederfinden lassen, allenfalls in Keneallys Roman oder überhaupt nicht zu lokalisieren sind. Insofern ist es erforderlich, die filmisch präsentierte Geschichte – die im Film liegenden Rezeptionsvorgaben – zunächst einmal sachlich zu referieren, um die gemeinsame Ausgangsbasis der differierenden Lesarten und Reaktionen rekonstruieren zu können.

3.2 Inhalt und formaler Aufbau

Trotz der mit über drei Stunden Vorführzeit erheblichen Überlänge sowie einer Vielzahl von einprägsamen Handlungsdetails ist der Film relativ klar gegliedert. Er lässt sich in acht größere inhaltliche Blöcke oder Sequenzen unterteilen, denen jeweils bis zu sieben kleinere Einheiten zugeordnet sind. Die Sequenzgrafik (Abb. 1) gibt als grobes Orientierungsraster wesentliche Momente des Handlungsablaufs wieder und verdeutlicht darüber hinaus die Zeitstruktur des Films, die allerdings anhand einer Video-Kopie mit einer Gesamtlaufzeit von gut 187 Minuten ermittelt wurde. Auf zwei für die Rezeption wesentliche Besonderheiten des Films sei an dieser Stelle noch einmal hingewiesen:

Erstens: Bis auf eine sehr kurze Einstellungsfolge zu Beginn und eine gut dreieinhalbminütige farbige Subsequenz am Schluss sowie zwei punktuellen Farbeinblendungen (Sequ. 4 und 7, schwarze bzw. graue Markierung) handelt es sich um einen im ersten Moment durchaus anachronistisch anmutenden Schwarz-Weiß-Film. Zweitens: Über den gesamten Film verteilt, tauchen – ähnlich einem historischen Dokumentarbericht – mehrfach kurze Zusatzinformationen als einkopierte Texte auf, die eine zeitliche und lokale Zuordnung der gezeigten Vorgänge ermöglichen und dem Film einen betont authentischen Charakter geben.

Sequenz 1, Exposition: (1.1) Farbiger Prolog: Die Kerzen, das Sabbatgebet. Schwarzweiß: September 1939, Polen ist von deutschen Truppen besetzt. Bahnhof: die ankommenden Juden werden registriert. (1.2) Nachtclub: Oskar Schindler freundet sich mit den SS-Offizieren an.

Sequenz 2, Schindlers Fabrik: (2.1) Schindler beim Judenrat. Stern soll ihm helfen, jüdische Geldgeber für den Firmenkauf zu finden. (2.2) Schindler sucht Kontakt zu jüdischen Schwarzhändlern (Pfefferberg, Goldberg u.a.). März 1941: Zwangsumsiedlung der Juden ins Krakauer Ghetto. (2.3) Schindler übernimmt die vornehme Wohnung einer jüdischen Familie. (2.4) Schindler und die jüdischen Bankiers. Stern wirbt Arbeitskräfte für die neue Fabrik an, Schindler kümmert sich um die Auswahl der Sekretärinnen. (2.5) Durch großzügige Geschenke an die entsprechenden Entscheidungsträger erhält Schindler umfangreiche Wehrmachtsaufträge. Die Firma floriert. Schindler bedankt sich bei Stern.

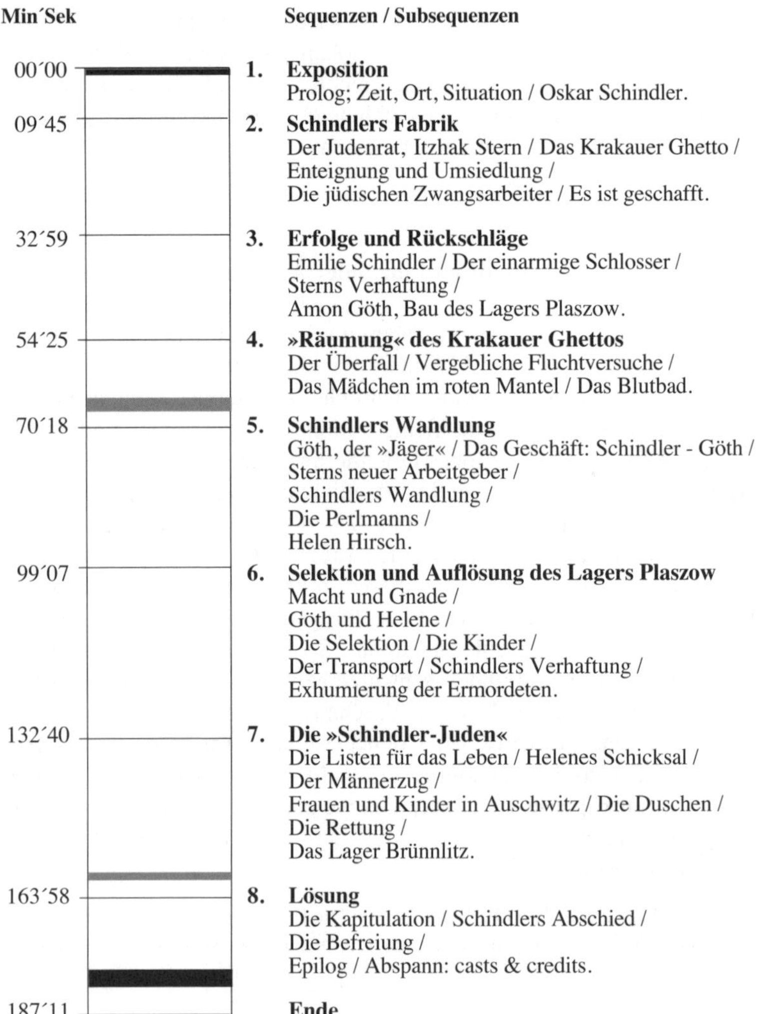

Abb. 1: Sequenzgrafik SCHINDLERS LISTE

Sequenz 3, Erfolge und Rückschläge: (3.1) Frau Schindler besucht ihren Mann in Krakau. (3.2) Schindler und der einarmige Schlosser. Auf dem Weg in die Fabrik werden die Schindler-Arbeiter zum Schneeräumen gezwungen. Der Einarmige wird von den SS-Leuten erschossen. Schindler beschwert sich bei der SS-Dienststelle. (3.3) Stern ist verhaftet worden und bereits in einem der Transportzüge. Schindler schüchtert die Verantwortlichen mit Hinweis auf seine guten Verbindungen ein und kann Stern im letzten Moment herausholen.

Während sie den Bahnhof verlassen, werden die Koffer der Deportierten in einer Lagerhalle entleert und die Wertsachen aussortiert. (3.4) Winter 1942: Untersturmführer Amon Göth besichtigt das Ghetto und das im Bau befindliche Arbeitslager Plaszow. Er wählt Helene Hirsch als sein neues Hausmädchen aus, lässt eine jüdische Ingenieurin, die auf schwere Baumängel hinweist, erschießen und hält vor den Wachmannschaften eine zynische Rede über die bevorstehende Vernichtung der Juden.

Sequenz 4, ›Räumung‹ des Krakauer Ghettos: (4.1) März 1943: Schindler und Freundin beobachten von einem Hügel aus die im Ghetto aufmarschierenden Einsatzkommandos. Die Häuser werden gestürmt und die Bewohner brutal auf der Straße zusammengetrieben. MP-Salven. (4.2) Die SS wütet, Fluchtversuche, wahllose Erschießungen. Die jüdischen Ärzte verabreichen Gift an die Kranken, um den Todeskommandos zuvorzukommen. Pfefferberg versucht vergeblich, durch die Kanalisation zu entkommen. Ein Junge in der Uniform der jüdischen Hilfspolizei bringt eine Frau mit ihrer Tochter in Sicherheit. (4.3) Schindler beobachtet inmitten des Chaos ein kleines Mädchen in einem roten Mantel (Farbeinblendung). Überall Hinrichtungen. Das Mädchen flieht in eine Wohnung. Schindler und Freundin verlassen entsetzt den Hügel. (4.4) SS-Trupps suchen gezielt nach Versteckten, die ohne Vorwarnung sofort erschossen werden. In einer der gestürmten Wohnungen spielt – unbeeindruckt von dem Morden um ihn herum – ein SS-Mann Klavier. Leichenberge. Göth bei einer Lagebesprechung.

Sequenz 5, Schindlers Wandlung: (5.1) Das Arbeitslager Plaszow. Göth auf dem Balkon seiner Villa stehend, erschießt wahllos einige Häftlinge. (5.2) Essen bei Göth. Schindler will für seine Arbeiter ein eigenes Lager einrichten. Gegen eine entsprechende finanzielle ›Entschädigung‹ stimmt Göth zu. (5.3) Stern aber muss jetzt bei Göth arbeiten, soll für dessen Gewinn sorgen. Schindler hat Mühe, die Fabrik alleine weiterzuführen. (5.4) Göth kontrolliert die Arbeitsleistung eines älteren Schlossers. Er will ihn wegen Sabotage erschießen, doch die Pistole versagt, so dass er schließlich davon ablässt. Ein Junge, der ein Huhn gestohlen hat, soll ebenfalls erschossen werden. Stern sorgt dafür, dass die beiden Göths Willkür entzogen und von Schindler angefordert werden. (5.5) Eine junge Frau bittet Schindler, ihre im Lager Plaszow lebenden Eltern (die Perlmanns) ebenfalls für die Fabrik anzufordern. Schindler lehnt es zunächst brüsk ab, das Risiko ist ihm zu groß. Schließlich ist er doch dazu bereit. (5.6) Schindler versucht, Helene Hirsch zu trösten, die unter Göths Brutalität und Unberechenbarkeit zu leiden hat.

Sequenz 6, Selektion und Auflösung des Lagers Plaszow: (6.1) Schindler und Göth. Diskussion über Macht und Gnade. Göth versucht sich im ›Begnadigen‹: Seinen Burschen Lisiek beschimpft er zwar, lässt ihn aber zunächst laufen. Auch eine Arbeiterin, die von einem Aufseher misshandelt wird, ›begnadigt‹ er. Kurz vor dem Lagertor wird Lisiek erschossen. (6.2) Göth lässt sich von Helene maniküren. Etwas später kommt er zu ihr in den Keller, will sich ihr nähern, scheut aber im letzten Moment davor zurück und beginnt sie brutal zu misshandeln. Parallel dazu: Eine jüdische Hochzeitszeremonie im Lager. Schindlers Geburtstagsfeier: Er küsst leidenschaftlich mehrere Frauen, darunter eine junge Jüdin, die ihm im Auftrag seiner Arbeiter gratuliert. (6.3) In der Frauenbaracke wird von den als Duschen getarnten Gaskammern erzählt. Die Frauen wollen es nicht glauben. Lagerappell. Alle müssen antreten, sich ausziehen. Die Alten und Kranken werden ›aussortiert‹. (6.4) Die Kinder werden auf Lastwagen verladen und weggebracht. Ein kleiner Junge versucht zu entkommen, aber alle Verstecke sind voll. Schließlich lässt er sich in die Latrine fallen. Auch hier will man ihn vertreiben. (6.5) Die ›Aussortierten‹ werden in Viehwaggons verladen. Es ist sehr heiß. Schindler versucht, ihnen Linderung zu verschaffen, indem er die

Waggons mit Wasser bespritzen lässt. (6.6) Schindler wird verhaftet, da er eine Jüdin geküsst und gegen die Rassegesetze verstoßen hat. Seine SS-Freunde setzen sich für ihn ein und sorgen für seine Freilassung. (6.7) April 1944: Die bei der Ghettoräumung Erschossenen werden exhumiert und auf großen Scheiterhaufen verbrannt, das Lager Plaszow aufgelöst. Die Insassen sind für die »Endlösung« vorgesehen. Schindler hat genug verdient, will die Fabrik aufgeben und hat sich bei Göth für eine bevorzugte Behandlung Sterns eingesetzt. Schindler und Stern sind Freunde geworden.

Sequenz 7, Die Schindler-Juden: (7.1) Schindler erhält gegen Bezahlung Göths Zustimmung, seine Fabrik mitsamt den Arbeitern und deren Kindern nach Westen zu verlagern. Stern und Schindler stellen die erforderlichen Namenslisten zusammen. (7.2) Schindler bedrängt Göth, auch dessen Haushälterin Helene mitgehen zu lassen. Ihr Schicksal wird durch ein Kartenspiel, das Schindler gewinnt, entschieden. (7.3) Die Schindler-Juden steigen in die Waggons. Der Männerzug erreicht den Bahnhof des neuen Lagers Brünnlitz und wird von Schindler empfangen. (7.4) Der Zug mit den Frauen und Kindern wird versehentlich nach Auschwitz geleitet. (7.5) Nackt und mit geschorenen Haaren werden die Frauen in den »Desinfektionsraum« getrieben, die Türen verschlossen und das Licht gelöscht. Doch aus den Duschen kommt tatsächlich Wasser. Während sie in die Unterkünfte gehen, sieht man eine andere Häftlingsgruppe, die sich schweigend zum Krematorium hinbewegt. (7.6) Gegen einen Beutel Diamanten kauft Schindler ›seine‹ Juden beim Lagerkommandanten frei. Die Frauen besteigen wieder die Waggons, doch die Kinder werden zurückgehalten und Schindler muss erneut eingreifen. Im Hintergrund wird ein langer Zug von Häftlingen zur »Sonderbehandlung« geführt. (7.7) Schindler kommt schließlich mit den geretteten Frauen und Kindern wohlbehalten im Lager Brünnlitz an. Er versöhnt sich mit seiner Frau, die sich um die Alten und Kranken kümmert. Die von seiner angeblichen Rüstungsfabrik produzierten Granaten sind unbrauchbar, so dass Schindler funktionsfähige ankaufen muss, um den Schein zu wahren. Die Arbeiter beim Sabbatgebet (Farbeinblendung: Kerzen). Stern teilt mit, dass Schindlers Vermögen aufgebraucht ist.

Sequenz 8, Lösung: (8.1) Kapitulation der deutschen Truppen. Abschiedsrede Schindlers vor den Arbeitern. Die Wachmannschaften verlassen die Fabrik. (8.2) Schindler muss fliehen. ›Seine‹ Juden überreichen ihm ein Entlastungsschreiben, das ihm bei einer möglichen Verhaftung helfen soll, und einen Ring mit der Talmud-Inschrift: »Wer nur ein einziges Leben rettet, rettet die ganze Welt«. Schindler bricht weinend zusammen. Gemeinsam mit seiner Frau besteigt er schließlich das Auto und fährt ab. (8.3) Ein russischer Soldat erklärt den ›Schindler-Juden‹, dass die Rote Armee sie befreit habe. (8.4) Epilog: Amon Göth wird in Krakau wegen seiner Verbrechen gehängt. Das Tor von Schindlers Fabrik, darüber (als Text) Informationen über Schindlers spätere wenig erfolgreiche Aktivitäten sowie die Würdigung seiner Verdienste durch israelische Institutionen. ›Seine‹ Juden kommen singend einen Hügel herab auf die Kamera zu, das Bild wird farbig: *»Die Schindler Juden heute«* (Text). Die realhistorischen Personen, begleitet von den jeweiligen Schauspielern, treten einzeln vor und legen Steine auf Schindlers Grab. (8.5) Schwarz-Weiß: Abspann mit ›casts & credits‹. Die Musik klingt aus, Ende.

Diese betont sachliche Beschreibung des Handlungsablaufs im Sinne einer Gegenstandssicherung lässt die hochgradige Anspannung und eingangs skizzierte emotionale Intensität nur vage erahnen. Während der Betrachter sich auf den Film einlässt, fallen ihm Bilder aus anderen Filmen, älteren Wochenschauberichten oder fotografischen Dokumentationen dieser Jahre ein. Er erinnert sich der gehörten oder gelesenen historischen Berichte, eigene Ängste und selbst erlebte Bedrohungssituationen werden wachgerufen etc. – subjektspezifische Momente, die das Leinwandgeschehen bruchlos ergänzen und zu einem erdrückenden Filmerlebnis steigern, das noch lange nachwirkt. An einzelne Bildfolgen und Handlungsdetails erinnert man sich noch Jahre später – etwa an die Listen, die zur ›weiteren Verwertung‹ aufgehäuften Habseligkeiten der Deportierten, die ›Räumung‹ des Ghettos und die verzweifelten Versuche, dem Morden zu entgehen, die Leichenberge oder Göths frühmorgendliche Menschenjagd, die Selektion im Lager Plaszow und die Kinder, die Todeszüge, die Frauen in Auschwitz etc.

In dieser ›Gewalt der Bilder‹, die dem Betrachter die gemeinte Rezeptionsrichtung ohne eine Alternative förmlich aufzwingt, lag für viele der intellektuellen Kritiker vermutlich der zentrale Grund für ihre zum Teil scharfe Ablehnung. Ästhetischen Manipulationen gegenüber besonders sensibel, führte die Bildintensität hier zu Unbehagen und wachsendem Widerstand, so dass man sich nur ein Stück weit auf den Film einlassen wollte und statt dessen bemüht war, die hochgradig suggestive Beeinflussung abzublocken. Für die breite Massenwirkung dagegen dürfte gerade die spezifische Mischung aus erprobter – auf emotionale Teilhabe des Betrachters zielende – Spannungsdramaturgie und dem durch Kamera- und Toneinsatz ungewohnt intensiven Realitätseindruck wesentlich gewesen sein, als plastisch miterlebbare, zudem höchst authentisch wirkende Aktualisierung mehr oder weniger bekannter, verdrängter oder als ›Vergangenheit‹ bereits abgetaner historischer Ereignisse.

Das differenzierte Zusammenspiel verschiedener filminterner und externer Faktoren soll im Mittelpunkt der folgenden Untersuchung stehen. Es beginnt bereits bei der häufig unbewussten Vermengung von Romanvorlage und Film, wie an vielen der Rezensionen ablesbar ist.

3.3 Film und literarische Vorlage: Handelnde Personen

Die Darstellung der »erstaunlichen Geschichte von Oskar Schindler« in Thomas Keneallys Roman basiert, wie er im Vorwort schreibt, auf zahlreichen Interviews mit Überlebenden der ›Schindler-Juden‹, der umfangreichen Auswertung von Zeitdokumenten, Zeugenaussagen und weiteren Informationen.[11]

---

11 Dennoch handelt es sich nicht um eine nüchterne Dokumentation, wie vermutet werden könnte. Vielmehr werden häufig mehr oder weniger nachprüfbare Interpretationen des Autors mit der ansonsten durchaus sachlichen Schilderung verknüpft.

Obwohl er manche Einzelheiten dieser Geschichte, zu denen es keine detaillierten Belege gab, auch rekonstruieren musste, war er bemüht, »Fiktionen zu vermeiden« sowie »zwischen Wirklichkeit und jenen Mythen zu unterscheiden, die sich unvermeidlich um jemand von der Statur Schindlers ranken« (Keneally 1994, 8).

Bereits ein erster Vergleich von literarischer Vorlage und Film zeigt deutliche Gemeinsamkeiten, aber auch wesentliche Unterschiede. So sind inhaltliche Problematik, Handlungsorte sowie die Charakteristik der tragenden Figuren weitgehend identisch. Und eigentlich alle Handlungsdetails des Films, auch die kleineren, sowie viele der Dialoge sind bereits im Roman vorhanden, allerdings häufig in anderer Reihenfolge, Gewichtung sowie mit veränderter Funktion und Rollenzuteilung: Während Keneally seine Darstellung mit zusätzlichen Informationen über den geschichtlichen Kontext, über Schindler und die weiteren Akteure anreichert und dabei mit zahlreichen Rückblenden und Einschüben arbeitet, entwickelt Spielberg eine streng chronologische Abfolge des Geschehens, die durch erläuternde Texteinblendungen immer historisch zu verorten ist. Der durchgängig linearen Erzählweise entsprechend werden einzelne Handlungsmomente des Romans im Film neu arrangiert, in den Vordergrund gestellt oder aber in ihrer Bedeutung abgemildert und eher beiläufig geschildert. Ebenso folgen Auswahl und Zeichnung der herausgehobenen Charaktere diesem Ordnungsprinzip.

Werden bei Keneally neben den Haupthandlungsträgern viele der Juden sowie mehrere der SS-Chargen mit individuelleren Motiven vorgestellt und auch namentlich benannt, so reduziert Spielberg die Gruppe der aktiv Handelnden auf einige wenige, detaillierter gezeigte Protagonisten: Schindler, Göth und Stern. Hiervon deutlich abgesetzt erhalten allenfalls noch Göths Hausmädchen Helene Hirsch, sein Bursche Lisiek sowie der korrupte jüdische Hilfspolizist Goldberg und Schindlers Frau Emilie oder sein Schwarzmarktbeschaffer Pfefferberg in einigen Episoden ein gewisses Eigenleben. Die Masse aber sowohl der Täter als auch der Opfer bleibt weitgehend anonym, so dass die meisten der in den Besetzungslisten mit ihren historisch-realen Namen aufgeführten Personen bei einmaliger Betrachtung des Films für den ›normalen‹ Kinobesucher (wenn überhaupt) nur sehr vage zu identifizieren sind und auch bei Hinzuziehung der jeweiligen Romanpassagen – also im nachhinein – nur in wenigen Fällen den Filmakteuren eindeutig zugeordnet werden können.

Diese Wirkung und der damit gegebene tendenziell entindividualisierte, eher exemplarische Charakter des Geschehens wird durch die Auswahl der Schauspieler wesentlich unterstützt. Denn bis auf den »Oscar«-Preisträger Ben Kingsley (GHANDI, Richard Attenborough GB 1982) als Itzhak Stern taucht keiner der populären Hollywood-Stars auf. Spielberg setzte auch bei den Hauptrollen vielmehr auf weniger bekannte europäische Darsteller: So wurde für die Figur des Oskar Schindler der irische Theaterschauspieler Liam Neeson engagiert, der erst ab Mitte der 80er Jahre mit überwiegend kleineren Engagements in einigen Hollywood-Produktionen vertreten war. Auch der Brite Ralph Fiennes, alias Amon Göth, hatte sich zwar als Bühnenschauspieler bereits einen Namen gemacht, stand aber noch am Beginn seiner Filmkarriere. Die drei für die Filmhandlung zentralen Personen lassen sich wie folgt charakterisieren:

Schindler, der elegante Hasardeur und Frauenliebling, der, um seine Ziele zu erreichen, ausgesprochen charmant und sehr zuvorkommend oder – je nach Notwendigkeit – auch hart und fordernd sein kann, ist nur auf den eigenen Vorteil bedacht. Wie er in der Sequenz 3.1 seiner Frau gegenüber verdeutlicht, ist er ausschließlich daran interssiert, reich zu werden, Macht zu haben, jemand zu sein, den man kennt. Dafür ist ihm jedes Mittel recht: bedenkenlose Ausbeutung, Schwarzhandel und offene Bestechung. In dieser Hinsicht unterscheidet er sich kaum von den durchweg korrupten Vertretern der örtlichen SS-Hierarchie, deren Freundschaft und Unterstützung er sich durch finanzielle ›Dankbarkeit‹ erkauft.

Antisemitische Vorbehalte und generell die NS-Ideologie sind ihm eigentlich fremd. Parteimitglied ist er aus reiner Opportunität. So reagiert er beim ersten Zusammentreffen mit Stern (Sequ. 2.1) auf dessen pflichtgemäße Erklärung, dass er Jude sei, mit der sachlichen Feststellung »tja, und ich bin Deutscher, soviel dazu«, bietet ihm einen Cognac an und geht sofort zum Geschäftlichen über. Andererseits hat er keine Skrupel, seine Position als Deutscher mit guten Verbindungen zur Wehrmacht und zur SS auszuspielen, um mit Drohungen und offener Erpressung die jüdischen Geldgeber zu zwingen, ihm ohne irgendwelche Garantien das Kapital für den Firmenkauf zu übereignen. Während die aus ihrer Wohnung vertriebene jüdische Familie sich in der Enge der überfüllten Ghettobehausung einrichten muss, genießt Schindler die kostbare Einrichtung sowie die Weitläufigkeit der ›übernommenen‹ Räume und probiert das bequeme Bett aus (Sequ. 2.3). Die Lage der Juden, ihre Erniedrigung und gezielte Ausgrenzung als Menschen interessieren ihn zunächst nur insoweit, als es ihm nützt und er von ihrer Entrechtung profitieren kann. Auch die Entscheidung, die im Vergleich zu polnischen Arbeitskräften erheblich ›preiswerteren‹ jüdischen Zwangsarbeiter einzustellen, folgt ausschließlich entsprechenden Nützlichkeitserwägungen.

In einem Umfeld von brutaler Unterdrückung und Mord gibt er sich vorbehaltlos den Vorzügen seines darauf begründeten neuen Reichtums hin – ein nur den eigenen Bedürfnissen verpflichteter Lebemann mit ›guten Manieren‹, der erlesene Speisen, guten Cognac, teure Zigarren, schöne Frauen, kurzum den Luxus, liebt. Trotz aller hervorgehobenen negativen Eigenschaften aber wirkt Schindler auch in dieser Phase erstaunlich sympathisch, obwohl sogar später noch, nachdem sich bei ihm bereits Anzeichen einer Umkehr bemerkbar machen, das Profitinteresse für ihn Vorrang zu haben scheint: Als Stern in der Sequenz 5.4 ihn bittet, den Schlosser (das Opfer von Göths missglücktem Hinrichtungsversuch) für das vergleichsweise sichere Fabriklager anzufordern, ist er sofort dazu bereit. Mit den Worten »Er kann in einer Minute ein Scharnier machen? Warum die lange Vorrede?« reicht er Stern ein kostbares Feuerzeug als Bestechung für den verantwortlichen Listenschreiber Goldberg. Auch während des langsamen Wandlungsprozesses vom zwar verbindlich-jovialen, in der Sache aber bedenkenlosen Ausbeuter und Opportunisten zum entschiedenen Nazi-Gegner und auch noch danach bleibt er ein sehr ›schillernder‹ Charakter, weit entfernt von dem üblicherweise eindeutig guten oder abgrundtief bösen Hollywood-Helden. Allenfalls gegen Schluss (Sequ. 7 und besonders Sequ. 8) scheint das Gute in ihm endgültig gesiegt zu haben.

Die Ambivalenz der Figur Schindler ist bei Keneally übrigens noch ausgeprägter. Einerseits werden dort sein unbedingtes Profitstreben am Beispiel der im Film eher beiläufig erwähnten Schwarzmarktaktivitäten sowie eine darauf begründete Verhaftung Schindlers relativ breit geschildert. Und andererseits erscheint er im Roman nicht nur als ein durch die wachsende Anteilnahme am Schicksal der Juden Geläuterter, der selbstlos seine Arbeiter rettet, sondern als Mann des aktiven Widerstandes, der das »Jewish Joint Distribution Committee« mit Informationen über die systematische Judenvernichtung versorgte und die Verteilung von Hilfsgeldern übernahm;[12] ein Aspekt von Schindlers Charakter, der im Film vollkommen fehlt.

Auch die Verkörperung des ›bösen Deutschen‹, der psychotische Lagerkommandant Amon Göth als Schindlers Gegenspieler, wird (zumindest im Film!) mit durchaus ambivalenten Zügen geschildert: Er ist zwar ein nicht minder auf den eigenen Vorteil bedachter Profiteur, für den ein Menschenleben – gar das eines Juden – nur dann zählt, wenn er dafür einen finanziellen Gegenwert erhält. Und das Morden ist für ihn eine ganz normale Tätigkeit wie Rauchen, Trinken, Essen, die man ohne nachzudenken automatisch oder aus einer Laune heraus ›erledigt‹. Neben der völligen Unberechenbarkeit seines Verhaltens gibt es aber kurze Momente, in denen auch bei ihm menschliche Gefühle aufscheinen; so etwa in den zwiespältigen Empfindungen seinem jüdischen Hausmädchens Helene Hirsch gegenüber, das er auf seine Weise liebt, zugleich aber davor zurückscheut und die zuvor Umschmeichelte im nächsten Augenblick als »jüdische Schlampe« brutal verprügelt (Sequ. 6.2). Obwohl sie ja »kein Mensch im üblichen Sinne des Wortes« ist, wehrt er sich empört gegen Schindlers Ansinnen, sie mit auf die rettende Liste zu setzen, da er wider besseren Wissens sich dem Wunsch hingibt, mit ihr zusammen alt zu werden

12 Vgl. Keneally 95ff. (Verhaftung) und 130ff. (Widerstandsaktivitäten).

(Sequ. 7.2). Auch im Verhältnis zu ›seinem Freund‹ Schindler, dem einzigen, zu dem er sich ein begrenztes Vertrauen gestattet, lassen sich derartige Seiten an Göth feststellen. Nach Schindlers Verhaftung (Sequ. 6.6) ist es vor allem Göth, der sich massiv und mit Erfolg für seine Freilassung einsetzt, ohne einen unmittelbaren Vorteil davon zu haben. Und das Gespräch über Macht und Gnade (Sequ. 6.1) scheint sich zunächst auch auf Göths Verhalten positiv auszuwirken, indem er ›verzeiht‹, um aber gleich darauf wieder ins gegenteilige Extrem zu verfallen, mit der gewohnten Brutalität und Willkür zu agieren.

Göth ist mit Schindlers Worten – wie er, die eigene Handlungsunfähigkeit entschuldigend und selbst nicht so recht daran glaubend, in der Sequenz 5.5 erklärt – ein »Schlitzohr«, aber »gar nicht so schlecht, wie es scheint«. Er sei ein Opfer des Krieges, der nur die schlechten Seiten der Menschen und nie die guten zum Vorschein bringe, »ein Mann, der gutes Essen liebt, Wein, Frauen« »... und Morden« fügt Stern sachlich hinzu und beschreibt als Beleg einige Fälle von Göths unberechenbarer Mordlust. Zwar gibt es vor allem in dem unbedingten Vorteilsdenken und der Vorliebe für jeden erdenklichen Luxus gewisse Parallelen zwischen Schindler und Göth, die von vielen Filmkritikern vorgebrachte Behauptung aber, Göth sei im Sinne einer Seelenverwandschaft Schindlers Alter Ego, ist eher als ein weiteres Beispiel für die unbewusste Vermischung von Filmwahrnehmung und spezifischen Vorkenntnissen im Rezeptionsprozess zu werten. Denn eine derart zugespitzte Sichtweise lässt sich an Spielbergs Film kaum erhärten und dürfte vor allem auf entsprechende Romanpassagen zurückzuführen sein. So vermutet Keneally (S. 151), »daß Schindler gegen seinen Willen von dem Bösen in diesem Menschen fasziniert war«, und fügt hinzu, »daß Göth so etwas wie der dunkle Bruder Schindlers war, ein berserkerhafter, fanatischer Mordgeselle, wie auch Schindler einer hätte werden können, wären seine Neigungen andere gewesen«.

Abgesehen von den genannten, überwiegend eher marginalen Abweichungen folgt Spielberg in der Charakterisierung von Schindler und Göth also im wesentlichen der literarischen Vorlage. Nur die Figur des Itzhak Stern ist in dieser Form eine reine Erfindung der Filmautoren. Zwar gibt es auch bei den von Keneally recherchierten historischen Personen einen jüdischen Buchhalter dieses Namens, der »einzige Beichtvater, den Schindler jemals hatte und auf dessen Meinung er was gab« (Keneally, S. 149), der aber in einer anderen Krakauer Fabrik tätig war und im Roman als Schindlers Vertrauter nur punktuell auftaucht. Die meisten der dem »Film-Stern« zugeschriebenen Aktionen und Ereignisse betreffen dagegen Schindlers tatsächlichen Buchhalter Bankier, der im Film nur einmal kurz erwähnt wird. An der Zusammenstellung der rettenden Liste gar hatte (der historische) Stern keinen Anteil. Sie war nach Keneally (S. 247ff.) vielmehr das Ergebnis der engen Zusammenarbeit von Schindler und Raimund Titsch, dem »arischen« Geschäftsführer des mit Schindler befreundeten Unternehmers Madritsch sowie der Manipulationen des korrupten jüdischen Hilfspolizisten Goldberg.

Offensichtlich in der Absicht, eine auch von den Akteuren her klar gegliederte Geschichte zu erzählen, konzentriert Spielberg also die Handlungen und Charakteristika mehrerer historisch belegter Personen in einer einzigen Filmfigur und stellt damit – entgegen der Behauptung vieler Kritiker (s.o.) – Schindler und Göth einen ausgesprochen starken jüdischen Antagonisten gegenüber. Denn dieser Itzhak Stern ist in der Tat der eigentliche Motor für die Rettung der ›Schindler-Juden‹. Anders als Schindler wird er als zurückhaltend und kluger Intellektueller gezeichnet, der mit einem hohen Grad an Selbstbeherrschung die Erniedrigungen und Übergriffe der ihm geistig unterlegenen deutschen ›Herrenmenschen‹ erträgt, um in realistischer Einschätzung der Lage aus dem Hintergrund heraus die Fäden für das Überleben seiner Leidensgenossen ziehen zu können. Bereits bei dem ersten Zusammentreffen mit Schindler (Sequ. 2.1) wird Sterns kühle Distanz, mit der er die Situation beurteilt und sein Gegenüber abschätzt, deutlich. Er scheint zwar zunächst verblüfft angesichts von soviel Unverfrorenheit und Selbstvertrauen, die der offenbar »wichtige Deutsche« an den Tag legt, wenn dieser freimütig zugibt, dass er weder das Geld für den Firmenkauf noch die für den Betrieb erforderlichen Fachkenntnisse besitzt und schon gar nicht die Arbeit machen wolle, lässt sich dennoch nicht aus der Fassung bringen und weist Schindlers Ansinnen mit knappen Worten zurück. Und auch später bleibt er Schindler gegenüber der betont reserviert-höfliche, nach außen willfährige Buchhalter, der mit seiner Erfahrung maßgeblich zum Erfolg des Unternehmens beiträgt, aber nur, um als geschickt taktierender Organisator – ohne dass Schindler etwas bemerkt – von Beginn an die Fabrik zu einem Zufluchtsort für besonders gefährdete Lagerinsassen zu machen.

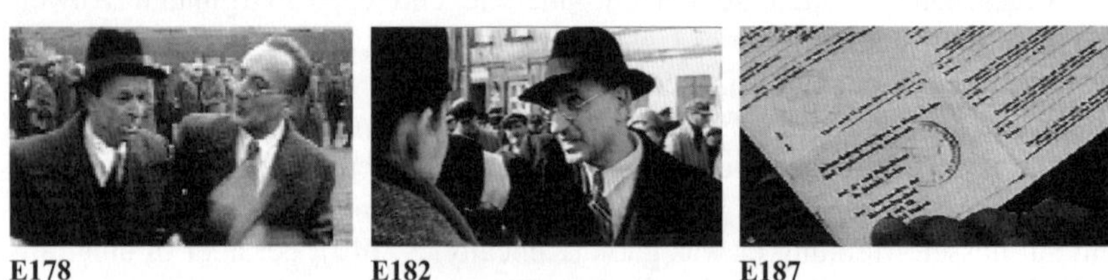

E178 E182 E187

Abb. 2 : Stern ›macht‹ einen älteren Geschichtslehrer zum kriegswichtigen Metallschleifer

So nutzt er bei der Anwerbung der Arbeitskräfte (Sequ. 2.4) die bürokratische ›Papiergläubigkeit‹ und Borniertheit der Besatzer gezielt aus, um mit subversiver List durch gefälschte Belege und unterwürfig vorgetragene Behauptungen dafür zu sorgen, dass besonders die Alten und Kranken sowie die handwerklich nicht Ausgebildeten den überlebenswichtigen »Blauschein« erhalten (siehe Abb. 2). In einer süffisanten Parallelmontage werden diese Aktivitäten Sterns gezeigt und pointierend mit den Konsequenzen konfrontiert, indem man die derart zu »kriegswichtigen Arbeitern« gemachten in der Fabrik sieht, wie sie sich eifrig, aber mit wenig Erfolg bemühen, die vollkommen ungewohnten Arbeitsvorgänge zu verrichten. Erst als sich einer der Arbeiter, ein *einarmiger* Schlosser (Sequ. 3.2) bei Schindler für seine Rettung bedanken will, scheint dieser Sterns eigentliche Interessen zu ahnen. Doch Schindlers Vorwürfe lassen ihn völlig unbeeindruckt. Stern ist denn auch derjenige, der Schindlers wiederholt Versuche, die Zustände im Lager und die Brutalität seiner so gepflegten SS-Freunde geflissentlich zu übersehen, immer wieder nüchtern und beharrlich korrigiert und damit Schindlers Wandlungsprozess entscheidend beeinflusst.

Von der unterschwellig erotischen Beziehung des ›weibisch‹-schwachen Stern zum ›männlich‹-starken Schindler, wie mehrere Rezensenten konstatieren, kann bei den gleichnamigen filmischen Figuren nicht die Rede sein. Ähnlich wie die behauptete Seelenverwandschaft Göth/Schindler lässt sich auch diese Interpretation allenfalls aus Hinweisen bei Keneally (S. 40) ableiten, etwa wenn dieser das erste Gespräch der beiden mit folgenden Worten beschreibt: »[...] die Unterhaltung [nahm] eine besondere Färbung an, so wie zwischen einem Mann und einer Frau, die sich auf einer Gesellschaft kennenlernen und sogleich einen erotischen Funken überspringen fühlen«.

3.4 Emotionalität und historische Aktualisierung

Filmvorspann und Exposition haben ursprünglich die eher nüchterne Funktion, die *cast & credits* zu benennen sowie eine allgemeine Orientierung über die Ausgangssituation der erzählten Geschichte zu vermitteln. Daneben hat es immer wieder – verstärkt mit der Wiederbelebung des großen Hollywoodfilms in den 70er Jahren – Bemühungen gegeben, diese häufig als Pflichtübung behandelten Notwendigkeiten als eigenständiges Spannungselement innovativ zu nutzen.[13] Wie in vielen früheren Spielbergfilmen auch, wird der Betrachter in SCHINDLERS LISTE von Beginn an in die Handlung suggestiv hineingezogen, durch die schnell wechselnden visuellen und auditiven Eindrücke extrem gefordert und mit gezielt provozierten Ahnungen über das kommende Geschehen konfrontiert.

13 Als relativ frühe und exponierte Beispiele dafür sei hier u.a. auf die Hitchcock-Klassiker VERTIGO (1958) oder THE BIRDS (1963) verwiesen.

Um dieses überprüfbar zu machen, wurde eine Einstellungsgrafik der ersten zehn Filmminuten (Abb. 3) erstellt, die im Folgenden als formales Gerüst für die Argumentation dienen soll.[14]
Der Film beginnt mit einem farbigen Prolog: Sternenhimmel, sich drehende Weltkugel mit dem »Universal«-Schriftzug, absolute Stille; Abblende – Aufblende: Anreißgeräusch eines Streichholzes, Großaufnahme einer Kerze, die angezündet wird, dann (KS rechts) eine zweite. Ein hebräisches Gebet wird intoniert.[15] Die Einstellung (E3) wechselt in eine Halbnahe: Abgedunkelter Innenraum, eine jüdische Familie beim Sabbatgebet. Die Kamera zeigt das Gesicht eines Jungen (E4). Während der Gesang auf der Tonebene weiterläuft, sieht man in einer ruhigen Überblendungsfolge mehrere Einstellungen der nunmehr *leeren* Wohnung (darüber: Produktionsfirma, Regie). Die Kamera bleibt auf einer Kerze (Großaufnahme) stehen, der Gesang endet und die Kerze verlischt langsam. Ihrem aufsteigenden Rauch folgend, schwenkt die Kamera nach oben. Die gedämpfte Farbigkeit und andächtige Stille werden jäh unterbrochen: Das Bild (E5) wechselt in Schwarz-Weiß: ein Schornstein, der unheilverkündende Rauchwolken ausstößt, begleitet von dem schrillen Pfiff und dem aggressiven Schnaufen einer – wie ein von oben nach unten verlaufender Vertikalschwenk verdeutlicht – am Bahnsteig stehenden Lokomotive.

In einem betont ruhigen Schwenk nach links (E6 = 19 Sek.) sieht man den leeren Bahnsteig, darüber (Text-Einblendung): »September 1939, die deutsche Wehrmacht besiegte in zwei Wochen die polnische Armee« und – während vor dem Bahnhofsgebäude eilig Klapptische und -stühle aufgestellt werden – »Alle Juden mußten sich registrieren lassen und in größere Städte umsiedeln.

---

14 Wie in Kap. A 3.3.2 (41ff.) bereits erläutert, ist in vielen Fällen die Untersuchung der durch den Schnittrhythmus erzeugten Formalspannung eines Films für die Analyse der Präsentationsstruktur sehr aufschlussreich, als eine – neben den inhaltlichen Faktoren – häufig eingesetzte Möglichkeit, durch Tempiwechsel die Wahrnehmung und emotionale Befindlichkeit des Betrachters gezielt zu beeinflussen. Da dieses bei SCHINDLERS LISTE (wie noch gezeigt werden soll) durch eine komplexe Kombination von Kamerabewegungen *und* alternierenden Einstellungslängen erzeugt wird, wäre eine im obigen Sinne reine Einstellungsgrafik irreführend. Daher wurden nach mehreren Tests drei hierfür zentrale Kamerastrategien – einzelne, überwiegend der Orientierung dienende Schwenks oder Fahrten, schnelle Reißschwenks sowie die Plansequenzen – gesondert ermittelt und in die Darstellung einbezogen. Zu welchen Fehleinschätzungen die unreflektierte, eben ausschließliche, Berücksichtigung der Einstellungslängen (nicht nur) in diesem Fall führen kann, zeigt die Untersuchung von Noack 1998, der sich zwar der Mühe unterzogen hat, den gesamten Film durchzumessen, die im Anhang wiedergegebenen Ergebnisse aber aus den o.g. Gründen für die qualitativen Aussagen nicht nutzen kann.

15 Für die häufiger vorkommenden Kameraaktivitäten werden folgende Kürzel verwendet: E = Einstellung, KS = Kameraschwenk, KF = Kamerafahrt, PlanS = Plansequenz.

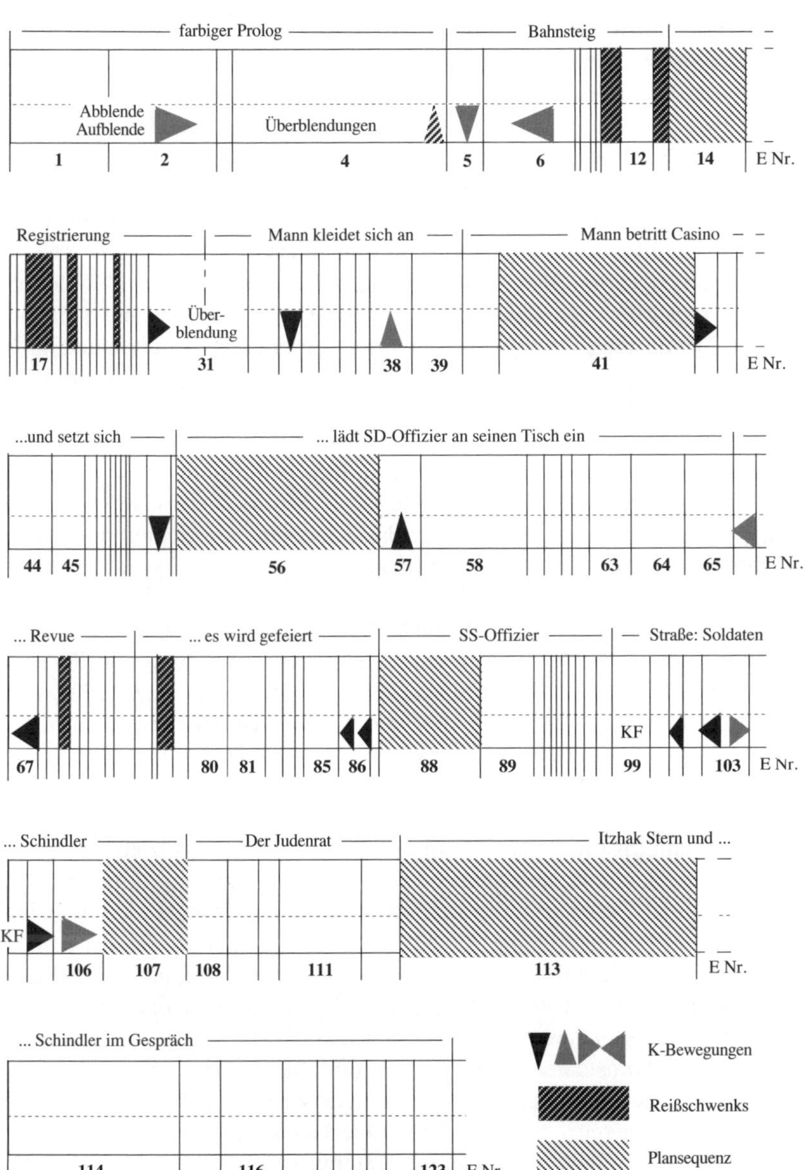

Abb. 3: Einstellungsgrafik: SCHINDLERS LISTE
Sequenz 1: Exposition und 2.1: Gespräch Schindler – Stern

Über 10.000 Juden vom Land treffen täglich in Krakau ein.« Eine schnelle Schnittfolge in extremer Naheinstellung (E7–E10, zwischen 0,7 bis 1,5 Sek.): Die notwendigen Utensilien Stempel, Hefter, Tintenfässer, Löscher und Listen werden bereitgelegt. Beamter am Tisch sitzend (E11), Reißschwenk nach rechts oben: Eine jüdische Familie kommt auf die Kamera zu. Großaufnahme: Ein Tintenfass wird aufgeschraubt (E12), die Schreibfeder hineingetaucht, die Registrierung beginnt: Reißschwenk vom Gesicht des Beamten auf einen bärtigen Juden (E13), der seinen Namen nennt, schriller Pfiff der Lokomotive, lautes Stimmengewirr, Namen werden gerufen. Die Kamera (E14, PlanS) schwenkt ruckartig nach links, zeigt weitere Tische, Beamte, ankommende Juden, ›fährt‹ an einer Gruppe Uniformierter vorbei in die Bildtiefe und bleibt auf einer Frau stehen, die eine Auskunft haben will, aber keiner weiß Bescheid. Das Zusammenspiel von Bild- und Tonebene erreicht einen weiteren Höhepunkt aggressiver Hektik: Eine Folge aus extrem kurzen Einstellungen (E15–E30, zwischen 0,3 und 2,5 Sek.), die durch Reißschwenks (E17, E20, E26) noch gesteigert wird. Das Stimmengewirr wird lauter, immer wieder Lokomotivpfiffe, die gerufenen Namen, das Klappern von Schreibmaschinen. Gesichter einzelner Juden in Großaufnahme wechseln mit Typenhebeln, die die Namen schreiben. Das monotone Schreibmaschinengeräusch wird schließlich von einer ›wimmernden‹, melancholischen Musik (Geige, Akkordeon) verdrängt (E31). Überblendung in einen gepflegten Innenraum: ein Radio in Nahaufnahme. Jemand füllt ein Schnapsglas (E32), Hemd, Anzug, Krawatte werden zurechtgelegt (E33, E38, leichter KS, der Bewegung folgend). Ein Mann kleidet sich sorgfältig an, steckt mehrere Geldbündel ein und befestigt ein auffallend großes NSDAP-Abzeichen am Revers (E40). Die Musik klingt aus.

Es sind zunächst mehr oder weniger identifizierbare Assoziationsangebote, undeutliche Gefühle, aufkommende Ängste oder auch vage Erinnerungen an schon einmal Gesehenes, die sich ins Bewusstsein drängen: Die brennenden Kerzen als Lebenssymbole, die betende jüdische Familie, die leer zurückgelassenen Räume und die *verlöschende* Kerze, die in den Rauch einer Lokomotive übergeht: Die Todeszüge, die über Entwürdigung, Entrechtung und bürokratische Aussonderung schließlich in den Verbrennungsöfen mit ihren qualmenden Schornsteinen(!) der Vernichtungslager enden. Kaum hat man sich auf die ersten sehr ruhigen Bilder eingelassen, versucht die noch schemenhaften Ahnungen, gedanklichen Querverbindungen und Deutungsmöglichkeiten zu ordnen, wird man (ab E7) unvermittelt in eine extrem hektische und vollkommen unübersichtliche Situation hineingeworfen, die jegliche Bemühung, sich zurechtzufinden, zunichte macht. Neben den Bildinhalten und dem durch alternierende Einstellungslängen ständigen Tempowechsel ist dafür die hochgradige Bilddynamik bedeutsam, die den Betrachter in ein zunächst verwirrendes Geschehen hineinschleudert, das er erst langsam begreifen kann. Die in alle Richtungen sich bewegende Handkamera (besonders E11–E26), die sich in zahlreichen Reißschwenks, ruckartigen Blickveränderungen und bewegungsbetonten Kamerafahrten bemerkbar macht, vermittelt in Verbindung mit den bevorzugten Naheinstellungen und entsprechendem (realistischen) Toneinsatz das Gefühl des unmittelbaren Dabeiseins im Sinne eines authentischen Dokumentarberichts. Die Kamera ›wandert‹ durch die Situation, zeigt die Schreibtischtäter, die mit bürokratischer Sachlichkeit ihre Arbeit verrichten, die Attribute der Unterdrückung und die Gesichter der Opfer sowie ihre (gerufenen und) sorgsam zu Listen geordneten Namen. Doch zunächst (ab E31) scheint es eine kleine Besinnungspause zu geben. Die Dynamik geht deutlich zurück, und der Betrachter findet sich unvermittelt in die Rolle des Voyeurs gedrängt, der ohne weitere Orientierungsmöglichkeit (Großaufnahmen) einer männlichen Person aus nächster Nähe beim Ankleiden zusieht, und registriert langsam, dass eine zweite Geschichte begonnen hat:

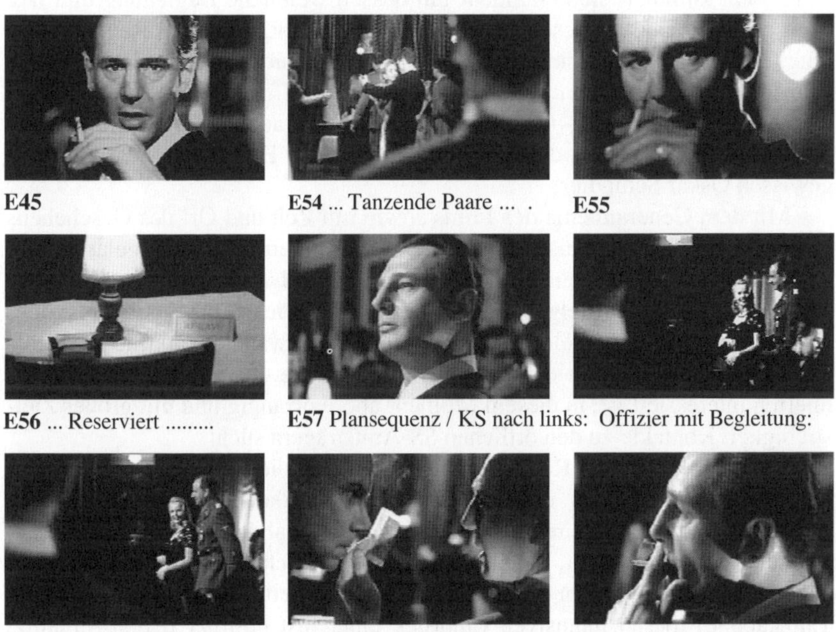

E45 **E54** ... Tanzende Paare **E55**

E56 ... Reserviert .... **E57** Plansequenz / KS nach links: Offizier mit Begleitung:

....Plansequenz / KS steht / Tiefenschärfe verlagert sich wieder auf den Vordergrund ......

Abb. 4: Plansequenz

Als intimer Begleiter folgt man dieser (?) Person in einen Nachtclub (E41, PlanS), gibt dem Kellner ein Trinkgeld, wird an einen Tisch geführt und be-

kommt zum ersten Mal sein Gesicht zu sehen: Ein gepflegter, überlegen lächelnder junger Mann, der die Anwesenden sorgfältig mustert.
Gemeinsam mit dem etwas irritierten Kellner (E42, E43) fragt man sich, wer dieser geheimnisvolle, betont selbstbewusste und offenbar wichtige Jemand ist, aus dessen Perspektive das folgende Geschehen überwiegend geschildert wird. Er sieht sich orientierend um (E44–E55, s. Abb. 4), begutachtet eine junge Dame am Nachbartisch, die anwesenden SS-Leute, eine Fotografin, eine Tanzkapelle, die Paare auf der Tanzfläche ... ein reservierter Tisch in Nahaufnahme (E56). Er blickt zur Tür (E57, PlanS mit Verlagerung der Tiefenschärfe), beobachtet aufmerksam einen hohen SD-Offizier, der mit einer jungen Frau den Saal betritt (KS nach links) und sich an den Tisch setzt. Während die Kamera zum Stillstand kommt, verlagert sich die Tiefenschärfe wieder auf den Vordergrund: Der Unbekannte erkundigt sich beim Kellner nach den vorhandenen Weinen und lässt eine Flasche vom Besten für die neuen Gästen bringen (KS links). Sein Plan geht auf (E58–E65), er bittet den Offizier an seinen Tisch, kümmert sich charmant um dessen weibliche Begleitung und lädt nach und nach alle Anwesenden ein. Gemeinsam folgt man der Revuedarbietung (E66–E75), isst, trinkt und singt (E76–E87). Auch der in ähnlicher Weise filmisch eingeführte, neu hinzukommende SS-Offizier (E88, PlanS) wird integriert, nachdem er – und damit auch der Betrachter – vom Kellner erfahren haben (E89), wer dieser spendable Herr ist: Es handelt sich um einen gewissen Oskar Schindler.

Mit dem Generalthema des Films sowie mit Zeit und Ort des Geschehens in der beschriebenen Weise unvermittelt konfrontiert und allein gelassen mit einem Bündel auf ihn einstürmender Gefühle und Assoziationsfetzen, wird dem Zuschauer die titelgebende Hauptfigur zunächst als geheimnisvoller Fremder präsentiert; ein elegant gekleideter, weltgewandter Charmeur, der offenbar gleichermaßen an den jungen Damen sowie den anwesenden Uniformierten interessiert ist, in diesem Moment aber vorrangig und mit großer Zielstrebigkeit Kontakte zu den örtlichen SS-Amtsträgern sucht.

Nach der Hektik der Registrierung suggerieren die jetzt wesentlich ruhigeren Kamerabewegungen und die ausgedehnten Plansequenzen (E41, E56, E88) eine vergleichbar direkte – allerdings emotional deutlich distanziertere – Teilhabe des Betrachters, indem er den Blicken Schindlers folgt, wobei der äußerst sparsame, immer vom Bild her legitimierte Musikeinsatz (Radio, Tanzkapelle) diesen intensiven Eindruck einer fast greifbar realen Situation wesentlich unterstützt.

Auch die noch häufiger auftauchenden Requisiten der Registrierung, die Klappstühle und -tische, die Schreibutensilien und Listen werden hier bereits eingeführt und erhalten zunehmend symbolische Bedeutung, stellvertretend für den sachlich-bürokratisch durchgeführten ›Vorgang‹ der systematischen

Vernichtung der Juden. Dieses ›pars-pro-toto‹-Prinzip sowie Toneinsatz und Kamerastrategie mit ihrer Realitätssuggestion und den freigesetzten Assoziationen werden im Filmverlauf spezifisch ergänzt und erweitert, wie einige Beispiele aus der unmittelbar folgenden Subsequenz exemplarisch belegen sollen: Während Schindler und der SS-Offizier im Schlussbild der Sequenz 1.2 (E98) gemeinsam für das Gruppenfoto posieren, erklingt bereits ein flottes Marschlied, das erst in der folgenden Einstellung seine visuelle Entsprechung erhält: Eine Gruppe deutscher Soldaten marschiert in den Bildvordergrund, begleitet von Kindern, die sich im Rhythmus mitbewegen. Etwas später (E104, Detailaufnahme, KF) folgt die Kamera einem großen Parteiabzeichen, das jemand auf dem Revers seines Ledermantels trägt: Schindler geht zielstrebig an einer langen Schlange wartender Juden vorbei (E105, E106), im Vordergrund versperrt eine durchfahrende Straßenbahn für einen Moment den Blick, ein Lautsprecher verkündet das Verbot, Fleich koscher zuzubereiten. Schindler betritt das Gebäude des Judenrates (E107, PlanS), bahnt sich einen Weg durch die überfüllten Gänge, geht die Treppe hinauf und verlangt, Stern zu sprechen (E111). Eine sehr ausgedehnte Plansequenz (E113, 37 Sek.) schließt sich an: Schindler erläutert sein Anliegen. Stern gibt sich jedoch wenig interessiert und lehnt ab. Schindler rät ihm drohend, darüber noch einmal nachzudenken (E123). In der Ferne erinnert der aggressive Pfiff (eines Deportationszuges?) an die möglichen Folgen einer Verweigerung.

3.5 Asynchroner Bild- und Toneinsatz

Fast alle Rezensenten, einschließlich der entschiedenen Gegner, bestätigen explizit oder implizit die außergewöhnlich starke emotionale Betroffenheit, die der Film hervorruft, und bescheinigen ihm eine – im Ergebnis allerdings unterschiedlich bewertete – hochgradige Authentizitätsillusion und spezifisch filmische Erzählqualität. Der u.a. daraus resultierende Effekt, dass man die mit gut drei Stunden Vorführdauer erhebliche Überlänge kaum wahrnimmt oder zumindest nicht als ›störend‹ empfindet, beruht auf dem intensiven Zusammenwirken mehrerer, sich gegenseitig steigernder inhaltlicher und formaler Faktoren, die dem Betrachter kaum Zeit zum Atemholen lassen. Ein dafür wesentliches Moment ist die insgesamt stark verdichtete Erzählweise des Films, da – wie an der Exposition exemplarisch aufgezeigt – der Zuschauer ohne Besinnungspause in schneller Abfolge mit den unterschiedlichsten Eindrücken konfrontiert ist. So werden in Erweiterung klassischer Hollywood-Erzähltechnik etwa die letzten Bilder eines ausführlicher geschilderten Vorgangs bereits mit der Tonspur der folgenden unterlegt und ohne Spannungsabfall gleitende Übergänge geschaffen oder aber – indem das Bild den Dialog konterkariert – die verbalen Aussagen ironisierend zugespitzt, in ihrer Phrasenhaftigkeit entlarvt. Ebenso ist es damit möglich, Situationen durch einige wenige ausschnitthafte Einstellungen visuell nur anzudeuten und mit den durchlaufenden Informationen auf der Tonebene zu einer trotz der Verkürzung verständlichen Aussage pointierend zusammenzuführen. Neben der generellen Beschleunigung des Erzähltempos wird die gezielte Asynchronität von Bild und Ton also für unterschiedliche inhaltliche Aussagen eingesetzt.

Gegen Ende der Sequenz 2.4, Schindler posiert inmitten seiner neuen Sekretärinnen vor dem Fabriktor für den Fotografen, erklingt bereits ein Klavierspiel, das in den nächsten Bildern durch die Hände der Pianistin ›erklärt‹ wird und anschließend mehrere kurze Einstellungen begleitet – ein erlesenes Buffet, gefüllte Sektgläser, Uniformierte mit ihren Damen in Abendgarderobe: Schindler gibt für seine SS-Freunde einen Empfang. Unmittelbar darauf ist Schindler für einen Moment zu sehen, wie er bei Pfefferberg eine Reihe von Luxusartikeln ordert: Kaviar, Zigaretten, frisches Obst und exotische Früchte, erlesene Zigarren, Cognac, Ölsardinen, Seidenstrümpfe und »von allem nur das Beste«.

Während er die Bestellung diktiert, werden die entsprechenden Dinge auf der Bildebene aus den abenteuerlichsten Verstecken geholt und sofort ihrer Verwendung zugeführt: Schindlers Stimme verliest einen Werbetext, in dem die »volle Einsatzbereitschaft der Deutschen Emaillewarenfabrik«, die Qualität ihrer Produkte, die moderne Maschinenausstattung sowie die Qualifikation der Belegschaft (»alles Meister ihres Fachs«) in höchsten Tönen angepriesen werden. Parallel dazu sieht man die Arbeiterinnen am Emailleofen, die gerade die heißen Töpfe fallen lassen, junge Damen, die prall gefüllte Geschenkkörbe unmittelbar an der Kamera vorbei in die Büros der Entscheidungsträger bringen, Uniformierte, die (mit Schindlers Stimme) aus der Broschüre vorlesen und die SS-Offiziere, die bewundernd den Inhalt der Körbe prüfen. Mit dem Wunsch einer »beiderseits gedeihlichen Zusammenarbeit« sowie der Versicherung »aufrichtiger Dankbarkeit« klingt der Text aus und geht ohne Pause in Materialbestellungen und Lieferanordnungen über, die Schindler – wie der folgenden Einstellung zu entnehmen ist – seinen Sekretärinnen diktiert. Die Empfänger der Geschenkkörbe stempeln die Formulare, Lastwagen verlassen unter lautem Hupen die Fabrik, Schindlers Firma floriert. In dieser Weise wird in gut zwei Minuten ein recht komplexer Zusammenhang vermittelt und dabei Schindlers höchst effektive Methoden im Umgang mit seinen korrupten Geschäftspartnern ›augenzwinkernd‹ charakterisiert.

Ein weiteres Beispiel soll die Variationsbreite dieser Erzähltechnik verdeutlichen. In der Sequenz 3.2 empfängt Schindler auf Sterns beharrliches Bitten hin Löwenstein, einen älteren einarmigen Schlosser, der sich für seine Rettung bedanken will. Mit jovialem Desinteresse nimmt er die Beteuerungen entgegen und macht anschließend Stern heftige Vorwürfe, dass er diesen einarmigen, der zu nichts nütze sei, überhaupt eingestellt habe. Einige Tage darauf: Die ›Schindler-Juden‹ verlassen fröhlich das Ghetto und gehen durch die verschneiten Straßen zur Fabrik. Ein Kübelwagen kommt ihnen entgegen, SS-Leute steigen aus. Die Juden werden zum Schneeräumen befohlen. Besen und Schaufeln sollen ausgeladen werden ...

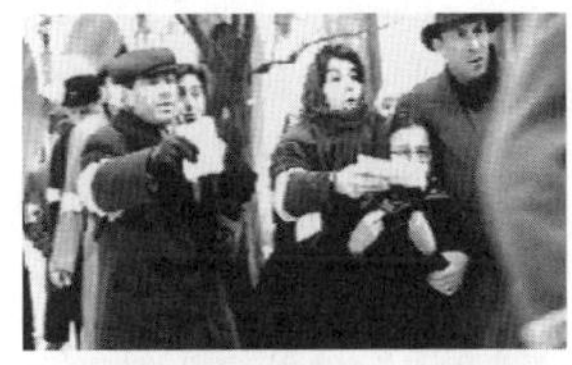

279: Die Juden versuchen zu erklären, dass sie zu spät zur Arbeit kämen, und zeigen verängstigt ihre Arbeitsgenehmigungen.

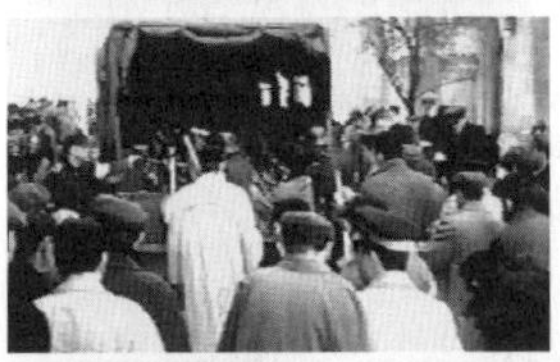

E280, E281: Ein LKW kommt Schaufeln werden ausgeladen. Darüber (Off): »... die sollten sie nicht als ihre Arbeiter betrachten ...«

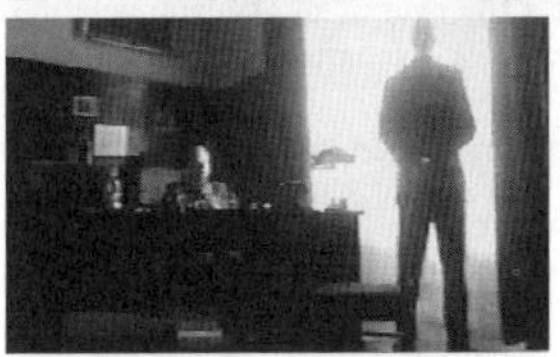

E282: Innen. Schindler am Fenster, ein Uniformierter am Schreibtisch: »... machen Sie sich klar, dass es hier Beamte gibt, die sich einen Dreck um ihre Produktion kümmern. Für die ist es eine Frage von nationaler Notwendigkeit, dass man Juden zum Schneeschaufeln zwingt.«

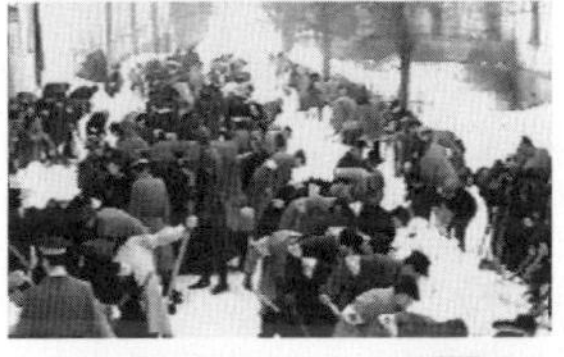

E283: Juden beim Schneeräumen. Darüber (Off): »....... Das hat nichts mit Tatsachen zu tun, das wissen Sie genauso gut wie ich, dass Juden Schneeschaufeln, hat eine ritu.......«

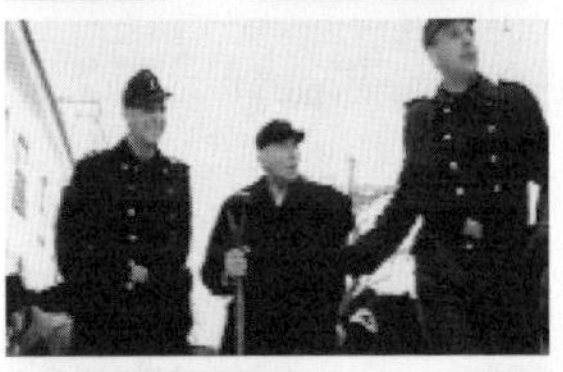

E284, E285: »...elle Bedeutung.« Juden beim Schneeräumen. Zwei SS-Leute entdecken den Einarmigen, der beschwörend erklärt, er sei ein kriegswichtiger Arbeiter. Die SS-Männer lachen und nehmen ihn mit.

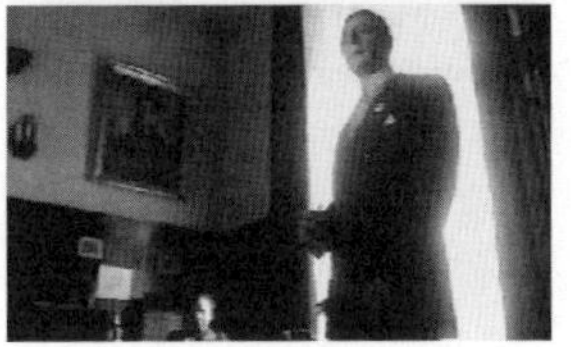

E286: Innen wie vor. Schindler dreht sich um, geht zum Stuhl und setzt sich: »Ich habe eine ganze Tagesproduktion verloren ...«

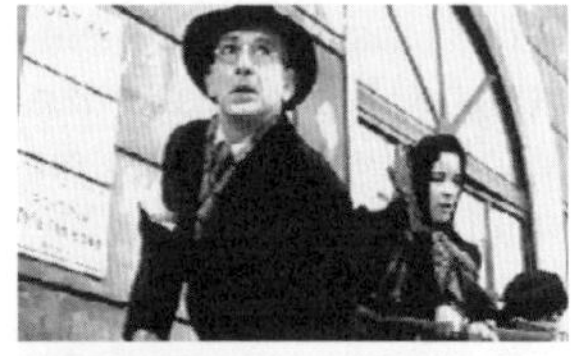

E287, E288: Juden beim Schneeschaufeln, müssen hilflos zusehen, wie der Einarmige abgeführt wird.
Er wiederholt mehrfach: »Ich arbeite für Oskar Schindler ...«

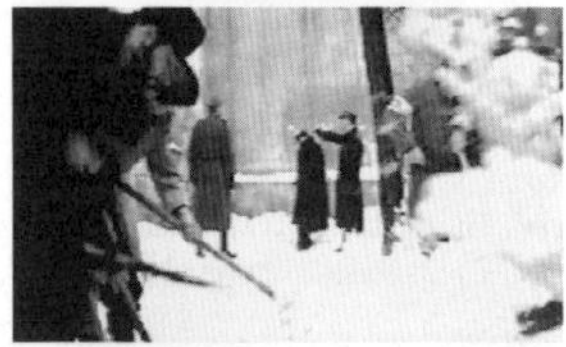

E289: SS-Mann erschießt den Einarmigen.

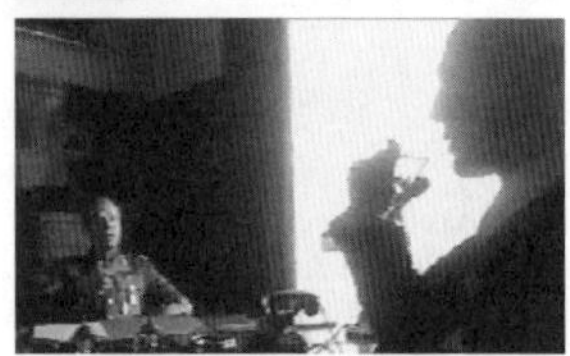

E290: Innen wie vor. Schindler: »Ich habe einen Arbeiter verloren! Dafür erwarte ich eine Entschädigung!«
Der Uniformierte erläutert, dass dieses nichts nützen würde: »Ich habe mit einem wichtigen Mann im SS-Wirtschaftsverwaltungshauptamt zu Mittag gegessen ...«

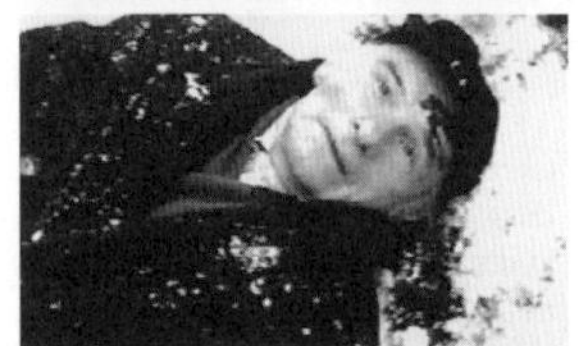

E291: »....und der meinte, es sei Hochverrat zu glauben, gelernte jüdische Arbeitskräfte könnten im Wirtschaftsleben des Reiches einen festen Platz haben«.
Der Erschossene: Sein Blut färbt den Schnee – wie ein betont langsamer Kameraschwenk verdeutlicht.

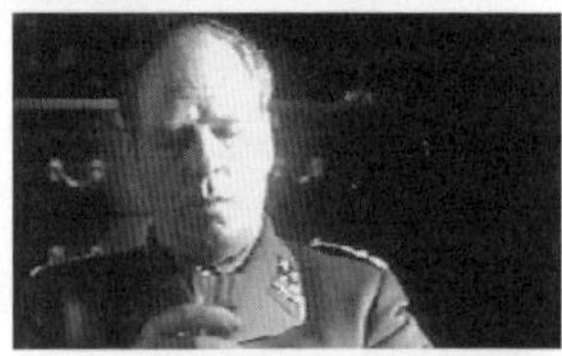

E292: Innen wie oben. Der Uniformierte: »Ein einarmiger Schlosser ......«

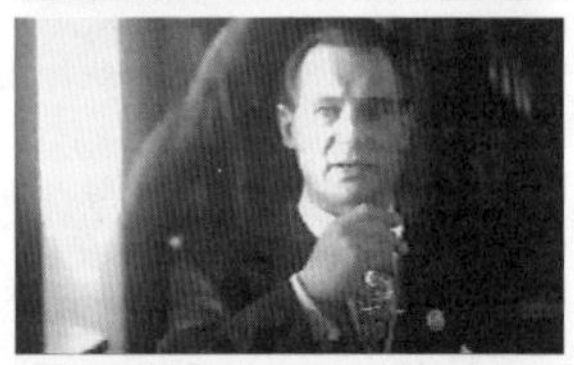

E293: »... Herr Schindler?« Schindler erklärend: »Er hat an einer Blechpresse gearbeitet! ......«

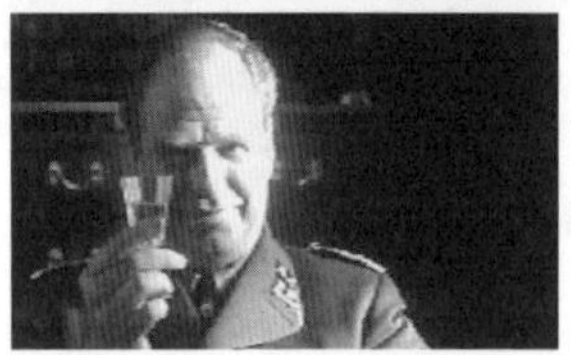

E294: Der Uniformierte. Er lächelt »verstehend« und prostet ihm freundschaftlich zu.

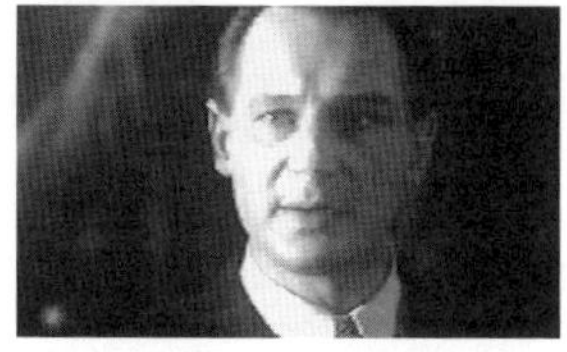

E295: Schindler: »... das braucht Erfahrung!«

Beiden Gesprächspartnern ist die Vordergründigkeit von Schindlers Erklärung offensichtlich bewusst. Für den Betrachter bleibt der Zweifel: Ist es eine Ausrede von Schindler, um nicht in den Verdacht zu geraten, mit den Juden gemeinsame Sache zu machen, oder ist es ein ernstgemeinter Versuch, aus dem Tod des Einarmigen eine Entschädigung für sich herauszuschlagen? Zum einen wird also die im Dialog sachlich klingende Andeutung des Schicksals der Juden mit seinen brutalen Auswirkungen visuell konfrontiert, die nüchterne Beschreibung der gemeinten Realität gegenübergestellt und als Euphemismus entlarvt. Zum anderen lässt das betont profitorientierte Eintreten Schindlers für seine Arbeiter und speziell für den Einarmigen, dessen Wert er unmittelbar zuvor Stern gegenüber abgestritten hat, auch die Interpretation zu, dass hinter der gegebenen Begründung vielleicht auch so etwas wie Anteilnahme mitschwingt und Schindler sich nur dieser einsichtigen Argumentation bedient, um unverdächtig zu erscheinen.

Da sowohl die durch Tonüberlappung erzeugten fließenden Bild- bzw. Situationsübergänge als auch die kontrapunktische Verwendung beider Vermittlungskanäle den gesamten Filmablauf kennzeichnen, ist es möglich, eine auf mehreren Ebenen verlaufende sehr komplexe Geschichte zu erzählen und aufgrund des durchgängig hohen Spannungsniveaus das Publikum immer in einem vergleichsweise extremen Erregungszustand zu halten. Hierfür sind außerdem zwei weitere Faktoren von Bedeutung: die außergewöhnlich starke Realitätsillusion sowie die spezifische Sequenzanordnung.

3.6 Der Newsreel-Effekt

Wie an der Eingangssequenz bereits erläutert, vermittelt der Film das Gefühl einer unmittelbaren Teilhabe an den geschilderten Ereignissen, das neben dem Toneinsatz durch die gezielte Kombination von Bildaufbau, Kameraverhalten, Montagerhythmus und schnell wechselnden Perspektiven herbeigeführt wird. In einigen Sequenzen ist dieser Realitätseindruck so intensiv, dass man meint, sich in nächster Nähe zu den Akteuren mitten im Geschehen zu befinden, mal auf der Seite der Täter, zunehmend aber als Opfer oder aus dem Blickwinkel Schindlers heraus und eigentlich nur zu Beginn als mehr oder weniger neutraler Beobachter.

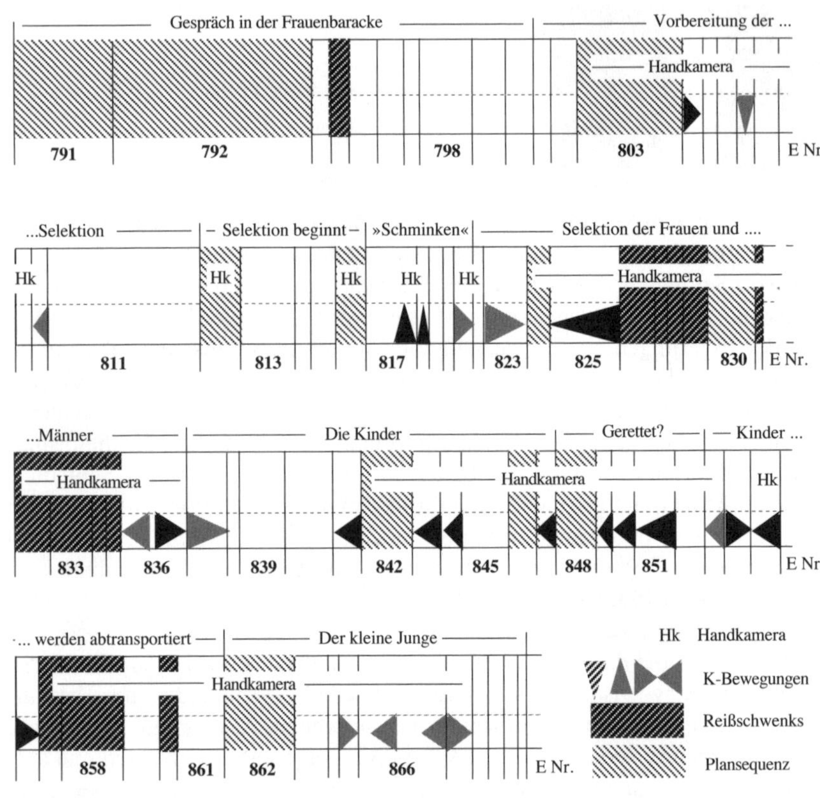

Abb. 5: Einstellungsgrafik: SCHINDLERS LISTE
Sequenz 6.3 und 6.4: Die Selektion

Am Beispiel der in dieser Hinsicht fast exemplarischen Darstellung der Selektion im Lager Plaszow (Abb. 5) soll dem Zusammenwirken mehrerer dafür relevanter Faktoren genauer nachgegangen werden. Bereits auf dem ersten Blick ist abzulesen, dass der an der Exposition festgestellte ständige Wechsel von alternierenden Einstellungslängen, ausgedehnten Plansequenzen, ruhigen Kamerabewegungen und rasanten Reißschwenks hier noch deutlicher die Darstellung bestimmt, wobei jetzt fast ausschließlich die sehr ›nervös‹ wirkende und stark bewegungsbetonte Handkamera eingesetzt ist.[16] Zwei längere Plansequenzen (20 bzw. 36 Sek.) leiten diesen Handlungsabschnitt ein. Die Kame-

16 In der Abb. 5 wurden nur die Einstellungen entsprechend gekennzeichnet, in denen die Handkamera eindeutig nachweisbar ist.

ra fährt langsam den Gang der Frauenbaracke entlang und zeigt eine junge Frau (KS), die auf ihrer Pritsche liegend zu den anderen spricht. Sie erzählt, dass sie von Lagern gehört habe, in denen die Juden in sogenannten Inhalationsräumen vergast werden (mehrere KS auf die Gesichter der Zuhörerinnen). E793–E800: Sie wollen es nicht glauben. Schließlich beruhigt man sich mit dem Argument, dass die Geschichte gar nicht wahr sein könne, da es völlig unsinnig wäre, sie erst zu Arbeitern zu machen, nur um sie dann umzubringen, zumal »die großen Nutzen von uns haben«, wie eine ältere Frau meint.

Doch diese Hoffnung ist nur von kurzer Dauer. Am nächsten Morgen: Güterwagen werden rangiert und aneinandergekoppelt (E801, E802). Lautsprecherdurchsage, die Frauen wachen auf (E803, PlanS). Sie sollen zur Selektion antreten. Appellplatz: Bahren werden gebracht, Listen auf den Tischen verteilt, SS-Ärzte und Wachmannschaften (E804–E810). Diese ohnehin in recht kurzen Einstellungen gezeigten Aktivitäten werden durch ständig gegenläufige Bewegungsrichtungen im Bild, abrupte Wechsel der Einstellungsgrößen und entprechende Kamerabewegungen in ihrer Hektik noch gesteigert. Eine wieder längere Einstellung (E811, 30 Sek.) schließt sich an: Göth auf dem Balkon der Villa erklärt seiner Freundin, dass er im Lager Platz für eine neue ›Lieferung‹ benötige.

Eine Schallplatte wird aufgelegt (E812, PlanS), ein Mikrofon daneben gestellt, der Lautsprecher in Großaufnahme: Ein gefühlvolles Nachtlied erklingt (»Guten Abend Mutter, gute Nacht ...«);[17] die Selektion beginnt: Die Juden müssen sich ausziehen und werden nackt über den Platz gejagt, um ihre Arbeitsfähigkeit unter Beweis zu stellen (E813–E815). Frauenbaracke: Man versucht mit einigen Blutstropfen die Wangen rot zu färben, um ›lebendiger‹ auszusehen (E817– E820).

Wieder der Appellplatz: Die Kranken und Alten werden ›aussortiert‹ (E821–E836), die Dynamik ereicht einen ersten absoluten Höhepunkt. Die (Hand-)Kamera verlässt die zuvor immer wieder partiell noch vorhandene beobachtende Distanz und begibt sich unmittelbar in das Geschehen hinein: Die auf unterschiedlichen Raumebenen ablaufenden Aktivitäten mit ihren gegensätzlichen Bewegungsrichtungen führen schließlich zu einer völligen Desorientierung des Betrachters, zumal die ständig im Vordergrund vorbeiziehenden Personen den Blick auf das Geschehen im Mittel- oder Hintergrund nur für kurze Momente freigeben.

---

17 Ein damals populärer Schlager, der bereits in dem NS-Propagandafilm WUNSCHKONZERT (Eduard von Borsody, D 1940) in der titelgebenden Radiosendung auf Wunsch einer Mutter für ihren gefallenen Sohn gesungen wird.

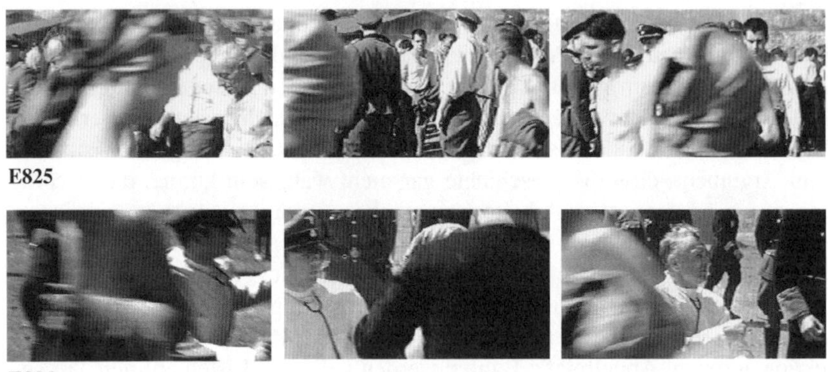
E825

E826

Die auf unterschiedlichen Raumebenen ablaufenden Aktivitäten mit ihren gegensätzlichen Bewegungsrichtungen führen schließlich zu einer völligen Desorientierung des Betrachters, zumal die ständig im Vordergrund vorbeiziehenden Personen den Blick auf das Geschehen im Mittel- oder Hintergrund nur für kurze Momente freigeben.

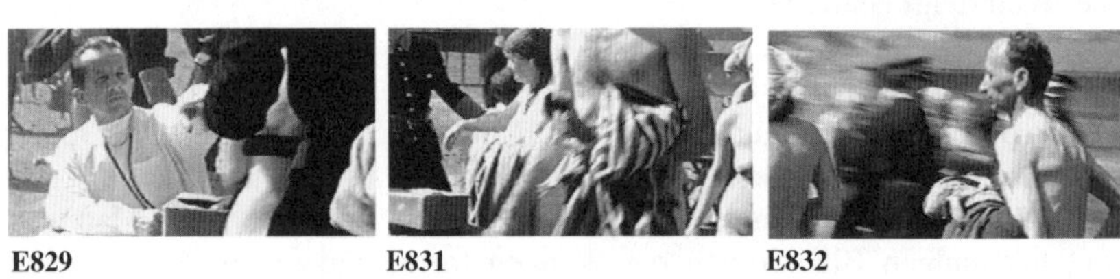
E829 E831 E832

Die Kamera ›läuft‹ mit den anderen, bleibt stehen, blickt nach links dann nach rechts, ›geht‹ in die Bildtiefe, ›begutachtet‹ die körperliche Konstitution einzelner aus dem Blickwinkel der SS-Leute oder befindet sich in der Reihe der an den Tischen der Ärzte Vorbeigetriebenen. Die ohnenhin schon chaotische Situation wird durch bewegungsbetonte Kamera›fahrten‹ in die Bildtiefe und schnelle Reißschwenks, den Bewegungen der Akteure folgend oder um ›atemlos‹ verschiedene, gleichzeitig stattfindende Vorgänge zu zeigen, noch gesteigert. Späteststens an dieser Stelle erreicht die Realitätsillusion einen Grad, in dem die Differenz von Fiktion und aktuell ›erlebter‹ Aggression aufgelöst erscheint und das Geschehen als hautnahe ›Realität‹ erfahren wird.

Eine neue Platte wird aufgelegt und das Mikrofon wieder in Stellung gebracht (E837, E838): Ein sentimentales Kinderlied (»Es war einmal ein kleines Bübchen ...«), singende Kinder, die aus ihren Baracken zu den wartenden Lastwagen gebracht werden. Einige lösen sich von der Gruppe und laufen in die Bildtiefe, SS-Leute versuchen sie wieder einzufangen (E842, PlanS mit mehreren Reißschwenks). Die Kinder werden auf die Lastwagen verladen. Ein kleiner Junge flieht (E847). Frauen beim Ankleiden. Sie sind glücklich, noch einmal davon gekommen zu sein, bemerken aber plötzlich, was mit ihren Kindern geschieht (E852). In einer verzweifelten Aktion versuchen sie vergeblich, den Abtransport zu verhindern und den Wagen den Weg zu versperren (E854–E861, Handkamera, Reißschwenks). Einige Kinder laufen zu den Baracken. Ein kleiner Junge bemüht sich, ein Versteck zu finden, aber alle sind bereits belegt (E862, E864). Schließlich rettet er sich in das Toilettenhaus und klettert in die Latrine (E866, E867). Auch hier waren andere schneller.

Um die angesichts der gezeigten Vorgänge bereits vorhandene emotionale Erregung des Publikums zu intensivieren, werden also neben den eingangs genannten gestalterischen Elementen einige weitere erprobte Faktoren eingesetzt: so die bewusste Konfrontation gegenläufiger Bewegungsrichtungen, das abrupte ›Springen‹ zwischen extremen Einstellungsgrößen zu Beginn und die fließenden Übergänge durch gezielte Ausnutzung der Bildtiefe (besonders ab E825). Vor allem aber die hier dominierenden, sehr spontan wirkenden und ›hastig‹ den Handlungsraum durcheilenden Eigenbewegungen der Handkamera mit ihrem ständigen Wechsel der Blickperspektiven geben dem Betrachter das Gefühl, selbst aktiver Teil des Geschehens zu sein, dessen Sicht realistischerweise immer wieder durch die Körper der unmittelbar vor dem Objektiv agierenden Personen punktuell verstellt wird. In Verbindung mit dem heute kaum mehr verwendeten Schwarz-Weiß-Material, das in seiner ästhetischen Anmutung an entsprechende historische Aufnahmen und alte Wochenschauberichte erinnert, erhält diese – der beobachtenden Distanz damaliger Filmdokumentationen konträr entgegenstehende – Kamerastrategie eine weitergehende Funktion:[18] Spielberg schafft damit eine paradoxe, aber in der Suggestivwirkung höchst überzeugende Einheit als Brücke zwischen Geschichte und der Gegenwart des Publikums, indem die präsentierten Ereignisse den Anstrich historischer Authentizität und gleichzeitig die Glaubwürdigkeit eines aktuellen Tatsachenberichts erhalten.

3.7 Spannungsaufbau: Stufen der Eskalation

Neben dem erwähnten streng chronologischen Aufbau des Films ist ein weiteres zentrales Gliederungselement der Sequenzabfolge das kalkulierte Interes-

[18] Unter Verwendung der leichteren 16 mm-Filmausrüstung wurde diese Kamerastrategie erst in der Dokumentarfilmbewegung der 60er Jahre (*direct cinema*, *cinema verité*) zu einem zentralen Stilmittel entwickelt.

se, den Betrachter über unmittelbare Betroffenheit in das Leinwandgeschehen einzubinden und ihm zugleich die ›Hauptstationen‹ des Holocaust erfahrbar zu machen – je nach Vorwissen als Konkretisierung überwiegend abstrakter Kenntnisse oder aber als eindringliche Provokation für eigene Fragen an die historischen Ereignisse.[19] Die Abb. 6 verdeutlicht entlang der Zeitachse des Films den jeweiligen Bedrohungsgrad der Juden, der hier nach drei Intensitätsstufen eingeschätzt wurde: Entrechtung, Entwürdigung und Ausgeliefertsein als fast durchgängig vorhandene *latente Bedrohung*, direkte Übergriffe, Willkürmaßnahmen und die Vorbereitung der »Endlösung« als *akute Bedrohung* bis hin zu den im Bild gezeigten *Tötungsdelikten*.

Entgegen der nach einmaliger Filmbetrachtung vorherrschenden Annahme ist zunächst festzustellen, dass der höchste Eskalationsgrad, der Mord an den Juden, im ersten Filmdrittel und allenfalls bis zur Filmmitte auftaucht und im weiteren Verlauf die ausführlich präsentierten latenten und akuten Bedrohungssituationen ausreichen, um diese Stufe im Bewusstsein des Publikums wachzuhalten und das gezeigte Geschehen entsprechend zu ergänzen. Werden zu Beginn die zwei inhaltlich gegenläufigen Handlungsstränge – das Schicksal der Juden und Schindlers egoistische Interessen – als betont eigenständige eingeführt, so nähern sich parallel zu der Verschärfung der Situation beide schrittweise an und sind spätestens mit dem letzten im Bild gezeigten Mord (Lisiek, 105. Min.) zu einer untrennbaren Einheit geworden.[20]

Nach der vergleichsweise noch recht ›harmlosen‹ Registrierung der Juden am Bahnhof wird der Betrachter mit einer rasch aggressiver werdenden Entwicklung konfrontiert, die über Entwürdigung, Rechtlosigkeit und anfangs nur partielle Übergriffe zum systematischen Völkermord führt. Dabei ist auffallend, dass die einzelnen Stationen der Eskalation nicht kontinuierlich ansteigen, sondern in einem nicht vorhersehbaren Wechsel der Bedrohungsintensität schubartig erfolgen und zunächst fast beiläufig als scheinbar nebensächliches Moment des jeweils im Vordergrund stehenden Handlungsteils geschildert werden. Entlang der entsprechend funktionalisierten Zeitachse (Abb. 6) soll dieses im Folgenden konkretisiert werden: Am Anfang der Sequenz 2 (10. Min.) – Schindler befindet sich auf dem Weg zum Judenrat – ist für einige Sekunden eine Gruppe deutscher Soldaten zu sehen, die unter Hohngelächter einem orthodoxen Juden die Schläfenlocken abschneiden. Etwas später ist einer Lautsprecherdurchsage, die den Straßenlärm nur mühsam übertönt, zu entnehmen, dass es verboten sei, Fleisch koscher zuzubereiten. Kurz darauf

19 Vgl. zu den realen historischen Ereignissen aus der Fülle der dazu vorliegenden wissenschaftlichen Literatur an neueren Publikationen u.a. Benz 1995, Aly 1998.

20 Besonders hieran wird die herausgehobene Funktion von Stern deutlich, der als ›Katalysator‹ diesen Prozess erst in Gang setzt und geschickt forciert.

(12. Min.) im Büro des Judenrates erfährt man aus einzelnen Gesprächsfetzen, dass bereits die Weigerung, den Judenstern zu tragen, lebensgefährlich ist, die Juden enteignet und aus ihren Wohnungen vertrieben werden.

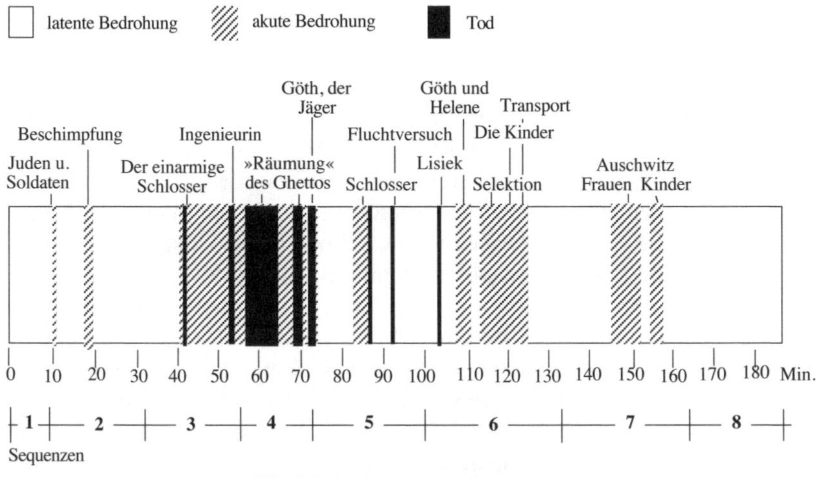

Abb. 6: Zeitachse: SCHINDLERS LISTE
Stufen der Eskalation

Weitere sechs Minuten später (Sequ. 2.3) wird dieses mit allen Konsequenzen plastisch demonstriert: Unter Aufsicht eines Offiziers muss eine wohlhabende jüdische Familie, nachdem sie hastig einige Erinnerungsstücke einpacken durfte, in aller Eile ihre Wohnung räumen (die Schindler dann übernimmt). Während sie sich auf der Straße in den langen Zug ihrer Glaubensgenossen einreihen, werden sie von Kindern und Passanten verhöhnt, beschimpft und mit Dreck beworfen (19. Min.). Auch die völlige Entrechtung der jüdischen Zwangsarbeiter, die, ohne einen Lohn zu erhalten, für ein geringfügiges (an die SS zu zahlendes) Entgelt von deutschen Unternehmern ›gemietet‹ werden können, wird in dieser Weise nebenbei verdeutlicht – während Stern und Schindler ihre Büros einrichten (Sequ. 2.4). Im Vordergrund steht bis zur 40. Minute (Sequ. 3.2) eindeutig der zweite Handlungsstrang: Schindler erhält das Geld für den Firmenkauf, die Arbeitskräfte werden eingestellt und die Firma floriert dank seiner guten Beziehungen.

Daneben sind in dieser Phase mehrere Episoden enthalten, die kurzfristig die allgegenwärtige Gewalt vergessen lassen und den Betrachter sogar zum Schmunzeln bringen; so in Sequenz 2.2 das amüsant vorgetragene ›Schuhcreme-Problem‹ der jüdischen Schwarzhändler,[21] Sterns Engagement, aus Hausfrauen und Intellektuellen ›kriegswichtige‹ Metallarbeiter zu machen (s.o.) oder Schindlers Kriterien für die Auswahl der Sekretärinnen (Sequ. 2.4): Während er den hübschen jungen Damen, die sich mit der Schreibmaschine abmühen, fasziniert zuschaut, nimmt er die lässig rauchende, aber perfekt schreibende ältere Bewerberin kaum zur Kenntnis. Er kann sich nicht entscheiden und will schließlich alle einstellen, da sie, wie er – nach dem richtigen Wort suchend – meint, so »qualifiziert« sind. Auch die bereits beschriebene Sequenz 2.5 (Schindlers Erfolgsstrategie) gehört in diesen Kontext.

Mit der von der 40. Minute an schnell zunehmenden akuten Bedrohung der Juden tauchen diese kurzen ›Erholungsmomente‹ allerdings nicht mehr auf. Während die Schindler-Arbeiter den Schnee räumen müssen, wird erstmalig die höchste Eskalationsstufe erreicht: die von den SS-Leuten mit offensichtlicher Selbstverständlichkeit durchgeführte Hinrichtung des Einarmigen, die in der parallel gezeigten Beschwerde Schindlers von seinem Gesprächspartner als ›Normalität‹ kommentiert wird (vgl. Kap. 3.5 / S. 196). Unmittelbar darauf kann Stern durch Schindlers entschiedenes Eingreifen im letzten Moment zwar noch aus dem bereits rollenden Waggon gerettet werden (45. Min.), aber die Existenz der berüchtigten Todeszüge ist damit offensichtlich geworden ebenso wie ihr Ziel, wenn die Kamera anschließend lange auf den achtlos zu Haufen gestapelten Habseligkeiten und den unter Bewachung fachmännisch aussortierten Wertgegenständen der Deportierten verweilt.

In der folgenden Sequenz wird ein weiteres noch häufiger auftauchendes Irritationsmoment eingeführt – der abrupte Wechsel von Erleichterung oder Hoffnung und extrem gesteigerter Bedrohung. In der 48. Minute unterhalten sich mehrere Juden über das Leben im Ghetto. Getragen von dem unbedingten Wunsch, trotz Entwürdigung und brutaler Unterdückung ihre jeweilige Situation als gerade noch erträglichen Endzustand positiv zu sehen – denn schlimmer werden könne es ja nicht –, meinen einige gar, das Ghetto bedeute bei aller Beschränkung letztlich Freiheit, da die Ghettomauern die SS fernhalte. In der nächsten Bildfolge bereits, mit dem ersten Auftreten Amon Göths, der gelangweilt seinen neuen Machtbereich inspiziert, wird diese Hoffnung als reines Wunschdenken entlarvt. Während er sich unter den vor Kälte und Angst Zitternden ein Hausmädchen auswählt, lässt er nebenbei die jüdische Ingenieurin erschießen (53. Min.), um anschließend ihrem Rat zu folgen und die Er-

---

21 Pfefferberg, Goldberg und einige andere treffen sich in einer Kirche, um hier unbeobachtet ihren Geschäften nachgehen zu können. Pfefferberg hat von einem Kollegen eine Ladung Schuhcreme – statt in Blechdosen, wie bestellt – in Gläsern erhalten und an die Wehrmacht weiterverkauft, die in der russischen Kälte geplatzt sind. Kommentiert von Goldberg, streiten sie sich, wessen Problem es nun sei.

neuerung der maroden Fundamente anzuordnen. Seine zynische Ansprache vor den Wachmannschaften (54. Min.) ist denn auch nur ein vergleichsweise vager Vorgeschmack auf die folgenden Ereignisse. Denn jetzt beginnt mit der Räumung des Ghettos für gut 15 Minuten eine Phase absoluter Willkür mit exzessiver Gewaltausübung, die in ihrer Menschenverachtung und Realistik kaum zu ertragen ist. Mit martialischem Gebrüll fallen die SS-Einsatzkommandos über die Ghettobewohner her, dringen in die engen Häuser ein, treiben die Menschen auf der Straße zusammen und morden wahllos. Auf die erste Welle folgen weitere. Verletzte werden auf der Stelle hingerichtet, Fliehende erschossen. Die jüdischen Ärzte verabreichen ihren Patienten Gift, um ihnen Schlimmeres zu ersparen. Das Morden ist allgegenwärtig, und die wenigen Fluchtwege sind bereits verstellt, die sorgfältig vorbereiteten Verstecke überfüllt.

Von einem Hügel aus wird Schindler Zeuge dieser Vorgänge im Ghetto und beobachtet entsetzt ein kleines Mädchen im roten Mantel, das mit traumwandlerischer Sicherheit durch die Straßen geht (ab 66. Min.), während ringsherum das Wüten der SS einen weiteren Höhepunkt erreicht. Unbehelligt betritt das Kind eine leere Wohnung und verkriecht sich unter einem Bett. Doch das Grauen ist noch steigerungsfähig. Auf der Suche nach Versteckten sammeln sich schwerbewaffnete SS-Abteilungen, einige horchen die Zimmerdecken ab, andere durchsuchen betont leise die scheinbar leeren Häuser. Auf ein Geräusch hin stürmen sie los (69. Min.) und schießen wahllos in die Menschen, die im Glauben, noch einmal davongekommen zu sein, die schützende Zuflucht verlassen. In einer der geräumten Wohnungen widmet sich derweil ein SS-Mann dem Klavierspiel, während zwei seiner Kameraden sich streiten, ob es Bach oder Mozart sei. Inmitten der Leichenberge, nur vom Mündungsfeuer der MP-Salven erhellt, erklärt Göth das Blutbad vorläufig für beendet (71. Min.). Ruhe tritt ein. Die Kamera zeigt Schindlers menschenleere Fabrik. Bereits nach einigen Sekunden wird die trügerische Stille von Pfiffen und lauten Kommandos wieder durchbrochen: Morgenappell im Lager Plaszow. Die Überlebenden des Massakers werden registriert. Sie versichern sich gegenseitig, dass jetzt das Schlimmste überstanden sei, da sie nun Arbeiter seien, die man brauche und daher zumindest nicht umbringen werde.

Göth, halbnackt, beobachtet von seinem Balkon aus die Szenerie (73. Min. / siehe umseitige Abb. 7). Er greift zum Gewehr, zielt spielerisch auf mehrere Personen und drückt ab (E532ff.), nimmt einen Zug aus der Zigarette und findet noch ein weiteres Opfer unter den in Panik auseinander laufenden Lagerinsassen. Er stellt das Gewehr wieder an seinen Platz, befiehlt seiner sich im Bett räkelnden Freundin, Kaffee zu kochen, und geht ›pinkeln‹.

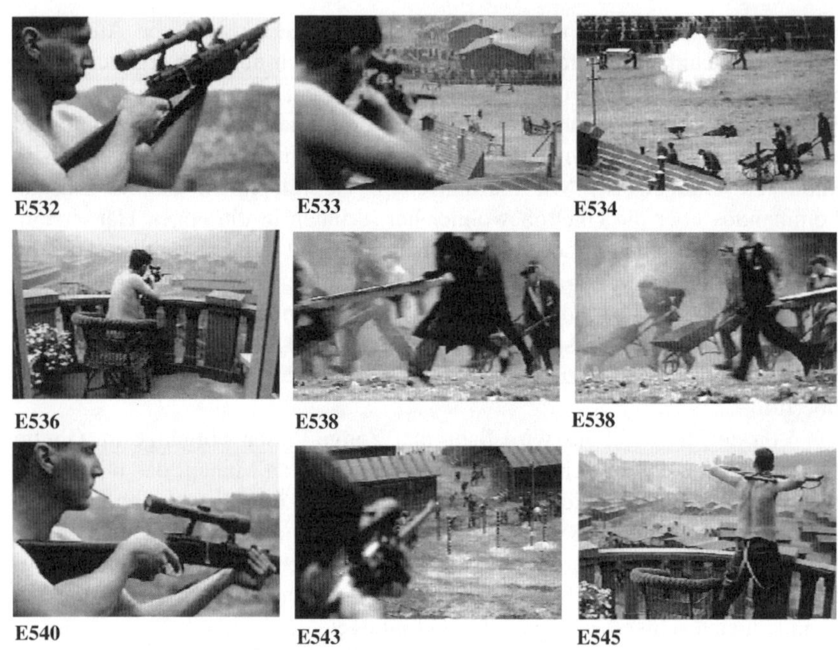

Abb. 7: Göth der ›Jäger‹

In den folgenden neun Minuten (Sequ. 5.2, 5.3) dominiert zunächst wieder der zweite Handlungsstrang. Schindler versichert Göth seine sprichwörtliche ›Dankbarkeit‹ und erhält als Gegenleistung dessen Zustimmung für ein eigenes Fabriklager, um ungestört von derartigen ›Vorkommnissen‹ den Profit in beiderseitigem Interesse steigern zu können. Orgien werden gefeiert. Göth und Schindler freunden sich an. Die mittlerweile längst zur Normalsituation gewordene (latente) Bedrohung der Juden wird von der 85. Minute an noch einmal für einige kurze Momente gesteigert, die akute Gefährdung bis hin zum kaltblütigen Mord damit mehrfach wieder ins Gedächtnis gerufen. Göth inspiziert seine Schlosserei und will einen Arbeiter wegen Sabotage auf der Stelle hinrichten, aber seine Pistole versagt. Etwas später (87. Min.) erschießt Göth einen Häftling, um der Suche nach einem Hühnerdieb Nachdruck zu verleihen. Stern interveniert bei Schindler, der spontan bereit ist, die Gefährdeten für das Fabriklager anzufordern.

Lässt sich in diesem Verhalten Schindlers bereits eine verstärkte Anteilnahme am Schicksal der Juden erkennen, so wird von nun an sein zunächst noch vorsichtiger Wandlungsprozess immer eindeutiger. Das junge Mädchen, das ihn um Schutz für seine Eltern – die Perlmanns – bittet, weist er zwar noch strickt ab (Sequ. 5.5, 90. Min.). Und in dem anschließenden Gespräch mit Stern ist er bemüht, auch an Göth positive Seiten zu entdecken, wird aber von Stern beharrlich mit der Realität konfrontiert, indem dieser u.a. einen weiteren Fall von Göths üblichen Hinrichtungen beschreibt (Fluchtversuch, 93. Min.). Schindler lenkt schließlich ein und lässt die Perlmanns in sein Lager überstellen. Etwas später (Sequ. 5.6) kümmert er sich uneigennützig um Göths Hausmädchen Helene, die unter dessen unberechenbaren Aggressionsschüben zu leiden hat, und versucht Göth in der Diskussion über Macht und Gnade zu einer Mäßigung seines Verhaltens zu bewegen (Sequ. 6.1). Er scheint damit zunächst auch Erfolg zu haben. Göth ›verzeiht‹ seinem jüdischen Burschen Lisiek sowie einer Arbeiterin, aber auf dem Weg ins Lager zurück wird Lisiek von hinten erschossen (105. Min.).

Im Folgenden ist zwar jederzeit mit entprechend unvorhersehbaren Willkürakten zu rechnen, zumal sich unmittelbar darauf das neurotische Verhältnis Göths zu Helene in einer besonders brutalen Misshandlung entlädt (Sequ. 6.2, ab 108. Min.), aber auf die folgende Eskalationsphase ist der Betrachter in keiner Weise vorbereitet (Selektion, Kap. 3.6). Obwohl es hier zunächst keine Erschießungen und offen brutalen Übergriffe wie zuvor gibt, sich die SS-Leute bei der Aussonderung der Nichtarbeitsfähigen vielmehr im bürokratischen Sinne ›korrekt‹ verhalten, ist es dennoch eine der erschütterndsten Situationen des gesamten Films. Jeglicher Individualität, Menschenwürde und letzter Intimität beraubt, wie lebende ›Verwertungsobjekte‹ ausschließlich auf ihre rein körperliche Funktionsfähigkeit reduziert, werden sie nackt über den Appellplatz getrieben, um ihre gesundheitliche Konstitution zu demonstrieren. Während die Übriggebliebenen ihre temporäre Rettung gerade zu begreifen beginnen, müssen sie hilflos mit ansehen, wie ihre Kinder abtransportiert werden. Auch hier gibt es mit dem in seiner klaustrophobischen Ausweglosigkeit kaum erträglichen Schlussbild noch eine Steigerung: Der bis zum Hals in der Kloakenbrühe stehende kleine Junge, der flehend nach oben in die Kamera blickt, da man ihn sogar aus diesem widerwärtigen Versteck wieder vertreiben will.

Mit gemischten Gefühlen folgt man der Verladung der ›Aussortierten‹ in die wartenden Viehwaggongs (ab 122. Min.), beobachtet Schindler, der unter der Belustigung der SS-Leute den Todeszug mit Wasser bespritzen lässt, um den Durstenden etwas Linderung zu verschaffen, registriert Schindlers anschließende Verhaftung und Wiederfreilassung. Mit der Exhumierung der während des Ghetto-Massakers Ermordeten (ab 129. Min.) und der bevorstehenden Auflösung des Lagers ist Schindler in der einen oder anderen Richtung zum Handeln gezwungen. Er entscheidet sich schließlich für ›seine Juden‹ und erhält mit entsprechenden Bestechungsgeldern Göths Zustimmung, auf eigene Kosten ein neues Lager weiter westlich zu bauen. Gemeinsam mit Stern stellt er die erforderlichen Namenslisten zusammen und bereitet den rettenden Transport vor. Während die Männer schließlich wohlbehalten am Bahnhof Brünnlitz von Schindler in Empfang genommen werden, kommt die akute Todesgefahr mit dem nach Auschwitz fehlgeleiteten Frauenzug noch einmal geballt zurück (ab 147. Min.).

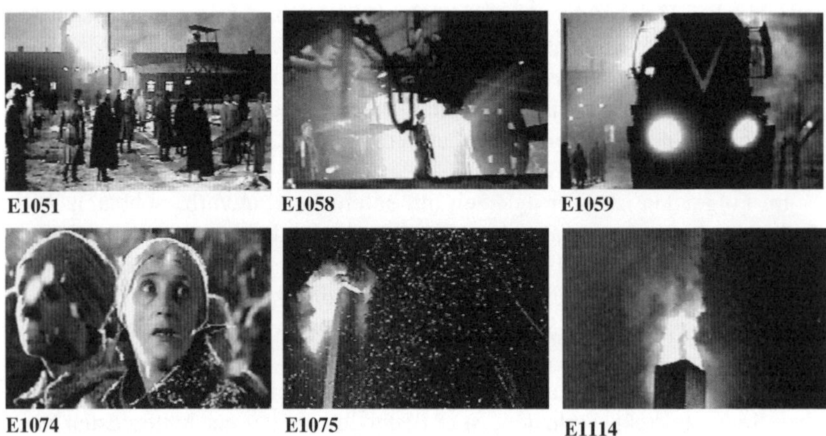

Abb. 8: Ankunft der Frauen in Auschwitz

Bei Nacht, eisiger Kälte und starkem Schneetreiben kommt der Zug an – eine ›gespenstische‹ Szenerie, von den großen Suchscheinwerfern in ein unwirkliches Licht getaucht (Abb. 8). Alle Insignien des Holocaust sind vorhanden: Das berüchtigte Lagertor, das martialische Befehlsgebrüll, der qualmende Schlot des Krematoriums, die geschorenen Köpfe der Frauen und schließlich die »Desinfektionsräume«, deren Türen sorgfältig verriegelt werden, bevor das Licht verlischt. Doch aus den Duschen kommt tatsächlich Wasser. Während sie in die Unterkünfte gehen, werden andere Häftlinge in langen Reihen schweigend zur »Sonderbehandlung« geführt. Nachdem Schindler die Frauen gegen einen Beutel Diamanten freikaufen konnte, scheint auch hier alles auf eine noch glückliche Lösung hinzudeuten, aber man will die Kinder nicht gehen lassen. Schindlers muss erneut eingreifen. Erst die Ankunft im Lager Brünnlitz signalisiert die endgültige Rettung und das nahe Ende des Films. Schindler versöhnt sich mit seiner Ehefrau und setzt auch die letzten Reste seines zusammengerafften Vermögens für das Überleben ›seiner‹ Juden ein.

Nach der Kapitulation, Schindlers Flucht und der Befreiung durch die Rote Armee, kehrt der Film mit der Farbe des Epilogs zur Gegenwart zurück: Die Überlebenden und Nachkommen der ›Schindler-Juden‹, begleitet von den jeweiligen Filmdarstellern, legen Steine auf Schindlers Grab. Wie eine Mahnung wechselt der Film abschließend noch einmal in Schwarz-Weiß und zeigt in einer sehr ruhigen Kamerafahrt die mit jüdischen Grabsteinen gepflasterte Straße im Lager Plaszow – während darüber die *casts & credits* abrollen.

3.8 Traditionsbezüge, Funktion und mögliche Wirkung

Dem versierten Kinobesucher wird nicht entgangen sein, dass ein Großteil der an SCHINDLERS LISTE aufgezeigten inhaltlichen Motive und Spezifika der filmischen Präsentation in den früheren Arbeiten Spielbergs bereits enthalten ist und mittlerweile zum festen Bestandteil seines erzählerischen Repertoires sowie generell des jüngeren Hollywood-Kinos gehören. So zählt beispielsweise die – hier allerdings als eines der zentralen Gestaltungsmittel gehandhabte – Mischung aus alternierender Montage und ausgedehnten Plansequenzen seit Jahrzehnten zum alltäglichen Handwerkszeug des internationalen Films.

Allenfalls die Einbeziehung der extensiv genutzten Handkamera ist zumindest für Spielfilme ungewöhnlich. Auch die Trailer-Dramaturgie, die unvermittelte Konfrontation mit einer zunächst nur vage zu dechiffrierenden Situation in der Filmexposition, die bereits wesentliche formale und inhaltliche Momente der folgenden Handlung als mehr oder weniger deutliches Assoziationsbündel freisetzt, ist für viele TV-Produktionen kennzeichnend und spätestens mit UNHEIMLICHE BEGEGNUNG DER DRITTEN ART (1977/80), JÄGER DES VERLORENEN SCHATZES (1981) und zuletzt JURASSIC PARK (1993) auch für Spielbergs Filme charakteristisch. Und die handlungsverdichtende Asynchronität von Bild und Ton setzte er bereits in seinem ersten großen Kassenerfolg JAWS (1975) als temposteigernden Faktor gezielt ein. Ebenso zentrale Elemente seiner früheren Arbeiten sind – neben der außergewöhnlich starken Realitätsillusion sowie den mit Vorahnungen aufgeladenen Details, die erst später ihre Bedeutung entfalten – der abrupte Wechsel extremer Einstellungsgrößen und das kalkulierte ›Springen‹ zwischen unterschiedlichen Distanzen von Kamera und Aktion (so bereits in DUELL 1991).[22]

Überhaupt bietet sich ein Vergleich mit diesen frühen Actionfilmen Spielbergs – vor allem mit dem meist als »Horrorspektakel« pauschal abgewerteten JAWS – hinsichtlich Spannungsdramaturgie und Erzahlweise an, auch wenn es angesichts der unterschiedlichen Thematik manchem als zynische Provokation oder gar Blasphemie erscheinen mag: In beiden Fällen geht es um eine existenzielle Bedrohung der Handelnden, die sehr schnell eskaliert, dabei den

22 Vgl. zu den inhaltlichen und formalen Charakteristika der Filme von Spielberg Korte / Faulstich 1987, speziell zu JAWS meine dort enthaltende Analyse des Films (89ff.).

Akteuren und Zuschauern erst langsam bewusst und mit allen Mitteln der Populärkultur während der Vorführung als unentrinnbare Realität ›am eigenen Leibe‹ erfahren wird. Denn gerade der sogenannte Psycho-Thriller mit den einkalkulierten, vom Publikum selbst auszufüllenden ›emotionalen Leerstellen‹, funktioniert ja nur, indem eigene Ängste und Gefühle während des Filmerlebnisses gezielt wachgerufen und mit den Leinwandereignissen zu einer Einheit verschmolzen werden.[23] Ähnlich wie dem Betrachter in JAWS durch die Präsentation der Haiangriffe sowohl die Rolle des lauernden Raubfisches als auch die des Opfers aufgezwungen wird, verstärkt der subjektive Perspektivwechsel die Emotionalisierung in den entsprechenden Handlungsteilen von SCHINDLERS LISTE und pervertiert das Ungeheuerliche der Vorgänge mit banaler Beiläufigkeit zur ›Normalität‹. Sind es dort die an der Fangleine des harpunierten Hais befestigten Luftfässer, die in rasanter Fahrt die Wasseroberfläche zerfurchen und die drohende Gefahr signalisieren, so stehen hier die Klapptische, Schreibutensilien und Namenslisten für den mit bürokratischer Akribie durchgeführten Massenmord. Weder die aufgezeigten Momente des sequenzübergreifenden Spannungsaufbaus – indem die höchste Eskalationsstufe bereits sehr früh im Handlungsablauf erreicht ist und, ohne erneut gezeigt zu werden, das folgende Geschehen überlagert (Kap. 3.7 / S. 202 – noch die Figur des ambivalenten ›Helden‹ mit seinen Schwächen und Fehlern sind neu. So wie hier einerseits die Phantasie des Betrachters dahingehend gerichtet wird, das Gesehene mit eigenen Erlebnissen anzureichern und zu ergänzen und sich Schindler andererseits vom skrupellosen Kriegsgewinnler zum uneigennützigen Helfer in der Gefahr wandelt, sind es gängige Spannungsmechanismen und klassische Topoi des Genrekinos, in zahlreichen Western, Katastrophen-, Horror- und sonstigen Action-Filmen als massenwirksam erprobt.

Nicht einmal die Hinwendung dieses Schöpfers trivialer, kassenträchtiger »Märchen für Kinder und Erwachsene« zu einem ernsten, gesellschaftlich vorbelasteten Thema ist – wie eingangs bereits erwähnt – für Spielberg neu, allenfalls in Deutlichkeit und dem starken Engagement überraschend, ein unerwartet großer Sprung auf einer denkbaren Seriositätsskala. Nicht unwesentlich für das in vielen Kritiken zum Ausdruck kommende tiefe Misstrauen in die Ernsthaftigkeit des Films dürfte dabei der Umstand gewesen sein, dass Spielberg gut sechs Monate vor SCHINDLERS LISTE mit dem ganz auf Action und Kinoillusion ausgerichteten Spektakel JURASSIC PARK seinen mit Abstand größten Kassenerfolg feiern konnte.

Was ist also von einem Film zu halten, der sich ›unbotmäßig‹ über intellektuelle Vorbehalte hinwegsetzt, mit auffallender Unbekümmertheit schwerwiegende Tabus missachtet, sich traut, die an vergleichsweise banalen The-

---

23 Vgl. dazu u.a. Korte 1990, 1995.

men erprobten Muster filmischen Erzählens einfach auf eine derart seriöse Problematik zu übertragen und damit auch noch ausgesprochen erfolgreich ist? Denn zweifellos haben viele der gegen den Film vorgebrachten Argumente ihre Berechtigung. So handelt es sich in der Tat um ein mit allen publikumswirksamen Elementen ausgestattetes Hollywood-Melodram, in dem viele geschichtliche Details und widersprüchliche Motive der Intention geopfert wurden, eine schlüssige, emotional aufwühlende Geschichte zu erzählen. Und sicherlich besteht die Gefahr, dass diese Schilderung eines angesichts des millionenfachen Mordes absoluten Ausnahmefalls die überlieferten Bilddokumente über den Holocaust und stärker noch die aus Erlebnisberichten von Augenzeugen resultierende eigene Imagination (im Sinne Lanzmanns) im Bewusstsein der Menschen ersetzen kann – zumal die Darstellung mit ihrer bewussten Annäherung an die Filmästhetik der 40er Jahre (Schwarz-Weiß-Material) einerseits historische Authentizität suggeriert und durch die Kamerastrategie andererseits den heutigen Rezeptionsgewohnheiten entgegenkommt, also die gezeigten Schicksale gewissermaßen aktualisiert und gleichzeitig eine direkte Teilhabe ermöglicht.

Lässt man allerdings die im Rezeptionsprozess des entsprechend vorinformierten Zuschauers hinzukommenden, individuell variierenden, Interpretationsanteile zunächst unberücksichtigt und misst den Film fairerweise an der eigenen Intention, an dem, was er tatsächlich erzählt, dann wird deutlich, dass es keinesfalls darum geht, die Totalität des Völkermords an den Juden abzubilden. Vielmehr werden an einem kleinen historischen Ausschnitt zentrale Facetten des ungeheuerlichen Vorgangs sehr plastisch präsentiert, wobei durch die betont ambivalente Charakterisierung Schindlers und auch der Juden ein insgesamt glaubwürdiges Geschichtsbild entsteht, das sich dem geschönten Gut-Böse-Schema üblicher Hollywood-Produktionen bewusst verweigert. In seiner engagierten Stellungnahme schreibt Hanno Loewy dazu:[24]

> Spielberg hat darüber hinaus alle ›Reliquien‹ der Vernichtung, die Koffer und Haare, Brillenberge und Schuhe, er hat die Fotografien, die wir kennen, ja er hat selbst die antisemitischen Klischees, die durch die Köpfe geistern, in seinen Film verwoben. Die Szene, in der Stern ihm mögliche ›Investoren‹ für seine Fabrik zuführt, ist deshalb auch heftig kritisiert worden. Die beiden ›reichen Juden‹, die zu ihm ins Auto steigen, sie scheinen geradewegs einer Stürmerkarikatur entlaufen zu sein. Doch dies geschieht mit voller Absicht. Spielbergs Realismus ist auch ein Realismus der Phantasien über dieses Thema.

---

24 »Ein Märchen vom Zocker – Zur Rezeption von Spielbergs ›Schindlers Liste‹«, in Kößler o.J., 60ff. Es handelt sich um eine erweiterte Fassung seines Artikels »Der Spieler« in »Frankfurter Jüdische Nachrichten«, Nr. 84, Pessach-Ausgabe, März/April 1994 (25.3.1994) – auch abgedruckt in Weiss 1995, 208ff.

Ziel ist es also, längst Verdrängtes zu reaktualisieren, abstraktes Wissen konkret werden zu lassen und Gleichgültigkeit, Desinteresse oder auch latente Ablehnung aus Unwissenheit mit Fragen zu konfrontieren, die eindeutige Antworten verlangen. Indem dieses mit den Mitteln des Mainstream-Kinos, der auf Emotionalität setzenden Kinofiktion an individuellen Schicksalen geschieht und dabei weniger Erkenntnisse provoziert als vielmehr Erschütterung und Tränen, gelingt es immerhin, ein breites Publikum damit zu erreichen, das sich ansonsten dieser Thematik gar nicht ausgesetzt hätte. Dass dieses Ziel tatsächlich erreicht wurde, lässt sich wohl nicht bestreiten, auch wenn unmittelbare Konsequenzen für das Alltagsverhalten nur schwer nachweisbar sind und eine längerfristige Wirkung mit gewissem Recht bezweifelt werden kann. Aber es ist ein Anfang gemacht, für viele der jüngeren Zuschauer die erste hautnahe Konfrontation mit diesem Kapitel der Geschichte, die das Bedürfnis, mehr darüber zu erfahren, gezielt wachruft.[25] Noch weitergehende Auswirkungen, etwa die von vielen Rezensenten vermisste »rationale Aufklärung«, gar mit dem Ziel unmittelbarer Verhaltensänderungen, von einem einzelnen Film verlangen zu wollen, hieße die Einflussmöglichkeiten des Mediums gründlich zu verkennen.

Insofern stößt die vielzitierte Konfrontation, Lanzmanns SHOAH (als ausschließlich auf die Vorstellungskraft des engagierten, historisch informierten Betrachters setzende Schilderung von Holocaust-Überlebenden) oder eben Spielbergs Film ins Leere. Denn SCHINDLERS LISTE hat nicht nur eine andere Zielgruppe und »eine andere, ja entgegengesetzte Form [...]: Spielbergs Film hat ein anderes Thema. Er versucht eine Brücke zu schlagen zu der Erfahrung der Überlebenden, uns mit ihrem Schicksal zu verbinden, ja zu verschmelzen« (Loewy). Und generell ist zu fragen, ob die rational-aufklärerischen, auf jegliche publikumswirksame Zugeständnisse verzichtenden und daher allenfalls vom Kreis der ohnehin Informierten wahrgenommenen dokumentarischen Bemühungen ausreichen.[26] Denn gerade bei der Masse des Publikums ist der Informationsbedarf unübersehbar, wie nicht nur die Gewaltakte gegen Asylbewerber und die gewachsene Ausländerfeindlichkeit in Deutschland sowie der virulente Rassismus in den USA und anderen Ländern zeigen. So meint auch Georg Seeßlen in »Freitag« (4.3.94, auch Weiss 1995, 158ff.), dass die berechtigten Gegenargumente letztlich »zweit- oder drittrangig« sind »angesichts der schieren Notwendigkeit eines solchen Filmes in der Zeit der

---

25 Zumindest verweisen mehrere Untersuchungen in diese Richtung, so u.a. Amesberger/Halbmayr 1995.

26 Zumal davon auszugehen ist, dass nur der geringste Teil der in diese Richtung plädierenden Kritiker sich tatsächlich der gut neunstündigen Vorführdauer von SHOAH ausgesetzt hat.

schmutzigen Renaissance des Faschismus in den Straßen und der schleichenden Refaschisierung nicht nur in Deutschland«. Bezogen auf den Appellcharakter des Films fügt er hinzu:

> Und weil Spielberg sich der Probleme seines Projektes bewußt ist – »die Tragödie der Shoah ist unaussprechlich, und dennoch müssen wir davon sprechen, um die Wiederholung zu verhindern«, sagt er – geht die Wirkung seiner Arbeit weit über die Fernsehserie Holocaust mit ihrer Ästhetik der Soap Opera hinaus, die gleichwohl seinerzeit trotz der Fragwürdigkeit ihrer Gestaltung immerhin einen Schub der Erinnerung auslöste. Die Lösung des Paradoxes vom Erzählen des Nichterzählbaren, für die Spielberg in der Tat alles getan hat, was in seiner Produktionskultur und darüber hinaus möglich ist, hebt das Paradox nicht auf, Schindlers Liste steht wohl kaum in Gefahr, Modell für ein Genre von ›Holocaust-Filmen‹ zu werden.

Wie viele andere das Für und Wider des Films differenziert abwägende Kritiker auch, kommt der Historiker Wolfgang Benz in »Die Zeit« (4.3.94, auch Weiss 1995, 142ff.) zu einem tendenziell ähnlichen Ergebnis:

> Die Zerstörung von Menschen durch Todesangst, die Mordlust der Täter, die Ambivalenzen der Moral in chaotischer Zeit und unter existentieller Bedrohung kann man nicht dokumentieren. Um begreiflich zu machen, was geschah, braucht es eben die literarische und dramatische Form. [...] ›Schindlers Liste‹ ist mehr als Dokumentation und Geschichtsschreibung. Der Film ist über den Appell an die moralische Sensibilität des Betrachters hinaus ein dramatischer Beitrag zu Geschichtsschreibung und Aufklärung.

Und bezogen auf den Vorwurf, Spielbergs Film würde statt Erkenntnis bestenfalls tränenreiche Rührung provozieren, »es gebe nichts Flüchtigeres als Emotionen«, entgegnet beispielsweise Klaus Kreimeier in »Film« (Heft 7, Juli 94; auch Weiss 1995, 283ff.)

> Ob berechtigt oder nicht – hier artikuliert sich nicht zuletzt ein im emotionalen Haushalt der Intelligenz verwurzeltes Mißtrauen gegenüber der Authentizität der Gefühle im Kino; kollektive Regungen sind, zumal in Deutschland, historisch vorbelastet und schon aus diesem Grund suspekt. Es ist wahr: Die ›falsche Rezeption‹ in unserem Land paßt uns nicht. Aber wir müssen sie wohl in Kauf nehmen. Das Volk ist banal und gefühlsselig. Auf die Anschläge gegen Ausländerheime antwortet es mit Lichterketten. Als antifaschistische Intellektuelle wittern wir Brandgeruch, und wir meinen genau zu wissen, daß diese Kerzen mehr mit dem Weihnachtsbaum und mit germanischem Flammenkult zu tun haben, als es sich ein gutmeinender Sozialpädagoge klarmacht. All das ist richtig – und es ist gleichzeitig irrelevant, weil es wahnhaft wäre, ein ganzes Volk nach dem Bild eines ›korrekten‹, mustergültigen Antifaschismus umformen zu wollen. [...] Spielberg mußte sich, um seine Geschichte zu erzählen, auf die Darstellung unvorstellbaren Grauens einlassen, und er hat, in den Grenzen seiner Geschichte, eine überzeugende ästhetische Lösung gefunden – mehr nicht. Jeder neue Versuch wird sich aufs neue diesem Problem stellen müssen. Das Risiko, zu scheitern, hat sich nach Schindlers Liste nicht verringert.

SCHINDLERS LISTE ist also keineswegs die »ultimative Verfilmung des Holocaust« oder gar die »Bewältigung der deutschen Vergangenheit«, sondern mit der im Mittelpunkt stehenden, eindeutig atypischen Rettung von über 1.100 Juden durch einen bedenkenlosen Ausbeuter und Lebemann als »gut erzählte Anekdote zu einem großen Thema zu lesen: zu dem historischen Faktum, daß der deutsche Faschismus gescheitert ist. Hitler hat nicht gesiegt« (Kreimeier).

Auch lässt sich der Film nicht auf die Geschichte Oskar Schindlers und ›seiner‹ Juden reduzieren, erzählt vielmehr exemplarisch an diesem Fall ebenso von den einzelnen Stationen des Genozids, den verzweifelten Versuchen der Menschen zu überleben und verweist immer wieder auf das gleichzeitige Schicksal von Millionen Ermordeter. Mehr noch: Indem die üblichen antisemitischen Vorurteile allenfalls zu Beginn in den alkoholisierten Sprüchen der SS-Leute (Sequ. 1.2) kurz anklingen, das Handeln der gezeigten SS-Chargen ansonsten ohne diese »Begründungen« auskommt und wie selbstverständlich ausschließlich der eigenen Vorteilsnahme folgt, liefert der Film bewusst oder unbewusst Hinweise auf den unmittelbaren Zusammenhang von Faschismus und Kapitalismus. Die Unterdrückung, Versklavung und Vernichtung der Juden als gezielt herbeigeführter Prozess bedarf hier keiner rassistischen Begründung mehr, die haben die Akteure als öffentlichkeitswirksame Scheinargumente längst hinter sich gelassen. Es geht ganz offen darum, jenseits aller weltanschaulichen Parolen, auf Kosten der Ausgegrenzten möglichst viel für sich selbst herauszuschlagen. Waren es damals neben den politischen Gegnern vor allem die Juden und weitere als ›minderwertig‹ eingestufte Menschengruppen, so sind es heute bevorzugt die Asylanten oder allgemein die Ausländer, die nicht nur an den Stammtischen für soziale Missstände herhalten müssen und unversehens Opfer derselben – vergleichsweise (noch) begrenzten – Gewalt sind. Und zum Bewusstmachen dieser Problematik leistet der Film zweifellos einen wichtigen Beitrag.

3.9 Literaturverzeichnis

Aly, Götz (1998): ›Endlösung‹. Völkerverschiebung und der Mord an den europäischen Juden. Frankfurt/M. (Fischer TB 14067).

Amesberger, Helga / Halbmayr, Brigitte (1995): ›Schindlers Liste‹ macht Schule. Spielfilme als Instrument politischer Bildung an österreichischen Schulen. Wien.

Bannasch, Bettina / Hammer, Almuth (2004) (Hrsg.): Verbot der Bilder – Gebot der Erinnerung. Mediale Repräsentationen der Shoah. Frankfurt/M (Campus).

Benz, Wolfgang (1995): Der Holocaust. München (C.H. Beck).

Bresheeth, Haim (1997): »The Great Taboo Broken – Reflections on the Israeli Reception of ›Shindler's List‹«. In: Loshitzky, Yosefa (Hrsg.): Spielberg's Holocaust. Critical Perspectives on ›Schindler's List‹. Bloomington und Indianapolis (Indiana University Press), 193 ff.

Frölich, Margrit / Loewy, Hanno / Steinert, Heinz (2003) (Hrsg.): Lachen über Hitler – Aschwitz-Gelächter? Filmkomödie, Satire und Holocaust. München (text + kritik).

Gieth, Hans-Jürgen van der (1998): Lernzirkel Schindlers Liste. 14 Lernstationen zum deutschen Faschismus. Lichtenau (AOL Verlag).

Hansen, Miriam Bratu (1997): »›Schindler's List‹ Is Not ›Shoah‹«. In: Loshitzky, Yosefa (Hrsg.): Spielberg's Holocaust. Critical Perspectives on ›Schindler's List‹. Bloomington und Indianapolis (Indiana University Press), 77 ff.

Hesse, Christine / Twele, Holger / Allwardt, Ulrich (1995) (Red.): Arbeitshilfen für die politische Bildung zum Film ›Schindlers Liste‹. Hrsg.: Bundeszentrale für politische Bildung, Bonn.

Initiative Sozialistisches Forum (1994) (Hrsg): Schindlerdeutsche. Ein Kinotraum vom Dritten Reich. Freiburg (Ça ira Verlag).

Keneally, Thomas (1982): Schindlers Liste. New York. – dt. Ausgabe München (Bertelsmann) 1983, TB-Ausgabe München (Goldmann) 1994.

Kößler, Gottfried (o.J.): Entscheidungen. Vorschläge und Materialien zur pädagogischen Arbeit mit dem Film ›Schindlers Liste‹. Hrsg.: Fritz Bauer Institut, Studien- und Dokumentationszentrum zur Geschichte und Wirkung des Holocaust. Frankfurt/M. (Pädagogische Materialien 1).

Korte, Helmut / Faulstich, Werner (1987) (Hrsg.): Action und Erzählkunst. Die Filme von Steven Spielberg. Frankfurt/M. (Fischer TB 4476).

Korte, Helmut (1990): »Trügerische Realität. VERTIGO – AUS DEM REICH DER TOTEN«. In: Faulstich / Korte: Fischer Filmgeschichte. Band 3: 1945–1960. Frankfurt/M. (Fischer TB 4493), 331–361.

– (1995): »Die Eskalation des Horrors. HALLOWEEN – DIE NACHT DES GRAUENS«. In: Faulstich / Korte: Fischer Filmgeschichte. Band 5: 1977–1995. Frankfurt/M. (Fischer TB 4495), 38–55.

Kramer, Sven (2003): Die Shoah im Bild. München (text +kritik).

Lanzmann, Claude (1985): Shoah. Mit einem Vorwort von Simone de Beauvoir. Paris. – Deutsche TB-Ausgabe München 1988.

Loshitzky, Yosefa (1997) (Hrsg.): Spielberg's Holocaust. Critical Perspectives on ›Schindler's List‹. Bloomington und Indianapolis (Indiana University Press).

Märthesheimer, Peter / Frenzel, Ivo (1979) (Hrsg.): Im Kreuzfeuer: Der Fernsehfilm ›Holocaust‹. Eine Nation ist betroffen. Frankfurt/M. (Fischer TB 4213).

Noack, Johannes-Michael (1998): ›Schindlers Liste‹ – Authentizität und Fiktion in Spielbergs Film. Leipzig (Universitätsverlag).

Schultze, Herbert (1994): Schindlers Liste. Materialien zum Film. Loccum (Arbeitshilfen Medien 2, Religionspädagogisches Institut Loccum).

Wagner, Wolf-Rüdiger / Günther, Matthias (1995) (Red.): Schindlers Liste. Szenenfotos, Presseartikel, Arbeitshilfen. Hrsg.: Niedersächsisches Landesverwaltungsamt / Medienstelle (Materialien zur Medienpädagogik 3) Hannover.

Weiss, Christoph (1995) (Hrsg.): ›Der gute Deutsche‹. Dokumente zur Diskussion um Steven Spielbergs ›Schindlers Liste‹ in Deutschland. St. Ingbert (Universitätsverlag).

4. »Kiss kiss bang bang«
WILLIAM SHAKESPEARES ROMEO UND JULIA
(Luhrmann, USA 1996)

von Jens Thiele

4.1 Shakespeare als Videoclip?

Kann man »Romeo und Julia« – nach »Hamlet« der erfolgreichste Bühnenstoff im englischen Sprachraum – wie einen Videoclip filmen? Kaum eine Filmkritik zu Beginn des Jahres 1997 ließ sich den Vergleich zwischen Baz Luhrmanns WILLIAM SHAKESPEARES ROMEO UND JULIA von 1996 und den Videoclips im Fernsehens entgehen. Ist diese Lovestory am Ende nichts anderes als eine Soap-Opera für die Kids von heute, oder kann ihr furioser audiovisueller Erzählstil als künstlerisch adäquate Übertragung der Intentionen Shakespeares in die postmoderne Gegenwartskultur gelten? Die Kritiken haben sich vor allem auf das schwindelerregende Tempo der Bilder, die schrille Farbigkeit und die Popmusik der MTV-Produktionen konzentriert. Im Zentrum der folgenden Analyse soll daher weniger die Frage nach der inhaltlichen Werktreue der filmischen Adaption stehen, vielmehr die nach der ästhetischen Form. In der Tat ist Luhrmanns Film ein Feuerwerk der Bilder und Töne, der Farben und Schnitte, ein Film von hoher Zeichenhaftigkeit, extremer Künstlichkeit und großer Gefühle. Ihn habe – so äußerte sich der australische Theater-, Opern- und Filmregisseur in bezug auf seine schrillbunte Version des Shakespeareschen Stückes – vor allem die Frage beschäftigt, wie Shakespeare, der große Geschichtenerzähler und Entertainer, einen Film gemacht hätte, wenn er heute leben würde. Luhrmann scheint in der Multimedialität des shakespeareschen Theaters seinen eigenen künstlerischen Arbeitsstil bestätigt gefunden zu haben. Der Rückgriff auf Elemente des Theaters, der Sit-Comedy und des Videoclips wirkt wie eine Referenz an Shakespeare:

> People say this way it's MTV-style. It's really not where it came from. It came from the fact that Shakespeare would one moment have stand-up comedy, then he would have a popsong, then he would have incredible violence and then he'd have high tragedy, all in one piece. (Luhrmann 1998)

Wie Shakespeare ist auch Luhrmann (Jahrgang 1962) ein Grenzgänger zwischen den Stilen und Genres, insbesondere zwischen Theater, Oper, Werbung und Film. Nach frühen Erfolgen in seinem Heimatland Australien mit Bühnenstücken wie »Strictly Ballroom«, der Bühnenvorlage für seinen späteren gleichnamigen Film (1992) und dem Musiktheaterstück »Crocodile Creek« wandte er sich der Oper zu. Mit Puccinis »La Boheme« (1990) und Shakespeares »Midsummer Nights Dream« erlangte er internationales Ansehen. Als Vorarbeit zu seinem ersten Spielfilm STRICTLY BALLROOM, den er in Zusammenarbeit mit Craig Pearce schrieb, kann seine Tätigkeit als Art Director der Tanztruppe »Six Years old Company« angesehen werden, ebenso die Aufführung »Dance Hall« (1989) in Sydney. Künstlerische Erfahrungen in Graphik-Design, Werbung und Videoclip (u.a. zu Paul Youngs »Love is in the Air«) runden das Bild eines Allroundtalents ab.

Die Idee, ROMEO UND JULIA nicht in einer einheitlichen, geschlossenen ästhetischen Form zu inszenieren, sondern im Wechsel verschiedener Genres und Stile, dürfte einerseits aus den vielfältigen, sich überlagernden künstlerischen Tätigkeiten entstammen. Andererseits ist sie auch als Versuch der Respektierung und Wiederentdeckung des Shakespeareschen Erzählstils zu werten. Welcher Filmsprache bedarf es und wie müssen die ästhetischen Zeichen aussehen, um Shakespeares Bühnenstück – entstanden zwischen 1597 und 1609 – heute so elementar und unterhaltsam zu erzählen wie damals?

Prägend für den Gesamteindruck des Films sind zunächst die Gegensätze, in denen erzählt und inszeniert wird. Der Chor, der bei Shakespeare den Prolog spricht, ist durch eine Fernsehmoderatorin ersetzt worden. Der alte Erzählstoff spielt nun in der Gegenwart; Shakespeares »liebliches Verona« ist einer modernen Weltstadt gewichen (Drehort: Mexiko City), die von Wolkenkratzern dominiert wird, über denen Hubschrauber kreisen. Aus einem »öffentlichen Platz« wurde (möglicherweise in Anlehnung an Los Angeles' berühmtes »Venice Beach«?) ein modernes »Verona Beach«, ein Ort, der von riesigen Werbeplakaten geprägt ist, aber mit seiner Theaterruine »Globe Theatre« wiederum auf das historische Theater verweist. Man geht in Luhrmanns Film nicht zu Fuß, sondern fährt amerikanische Straßenkreuzer. Statt Säbel werden Schnellfeuerpistolen gezogen, und doch ist die Rede davon, den Degen zu ziehen. Überraschenderweise sprechen die Akteure während des gesamten Films im (wenn auch nicht originalen) Versmaß des Shakespeareschen Theaters und heben damit die ursprüngliche Bedeutung der Sprache hervor. Gegensätze bestehen aber auch im Wechsel von Tragik und Komik, von Ernst und Ironie; ebenso in den Spannungen von Hektik und Ruhe, von extrem schneller Bildfolge und langen, epischen Einstellungen, schließlich auch in den musikalischen Sprüngen zwischen Hardrock, Discomusik, Wagner und Mozart.

In diesen gebrochenen ästhetischen Formen, die sich zu einer Collage aus historischen und gegenwärtigen Kulturzitaten zusammenfügen, entfaltet sich die Narration auf eine sehr spezifische Weise. Nicht in der Kontinuität und

Geschlossenheit erzählerischer Abläufe entwickelt sich die Handlung, sondern in heterogenen ästhetischen Einheiten, die in ihrer Widersprüchlichkeit auch wahrgenommen werden wollen.

4.2 Feindschaft, Liebe und Tod Sequenzbeschreibungen

Wie noch zu zeigen sein wird, folgt der Filmablauf weitgehend den Stationen der literarischen Vorlage. An der umseitigen Sequenzgrafik des Films lassen sich die insgesamt 25 Handlungseinheiten in ihrer Abfolge und Zeitstruktur genauer verfolgen (Abb. 1):

Vorspann / Titel: Der Vorspann einschließlich des Titels markiert bereits die ästhetische Form des Films: Der Kinofilm beginnt als Fernsehbericht. In einem immer größer werdenden Monitor kündigt eine Ansagerin das Drama der beiden verfeindeten Elternhäuser an. Die Kamera springt hinein in wechselnde mediale Ebenen. Verwackelte Kinobilder, »verschneite« TV-Bilder, gerasterete Zeitschriftenfotos und Textzeilen werden in extrem kurzen Einstellungen hintereinander montiert, so dass der Eindruck einer willkürlich geschnittenen Montage entsteht. Schrift, Sprache, Musik, Schauspieler und Einstellungen des kommenden Films verdichten sich so zu einer furiosen Collage, die den Charakter eines Trailers besitzt.

Sequenz 1, Tankstelle / Montague-Boys versus Capulet-Boys: Die beiden verfeindeten Gruppen treffen mit ihren amerikanischen Autos an einer Tankstelle zusammen, provozieren sich gegenseitig und geraten in eine wilde Schießerei. Benvolio Montague und Tybalt Capulet werden als die Hauptkontrahenten der beiden Gangs eingeführt. Herangezoomte Embleme, Werbeschilder, Firmenwappen und Autokennzeichen verleihen der schnell geschnittenen Action-Sequenz den Charakter eines Werbespots. Die Tankstelle verwandelt sich am Schluss in ein Flammenmeer. Katastrophenbilder aus der Hubschrauberperspektive schließen die Sequenz ab.

Sequenz 2, Polizeirevier / Verwarnung der beiden Familien: Der Polizeichef Captain Prince droht den beiden Vätern der verfeindeten Häuser Capulet und Montague mit dem Tod, falls die Streitigkeiten fortgesetzt würden.

Sequenz 3, Verona Beach / Romeo und Benvolio sprechen über die Liebe: In dem Torbogen eines verfallenen Kinos am Strand von Verona Beach entdeckt Benvolio seinen Vetter Romeo. Romeo wird zu dem melancholischen Song »Talk Show Host« von Radiohead als Träumer eingeführt, der über die Liebe philosophiert. In einem Fernseher erblickt er die Gewaltszenen der Ereignisse an der Tankstelle. Zeitgleich hält der junge Dave Paris bei Capulet um die Hand seiner Tochter Julia an. Beim Billardspiel erzählt Romeo Benvolio von seiner unerwiderten Liebe zu Rosalinde. Im Fernsehen wird das bevorstehende Fest der Capulets angekündigt.

Sequenz 4, Villa Capulet / Vorbereitungen auf das Fest: Julias Mutter und Amme werden bei ihrer Suche nach Julia wie aufgedrehte Comicfiguren inszeniert. Die erste Einstellung Julias dagegen vermittelt Ruhe. Ihr Gesicht ist in einer Unterwasseraufnahme zu sehen. Julia erfährt von ihrer Mutter, dass der junge Paris sie heiraten möchte.

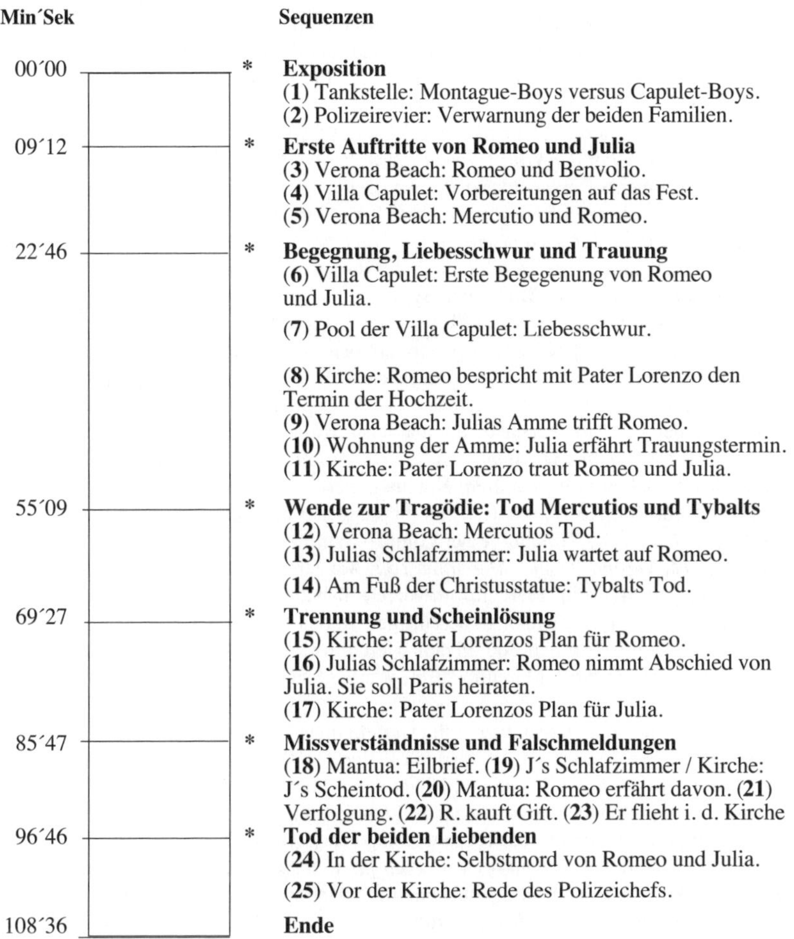

Abb. 1: Sequenzgrafik WILLIAM SHAKESPEARES ROMEO UND JULIA

Sequenz 5, Verona Beach / Mercutio und Romeo sprechen über Träume: Ein Feuerwerk am nächtlichen Himmel kündigt das Fest an. Während Julia von ihrem Balkon aus das Spektakel bewundert, trifft Romeos Freund Mercutio am Strand ein und präsentiert eine gemeinsame Einladungskarte. Mercutio trägt ein enges silberglitzerndes Abendkleid, hochhackige Schuhe und eine weiße Perücke. Beide sprechen von Träumen und Drogen. In Traumbildern findet sich Romeo im Inneren einer Kirche wieder.

Sequenz 6, Villa Capulet / Erste Begegnung von Romeo und Julia: Durch schrille Kostüme, bunte Verkleidung und eine musikalische Collage aus Oper und Schlager wird die Ausgelassenheit des Festes präsentiert. Mercutio führt eine Travestieshow auf der Treppe auf. Während die Sängerin Des'ree »Kissing You« im Festsaal vorträgt, begegnen sich die

Blicke Romeos und Julias erstmals durch das große Aquarium, das beide Toiletten trennt. Tybalt kann seine Wut über das Erscheinen Romeos auf dem Feste nur mühsam zügeln. Julia tanzt mit dem jungen Paris, hat aber nur Augen für Romeo. Im Fahrstuhl küssen sich beide. Julia erkennt, dass Romeo ein Montague ist. Nach der Feier trennt sich Romeo von seiner Gruppe und klettert über die Mauer des Hauses Capulet.

Sequenz 7, Innenhof der Villa Capulet / Romeo und Julia schwören sich ewige Liebe: Julia betritt den Innenhof und entdeckt Romeo. Beide fallen in den großen Swimmingpool. Dort gestehen sie sich ihre Liebe. Romeo bittet Julia, seine Frau zu werden.

Sequenz 8, Kirche / Romeo bespricht mit Pater Lorenzo den Hochzeitstermin: Romeo gesteht dem Pater seine Liebe zu Julia und bittet ihn um einen Trauungstermin. Zu den Tönen eines Kinderchors werden Bilder und Symbole der Versöhnung und Liebe gezeigt.

Sequenz 9, Verona Beach / Julias Amme trifft Romeo: In verwackelten und gezoomten Kameraeinstellungen wird das ausgelassene Treiben am Strand vorgeführt. Romeo trifft gutgelaunt auf Mercutio und Benvolio, die sich über Tybalts Rachepläne sorgen. Julias Amme erscheint und will von Romeo eine klare Aussage über seine Gefühle zu Julia. Romeo nennt ihr den mit Pater Lorenzo vereinbarten Termin der Trauung.

Sequenz 10, Wohnung der Amme / Julia erfährt den Termin der Trauung: In der kleinen, mit Devotionalien vollgestopften Wohnung treffen sich Julia und die Amme. Diese lässt sich Zeit mit Romeos Botschaft, nennt ihr dann aber den Termin in der Kirche.

Sequenz 11, Kirche / Trauung: Pater Lorenzo traut Romeo und Julia.

Sequenz 12, Verona Beach / Mercutios Tod: Am Strand zieht ein Gewitter auf. Tybalt und seine Gang treffen ein. Mercutio provoziert Tybalt. Als der Streit eskaliert, kommt Romeo hinzu und versucht, Tybalt zu besänftigen. In den Ruinen des alten Kinos kommt es zu einem Kampf auf Leben und Tod, in dem Mercutio sich schützend vor Romeo wirft und dabei tödlich getroffen wird. Mercutio stirbt, während sich das Gewitter verstärkt und der Ort sich verdunkelt.

Sequenz 13, Julias Schlafzimmer: Julia wartet voller Ungeduld auf Romeo.

Sequenz 14, Am Fuße der Christusstatue / Romeos Rache an Tybalt: Nach einer wilden Verfolgungsjagd stoßen Romeo und Tybalt aufeinander. Romeo, außer sich vor Verzweiflung, erschießt Tybalt. Sein Diener Balthasar drängt ihn zur Flucht. Tybalts Eltern fordern Rache; Polizeichef Prince verbannt Romeo nach Mantua.

Sequenz 15, Kirche / Pater Lorenzos Plan für Romeo: Lorenzo spricht dem verzweifelten Romeo Mut zu. Er soll Julia besuchen und sodann nach Mantua fliehen.

Sequenz 16, Julias Schlafzimmer / Romeo nimmt Abschied von Julia. Sie soll Paris heiraten: Umrahmt von Kerzen und Heiligenfiguren spricht Julia in ihrer Verzweiflung zur Mutter Maria. Romeo erscheint unerwartet im Zimmer. Zu Des'rees »Kissing You« lieben sie sich. Parallel verspricht Capulet dem jungen Paris die Vermählung mit Julia. Im Traum sieht Romeo noch einmal den toten Tybalt. Er flieht im Morgengrauen durchs Fenster; Julia blickt ihm angstvoll nach. Julias Eltern zwingen ihre Tochter rücksichtslos, der Heirat mit Paris zuzustimmen. Julia ist außer sich vor Verzweiflung; die Amme versucht ihr Trost zuzusprechen.

Sequenz 17, Kirche / Pater Lorenzos Plan für Julia: Julia droht dem Pater mit Selbstmord. Lorenzo erläutert ihr seinen Plan, wonach Julia durch Einnahme eines Trunkes für 24 Stunden wie tot erscheine; danach soll sie Romeo in Mantua treffen. Sein Plan wird durch Rückprojektion visualisiert.

Sequenz 18, Landschaft um Mantua / Eilbrief an Romeo: Ein Kurier überbringt den Brief des Paters, trifft Romeo aber nicht an.

Sequenz 19, Schlafzimmer Julias und Kirche / Julias Scheintod: Julia leert das Fläschchen und sinkt in einen todesähnlichen Schlaf. Bilder der Entdeckung, des leeren Zimmers und der Trauergemeinde in der Kirche schließen sich an. Romeos Diener Bathasar trifft ein und deutet die Situation falsch.

Sequenz 20, Landschaft um Mantua / Romeos Wohnwagen: Balthasar überbringt dem wartenden Romeo die Nachricht, dass Julia tot sei. Romeo entschließt sich in seiner Verzweiflung, nach Verona zurückzukehren. Er übersieht den Kurier, der erneut den Brief zustellen will. In einer wilden Fahrt jagen Balthasar und Romeo nach Verona, verfolgt von Polizeiwagen und Hubschrauber.

Sequenz 21, Verona / Die Verfolgung Romeos: Bilder der Großstadt, überwiegend aus der Helikopterperspektive, zeigen die Verfolgung Romeos durch die Polizei. Polizeichef Prince leitet die Aktion vom Hubschrauber aus. Dazwischen werden Szenen eines Telefongesprächs zwischen Pater Lorenzo und dem Postamt in harten Schnitten montiert.

Sequenz 22, Hintere Wohnung des Billard-Salons: Romeo zwingt den Besitzer, ihm Gift auszuhändigen.

Sequenz 23, Nächtliche Straßen / Romeo flieht in die Kirche: Verfolgt vom Hubschrauber, flieht Romeo duch die Straßen. Zu Fuß erreicht er das Kirchenportal, nimmt kurzfristig eine Geisel und erzwingt so die Einstellung der Verfolgung.

Sequenz 24, In der Kirche / Doppelselbstmord von Romeo und Julia: Romeo öffnet die Kirchentür und blickt in ein Meer aus Neonkreuzen und Kerzen. Er durchschreitet den Kirchenraum und legt sich zu der totgeglaubten Julia, die auf dem Altar im Chor der Kirche aufgebahrt liegt. Er nimmt Abschied von Julia und trinkt das Gift, während Julia gerade erwacht. Sie begreift, dass Romeo im Sterben liegt. Sie ergreift die Pistole und erschießt sich. In enger Umarmung liegen beide vereint. Bilder der Erinnerung schließen sich an.

Sequenz 25, Vor der Kirche / Rede des Polizeichefs: Während die Leichen abtransportiert werden, bezichtigt Polizeichef Captain Prince verbittert und zornig alle Anwesenden der Schuld. Die Bilder gehen in Fernsehbilder über. Der Monitor erscheint wieder; die Ansagerin beendet das Programm, so dass nur ein verschneites Monitorbild übrigbleibt.

4.3 Das Stück, das Theater und sein Publikum

Im Rahmen dieser Filmanalyse kann der Genese des Shakespeareschen Stoffes in Literatur und Theater nicht genauer nachgegangen, sondern lediglich auf die Variationsbreite ab 1595 hingewiesen werden:[1] Erst ab der Mitte des 19. Jahrhunderts folgten die Theater der heute gebräuchlichen Shakespeare-Fassung. Die anhaltende Popularität des »Romeo und Julia«-Stoffes im 19. und 20. Jahrhundert zeigt sich nicht nur in vielen musikalischen Bühnenbearbeitungen[2], sondern ebenso in den zahlreichen Filmfassungen: etwa Méliès,

1 Ausführlicher dazu u.a. Geisen 1997, 108ff.

2 Tschaikowskys Ouvertüre »Romeo und Julia« von 1839; Bellinis Oper »I Capuletti e i Montecchi« 1867, Berlioz´ Sinfonie »Roméo et Juliette« 1869; Prokofieffs gleichnamiges Ballett von 1935 oder auch Bernsteins Musical »West Side Story« 1957 u.a.

FR 1901; Gordon, USA 1916; Cukor, USA 1936; Schmidely: ROMEO UND JULIA AUF DEM DORFE, CH 1941; Castallani, GB 1954; Wise / Robbins: WEST SIDE STORY, USA 1960; Zefirelli, GB/I 1968; Freder, I/E 1968.

Innerhalb der literarischen und dramatischen Veränderungen der Tragödie interessieren solche Momente, auf die Luhrmann abweichend von Shakespeare in seinem Film Bezug nimmt. In der Shakespeareschen Fassung beispielsweise vergiftet sich Romeo, nachdem er Paris im Kampf auf dem Kirchhof getötet hat. Erst danach findet ihn Julia und ersticht sich. In den Theateraufführungen bis etwa 1845 dagegen wurde nach Geisen (1997) neben anderen Veränderungen der Zeitpunkt von Julias Erwachen vor Romeos Tod angesiedelt, so dass sich beide noch für einen kurzen Moment wahrnehmen können. Dass Luhrmann, der sich explizit auf Shakespeare beruft, dieser Version folgt, dürfte dem Wunsch des Regisseurs nach dramaturgischer Überhöhung entsprungen sein, die seinen Film charakterisiert (Siehe Kap. 4.6).

In zahlreichen Interviews zum Film hat Luhrmann immer wieder auf die Umgebung, in der Shakespeares Stücke gezeigt und erlebt wurden, hingewiesen – auf das elisabethanische Theater als Ort volksnaher und vor allem publikumswirksamer Unterhaltung:

> Wir wissen heute, daß sein [Shakespeares –J.T.] Publikum 3.000 betrunkene, grölende Partygänger waren. Seine Stücke mußten mit Bärenkämpfen und Prostitution konkurrieren können. Er war ein Entertainer, mischte Komödie, Song, Gewalt, Tragödie. (Luhrmann in Hanck 1997)
> Die Herausforderung für Dramenautoren wie Shakespeare lag darin, die verschiedenen Unterhaltungswünsche und Erwartungen dieses gemischten Publikums zu befriedigen. Typische Attraktionen, die weder in einer Komödie noch in einer Tragödie fehlen durften, waren musikalische oder tänzerische Darbietungen, sowie Schauszenen mit prächtigen Kostümen. (Schunert 1998, 8)

Luhrmann hat als Theater- und Filmregisseur erkannt, dass der hohe Unterhaltungswert, den dieser Darstellungswechsel besaß, heute eher im Kino als im Theater zu erzielen ist. Sein Film sucht somit explizit ein Massenpublikum und verbindet diesen Anspruch nicht etwa mit ästhetischer Redundanz, sondern gerade mit künstlerischer Vielfalt und Komplexität. Die Idee, den heutigen Filmzuschauer für den klassischen Bühnenstoff mit vergleichsweise ähnlich spannungsvollen Darbietungsformen wie im Theater um 1600 zu gewinnen, legt es nahe, genauer nach dem Verhältnis von Bühne, Schauspielern und Zuschauern im elisabethanischen Theater zu fragen (vgl. Suerbaum 1996). Zwischen Schauspiel und Publikum gab es kein geordnetes Gegenüber, sondern eine dynamische, direkte Kommunikation, in der den Schauspielern die Aufgabe zukam, die bis zu 3.000 Zuschauer zu fesseln. Der Ablauf eines Stückes musste somit kurzweilig und von immer neuen Attraktionen durchsetzt sein. Szenenwechsel mussten aufgrund fehlender Vorhänge zügig erfolgen (vgl. Schunert 1998, 12ff.). Dieser aktionsorientierte, temporeiche Verlauf kommt dem Filmmedium und seinen spezifischen Formen der Narration entgegen. Luhrmann verdichtet die Filmsprache noch einmal mehr, indem er die damaligen Bühnenattraktionen mit Hilfe des Schnittes, des Tons und der Kameraführung in eine Kette filmischer Zäsuren zwischen den Sequenzen überträgt (siehe Kap. 4.4.3).

Der unmittelbare Kontakt zwischen Bühne und Publikum, der im elisabethanischen Theater durch die in den Zuschauerraum hineinragende Bühnenplattform bestand, ist im Kinoraum so nicht herzustellen. Doch es scheint, als habe Luhrmann in seinem Film die Nähe zwischen Publikum und Schauspielern durch kreisende Kamerafahrten, Zooms und extreme Schnitte gesucht. Wenn z.B. Mercutio mit seinem Wagen dem Zuschauer direkt entgegenkommt und ihn zu überrollen scheint (Sequ. 3) oder wenn das Gesicht von Julias Mutter in extremer Nahaufnahme herankatapultiert wird, dann findet der Film zwar keine identische, aber doch eine analoge Form der Einbeziehung und Beteiligung des Publikums ins Geschehen. Hinzu kommt die Dynamisierung zeitlicher Prozesse, die der Film wie kein anderes Medium betreiben kann. Auf einer für die Theaterbühne entscheidenden Ebene, der der Sprache des Schauspielers, entschließt sich Luhrmann überraschenderweise zu einer weitgehend werkgetreuen Adaption, indem er seine Schauspieler in (überarbeiteten und gekürzten) Shakespeareschen Versmaßen sprechen lässt (vgl. Borgmeier 1980). Diese aus heutiger Sicht und speziell für den kommerziellen Kinofilm ungewöhnliche Entscheidung hat für die Gesamtform des Films Konsequenzen. Der scheinbar alltagssprachlichen Bildästhetik und den vertrauten Schlagern, die den Zuschauer in das Geschehen hineinziehen, steht eine fremde Sprachform gegenüber. Sie verweist zitathaft auf die dramatische Vorlage und deren Entstehungszeit und verleiht der Erzählung eine Historizität. Zugleich fügt sie sich innerhalb des Genre- und Stilwechsels und des z.T. pathetischen Inszenierungsstils (vgl. Kap. 4.6.1) in die Heterogenität der visuellen und auditiven Schichten ein. Auch mit der Wahl des Drehortes hält der Film gleichermaßen Nähe und Distanz zur Vorlage. Nicht in Verona, sondern in Mexiko-City wurde der größte Teil des Films gedreht.

> Als wir dort ankamen, war Mexiko-City genau so, wie wir uns Verona Beach vorgestellt haben. Eine Stadt westlicher Prägung, aber im elisabethanischen Stil. Um Verona Beach zu entwickeln, haben wir die elisabethanische Welt in ihren Details analysiert, die soziale, die ökonomische Realität des elisabethanischen Theaters, und das haben wir dann in zeitgenössische Bilder umgesetzt. (Luhrmann 1997a)

Wahrzeichen dieser Verbindung aus alter Theaterwelt und gegenwärtiger Großstadtrealität ist die heruntergekommene Theaterruine, deren Proszenium am Strand von Verona Beach den Bühnenrahmen für die dramatischen Ereig-

nisse bietet. Hintersinnig bezeichnen Luhrmann und Pearce dieses Monument im Drehbuch als Kino und setzen so beide Medien in Bezug.
So lassen sich die wesentlichen ästhetischen Entscheidungen auch in ihrer Heterogenität in Luhrmanns Film eher auf die Charakteristika der elisabethanischen Bühne, ihrer Stücke, ihrer Schauspieler und Sprache sowie ihres Publikums zurückführen als auf den sogenannten ›MTV-Stil‹. Dass dennoch einige amerikanische Videoclips in ihrer äußerst komprimierten, schnellen und abwechslungsreichen narrativen Bild-Ton-Sprache eine Luhrmanns Film vergleichbare Ästhetik aufweisen, ist ein gegenwärtiges mediales Phänomen, das im Gegensatz zum Film nicht über die Theatergeschichte zu erklären ist.

4.4 Erzählstil

4.4.1 Die ersten Bilder, die ersten Töne

Die Filmexposition mit einer Länge von 128 Sekunden mutet dem Zuschauer 77 Einstellungen zu, wobei viele davon deutlich unter einer halben Sekunde liegen und durch rasante Zooms, Reißschwenks und den raschen Wechsel verschiedener Bildarten – mediale Bilder, Realaufnahmen, ›freeze frames‹, Texteinblendungen – in ihrem Tempo noch gesteigert werden (Abb. 2–4):

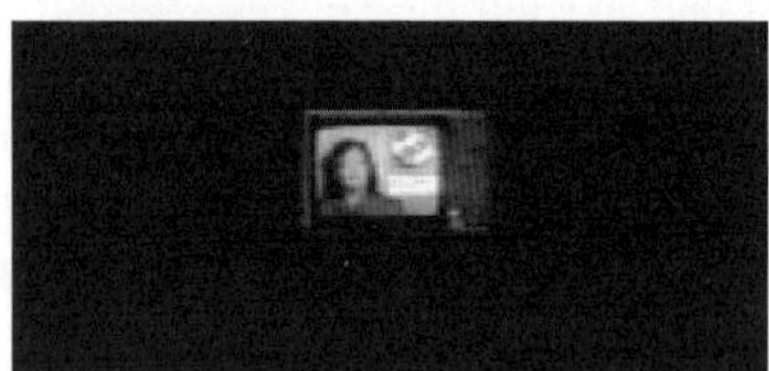

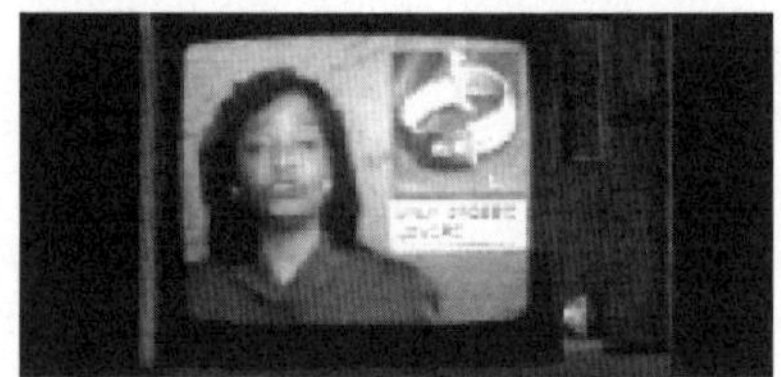

Abb. 2: Prolog

Das erste Bild des Films ist ein Schwarzbild, in dem ein Fernseher zunächst klein, dann immer größer erscheint. Eine Ansagerin berichtet in Versform von den zwei Häusern und ihrem Zwist: »Zwei Häuser, beide gleich an Ansehen, entfachen neuen Streit aus altem Hass, im lieblichenVerona, dem Schauplatz unseres Stückes, und Bürgerblut beschmutzet Bürgerhände. Aus unheilvollem Schoß der beiden Feinde entspringt ein Liebespaar unsternbedroht.« Die Funktion des Chors in Shakespeares Stück wird hier von einer Fernsehmoderatorin übernommen – ROMEO UND JULIA als Reality-TV.

Im ironischen Kommentar zum »lieblichen Verona« (so auch die mehrfach eingetitelte Textzeile) und der getragenen Sprache führen sodann hochbeschleunigte Zooms in die Häuserschluchten Mexiko Citys ein. Chorgesänge verleihen den Bildern wiederum einen feierlichen, liturgischen Charakter, so dass sich aus der Summe der wechselnden Eindrücke ein Kunstort herausbildet, real und doch fiktional, zusammengesetzt aus medialen, sprachlichen und musikalischen Versatzstücken. Eine überdimensionale Christusfigur, scheinbar inmitten der Betonwüste plaziert, taucht unscharf auf; schwebt zeichenhaft wie ein mahnender Finger über den Wolkenkratzern der Großstadt:

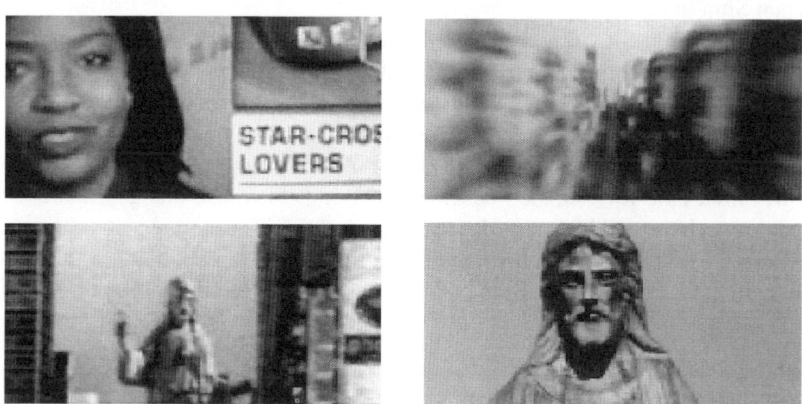

Abb. 3: Vorstellung des Handlungsorts

Verwischte Bilder einer Handkamera deuten ein vorbeifahrendes Polizeiauto an; ein Hubschrauber kreist über der imposanten Skyline der Stadt. Nun mischen sich erneut mediale Bilder unter die Realaufnahmen. Fotografien der Montagues und Capulets, Headlines von Tageszeitungen, die vom Streit der beiden Familien berichten:

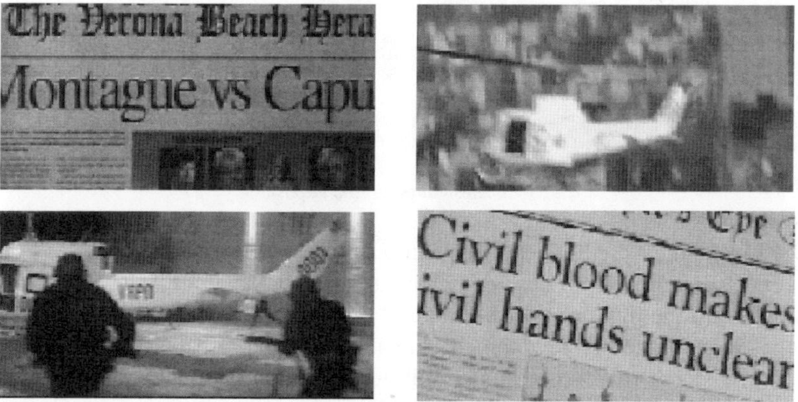

Abb. 4: Feindschaft der zerstrittenen Familien

In ihrer flüchtigen Präsentation werden sie wie Bilder verschiedener Bürgerkriegsschauplätze wahrgenommen, zumal sie stets mit Einstellungen bewaffneter Polizisten verknüpft sind. Noch einmal wiederholt ein Sprecher aus dem Off die Verse des Prologs, die wiederum als Textzeilen in die Bildcollage einmontiert sind. So verdichten sich die verschiedenen Ebenen zu einem immer komplexeren Gewebe, dessen Leitfaden die Blankverse im Shakespeareschen Sinn bilden.

Wie in einer Sit-Comedy treten die Schauspieler plötzlich aus den Bildern heraus und wenden sich in eingefrorenen Einstellungen dem Publikum zu (Vorstellung der Akteure). Nicht ihre Schauspielernamen werden in die Standbilder eingetitelt, sondern ihr Rollenname und ihre Stellung im Stück. Das Finale des Vorspanns, das mit dem Finale des Musikstückes zusammenfällt, bildet eine furiose, sich beschleunigende Bildcollage aus 27 Einstellungen, die sich aus Bildsplittern des kommenden Films zusammensetzt (Vorverweise). Es sind vornehmlich solche Einstellungen, in denen die Gewalt dominiert. Eine Chronologie im Sinne der nachfolgenden Handlung besteht nicht.

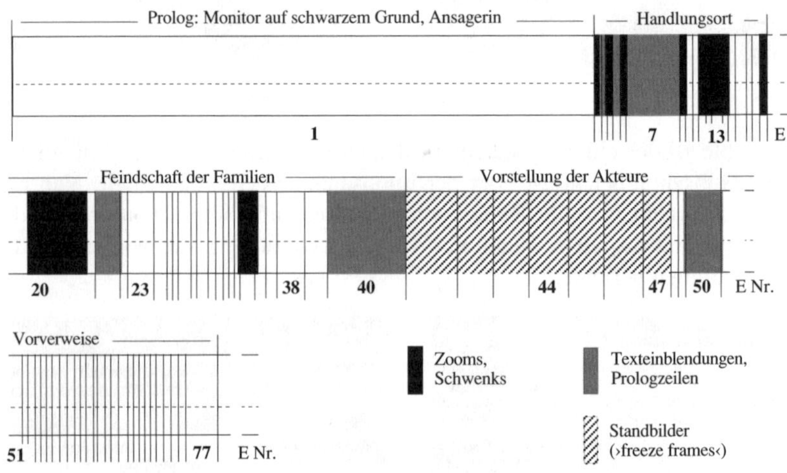

Abb. 5: Einstellungsgrafik: Exposition

Die Einstellungsgraphik des Vorspanns (Abb. 5) verdeutlicht aber, dass innerhalb der extrem schnell geschnittenen Einstellungsfolge durchaus eine Struktur besteht, die die gut zwei Minuten in fünf unterscheidbare Einheiten gliedert. Nach dem außergewöhnlich langen Prolog (46 von insgesamt 228 Sekunden), der bereits durch die Einführung des Fernsehmonitors eine eigene markante Form besitzt, werden in 12,5 Sekunden Bilder vom Ort des Geschehens gezeigt. Der Zuschauer wird durch einen extremen Zoom scheinbar in den Monitor hineinkatapultiert. Zoom, Schwenk, harter Schnitt und Einstellungskürze lassen die Bilder des Drehortes Mexiko City im Auge des Betrachters explodieren. Zurück bleibt der Eindruck eines bedrohlichen Ortes, der von Polizei kontrolliert wird. Helikopter und Einsatzwagen deuten auf Gefahr und Aggressivität hin. Kontrastierend erscheinen dagegen die Bilder der riesigen Christusstatue, die wie eine zweite Kontrollinstanz über der Stadt zu wachen scheint. Der mächtige Choral verleiht den so heterogenen Bildern eine eigenartige Feierlichkeit.

Die Feindschaft der rivalisierenden Familien Capulet und Montague ist Gegenstand des dritten Einstellungsblocks (E20–40). Hier dominieren auf der visuellen Ebene Bilder von Zeitungen und Zeitschriften, die den erneuten Streit zwischen beiden Familien in ihren Headlines abhandeln. Ein Sprecher aus dem Off wiederholt noch einmal den Vers des Prologs, der nun, unterlegt mit Bildern des Hasses, eine unmittelbarere Aktualität gewinnt. Die ergänzenden Einstellungen mit Polizeipräsenz erhöhen den Eindruck einer bevorstehenden Katastrophe.

Die Vorstellung der Personen in E41–50 bildet innerhalb des Vorspanns eine gewisse Entspannung und liefert vertraute Formen eines Filmanfangs. Wie in einer Family-Serie des Fernsehens werden nicht die Schauspieler, sondern ihre Rollen eingetitelt. Die Bilder der Akteure vermitteln durch den technischen Trick des Einfrierens eine latente Komik, die im Kontrast zu den davor gezeigten Bildern der Gewalt steht. Noch einmal, wie zur Wiederholung, erscheint der Prologtext, nun in Textzeilen lesbar, um den Zuschauer wieder auf die Handlungsbene zu führen. Den Abschluss des Vorspanns bildet eine Collage aus später kommenden Einstellungen, zusammengeschnitten in extremer Kürze und für den Kinozuschauer lediglich als Reize in Bruchteilen von Sekunden wahrzunehmen. Hier überwiegen erneut Bilder der Gewalt und extremer Gefühle. Es ist vor allem Tybalt, Romeos Gegenspieler, der immer wieder in Posen des Kampfes zu sehen ist.

So setzt Luhrmann mit dem Vorspann einen Prolog eigener Art: er bettet den Text aus Shakespeares Bühnenstück in ein Kaleidoskop von Bild- und Tonsplittern, die vor allem Gewalt, Gefühl und Dynamik ausdrücken, die in ihren Zeichen auf die alte Geschichte verweisen, aber dem Zuschauer doch suggerieren, in die Gegenwart zu blicken, die angefüllt ist mit medialen Berichterstattungen über Krieg, Gewalt und Tod. Bevor die Filmhandlung beginnt, ahnt der Zuschauer, dass ihn eine explosive, gewalttätige Geschichte erwartet, die nicht gut ausgehen kann.

4.4.2 Die Nähe zur Theatervorlage

Wie erzählt der Film die Geschichte von Romeo und Julia? Die Narration des Films weist – abgesehen von der achronologischen Montageform des Vorspanns – eine insgesamt chronologische Erzählstruktur auf. Parallel montierte Szenen wie z.B. in Sequenz 3 oder 21 dienen der Raffung der Ereignisse. Der Film folgt mit seinen 25 Sequenzen weitgehend dem Bühnenstück Shakespeares mit seinen fünf Aufzügen und 24 Szenenbildern (vgl. Gegenüberstellung von Drama und Film, Abb. 6). Trotz aller Unterschiedlichkeit der dramaturgischen Strukturen von Theaterstück und Filmfassung respektiert Luhrmann die entscheidenden Merkmale und Charakteristika der elisabethanischen Tragödie. Er behält die Funktion des Chores bei, der dem Publikum bereits zu Beginn vom Streit der beiden Adelsgeschlechter, von der Liebe der beiden Kinder und deren schicksalhafter Bedrohung erzählt. Auch der Tod der beiden wird vom Chor vorausgesagt. Diese Aufgabe überträgt Luhrmann der Fernsehmoderatorin. Ebenso bleibt das Pendeln zwischen Komödie und Tragödie, das das Shakespearesche Stück bis zum Beginn des dritten Aufzugs auszeichnet, im Film erhalten (vgl. Kap. 4.5.2, 4.5.3). Das dramaturgische Prinzip des Kontrastes zwischen den Szenen ist auch in Luhrmanns Filmadaption spürbar (vgl. Geisen 1997, 114).

Ebenso orientiert sich der Filmregisseur an den Charakteren der Bühnenvorlage: Romeo (Leonardo DiCaprio) bleibt der melancholische, von Ahnungen erfüllte Liebhaber und Julia (Claire Danes) das unbefangene, gegenüber Paris' Liebeswerben selbstbewusste Mädchen. Ebenso werden die Nebenrollen im Blick auf die Shakespearesche Fassung konzipiert, allen voran die Amme (Miriam Margolyes) als betont komische Gestalt und Tybalt (John Leguizamo) als Prototyp der Unversöhnlichkeit. Eine Ausnahme bildet Julias Mutter (Diane Venora), deren Figur um eine komische Seite erweitert wird. Schicksalhaftigkeit, Verstrickungen, Unentrinnbarkeit und der gemeinsame Tod bleiben auch im Film zentrale Motive. Wie bei Shakespeare wird der Tod der Liebenden als Sieg über die gesellschaftlichen und schicksalhaften Widerstände inszeniert (vgl. Kap. 4.6.1). Die in der Vorlage zumindest angedeutete Versöhnung zwischen Capulet und Montague ist im Film allerdings nicht erkennbar; zurück bleiben die hilflosen Eltern. Der letzte Vers des Stückes, gesprochen vom Prinzen von Verona, ist im Film als Abspann der Fernsehmoderatorin zu hören.

Nimmt man die Länge der Erzähleinheiten als Kriterium, so schälen sich im Film fünf Sequenzen heraus, denen, vergleichbar mit der Theaterfassung, eine herausgehobene Bedeutung zukommt: die Begegnung Romeos und Julias auf dem Fest der Capulets (Sequ. 6; 11'56''), ihre Liebesbeteuerung im Pool der Capulet-Villa (Sequ. 7; 8'34''), Mercutios Tod (Sequ. 12; 9'06''), Julias

Abschied von Romeo und ihr Zerwürfnis mit den Eltern (Sequ. 16; 9'42'') und schließlich ihr gemeinsamer Tod in der Kiche (Sequ. 24; 10'09''). Diese Sequenzen stehen für die bedingungslose Liebe der beiden Hauptfiguren, den sinnlosen Zwist beider Häuser, die Vergeblichkeit der Liebe gegenüber Schicksal und Umwelt und für den Triumph dieser Liebe durch den Tod.

Bühnenstück		Film	
Prolog	Der Chor	Fernsehansagerin	
	---------	Vorspann	
1. Aufzug			
1. Szene:	Ein öffentlicher Platz	Sequ. 1:	Tankstelle
	---------	Sequ. 2:	Polizeirevier
2. Szene:	Eine Straße	Sequ. 3:	Paris und Capulet
3. Szene.	Zimmer in Capulets Haus	Sequ. 4:	Villa Capulet
4. Szene:	Eine Straße	Sequ. 5:	Am Strand
5. Szene:	Ein Saal in Capulets Haus	Sequ. 6:	Fest der Capulets
Prolog	Der Chor	---------	
2. Aufzug			
1. Szene:	Ein offener Platz	Sequ. 6:	Abfahrt vom Fest
2. Szene:	Capulets Garten	Sequ. 7:	Swimmimgpool
3. Szene:	Ein Klostergarten	Sequ. 8:	Kirche
4. Szene.	Eine Straße	Sequ. 9:	Am Strand
5. Szene:	Capulets Garten	Sequ. 10:	Wohnung der Amme
6. Szene:	Bruder Lorenzos Zelle	Sequ. 11:	Kirche
3. Aufzug			
1. Szene:	Ein öffentlicher Platz	Sequ. 12:	Am Strand
2. Szene:	Zimmer in Capulets Haus	Sequ. 13:	Julias Zimmer
	---------	Sequ. 14:	Romeo unter der Christusstatue
3. Szene:	Bruder Lorenzos Zelle	Sequ. 15:	Kirche
4. Szene:	Zimmer in Capulets Haus	Sequ. 16:	Halle im Hause Capulet
5. Szene.	Juliens Zimmer	Sequ. 16:	Julias Zimmer
4. Aufzug			
1. Szene:	Bruder Lorenzos Zelle	Sequ. 17:	Kirche
2. Szene:	Zimmer in Capulets Haus	--------	
	--------	Sequ. 18:	Landschaft um Mantua
3. Szene.	Juliens Kammer	Sequ. 19:	Julias Zimmer
4. Szene:	Saal in Capulets Haus	--------	
5. Szene:	Juliens Kammer	Sequ. 19:	Julias Zimmer
5. Aufzug			
1. Szene:	Mantua. Eine Straße	Sequ. 20:	Landschaft Mantua
	---------	Sequ. 21.	Romeos Fahrt nach Verona
2. Szene:	Verona, Lorenzos Zelle	Sequ. 21:	Lorenzo sorgt sich
3. Szene:	Verona, Kirchhof; Familien-Begräbnis der Capulets	--------	
		Sequ. 24:	Doppelselbstmord
		Sequ. 25:	Rede des Polizeichefs
	---------	Sequ. 25:	Fernsehansagerin

Abb. 6: Vergleich Bühnenstück – Film

Das Filmmedium hat gegenüber der Theaterbühne den Vorteil, erahnte, gedachte oder geträumte Bilder, die die Schauspieler äußern, durch die Montage unmittelbar sichtbar zu machen und sie in die Chronologie der Ereignisse einzufügen. Luhrmann visualisiert die Momente, die in der Bühnenfassung als Vorahnungen geäußert werden, sehr sparsam. So greift er beispielsweise Romeos Ahnungen von einem bevorstehenden Unheil auf, die er im 1. Aufzug (4. Szene) verspürt: »[...] denn mein Herz erbangt Und ahnet ein Verhängnis, welches, noch Verborgen in den Sternen, heut nacht Bei dieser Lustbarkeit den furchtbarn Zeitlauf Beginnen und das Ziel des läst'gen Lebens, Das meine Brust verschließt, mir kürzen wird Durch irgendeinen Frevel frühen Todes.« (Shakespeare 1997, 21). In vier Einstellungen, die den Monolog unterbrechen, springt Luhrmann in Sequenz 5 ans Ende des Films. Er zeigt darin, wie Romeo den langen Gang einer Kirche durchschreitet, flankiert von Kreuzen und Kerzen. Mit jeder Einstellung kommt er der Kamera (und scheinbar sich selbst) ein Stück näher. Erst am Ende des Films weiß man, dass er sich in seinen Visionen auf dem Weg zu der totgeglaubten Julia befunden hat, die im Chor der Kirche aufgebahrt liegt. Der Zuschauer kennt aber diese Bilder noch nicht und nimmt sie als offene Vorstellungsbilder ohne bestimmten Handlungskontext wahr. Hier verlässt Luhrmann die Chronologie der Erzählung für wenige Sekunden; so auch in dem Traum- bzw. Erinnerungsbild an Tybalt, das Romeo in Sequenz 16 aus dem Schlaf hochschrecken lässt.

Eindeutiger, weil auch als filmisches Prinzip vertrauter, ist das nur kurz einmontierte Bild von Julia zu deuten, das in dem Moment sichtbar wird, als Romeo Tybalt erschießt. In dieser gewalttätigen, lauten Szene scheint es weniger ein Erinnerungsbild aus Romeos Sicht zu sein als vielmehr ein Bild speziell an die Adresse des Zuschauers, der ahnt, welche Konsequenz Romeos Rache an Tybalt für die Liebesbeziehung haben wird. Bezeichnenderweise ordnet Luhrmann nur Romeo solche imaginären Bilder zu. Julias Vorausahnungen im 3. Aufzug (5. Szene), in denen sie vom Fenster auf den fliehenden Romeo herabschaut, erhalten kein visionäres Bild, sondern zeigen Romeos Gesicht unter Wasser. Es scheint, als wolle der Filmregisseur die Unterschiedlichkeit der beiden Shakespeareschen Charaktere auch filmisch respektieren.

Der Film, der auf den ersten Blick so gar nichts vom »klassischen« Bühnenstück zu besitzen scheint, erweist sich bei genauerer Betrachtung als eine Hommage an Shakespeare und sein Theater. »Alles im Film ist Shakespeares Stück und seiner Welt entnommen und in moderne Bilder umgesetzt.« (Luhrmann / Pearce 1997, 36).

4.4.3 Höhepunkte zwischen den Sequenzen

Dass Luhrmanns Erzählstil scheinbar jeden Bezug zu der Gliederung des Bühnenstückes in Aufzüge und Akte vermissen lässt, liegt entscheidend an den Verknüpfungen und Übergängen zwischen den einzelnen Sequenzen. Der Regisseur verleiht den Übergängen eine besonders herausgehobene ästhetische Aufmerksamkeit, indem er optische und musikalische Zäsuren schafft, die durch Tempo, Spannung und Gegensätze gekennzeichnet sind. Die Übergänge sind fast nie fließend oder ruhig, sondern auf visuelle und auditive Höhepunkte hin inszeniert.
Der Wechsel etwa von Sequenz 3 zu Sequenz 4 wird durch eine optisch markante letzte Einstellung der ausgehenden Sequenz eingeleitet:

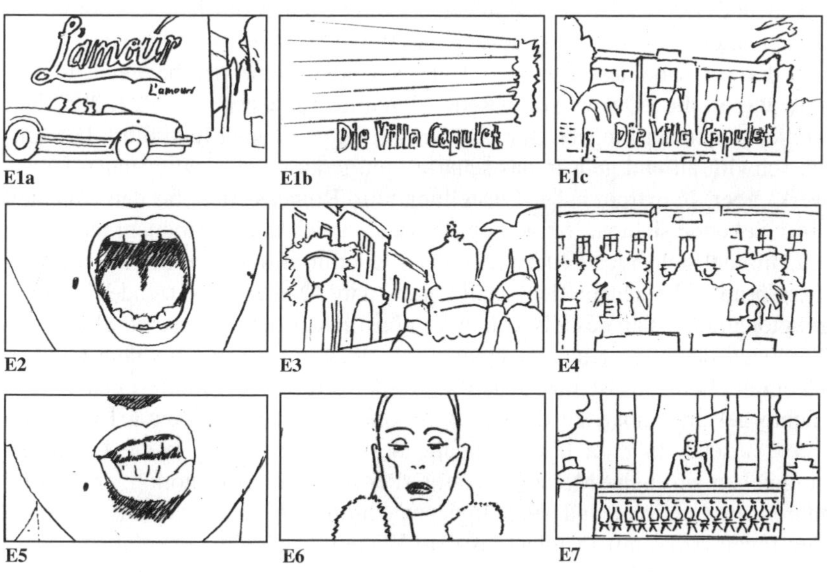

Abb. 7: Übergang Sequenz 3 / 4

Eine überdimensionale Werbewand mit dem (COCA-COLA nachempfundenen) Logo L'AMOUR bildet die Kulisse für die Abfahrt Romeos und seiner beiden Freunde (Abb. 7). Mozarts Sinfonie in G-Moll (KV 183, 1. Satz) setzt ein, während ein hoch beschleunigter Reißschwenk den Zuschauer nach links katapultiert, bis – als erste Einstellung der neuen Sequenz – die Villa der Capulets mit eingetiteltem Namen sichtbar wird. Diese kurze Totaleinstellung wechselt blitzartig, unterstützt von einem Schlaggeräusch, in eine ganz nahe

Einstellung, und ein geöffneter Mund füllt das Bildformat. Zu hören ist die Stimme von Julias Mutter, die laut und anhaltend nach ihrer Tochter ruft. Im Zeitraffer werden einige hektische Einstellungen sichtbar, eine Balkontür knallt zu – dann ist dem Zuschauer klar, dass er im Inneren der Capulet-Villa gelandet ist.

Solche spektakulären visuellen und auditiven Transfers von einer Sequenz in die andere werden im Verlauf des Films so häufig eingesetzt, dass diese Gelenkstellen selbst eine eigene Struktur bilden, die sich mit dem spannungsvollen, kraftvollen Erzählstil innerhalb der Sequenzen verknüpft. Der wohl kontrastreichste Sequenzwechsel findet zwischen den Todesahnungen Romeos und dem Beginn des Festes der Capulets statt (letzte Einstellungen der Sequ. 5, erste Einstellungen Sequ. 6). Im Wechsel werden Romeos Gesicht bei Nacht und vier Bilder seines späteren Ganges durch die Kirche gezeigt. Zu diesen Bildern ist der Trauergesang aus Wagners »Tristan und Isolde« zu hören, der am Ende des Films den Tod der beiden Liebenden begleitet. In Anspielung an die »Queen Mab«-Rede Mercutios (Shakespeare 1997, 20f.) hält Romeo auf seiner Fingerkuppe eine Droge, die er an den Mund führt. Die Musik schwillt an und geht in das scharfe Pfeifgeräusch eines zündenden Feuerwerks über. In extrem naher Einstellung wird Romeos Auge für den Bruchteil einer Sekunde sichtbar. Seine Pupille wandelt sich in den Strahlenkranz eines am Himmel stehenden Feuerwerks, der wiederum in symmetrisch angeordnete kreisförmige Leuchtspiralen überblendet wird. Neben einsetzenden Schlagzeugtönen hört man das Zischen eines künstlichen Lichtregens, der durch den Torbogen des alten Kinos sichtbar wird. Während Romeo aus dem Off ruft »Kommt, Leute, lasst uns gehen!«, werden kreisende Effekte einer Disco-Lichtorgel erkennbar, zu der die Ballroom-Version von »Young Hearts run free« einsetzt. In zwei Einstellungen, die als Einblendung in die Lichtorgel auftauchen, erscheint Mercutio (Harold Perrineau) in Slowmotion; er steht im fahrenden Cabriolet und singt lippensynchron zum Text der Musik. Neben ihm ragen Arme mit Pistolen aus dem Wagen. Nach einer ebenfalls verlangsamten Kamerafahrt entlang der Fassade der Capulet-Villa landet der Zuschauer endlich im Inneren des Hauses, mitten unter den verkleideten und tanzenden Gästen des Festes.

Der Sequenzübergang erfolgt somit nicht wie üblich durch einen einzelnen Schnitt oder eine Überblende zwischen zwei Bildern, sondern kann als eigenständige Folge von Einstellungen bezeichnet werden, die wie im Zeitraffer den Bogen von Ruhe, Trauer und Statik zum bunten, lauten, ausgelassenen Treiben des Festes spannt. Für den Zuschauer ist es nicht nur ein spektakulärer audiovisueller Sprung, sondern auch ein gewaltiger emotionaler Sprung (vom vorausgeahnten Tod zum unbeschwerten Leben). Die extremen ästhetischen Spannungen des Übergangs stehen auch für den Wechsel der Gefühlswelten. Immer wieder wird der Filmzuschauer beim Wechsel der Sequenzen hin- und hergegerissen zwischen Liebe, Gewalt und Tod. Luhrmann erzählt durchgehend in leidenschaftlichen Bildern und Tönen. An den Gelenkstellen zwischen den Erzähleinheiten aber dreht er die Schraube seiner Inszenierungskunst noch einmal an und schafft Höhepunkte zwischen den Sequenzen. Diese herausgehobenen Bild- und Tonfolgen lassen sich durchaus mit den Zwischenauftritten und -einlagen vergleichen, die auf der Shakespeareschen Bühne den Wechsel zwischen zwei Szenen zur kurzweiligen Unterhaltung machten.

4.4.4 Mediale »Einschüsse«

Welche Funktion besitzen die in die Filmerzählung integrierten Motive und Einstellungen mit explizit medialem Charakter? Da auch sie über den gesamten Filmverlauf verteilt sind, kann vermutet werden, dass sie eine eigene ästhetische Struktur bilden. Der Kinofilm ist als TV-Drama gestaltet. Er beginnt und endet mit der An- bzw. Absage der Fernsehmoderatorin in einem Monitor älteren Baujahrs. Während die Filmkamera in die gerasterte Bildfläche des Monitorbildes eintaucht und damit den Zuschauer zu Beginn in den Film hineinzieht, geht im Finale (Sequ. 25) das prägnante Filmbild wieder in ein unschärferes Fernsehbild über, und erneut hören wir aus dem Off die Stimme der Moderatorin. Nach der letzten formatfüllenden Einstellung der Erzählung wird der Fernseher ins Bild gerückt und zeigt auf seinem kleinen Bildschirm ein letztes Bild des Geschehens (die Abfahrt der Ambulanz mit den beiden Leichen); erneut tritt die Ansagerin auf und beschließt das Programm. Ein verschneites Monitorbild kündigt vom Ende der Sendung. Der Monitor schrumpft zu einem kleinen hellen Punkt, bevor er ganz verschwindet.

Diese TV-Rahmung des Films ist insofern von entscheidender Bedeutung, als sie das Drama auf eine doppelte mediale, eine filmische und eine elektronische Ebene setzt. Durch die nicht nur motivisch, sondern auch ästhetisch erfahrbare Differenz zwischen Kino- und Fernsehbild wird dem Zuschauer die Künstlichkeit, aber zugleich auch die Vertrautheit der Darstellung vor Augen geführt, denn er blickt am Anfang und am Ende des Kinofilms auf Fernsehbilder und typische Programmelemente des Fernsehens.

Die zweite mediale Ebene bleibt aber auch im Verlauf des gesamten Films anwesend. Entweder werden bereits gezeigte Bilder des Films noch einmal in einem Fernsehgerät sichtbar (Sequ. 3: Romeo sieht auf einem Monitor die Gewaltbilder der 1. Sequ.), oder die Handlung wird über Fernsehbilder erzählt (Sequ. 3: im Billard-Salon berichten Moderatoren vom bevorstehenden Fest der Capulets). Auch die Bilder des Überwachungsmonitors im Hause Capulet, der den Swimmingpool erfasst, werden Bestandteil der Erzählung (Sequ. 7).

Selbst die Filmbilder entwickeln eine Affinität zur Bild- und Tonsprache des Fernsehens und scheinen in einigen Sequenzen zu TV-Bildern zu werden. In den Szenen der Dramatik und Hektik sucht der Film offensichtlich die Nähe zur Fernsehrealität, indem er Einstellungen in Schwarzblau erfasst, extreme Perspektiven wählt und die vertrauten akustischen Signale der Fernsehkrimis – etwa Martinshorn, quietschende Reifen, Hubschraubergeräusche – verwendet (Sequ. 14: Romeo verfolgt und tötet Tybalt; Sequ. 23: Romeo flieht durch die nächtlichen Straßen; die Polizei verfolgt ihn mit Hubschrauber und Streifenwagen). Hier verbinden sich ästhetische und thematische Elemente zu typischen Genrezeichen des TV-Krimis.

Die Einarbeitung elektronischer »Einschüsse« in das Filmgewebe kompliziert die Definition der dramaturgischen Konzeption, denn der Zuschauer befindet sich ja bereits durch die Rahmung im Fernsehfilm ROMEO UND JULIA; konzeptionell stellen die im Film gezeigten Fernsehbilder somit eine dritte mediale Ebene dar. Unklar wird das Verhältnis der medialen Ebenen zueinander dort, wo das TV-Bild mit der Moderatorin innerhalb der Filmhandlung erscheint (Sequ. 1: Montague erblickt im Fernsehen die Moderatorin, die vor Bildern des Tankstellen-Dramas agiert). Es scheint, als spiele Luhrmann hier mit der Uneindeutigkeit medialer Realitäten.

Intermedialität wird neben den Fernsehbildern entscheidend durch die einmontierten Printmedien erzielt. Wie ein Netzwerk ist der Film von Titelblättern und Headlines (fiktionaler) Wochenmagazine und Tageszeitungen durchzogen, die auf einer eigenen Erzählebene kommentierend und erläuternd in das Geschehen eingreifen. Werbeschilder, Firmenlogos und Typographie ergänzen die Reihe der textlichen und bildnerischen Zeichen (etwa »Verona Beach Herald«, »Verona Today«, »Peoples Eye«, »Timely«, »Prophesy Bullet«). Diese Zitate der modernen Mediengesellschaft sind auf sehr unterschiedliche Weise in den Fluss der Handlung integriert. Sie führen Figuren ein (Sequ. 3: Dave Paris, der um Julias Hand anhalten wird, ziert als »Bachelor of the Year« das Cover des Magazins »Timely«), sie kündigen Ereignisse an (Sequ. 3: im Fernsehen wird vom bevorstehenden Fest der Capulets berichtet) oder stehen für Visionen, etwa dann, wenn der Pater sich vorstellt, dass die Heirat der beiden Liebenden die verfeindeten Häuser zusammenbringen könnte (Sequ. 8: ein Pressefoto zeigt Capulet und Montague in einer Geste der Versöhnung). Die in das Netzwerk der Erzählung eingeflochtenen medialen Zeichen sind an diesen Stellen nicht Dekor, sondern narrative Einheiten, die, so paradox es klingt, den Erzählfluss in stehenden Bildern vorantreiben. Zugleich spiegeln sie die Fragwürdigkeit medialer Wahrheit, denn viele der Headlines erweisen sich als Falschmeldung.

4.4.5 Zeichenhaftigkeit

Der Zeichencharakter, den der Film durch die medialen Einschübe erhält, verstärkt sich durch die Fülle der Embleme, Symbole und ikonischen Zeichen, die dem Film an einigen Stellen den Charakter eines Werbespots verleihen. Durch extrem schnellen Zoom oder harten Schnitt werden dem Zuschauer Schilder, Plakate, Autokennzeichen, Wappen, Firmenzeichen, aber auch christliche Symbole vor die Augen katapultiert; ihre plötzliche Präsenz in nahen bis ganz nahen Einstellungen erzeugt abermals eine eigene filmästhetische Ebene, die aus der Handlung herausragt und sie zugleich prägt. Ihr hoher Aufmerksamkeitswert aufgrund der extremen Einstellungsgröße löst sie als Einzelbilder aus dem Handlungsfluss heraus; ihre Allgegenwärtigkeit, aber auch ihr Zitatcharakter lässt sie zu einem ästhetischen Strukturprinzip der Erzählung werden. Am offenkundigsten wird diese ambivalente Funktion der visuellen Zeichen in der 1. Sequenz. Der Handlungsort, eine moderne Tankstelle mit Shop, wird über markante Logos und Schriftzüge in Großaufnahmen charakterisiert. Die Werbeschilder und Slogans »Phoenix Gas«, »Phoenix Market« oder »Add more Fuel in Your fire« werden angesichts der eskalierenden Gewalt zwischen den beiden streitenden Gangs zu ironischen Kommentaren. Wenn die Straßenkreuzer der Gegner in die Tankstelle einfahren, erfasst die Kamera zunächst die Kennzeichen der Wagen in naher Einstellung: »MON-005« und »CAP-005« werden als Status- / Machtsymbole vorgeführt.

Im gegenseitigen Schlagabtausch der rivalisierenden Gruppen springt die Kamera an die Körper der Akteure heran, um die Familienwappen in ganz naher Einstellung zu entdecken; erst dann erkennt man, dass Pistole und Totenkopf die Wahrzeichen der Montagues sind (Abb. 8). Da das Verhalten der Akteure selbst karikiert dargestellt wird, speziell in den Nebenfiguren, erscheinen diese Embleme zwar als Charakteristika der Parteien, aber zugleich als komische Elemente der Handlung. Das wird besonders deutlich, wenn ein Montague zur Demonstration seiner Macht den Mund öffnet und sich die Kamera an dem auf einer Zahnplatte eingravierten Wort »SIN« im wörtlichen Sinne festbeißt.

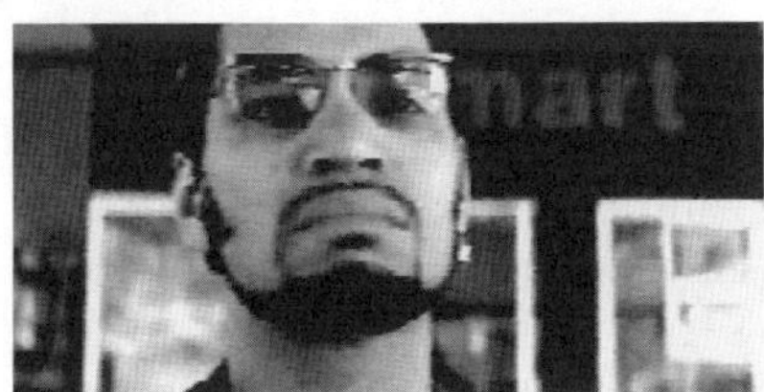

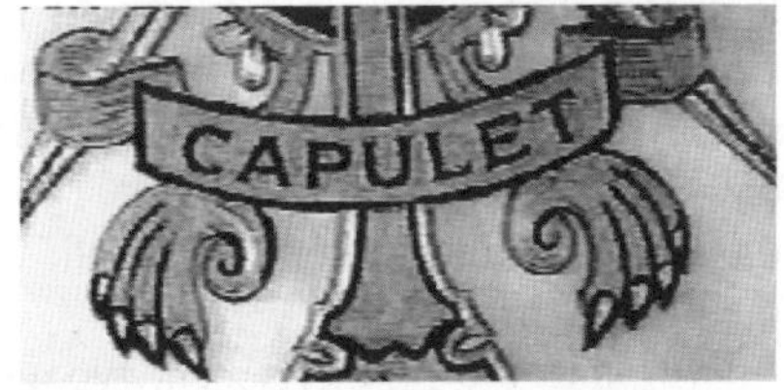

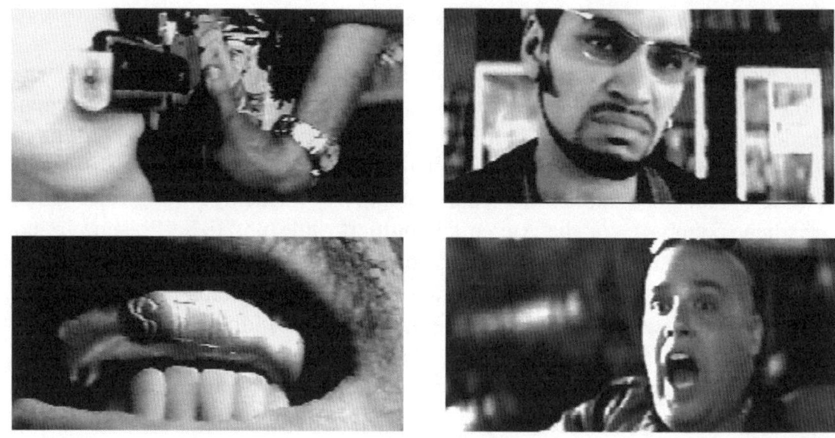

Abb. 8: Ausschnitt Sequenz 1

Dann wieder stehen die einmontierten Zeichen für sinnlose Gewalt, z.B. wenn Benvolio (Dash Mihok) seine Pistole zieht und die Kamera sich an der Typenbezeichnung SWORD 9MM SERIES S ergötzt. Doch Benvolios Ausruf »Weg mit den Schwertern!« gibt erneut Anlass, die Szene als komisch zu erleben. In diesem Wechselspiel von Machtdemonstration, Lächerlichkeit und brutaler, sinnloser Gewalt pendeln die unterschiedlichen Zeichen und Symbole ebenso wie die gesamte Handlung. Selbst Tybalt, im Film der Prototyp sinnlosen Hasses und unerbittlicher Gewalt, wird über eine durchaus karikierende Zeichensprache eingeführt. Kurz vor seinem Auftritt verstummen Musik und Dialog; eine plötzliche Stille tritt ein, in der nur Windgeräusche, feine Streicher und ein metallischer Ton zu vernehmen sind (ab 6. Minute). Die Kamera zeigt die Gesichter dreier Akteure, bevor sie auf das Werbeschild der Tankstelle schwenkt, das sich leicht im Wind bewegt und offenkundig die Quelle des Geräusches bildet. Das Zünden eines Streichholzes ist zu hören, und ein Schwenk führt zu Tybalts Gesicht in ganz naher Einstellung. Es schließt sich eine ebenso nahe Einstellung der versilberten Absätze seiner Stiefel an, die Katzenmotive aufweisen. Zur Eintitelung »Tybalt Capulet, der Katzenfürst Julias Vetter« zitiert der Sound das Genre des Italowestern. In dieser parodistischen Inszenierung, die auf die bildnerischen und musikalischen Stereotypen dieses Filmgenres abzielt, gerät Tybalts Auftritt zum Rollenspiel, dem man die Lust am Zitat anmerkt. Doch die sich anschließende Gewalttätigkeit bricht die Komik erneut.

So sind die bildnerischen, typografischen und musikalischen Zeichen in mehrere Bedeutungskontexte eingebunden. Sie stehen einmal für die moderne Großstadt, in der Luhrmann die alte Liebesgeschichte angesiedelt hat, sie führen den zeitlichen, gesellschaftlichen und kulturellen Bruch vor Augen, den das Bühnendrama Shakespeares durch den Film erfahren hat. Das »liebliche Verona« ist eine von Werbetafeln und Firmenlogos dominierte Betonwüste, ein letztlich entseelter Ort, der sich durch schrille Farben und laute Slogans anpreist. Die über die Bildzeichen suggerierte Modernität scheint ein subtiles Mittel des Regisseurs zu sein, dem Betrachter seine eigene Konsumorientierung vor Augen zu führen.

Nicht zufällig variiert Luhrmann die Werbetafeln und Slogans weltweit verbreiteter Firmen nur minimal. Die überdimensionale Reklamewand »L'AMOUR« in Verona Beach ist – wie erwähnt – nach Farbe und Schriftzug ein direktes Zitat der Coca-Cola-Werbung. Bereits in seinem (ersten) Spielfilm STRICTLY BALLROOM ließ Luhrmann sein Tanzpaar vor einer überdimensionalen Coca-Cola-Werbewand auf dem Dach der ›dancing hall‹ agieren. Auch Farbigkeit und Schriftzug des Tankstellenlogos sind so vertraut, dass man geneigt ist, an ›product placement‹ zu glauben. Die so effektvoll herangezoomten Zeichen und Symbole sind darüber hinaus ästhetische Elemente, die das Tempo der aktionsgeladenen Handlung mitbestimmen. Schließlich dienen sie Luhrmann als Mittel der ironischen Brechung. Indem er seine Protagonisten mit den Zeichen einer kapitalistischen Gesellschaft geradezu dekoriert, verleiht er ihnen bei aller Tragik immer auch eine latent komische Erscheinung.

Eine auffallende Rolle innerhalb der Zeichenhaftigkeit spielen die christlichen Symbole, die den Film permanent durchziehen. Auch sie treten in äußerst ambivalenten Bedeutungszusammenhängen auf. Das dominanteste Symbol ist eine riesige Christusstatue, die (in wechselnder Gestalt) das Zentrum der Großstadt zu bilden scheint und immer wieder in den Bildern der Stadt auftaucht. Ihre Erscheinung ist ambivalent: Als Zeichen noch immer gegenwärtiger Religiosität vermengt sie sich mit dem mexikanischen Großstadtszenario. Zugleich wirkt sie innerhalb der imposanten Skyline Mexiko Citys wie ein Relikt und Zitat mythischer Zeiten.[3] In ihren (scheinbar) gigantischen Ausmaßen und den wie segnend ausgebreiteten Händen erweckt sie den Eindruck, über die Ereignisse zu wachen, die sich in der Stadt abspielen. Eine andere Wirkung entsteht, wenn sie in naher Einstellung aus der Vogelperspektive erfasst wird (z.B. erste Einstellung in Sequ. 3 oder in Sequ. 14); dann entdeckt man auch, dass es sich um eine wesentlich naturalistischer modellierte Figur handelt als in den Totaleinstellungen. In Sequenz 14 wird diese Statue unmittelbar in die Handlung einbezogen und zum stummen Akteur. Nachdem Romeo Tybalt erschossen hat, stellt er sich mit seinem weißen, blutdurchtränkten Hemd in einer vergleichbaren Pose vor die riesige Gestalt und ruft ihr

---

3 Nach Luhrmann (1997b) wurde die Figur elektronisch in die Filmbilder hineinkopiert.

zu: »Ich bin ein Narr des Schicksals!« (Drehbuch: »Oh, das Glück hält mich zum Narrn!«; deutsche Ausgabe nach Schlegel, 3. Aufzug; erste Szene: »Weh mir, ich Narr des Glücks!«). Der folgende Schnitt suggeriert eine persönliche Verbindung zwischen Romeo und der Christusfigur. Aus der Vogelperspektive schaut der Betrachter in schwindelerregender Höhe über die Schulter der Plastik auf den winzigen Romeo tief unten auf der Straße. Romeo erwartet offenbar eine Antwort, denn er blickt bis zu seiner Flucht noch immer hinauf. Noch einmal wird Christus in seiner pathetischen Pose aus der Froschperspektive gezeigt. So entsteht durch die Montage eine dialogische Beziehung, die das Denkmal in die Handlung einbezieht.

Während in dieser existentiellen Handlungsphase der Bezug des Protagonisten zur christlichen Religion spürbar wird, sind die großzügig verteilten ikonischen Zeichen des Christentums im Film eher als hochartifzielle Requisiten zu deuten. Sie tauchen überall auf, in den fahrenden Autos, im Helicopter, auf Hemden oder als Tätowierung. Die Grenze zwischen bedeutsamem Dekor und ironisch inszeniertem Devotionalienkitsch ist dabei fließend. Wenn Mercutio als Transvestit auf der großen Freitreppe der Villa Capulet seinen Auftritt zu dem Schlager »Young Hearts run free« inszeniert (Sequ. 6), singt und tanzt er mit seinem Ballett vor einem riesigen Madonnenbild, das den zentralen Treppenaufgang ziert. In der Überlagerung von Heiligenbild und »Drag Queen« entsteht ein Vexierbild, in dem beide ›Kultfiguren‹ in einen ironischen Dialog treten. Es bleibt auch offen, ob das kunstvoll gearbeitete Kreuz, das Pater Lorenzo (Pete Postlethwaite) als Tätowierung auf seinem Rücken trägt, ein besonders intensives Bekenntnis zur Kirche oder eher die Marotte eines skurrilen Paters ist, der auf dem Dachgarten des Pfarrhauses merkwürdige Mixturen braut. Sein buntfarbenes Hawaiihemd spricht eher für die letztgenannte Sicht. Doch die brennenden Herzen, die beleuchteten Marienstatuen und die von Rosen umkränzten Christusfiguren, die in die Handlung eindringen, lassen stets eine andere Sehweise zu: in ihrer übertriebenen Künstlichkeit verweisen sie auf die extreme Gefühlswelt, in der sich die Protagonisten befinden. Sie sind insofern auch Zeichen extremer Emotionalität.

Diese Ambivalenz, in der die religiöse Zeichenwelt im Film erscheint, zeigt sich besonders deutlich in Sequenz 16, in der sich Julia, entsetzt über die Nachricht von Romeos Tat, der Schar von Engeln, Trauerfiguren und Putten zuwendet, die in einer Wandwölbung aufgereiht sind und von der Kamera in einem langsamen Schwenk erfasst werden. Auf der Abbildebene führt die Kamerafahrt die hochartifizielle, süßliche Ästhetik der Devotionalien sichtbar vor Augen: durchleuchtete Engelskörper, betende Hände, brennende Kerzen. Auf der Symbolebene erfüllen die Figuren eine andere Funktion. Sie sind sowohl Zeichen der tiefen Verzweiflung, in der sich Julia befindet, als auch Zeichen der Hoffnung auf Erlösung. Die trauernden Posen und Gesten der Engel wirken wie emotionale Kommentare auf die innere Verfasstheit des Mädchens. Angsichts der unfassbaren Ereignisse thematisiert sie Zweifel an Romeos Charakter: »Du Schlangenherz mit Unschuldsmine. War je ein Buch, in dem so Böses stand, so schön gebunden? Kann Falschheit solch einen Palast bewohnen?« In Verbindung mit den von der Kamera so intensiv erfassten Devotionalien ist auch eine andere Interpretation dieser Worte denkbar; es scheint, als durchschaue Julia hier die Künstlichkeit des religiösen Pathos, das sich ihr so aufdringlich präsentiert. Von daher wäre die Entscheidung Luhrmanns für das hoch artifizielle religiöse Dekor auch eine inhaltliche Wertung.

4.5 Die Figuren und ihre symbolische Inszenierung

4.5.1 Romeo und Julia

Sowohl Romeo als auch Julia werden im Film über ihre Mütter angekündigt, Romeo durch die besorgten Worte seiner Mutter zu Benvolio »Wo ist nur Romeo? Hast du ihn heute morgen nicht gesehen?« (Sequ. 3), Julia durch die anhaltenden Rufe ihrer völlig aufgelösten Mutter und der Amme (Sequ. 4). Während die Sorge der Montagues um ihren Sohn, der sich von ihnen isoliert hat, ernsthaft erscheint, wird die hektische Suche nach Julia im Capulet-Haus als komische Nummer inszeniert. Julias Mutter ist angesichts des bevorstehenden Festes völlig aufgelöst und jagt, unterstützt durch eine beschleunigte Abspielgeschwindigkeit, kopflos durchs Haus. Der auch musikalisch schwermütigen Ankündigung Romeos (»Talk Show Host« von Radiohead) steht eine heitere, slapstickhaft angelegte Vorankündigung Julias zu Mozarts Sinfonie in G-Moll gegenüber.

Romeo wird über ein Erinnerungsbild seines Freundes Benvolios eingeführt. »Madam, heute morgen sah ich Ihren Sohn, wie er spazierte im Platanenhain«. Eine kurze Einstellung von zwei Sekunden, die in ein intensives Orange getaucht ist, gibt den Blick auf das Meer frei, auf dem ein Boot fährt. Im Vordergrund ist die Silhouette Romeos zu sehen, der aufs Wasser schaut. Zu diesem Stimmungsbild erfährt der Zuschauer vom Kummer der Eltern, da Romeo sich tagsüber in sein Zimmer verschließt und sich »künstlich Nacht schafft«. Auch wenn er dann in naher Einstellung in einem langen Schwenk von unten nach oben erfasst wird, bleibt sein Gesicht zunächst verborgen, da er direkt vor der Sonne sitzt, deren helles orangefarbenes Licht ihn erneut zur Silhouette formt.

Der Ort, an dem Romeo eingeführt wird, ist ein heruntergekommener großer Platz am Strand, dessen markantestes Zeichen ein halbverfallenes, riesiges Proszenium eines Theaters ist. In ihm sitzt Romeo und hängt seinen melancholischen Gedanken über die Liebe nach.[4] Es ist vor allem das Proszenium des Kinos, das dem Ort eine hohe Künstlichkeit verleiht, insbesondere dann, wenn sich das Licht durch die auf- und untergehende Sonne, ein aufziehendes Gewitter oder Feuerwerkskörper selbst zum effektvollen Theaterlicht wandelt. Der riesige Torbogen wirkt bereits zu Beginn wie der Schauplatz dramatischer Ereignisse. In der Tat steht die Kulisse im Verlauf des Films für extreme Gefühle: in ihr kämpfen Romeo und Tybalt auf Leben und Tod, und in ihr stirbt Mercutio, dessen Tod die Katastrophe einleitet (Sequ. 12).

Auf eine sehr subtile Art entspricht Romeos Gefühlslage zu Beginn des Films der Künstlichkeit der Kulisse: sein Leiden an der verschmähten Liebe zu Rosalinde erweist sich später, als er Julia begegnet, als »falsches«, künstliches Gefühl. Wenn er im Proszenium des alten Gebäudes über die Unstetigkeit der Gefühle monologisiert, so klingen die Worte wie auf einer Theaterbühne gesprochen.

4.5.2 Wasser

Dass Romeo in unmittelbarer Verknüpfung mit dem Element Wasser eingeführt wird, erhält seine Bedeutung dann, wenn man die erste Einstellung Julias hinzuzieht. Inmitten der Abfolge von Slapstickbildern, in denen Mutter und Amme Julias Namen lautstark rufen, ist Julia zum ersten Male im Film in einer Unterwasseraufnahme zu sehen. Die temporeichen, heiteren Streicherklänge werden abrupt unterbrochen, wenn das Gesicht mit den fließenden Haaren in naher Einstellung in dem klaren Wasser erscheint. Nur sehr leise erklingt dazu Gavin Fridays »Angel«. Julia befindet sich körperlich-sinnlich in einem eigenen Raum, der sie von Lärm und Hektik abschirmt; dabei hat sie die Augen geöffnet. Danach setzt sich die überdrehte Suche nach ihr im Hause Capulet fort. Beide Hauptfiguren sind so bereits bei ihrer filmischen Einführung mit dem symbolträchtigen Element Wasser verknüpft, Romeo mit dem von der Sonne gefärbten Meer, Julia mit dem klaren Wasser. Bevor sie sich begegnen, sind sie für den Betrachter über dieses Motiv verbunden. Diese Verbindung hält über den gesamten Film hinweg an. Das Wasser wird in unterschiedlichen Konnotationen zu einem Symbol der Liebe. Es bildet einen eigenen Raum, über den oder in dem sich Romeo und Julia begegnen können

---

4 Im Drehbuch von Baz Luhrmann und Craig Pearce wird der Ort genauer als ehemaliges Kino beschrieben: »Das Kino ist niedergerissen worden bis auf das Proszenium, durch das man den schmuddeligen Strand von Verona Beach sehen kann, an dem sich eine Ansammlung von Sex-Clubs und Striplokalen niedergelassen hat, bevölkert von Prostituierten, Tunten, Freiern und Straßenvolk« (Luhrmann/ Pearce 1997, 55f.).

(Aquarium und Pool in Sequ. 6, 7); es wird damit zum Schutzraum, in dem sich beide ihrer Gefühle versichern können. Daneben steht Wasser in Form von todvortäuschender oder todbringender Flüssigkeit für die Unerfüllbarkeit ihrer Liebe (Sequ. 17, 19, 22, 24); es wird damit zum Zeichen des Widerstandes gegen die schicksalhaften Bedingungen, denen die beiden Liebenden ausgeliefert sind. Die Zeichenhaftigkeit, in der der Film seine Geschichte erzählt, setzt sich somit bis in die Charakterisierung der Hauptfiguren fort.

Das erste Zusammentreffen von Romeo und Julia stellt einen dramaturgischen Höhepunkt des Films dar, nicht zuletzt aufgrund der Bedeutung, die das Wasser als verbindendes und trennendes Element einnimmt. Die Begegnung beider findet während des Festes im Hause Capulet zwischen den Damen- und Herrentoiletten statt, die durch ein riesiges Aquarium im Mauerwerk voneinander getrennt bzw. miteinander verbunden sind. Das Aquarium ist in ein intensives blaues Licht getaucht; in ihm bewegen sich langsam grüne und tiefblaue Fische. Bevor sich Romeo und Julia durch Glas und Wasser zum ersten Male erblicken, ist sowohl musikalisch-akustisch als auch bildnerisch Ruhe in den Film eingekehrt. Nach einer anschwellenden Klang- und Gesangscollage und verzerrten Bildern der Ekstase verlässt die Kamera plötzlich den Festsaal und blickt auf Romeos Gesicht, der seinen Kopf im Waschraum unter Wasser hält. Diese stumme Unterwassereinstellung ist mit der Julias vergleichbar. Als Romeo aus dem Wasser auftaucht, sind die ersten Klavierklänge des Liedes zu hören, das im Film den beiden Liebenden zugeordnet wird; Des'ree singt »Kissing you«. Nach den lauten, hektischen Einstellungen verleiht der langsame, sentimentale Song der Szene eine traumhafte, irreale Atmosphäre. In einer erneuten Einstellung sehen wir die Maske, die Romeo trug, ins Wasser fallen. Die Begegnung mit Julia am Aquarium wird durch eine unscharfe Einstellung vorbereitet, in der die Kamera durch das Aquarium hindurch auf Romeo blickt, der wiederum in einen Spiegel schaut. Er dreht sich überrascht zur Kamera, nachdem er offenbar im Spiegel Bewegungen und Reflexe der schwimmenden Fische entdeckt hat. Die Kamera blickt hier aus der Position, die einige Einstellungen später Julias Position sein wird. Wie verzaubert nähert sich Romeo der Glaswand und beobachtet staunend die künstliche Unterwasserwelt. In diese Einstellungen werden drei Bilder aus dem Festsaal montiert, die die Sängerin zeigen, die so gefühlvoll singt; es ist Des'ree persönlich, die im Film ihren Auftritt hat. Die Kamera kehrt zum Aquarium zurück und beobachtet Romeo in nahen Einstellungen durch Öffnungen der bizarren Unterwasserkulisse hindurch. Über einen fast unmerklichen Schnitt wechselt die Einstellung seines Auges in die eines anderen Augen auf der anderen Seite des Aquariums. Im Schnitt-Gegenschnitt-Verfahren erblicken sich nun Julia und Romeo durch das leicht getrübte Wasser mit den schwerelos dahingleitenden Fischen; ihre Blicke sind in dieser Montagefolge wie Spiegelungen, aber auch wie optische Täuschungen, da die Gesichter immer wieder durch die farbigen Fischkörper verdeckt werden. Durch die Glaswölbungen entstehen zusätzliche Spiegelungen und Verzerrungen, die die Szene immer irrealer erscheinen lassen. Über die Bewegung der Fische und die der Kamera scheinen die Bilder zu fließen und zu zerfließen. Erst mit dem Auftauchen der Amme, die Julia abrupt fortzieht, werden Romeo und Julia und mit ihnen die Zuschauer wieder in die primäre Realität der Filmerzählung zurückgebracht.

Durch die filmische Inzsenierung dieser Szene entsteht ein eigener Raum, dessen Zentrum das Aquarium bildet. Romeo und Julia werden Teil dieses Raumes. In ihren kreisenden Bewegungen um das Aquarium, in ihren Spiegelungen und Verzerrungen scheint die Kamera beide Personen in den schwerelosen, fließenden Raum einzuschließen. Beide stehen unmittelbar an den Glasscheiben des Aquariums; beide nehmen sich nur durch das Wasser wahr. Das Wasser ist verbindendes, umschließendes, aber hier noch ein trennendes Element, denn es erlaubt keine körperliche Berührung. Aber die nahen, intimen Blickwechsel, die beide durch das Wasser hindurch austauschen, scheinen Glas und Wasser zu überwinden.

Erst in der folgenden Sequenz 7 ermöglicht das Wasser des Pools, der den Innenhof der Capulet-Villa ausfüllt, die unmittelbare körperliche Begegnung der beiden Liebenden. Als Julia Romeo entdeckt, fallen beide erschrocken ins Wasser. Doch der Sturz ist weder ein bedrohliches noch komisches Ereignis, sondern Ausgangspunkt einer längeren Szene, in der sich Romeo und Julia unter und im Wasser berühren und umarmen. Der Pool ist durch Unterwasserlampen in ein leuchtendes blaues Licht getaucht; er wirkt wie ein transparenter Schutzraum, der beide umhüllt und sie frei macht für Gefühle. Stand das Aquarium beim Kennenlernen noch als eine faszinierende, aber fremde Welt zwischen beiden Personen, so befinden sich nun beide im Wasser selbst, sind Teil der Materie, die sie schwerelos und leicht macht. Das Wasser wird hier endgültig zu ihrem spezifischen Raum, den sie sich gegen die feindliche Umwelt schaffen. Wenn sie sich unter Wasser küssen, sind sie nur für den Kinozuschauer sichtbar. Allerdings bleibt die Gefahr der Entdeckung auch in dieser Sequenz anwesend: das Personal, das den Pool auf Monitoren überwacht, wird misstrauisch, und die Amme mahnt Julia auch in dieser Szene permanent zur Rückkehr.

Die Bedeutungsschichten, die über das Wassermotiv im Film konnotiert sind, überlagern sich; Wasser ist zunächst das beiden Hauptfiguren zugeordnete Motiv, das sie auszeichnet und von anderen Figuren unterscheidet; es löst sie aus der konflikt- und gewaltreichen Exposition heraus. Es wird zum Symbol ihrer Beziehung, die den Charakter von Reinheit (Bild des Reinwaschens) und Ursprünglichkeit (Bild der Quelle des Lebens) erhält (Heinz-Mohr 1991, 326).

Aber das Wasser wandelt sich mit der Zuspitzung der Ereignisse in seiner symbolischen Bedeutung und steht auf dem Höhepunkt des Gewaltkonflikts (Sequ 12, 14) für Tod und Vernichtung. Als Mercutio im Kampf zwischen Tybalt und Romeo vor der Kulisse des alten Kinos tödlich verletzt wird, deuten Sturm und Verdunklung des Himmels auf ein bevorstehendes Gewitter hin. Zu seinen letzten, herausgeschrienen Worten »Die Pest auf Eure beiden Häuser!« ziehen (im Zeitraffer) grauschwarze Wolken über den Strand; das Meer färbt sich grau und ein Sturm fegt über den Sand. Regen setzt ein, als Romeo nach einer wilden Verfolgungsjagd Tybalt am Fuße der Christusstatue erschießt (Sequ. 14). Beide sind völlig durchnässt; das Rauschen des Wassers und das Grollen des Gewitters bilden die akustische Kulisse. In der nächtlichen Szene fällt Tybalt rückwärts in das Wasserbecken. Der Regen wird heftiger, als Romeo, scheinbar in Trance, dasteht und die Waffe fallen lässt. In einer nahen Einstellung erfasst die Kamera die auf den Boden fallende Pistole, auf die der Regen niederprasselt. In Verbindung mit der Nachtfarbe Schwarzblau und den dunklen Tönen des Donners wird Wasser hier Teil eines elementaren Naturereignisses, das wiederum zeichenhaft für den Tod steht. Diese Todesahnung spricht Julia noch einmal später in Sequenz 16 aus, als sie vom Balkon auf Romeo blickt, der im Wasser des Pools zu treiben scheint, ihr ein Abschiedswort zuflüstert und dann langsam untertaucht.

Innerhalb der Spanne zwischen Leben und Tod erfährt das Wasser in seinen symbolischen Formen einen abermaligen Bedeutungswandel. Neben dem Aquarium, Pool und Regen spielt es nach dem Umschlag der Ereignisse als Flüssigkeit in den Fläschchen, die Romeo und Julia trinken, eine neue, lebensentscheidende Rolle. Hier bezieht sich das Motiv des Wassers, das Luhrmann in seinem Film so subtil verwendet, unmittelbar auf die literarische Vorlage Shakespeares (5. Aufzug; 2. Szene). Durch den Trunk, den ihr Pater Lorenzo übergibt, kann Julia der drohenden Vermählung mit Paris entgehen; sie fällt in einen vorübergehenden, todesähnlichen Zustand, den das Gift hervorruft. Die Flüssigkeit löst die Probleme jedoch nur scheinbar, denn Julia erwacht zu spät, um Romeos Selbstmord verhindern zu können. Im Kontext der Wassersymbolik nimmt die tiefblaue Flüssigkeit, die Julia trinkt, eine ambivalente Rolle ein. Das Blau des Trunks verweist noch einmal auf die Farbe, die ursprünglich für die positive Konnotation des Wassers stand; aber die Ereignisse, die mittlerweile stattgefunden haben, geben dieser Symbolkraft keine Hoffnung mehr. Der Trunk kann keine Wende mehr auf dem vorgezeichneten Weg in den Tod bringen. Auch Romeo, der Julia tot wähnt, besorgt sich ein Fläschchen mit Gift. Hier wählt Luhrmann einen kräftigen Orangeton und stellt damit einen Bezug zur Einführungsszene Romeos her. War dort das orangefarbene Wasser des Meeres noch mit Melancholie und Schwermut verknüpft, so steht die Flüssigkeit hier für Tod. Romeo trinkt das Gift, und Julia erschießt sich (Sequ. 24). Doch das letzte Bild, das der Regisseur seinen beiden Hauptfiguren im Film zugesteht, ist im Sinne der Versöhnung eine Einstellung aus der Pool-Sequenz: die Kussszene unter Wasser wird noch einmal sichtbar und als eingefrorenes Bild fixiert.

Luhrmann findet in der Wahl des Wassers eine sehr eindrucksvolle Lösung, um die wechselnden Gefühlsräume, in denen Romeo und Julia leben und handeln, zeichenhaft zu gestalten. Er nutzt außerfilmische mythische Bilder des Wassers ebenso wie spezifisch innerfilmische Symbole, er verknüpft tradierte und moderne Bilder vom Wasser miteinander und schafft so ein vielschichtiges Zeichengewebe.

4.5.3 Mercutio: Außenseiter und Mittler

Es gibt in WILLIAM SHAKESPEARES ROMEO UND JULIA weitere auffällige Inszenierungen von Figuren, die für die ästhetische Struktur des Films charakteristisch sind.

Gemäß der Shakespeareschen Vorlage nimmt Romeos Freund Mercutio auch in Luhrmanns Film neben den beiden Hauptfiguren eine zentrale Rolle ein. Mercutio wird, wie auch Paris, bei Shakespeare als Verwandter des Prinzen von Verona vorgestellt, ergänzt um die Bezeichnung »Romeos Freund«, die auch in den Filmcredits verwendet wird. Er befindet sich damit innerhalb der beiden verfeindeten Lager in einer besonderen Position: er ist Außenseiter und Unbeteiligter, da er weder ein Capulet noch ein Montague ist; zugleich aber ist er durch seine enge Freundschaft zu Romeo in die bipolare Personenkonstellation eingebunden. Die fehlende verwandschaftliche Bindung an beide Häuser macht Mercutio im Film nicht nur zu einer ungebundenen Figur zwischen den Lagern, sondern auch zu einer offenen Figur zwischen festgelegten Kategorien und Grenzen. Mit seinem ersten Auftritt (Sequ. 5) scheinen die bisher vorgestellten Figuren zu verblassen, denn er repräsentiert einen schrillen, lauten und extrovertierten Typus, der vor allem einen Gegenpol zu dem introvertierten Romeo bildet.

Zur Discoversion des 70er-Jahre-Schlagers »Young Hearts run free« schießt Mercutio mit seinem feuerroten Wagen förmlich ins Bild. Die Kamera verfolgt seinen tänzelnden Gang auf silbernen, hochhackigen Schuhen und den erotischen Hüftschwung, den er seinen Freunden lustvoll präsentiert. Seine weiße Lockenperücke und der glänzende Minirock ergänzen das Bild eines Transvestiten, der bereits auf der Bühne des verfallenen Kinos seine Show beginnt. Die geschmeidigen Körperbewegungen und das strahlende Gesicht mit den knallrot überschminkten Lippen definieren ihn als Star innerhalb der Gruppe um Romeo. Aufmachung und Körpersprache markieren seine Zwischenstellung nicht nur zwischen Realität und Schauspiel, sondern auch zwischen den Geschlechtern. Keine andere Figur besitzt diese Ambiguität und Uneindeutigkeit. Nach Porter (1988) hat Shakespeare seinen Mercutio mit Blick auf den antiken Götterboten Merkur entwickelt, der Grenzgänger zwischen Götter- und Menschenwelt war und zugleich männliche und weibliche Anteile besaß. Auch Luhrmann scheint dieser Deutung zu folgen. Sein Mercutio ist eine äußerst komplexe Figur: er steht für das leidenschaftliche, kompromisslose Lebensprinzip (vgl. seine Rede über die Liebe und den Traum, die sogenannte »Queen Mab«-Rede in Sequ. 5), er durchläuft extreme Gefühlslagen von Verzweiflung bis zur Ekstase, er spielt sich und anderen Rollen vor, ist aber zugleich in seiner Beziehung zu Romeo aufrichtig und bis in den Tod bedingungslos solidarisch.

Luhrmanns Mercutio lässt sich vor allem in Gegensätzen fassen: äußerlich durch den Kontrast seiner dunklen Haut zu der hellen, glänzenden Kleidung und durch den Zusammenprall seines betont männlichen Körpers mit dessen weiblicher Inszenierung. Diese provokanten Gegensätze der geschlechtlichen Identität verkörpert er besonders nachhaltig bei seinem Showauftritt auf dem Fest der Capulets. Hier tanzt er zur Discomusik auf der großen Treppe der Festhalle, flankiert von einer professionellen männlichen Tanztruppe. Seine weiße Perücke ist noch voluminöser, seine Kleidung noch erotischer und seine Körperbewegung noch härter und rhythmischer geworden. Seine androgyne Erscheinung steht in der Tradition der seit den 70er Jahren im Film auftretenden »Drag queens«, wie sie vor allem Tim Curry in der ROCKY HORROR PICTURE SHOW (Sharman 1974) darstellt. Das Mariengemälde im Hintergrund kontrastiert und kommentiert dieses Starbild auf ironische Weise. Gegensätze zeigen sich auch in Mercutios Gefühlslagen. Er ist extrovertiert und aggressiv, im nächsten Moment aber verletzlich und sensibel; er ist ernst und nachdenklich, aber zugleich ausgelassen und exaltiert.

Indem er solche Gegensätze in sich bündelt, wird Mercutio bezeichnenderweise auch zu einer Figur der Mitte: er befindet sich zwischen den beiden Clans und damit (wie Merkur) zwischen zwei unterschiedlichen Welten. Er ist es, der Romeo den Weg zum Fest der Capulets ermöglicht und so zum Mittler zwischen den Gegensätzen wird. Auch bildkompositorisch wird Mercutio auffallend häufig in der Mitte plaziert, nicht nur während seines Gesangsauftrittes, sondern auch innerhalb der Freundesgruppe um Romeo (Sequ. 5; vgl. Rose / Wenninga 1998, 14ff.). Porter (1988) weist unter Bezug auf die komplexe Gestalt des Merkur auf die latent homoerotischen Züge des Shakespeareschen Mercutio hin, speziell im Gespräch mit Romeo über die Liebe (1. Aufzug, 4. Szene). Luhrmann lässt diese Möglichkeit schon allein durch Mercutios androgyne Inszenierung zu, die in keiner anderen Filmversion von ROMEO UND

JULIA so deutlich erkennbar ist. Die Zerrissenheit seiner Gefühle, die Mercutio im Zusammensein mit Romeo kurz vor dem Fest preisgibt, könnte für diese Sicht sprechen, ebenso die Kompromisslosigkeit, mit der er seinem Freund im Kampf gegen Tybalt beisteht. Kein anderer aus Romeos Freundeskreis würde sein Leben für Romeo geben.

Mercutios besondere Bedeutung zeigt sich auch dramaturgisch: sein Tod (Sequ. 12) markiert den Wendepunkt des Geschehens zum tragischen Verlauf. Bis dahin schien es möglich, dass die verfeindeten Gruppen zusammenfinden könnten; vor allem durch die Vermählung Romeos mit Julia schien eine Annäherung der beiden Familien denkbar. Indem sich Mercutio in den ungleichen Kampf zwischen Tybalt und Romeo einmischt und dabei tödlich verletzt wird, eskaliert die Gewalt und die Gefühle geraten außer Kontrolle (vgl. Gajowski 1992). Mercutios uneingeschränkte Bereitschaft, für Romeo einzutreten, lässt ihn auf der narrativen Ebene zu einer gefährdeten Figur werden, die aufgrund ihrer Kompromisslosigkeit und Leidenschaftlichkeit scheitert. Es ist dann Mercutios Tod, der Romeo zur Gegengewalt motiviert und die Aussicht auf eine mögliche Versöhnung beider Häuser hinfällig werden lässt.

4.5.4 Slapstick

Der Regisseur entwickelt in weiteren Nebenrollen spezifisch filmische Formen, die den Figuren und ihren Körperbewegungen eine eigene Charakteristik verleihen. Am auffälligsten erscheinen die Manipulationen der Bildgeschwindigkeit, die durch Zeitraffer und Zeitlupe im Verlauf des Films immer wieder variiert. Ein beschleunigtes Abspieltempo ist in den Einstellungen zu beobachten, in denen Julias Mutter ihre ersten Auftritte hat (Sequ. 4). In Steigerung ihrer ohnehin nervösen, schnellen und hektischen Körpersprache wird die normale Bildgeschwindigkeit erhöht, so dass sich slapstickartige Bewegungen ergeben, die beim Zuschauer Erheiterung hervorrufen. In der markantesten Einstellungsfolge wird das Schnüren des Mieders durch zwei Kammerzofen über den Zeitraffer zu einem extrem komischen Szenenbild, unterstützt durch ein lautmalerisches Geräusch, das das Festzurren der Bänder symbolisiert. Auch der hörbar stockende Atem durch das so fest geschnürte Kleid pointiert den kurzen Moment und vestärkt den grotesken Eindruck.

Ähnlich parodistisch wird Julias Amme (Miriam Margolyes) in einigen Bildern inszeniert, z.B. wenn sie am Fenster lautstark nach Julia schreit und dabei wie eine mechanische Schaukelfigur hin und her pendelt (letzte Einstellung in Sequ. 7). Dann bildet sie den komischen Übergang von den verlangsamten, intimen Bildern der Liebenden zum Dachgarten Pater Lorenzos. Zeitlupe dagegen wird gemäß filmischer Konvention weniger zur Typisierung einer Figur als vielmehr zur Stimmungsintensivierung eingesetzt. Wenn sich

Romeo und Julia unter Wasser küssen, verlangsamt sich die Bildbewegung. Im Wiederholungsbild am Ende von Sequenz 24 kommt diese Einstellung sogar zum Stillstand. Auch wenn Julia nach dem Tode Romeos die Hand zur Pistole ausstreckt, verzögern sich die Bewegungen für einige Momente durch eine reduzierte Bildgeschwindigkeit. Wie zu Zeiten der Handkurbel des Kinematographen dreht Luhrmann seinen Film schneller oder langsamer und gibt dem Tempo so einen eigenen Rhythmus

4.5.5 Exkurs WEST SIDE STORY

WEST SIDE STORY in der Regie von Robert Wise, mit der Choreographie von Jerome Robbins und der Musik von Leonard Bernstein ist eine tänzerisch-musikalische Adaption des »Romeo und Julia«-Themas. Das Filmmusical von 1960 dürfte Baz Luhrmann in vieler Hinsicht inspiriert haben. Mit der Verlegung des Handlungsortes von Verona in die Hinterhöfe der Slums der West Side von New York haben Regisseur und Choreograph schon damals den entscheidenden Schritt zur Aktualisierung des Stoffes getan, den Luhrmann 36 Jahre später erneuerte. In Wises Film bildeten die Höfe, Mauern und Zäune der trostlosen Steinwüste eine moderne, zeitkritische Kulisse für die beiden verfeindeten Gangs – die »Jets« und die »Sharks« – und verliehen dem Film einen aktuellen Bezug zu den sozialen Problemen amerikanischer Jugendkultur. Die filmsprachliche Inszenierung der Großstadt ist zwar aus heutiger Perspektive weniger spektakulär, die Wahl des Handlungsortes aber eine radikale Befreiung der literarischen Vorlage aus dem historischen Kontext. Hier dürfte Luhrmann seine Idee, ein modernes Verona Beach aus Bildern Mexiko Citys zu schaffen, entlehnt haben.

Die Zeichenhaftigkeit der Großstadt, die Luhrmann in seiner Zergliederung des Raumes durch Schrift, Werbebilder, Zooms und schnelle Schnitte auf die Spitze getrieben hat, ist in WEST SIDE STORY bereits angedacht. Es sind vor allem die Mauern und Straßenkulissen, die durch Werbeslogans, Wahlplakate, Neonreklame und Farbfilter verfremdet werden. Die Hinterhöfe und Tiefgaragen sind bei Wise und Robbins immer auch zugleich Tanzflächen und somit choreographische Orte, an denen die Tanztruppen agieren. Die Verfremdung von Großstadt besitzt in WEST SIDE STORY in den ersten und letzten Einstellungen des Films eine besonders auffällige Ästhetik. Zu der Ouvertüre von Bersteins berühmtem Musical (mit den Stücken »Tonight« und »Maria«) wechselt eine monochrome Bildfläche, die mit abgedunkelten Rechtecken durchsetzt ist, von Gelb über ein helles Braun, ein kräftiges Violett zu Rotbraun und schließlich zu tiefem Blau. Erst die Einstellung nach dem Filmtitel lässt erkennen, dass es sich hierbei um farbige Verfremdungen einer

Luftaufnahme von der Südspitze Manhattans handelt. Die anschließenden Blicke aus der Vogelperspektive in die geometrisch gegliederten Häuserschluchten New Yorks charakterisieren die Topograhie in ähnlicher Weise wie in Luhrmanns Filmanfang. Durch die extreme Kürze der Einstellungen und eine hochbeschleunigte Kamera entsteht bei ihm allerdings ein wesentlich beunruhigenderer und bedrohlicherer Eindruck der Metropole als bei Wise. Der Abspann von WEST SIDE STORY wird in ganz nahen Einstellungen als Teil eines riesigen Wandgraffitis vorgeführt; die Credits sind mit Kreide auf die Wand und zuletzt auf Verkehrschilder geschrieben. So beginnt und endet der Film in abstrakten, grafischen Bildern.

Luhrmann dürfte an einer weiteren Idee von Wise und Robbins Gefallen gefunden haben: die Begegnung von Romeo und Julia, hier von Tony (Richard Beymer) und Maria (Nathalie Wood), wird als traum- oder tranceartiger Augenblick inmitten einer temporeichen, ausgelassenen Tanzszene eingeführt. Die Halle, in der die beiden rivalisierenden Tanztruppen ausgelassen zu lateinamerikanischen Rhythmen tanzen, bildet den Ort der Begegnung von Tony und Maria. Die bewegte, laute, farbenfrohe Szene kommt auf eine filmästhetisch raffinierte Weise zur Ruhe und zum Stillstand. Tänzer und Tänzerinnen bewegen sich von der Kamera fort auf die hintere Wand der Tanzhalle zu, so dass der Vordergrund frei wird. Durch Manipulation auf dem Objektivglas der Kamera verschwimmt die Mitte des Bildes, und die Tanztruppe ist nur noch durch eine Nebelwand zu erkennen. Dagegen bleiben die beiden äußeren Ränder des Cinemascopebildes klar und scharf; an ihnen erkennt der Zuschauer Maria, die links außen steht, und Tony, der von rechts ins Bild kommt. Die beiden folgenden Einstellungen halbieren die Bildfläche in ein scharfes und ein unscharfes Feld; Maria bzw. Tony stehen im scharf fokussierten Teil, während die tanzenden Paare die jeweils unscharfe Bildhälfte füllen. Wie in Trance nehmen sich die beiden Hauptfiguren gegenseitig durch den Nebel wahr. Die Sambaklänge verhallen, und auf der nun dunklen Bühne nähern sich beide langsam dem Bildmittelpunkt. Die Szene ist vollkommen zum Stillstand gekommen; sie wirkt irreal. Wie in Slowmotion beginnen Maria, Tony und mit ihnen drei weitere Paare zu Bernsteins Titel »Maria« langsame, rhythmische Tanzbewegungen; sie sprechen dabei kein Wort.

In dieser Kontrastierung von Bewegung und Stillstand, von Lautstärke und Stille sowie von Helligkeit und Dunkelheit weist die Begegnung von Tony und Maria unmittelbare Parallelen zur Begegnung von Romeo und Julia in Luhrmanns Film auf. Auch dort wird, wie dargelegt, die durch Drogen ausufernde Heiterkeit im Festsaal jäh unterbrochen durch Bilder der Verlangsamung und des Stillstands. Luhrmann entscheidet sich dabei für den Bild- und Tonschnitt als Mittel des Stimmungswechsels und der Konzentration, während Wise und Robbins Bildunschärfe und allmähliche Tonverringerung für den Übergang wählen. Sie inszenieren den Moment der Begegnung noch aus dem laufenden Bild heraus, das sie allmählich zur Ruhe bringen. Luhrmann dagegen wechselt den Ort abrupt durch den harten Schnitt. Die größte Nähe besitzen beide filmische Lösungen dort, wo Bilder der Schärfe und Unschärfe den gegenseitigen Blickkontakt symbolisieren. Luhrmanns Einstellungen am Aquarium entsprechen vom ästhetischen Prinzip her exakt Wises Einstellungen im Tanzsaal. Die genaue Fokussierung des Gegenüber durch unscharfe Bildfelder hindurch findet in beiden Filmen statt. Der Zuschauer nimmt in beiden Fällen den intimen Blick der Kamera auf und trennt wie sie Schärfe von Unschärfe. Das Wasser, die vorbeiziehenden Fische und die Unterwasserpflanzen des Aquariums korrespondieren mit den »Nebelfeldern« im Tanzsaal. Beide Filme suchen Mittel der Intensivierung des Blickes und der Gefühle im Moment des Zusammentreffens; beide geben der Begegnung ihrer Hauptpersonen eine ästhetisch herausgehobene Form.

4.6 »Zuckerwatte mit Blut gemischt« Künstlichkeit und Kitschverdacht

Dass Luhrmanns Film eine »knallbunte Kunstwelt«, eine »Teenage-opera« (Anonymus 1997) aus dem Shakespeareschen Stoff gemacht habe, dass er großes Theater zu kitschigen Postkartenbildern deformiert habe, ist eine innerhalb der Kritiken immer wieder anzutreffende Meinung. »Das sieht dann aus, als hätte man Zuckerwatte mit Blut gemischt« (Schneider 1997). Tatsächlich sucht der Regisseur, wie schon dargelegt, in einigen Sequenzen die extreme Künstlichkeit, nicht aber um sich dem (nur behaupteten) Teenagergeschmack anzupassen, sondern um über die künstliche Form die existentiellen Gefühle, die vor allem die beiden Hauptfiguren erleben, auszudrücken. »Every emotion is overdetermined« (Arroyo 1997). Kunst und Medien inszenieren Wirklichkeit heute in ästhetisch verdichteter Form bis zu extremer Künstlichkeit. Die Künstlichkeit wird als eine neue sinnliche Qualität erlebt, die bezeichnenderweise authentischer erscheint als jeder Versuch ›realistischer‹ Darstellung. Der Kitschverdacht trifft insofern nicht zu, als Luhrmann seine aufwendigen Inszenierungen im Zusammenstoß unterschiedlicher Stile und Kontexte entwirft und nie die geschlossene ästhetische Form sucht. In den Brechungen selbst bildet sich eine komplexe ästhetische Struktur heraus, die die Erzählung auf mehreren Ebenen ablaufen lässt.

4.6.1 Überhöhung als ästhetische Form
Die Sterbesequenz

Kein Ort im Film scheint eine größere Künstlichkeit und Emotionalität auszustrahlen als die festlich ausgestattete Kirche (Sequ. 24), in der die totgeglaubte Julia auf dem Altar aufgebahrt liegt. Der Zuschauer entdeckt diesen Ort gemeinsam mit Romeo, der sich nach seiner Verfolgung durch die Polizei in die Kirche geflüchtet hat. Im finsteren Vorraum zeigt sich ein schmaler farbiger Lichtschein. Wie beim Blick in den Spiegel, als Romeo zum ersten Male Bewegungen und Reflexe im Aquarium wahrnahm (Sequ. 6), spiegeln sich in seinem Gesicht Verwunderung und Faszination. Gebannt nähert er sich dem Türspalt, durch den blaues und goldenes Licht hindurchfallen. Jeder Schritt verstärkt sich durch Halleffekte. Die Kamera springt um 180 Grad und gibt Romeos Auge zwischen den blauen Türflügeln frei (Abb. 9).

Wie in STRICTLY BALLROOM, wo die unscheinbare Fran den erfolgreichen Tänzer Scott Hastings heimlich im Tanzsaal beobachtet, blickt Romeo in einer Mischung aus Scheu und Faszination in das Kircheninnere. Er öffnet langsam die Tür, die den Blick in den Kirchenraum freigibt.

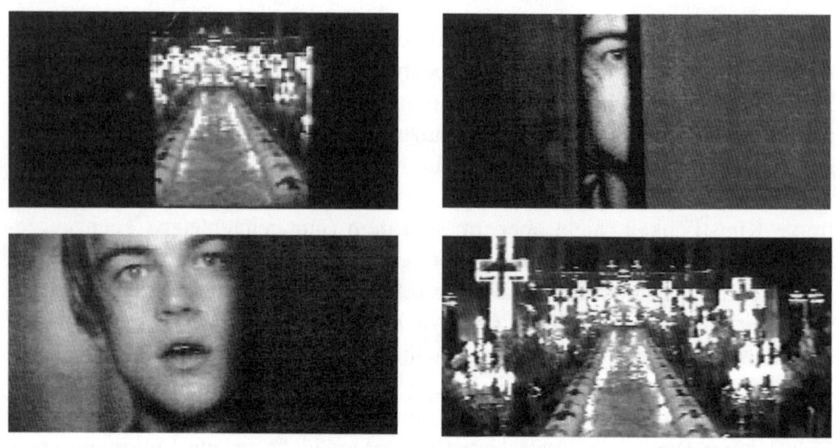

Abb. 9: Ausschnitt Sequenz 24

Es ist der Blick in einen sakralen Raum, voller Bedeutungen und Zeichen. Es war dieser Raum den Romeo in Sequenz 5 vorausahnend erblickte. In strenger Zentralperspektive erfasst die Kamera den Mittelgang der Halle, der auf den Chor zuführt. Der Weg ist gesäumt von Kreuzen aus blauem Neonlicht und einem Meer brennender Kerzen. Das Blau des Neonlichts reflektiert auf dem Boden des Ganges. Im Fluchtpunkt des Bildes verdichten sich die unzähligen

Lichteffekte zu einem noch unklaren Lichtbündel. Wie das Aquarium oder der Pool wirkt auch der Kirchenraum wie ein von der feindlichen Umwelt abgeschlossener Bereich, der Romeo aufnimmt und schützt. Die Kamera begleitet ihn auf seinem langen Weg zum Chor. »Jeder schmerzliche Schritt bringt ihn dem schlafenden Mädchen näher«, ist als Regiebeschreibung im Drehbuch zu lesen (Luhrmann/Pearce 1997, 168). Die Kreuze bilden eine Gasse, in der sie wie Stationen des Passionsweges aufscheinen. Zoomeinstellungen lassen die Neonleuchten zu verschwommenen Zeichen werden, nicht unähnlich modernen Lichtinstallationen. Assoziationen an Farblichtobjekte der Kunstmoderne tauchen auf, etwa an James Turells »Blue Walk (Night)« von 1983 oder an Dan Flavins »Rauminstalltion« von 1968. In den Brüchen von Tradition und Moderne, von sakralen und profanen Zeichen entsteht ein mehrdeutiger Raum, der Kunstraum, Gedenkstätte der Gegenwart oder sakraler Raum sein könnte, ähnlich Christian Boltanskis Installation »Monumente: Lektionen der Dunkelheit« (1986). Die Überhöhung, die die fast ausschweifende Dekoration bewirkt, führt aber nicht nur Stile zusammen, sondern kommentiert auch das Verhältnis von Sakralität und Blasphemie (vgl. Seeßlen 1989).

Wie sehr Luhrmann die Überhöhung als ästhetische Kategorie sucht, wird offenkundig, wenn die Kamera die im Chor aufgebahrte Julia ins Bild rückt. Hier verzichtet Luhrmann auf jede Modernität und inszeniert die Stätte wie einen mittelalterlichen Hochaltar. Umgeben von Hunderten brennender Kerzen ruht Julia auf dem Altar, gebettet auf weißen Kissen. Das Kerzenlicht taucht die Inszenierung in helles goldenes Licht und verleiht ihr einen kostbaren, feierlichen Rahmen. In den Aufsichten auf das schlafende Mädchen drängen sich Vergleiche mit Marienbildern mittelalterlicher Kunst auf. Die Überhöhung, die Luhrmann mit der glanzvollen, pompösen Aufbahrung Julias im Chor der Kirche anstrebt, sucht das Pathos christlicher Gestik. So gleicht Julia den Darstellungen der Krönung Marias in der mittellalterlichen Altarkunst, in der sie als Himmelsgöttin verherrlicht wurde.

Auch hier steht die extreme Künstlichkeit der Inszenierung für die Tiefe der Gefühle, von denen Romeo, mit dessen Augen wir die Szene sehen, überwältigt ist. Die wechselnden Pathosformeln der Trauer und des Schmerzes, in denen sich Romeo und Julia in den folgenden Einstellungen zeigen, verdichten sich in Verbindung mit Musik, Licht und Monologen zu hoch symbolischen Gefühlskonzentraten, in denen zitathaft Märchenbilder (Schneewittchen), christliche Themen (Pietà) oder kunsthistorische Motive (z.B. Gustav Klimt: »Der Kuss«, 1907/08) aufscheinen. Der jeweilige Abschied voneinander stellt (auch in der literarischen Vorlage) den emotionalen Höhepunkt der Erzählung dar. Die Steigerung der Künstlichkeit durch den sakralen Ort, durch den Altar als Bahre der Körper, die Überschwenglichkeit des Dekors und die Schwere der Musik erreichen in diesen Bildern einen beinahe unerträglichen Höhepunkt, so dass Rowohlt (1997) den Vergleich mit den Porzellan- und Glasskulpturen Jeff Koons zieht. Diese Affinität zwischen Luhrmanns sakraler Körperinszenierung und Jeff Koons Skulpturenfolge »Made in Heaven« (ab 1990) ist insofern gegeben, als beide Gefühle über die erstarrte, ›kitschige‹ Form auszudrücken suchen. Koons wie Luhrmann gelingt es, »aus der eisigen Region der Künstlichkeit [...] Funken für das Leben« zu entfachen (Amman 1992, 11).

Durch eine stark gezoomte Kameraaufsicht scheint sich das tote Paar, das eng umschlungen liegt, räumlich von dem Lichtermeer zu lösen und über dem Altar zu schweben. So entsteht eine fließende Bewegung der Körper, die zurückweist auf das Element, in dem sie vereint waren. »Isoldes Liebestod« aus »Tristan und Isolde« überhöht das Liebespaar musikalisch. Immer höher erhebt sich die Kamera über den Altar und lässt das Bild schließlich zu einem Ornament aus Lichtpunkten werden. Im Zentrum des angedeuteten Kreuzes liegen Romeo und Julia. Es scheint, als zielten diese Einstellungen, die kompositorisch zur Symmetrie tendieren, in ihrer ›Schönheit‹ auf Versöhnung mit dem Schicksal der beiden Figuren. Das letzte Bild, das Romeo und Julia zeigt, ist die bereits erwähnte Wiederholung der Unterwasseraufnahme, in der sich beide küssen. Das Bild wird eingefroren und geht in ein monochromes weißes Bild über, das sich allmählich als Leichentuch erweist. Weiß als Farbe der Unschuld und der Auferstehung bekräftigt noch einmal die Idee der Versöhnung, die in den letzten Bildern angelegt ist. In dieser Sequenz werden mehrere kulturelle Kontexte zusammengeführt und wie Folien übereinandergelegt: der Kirchenraum, der minimalistische Lichtraum, die Gedächtnisstätte, Bilder der Hochkultur, Pathosformeln der Trauer und Klage sowie Bilder der Erinnerung, der Versöhnung und des Trostes.

4.6.2 Exkurs: Franco Zefirellis ROMEO UND JULIA

Die provokante Modernität Luhrmanns wird dann augenfällig, wenn man seinen Film mit früheren Filmadaptionen des Stoffes vergleicht. Noch stark dem Szenario Shakespeares verhaftet, scheint aus dieser Perspektive sogar Franco Zefirellis Version von 1968, die zum Zeitpunkt ihres Erscheinens als betont moderne Umsetzung galt. Die Figuren wandeln in historischen Kostümen durch eine mittelalterliche Stadtkulisse und lassen durch ihr schauspielerisches Pathos kaum je vergessen, dass hier große Literatur verfilmt wird.

Aber im Film Zefirellis, der wie Luhrmann der Oper nahe steht (Inszenierungen von »Cavalleria Rusticana«, »Bajazzo« und »Tosca«), wird die Idee der künstlichen Überhöhung schon angedacht. Der Regisseur entwirft in ROMEO UND JULIA eine sorgfältig inzenierte »Mise-en-scène«, die historische Räume mit dem Kunstlicht der Moderne verbindet. Nähe und Ferne zu Luhrmann lassen sich in einem Vergleich der Sterbesequenz am Ende des Films aufzeigen. Romeo (Leonard Whiting) dringt in Zefirellis Film entschlossen in die Gruft der Capulets ein, um Julia (Olivia Hussey) zu finden (vorletzte Sequenz des Films). Sein Gang in die unterirdischen Gewölbe mit romanischen Rundbögen ist zunächst rasch und ungestüm, wenn er die Stufen hinunterläuft. Der Blick in die Totenkammern, in denen sterbliche Überreste der Familie ruhen, lässt ihn innehalten. Wie bei Luhrmann blickt der Zuschauer gemeinsam mit dem Helden in die Halle. Obwohl Romeo eine Fackel in der Hand hält, zeigen sich in dem warmen, gelblichen Lichtschein auch kühle, blaue Reflexe an den Säulen. Natürliches Licht verbindet sich auch bei Zefirelli schon mit Kunstlicht in einer bewussten Brechung. Warme, orangefarbene Einstellungen werden mit einem kühlen, komplementären Farblicht durchsetzt. Doch wo Luhrmann Licht als eigenständiges Thema begreift (Neon- und Kerzenlicht als Elemente des inszenierten Lichtraumes), bleiben bei Zefirelli Fackel- und Kunstlicht noch Bestandteile der filmischen Erzählung.

In der Reihe aufgebahrter Leichname fokussiert die Kamera Julia, auf einem Schrein liegend und von einem Schleier überzogen. Sie hebt sich von den anderen Körpern durch ein kühles Licht ab, das von oben auf sie herabfällt. In der folgenden Naheinstellung beleuchtet und durchleuchtet blaues Kunstlicht den transparenten Stoff, so dass auch das Gesicht farbig scheint. Als sollten solche Verfremdungen durch Farblicht zurückgenommen werden, schließen sich Einstellungen an, die die Monumentalität der mittelalterlichen Architektur betonen. Wenn Romeo den Schleier entfernt, ist auch das blaue Kunstlicht erloschen und das musikalische Leitmotiv erklingt (Nino Rotas erfolgreicher Filmschlager »There was a Youth«). Es ist aber nicht nur das historisierende Ambiente, das Zefirelli von Luhrmann trennt, sondern insbesondere auch die unterschiedliche Schauspielerhaltung. Im Vergleich der beiden Fassungen stellt man mit Überraschung fest, dass es Zefirelli ist, der seinen Schauspielern ein Bühnenpathos gestattet, das die Figuren (zumindest aus heutiger Sicht) ungleich artifizieller erscheinen lässt als die in Luhrmanns Film. Mimik, Gestik und Körperbewegung von Leonard Whiting als Romeo werden wesentlich elaborierter ausgespielt als bei Leonardo DiCaprio. Whiting agiert wie auf der Theaterbühne, intoniert Shakespeares Sprache selbst im Schmerz artikuliert und perfekt betont. Er scheint die Gefühle der Trauer und Verzweiflung nur vorzuspielen, während DiCaprio sie authentischer verkörpert. Er ist im Ausdruck reduzierter, unbeweglicher und spricht seine Sätze wie durch Gefühle erstickt. Das Gesicht Whitings bewahrt selbst dann seinen offenen, unbekümmerten Ausdruck, wenn er sich über Julia beugt und ihre Schönheit bewundert; DiCaprio sucht dagegen mühsam die Beherrschung und verknappt so die Mimik. Ähnlich überinszeniert erscheint das Spiel von Olivia Hussey als Julia. Ihr Abschied vom toten Romeo wird tränenreich und lautstark beweint; anhaltend schluchzend umarmt sie den Kopf Romeos und spielt die ganze Skala von Trauergefühlen aus. In Luhrmanns Film wird der Schmerz Julias dagegen auf einen einzigen, verhallenden Schluchzer komprimiert. Claire Danes als Julia bewegt sich dabei nur minimal, sie scheint den Moment wie in Trance zu erleben. Auch Julias Selbstmord gerät in Zefirellis Version zur ästhetisierten Hollywoodpose, indem die Kamera dicht an dem beherrschten, ›schönen‹ Gesichtsausdruck Julias haftet und mit ihr sanft zu Boden gleitet. Luhrmann lässt nur einen Schuss ertönen, zu dem er einen harten Schnitt auf die Gesamtansicht der Szene setzt. In solchen Differenzen zeigen sich nicht nur unterschiedliche Auffassungen filmischer Adaptionen von Literatur, sondern auch veränderte kulturell-mediale Sehgewohnheiten, die sich zwischen 1968 und 1996 inner- wie außerfilmisch entwickelt haben. Spätestens mit den 80er und 90er Jahren wurde der theatralische Schauspielstil, wie er in der Tradition des klassischen Hollywoodfilms kultiviert wurde, endgültig durch eine stärker zurückgenommene, lapidare Form der Darstellung ersetzt, insbesondere in Mimik und Gestik.[5]

So ergibt sich eine interessante Akzentverschiebung im Spielfilm der vergangenen dreißig Jahre, die sich an den Beispielen Zefirelli und Luhrmann gut belegen lässt: während Pathos und Theatralik der Schauspielkunst zunehmend reduzierter geworden sind, kann man auf der filmästhetischen Ebene eine gegenläufige Entwicklung konstatieren. Kameraführung, Licht, Farbe, Dekor, Montage, Schnittempo und musikalisch-akustische Effekte sind aufwendiger, komplexer, übersteigerter und zeichenhafter geworden. Zefirellis ROMEO UND JULIA wirkt im Vergleich zu Luhrmanns Fassung pathetisch und artifiziell, weil die Schauspieler so theatralisch agieren. Dagegen erscheint der filmische Stil Luhrmanns deutlich künstlicher und überzeichneter, weil die »Mise-en-scène« in ihrer extremen Künstlichkeit so ambitioniert gestaltet ist. Innerhalb dieser gegenläufigen Verschiebung filmsprachlicher Parameter ist der Vergleich beider Sterbesequenzen hinsichtlich der Versöhnung, die beide Regisseure anstreben, aufschlussreich. Luhrmann lässt, wie beschrieben, sein Paar, das eng umschlungen im Zentrum eines überdimensionalen Kreuzes aus Kerzen plaziert ist, durch die aufsteigende Kamera allmählich in Lichtpunkte zerfallen. So werden die beiden Toten entmaterialisiert. Im Mittelpunkt der Totaleinstellung steht das aufwendig inszenierte Lichtornament, das als christliches Zeichen der Versöhnung aufleuchtet. Romeo und Julia werden darin unsichtbar und Teil des Zeichens. Auch Zefirelli sucht Versöhnung und Symbiose, dies aber durch einen direkten, starzentrierten Kamerablick. Nachdem

---

5 Man könnte in diesem Zusammenhang auf Filme wie PULP FICTION (Tarantino 1994) oder LOST HIGHWAY (Lynch 1997) verweisen, in denen die Schauspieler lakonisch oder, wie in Lynchs Film, kühl und erstarrt agieren.

sich Julia (in naher Einstellung) den Dolch in die Brust gestoßen hat, sinkt sie zu Boden. Ihren Kopf legt sie unmittelbar an den Romeos, so dass sich beide Gesichter am Kinn berühren. In dieser Pose erscheinen sie wie spiegelbildlich zueinander angeordnet und bilden eine gedoppelte, aber geschlossene Form. Indem die Mimik der beiden Toten glatt und entspannt ist, verleihen die Gesichter dem Tod etwas Tröstliches, Versöhnliches. Aber die Inszenierung der Schauspieler sagt auch, dass wir sie hier zum letzten Male in Großaufnahme sehen werden. So definiert Zefirelli das Motiv der Versöhnung über die Großaufnahmen der Stars, während Luhrmann eine zeichenhafte Form dafür wählt.

4.7 Die Rezeption des Films

Luhrmanns Filmexperiment wurde von der Fachpresse – trotz des gelegentlichen Kitschverdachts – insgesamt positiv aufgenommen. Nur wenige Rezensenten deuten die künstliche, überzogene Form als »falsches Mittel« oder gar »schamlose Effekthascherei« (C.S. 1997). Man spürt den Kritiken eine gewisse Überraschung an, die sich im Versuch äußert, eine den schrillen Bildern und lauten Tönen Luhrmanns adäquate Sprache zu finden. So entstehen eigenartige, offenbar lustbetont geschriebene Formulierungen wie »rabiater australischer Shakespeare-Knaller« (Ponkie 1997), »Kiss Kiss Bang Bang« (Arroyo 1997) oder »Heißes Pflaster Verona Beach« (Jenny 1997). Künstlichkeit, Sentimentalität und Überzeichnung werden als »visuell-akustisches Spektakel« (Hallensleben 1997a) anerkannt und dabei fast ausnahmslos als Derivat der Clipkultur gewertet. Obwohl sich der Regisseur in zahllosen Interviews bemüht hat, die ästhetische Form seines Films als aktuellen Kommentar auf Shakespeares »multimediales« Theater zu definieren, sehen die Kritiker ihn doch als Kind der »MTV-Generation«. Mehr als einen Reflex auf die Videoclips sieht dagegen Christoph Schneider; ihm klingt dieser Verweis »zu sehr nach einer trivialen Spekulation. Durch die bonbonbunte Ästhetik, wenn nicht alles täuscht, scheint viel wirkungsgeschichtliche Kenntnis. Anachronismen werden als Zitate lebendig, clipartige Klopffechterei transportiert sprachliche Intensität« (Schneider 1997). Der latenten Unsicherheit darüber, wie denn die überschwengliche Ästhetik des Films vor allem im Blick auf die dramatische Vorlage Shakespeares zu bewerten sei, antworten viele Kritiker mit Beschreibungen, die Bewunderung und Distanz gleichermaßen ausdrücken: »No doubt the most aggressively modern, assertively trendy adaptations of Shakespeare ever filmed [...]« (McCarthly 1996). Auch in weiteren Texten ergibt sich eine solche bewundernde, aber leicht einschränkende Tendenz. Es scheint, als schaffe die Tatsache, dass Shakespeares klassicher Stoff »als wilde, lustvoll eklektizistische Seifenoper« (Kilzer 1997) gedreht wurde, Irritationen.

Als postmodernes Produkt, das sein Material in den aktuellen wie historischen Zitaten sammelt, findet der Film weitgehend Anerkennung. Die Brechungen zwischen Tradition und Moderne, die Luhrmann vor allem über den Kontrast zwischen Bild und Musik einerseits und die Sprache andererseits gesetzt hat, sind ebenso akzeptierte Entscheidungen wie der Transfer des ursprünglichen Settings in die Gegenwart Mexiko-Citys. Die Vermischungen aus Gewalt, Alltags- und Jugendkultur sowie Medienwelten ist vielen Kritikern Anlass, auf die Versatzstücke aus der Filmgeschichte hinzuweisen. »Ungeniert plündert Luhrmann nicht nur die Alltagskultur, sondern auch die Filmgeschichte« (Sterneborg 1997). Die Verweise auf Vorbilder beziehen sich auf den Italowestern (Tybalts erster Auftritt in Sequ. 1), auf Regisseure wie Tarantino, Fellini und Stone (hier dürfte der Inszenierungstil ganz generell gemeint sein) sowie auf Nicolas Rays REBELL WITHOUT A CAUSE (USA 1955) und den Vergleich zwischen Leonardo DiCaprio und James Dean.

Unsicherheit bei den Kritikern ruft auch Luhrmanns Entscheidung hervor, Emotionalität über eine »maßlose« Ästhetik auszuspielen. Der Kitschverdacht wird mehrfach geäußert: »[...] die Aktualisierung von Shakespeares Drama erstickt in bunt-geschmacklosem Design, über das auch noch eine ungenießbare eklektische Musiksoße ausgeschüttet wird« (Hoff 1997). Solcher Abwehr emotionaler Inszenierungen werden differenziertere Sichtweisen entgegengesetzt. Harry Rowohlt assoziiert »im grandiosen Schluß-Tableau: Jeff Koons und Cicciolina, im Tode vereint« (Rowohlt 1997). Damit wird implizit der Zusammenhang zwischen Realität und Kunst thematisiert und die Frage gestellt, welche ästhetische Form eine Authentizität von Gefühlen heute zu vermitteln mag. Luhrmann setzt bei dieser Frage eindeutig auf die »kitschige« Inszenierung, um die extremen Gefühlswelten, in denen Romeo und Julia gefangen sind, auszudrücken. »Das ist purster Kitsch und doch eben daher so wahr« (Kilzer 1997). Diese Bewertung verbindet das Thema Liebe und die dafür gewählte überschäumende Bild- und Tonästhetik und begreift »Kitsch« als die den existentiellen Gefühlen angemessene ästhetische Form. Ähnlich argumentiert José Arroyo (1997): »It could have become kitsch, but it isn't« und weist auf eine interessante Lesart – der ästhetisch überzeichneten Form – hin, indem er fragt, ob die bewusst schrille Inszenierung den ROMEO-UND-JULIA-Plot nicht zu einer »queer story« mache. Die Erzählung einer verbotenen Liebe, deren Entdeckung katastrophale Folgen mit sich bringt, sieht er als traditionelles Muster schwuler Liebesgeschichten: »This Romeo & Juliet could certainly and easily lend itself to a queer reading on many levels: the focus on Romeo, the display of the male body through the film, the types of sets, props and clothes the film utilises.« In Verbindung mit der androgynen Figur des

Mercutio könnte dieser Reflex einen noch nicht entwickelten Interpretationsansatz des Films bieten.

Die Beurteilung der schauspielerischen Leistungen erfolgt häufig auf einer undifferenzierten, oberflächlichen Ebene. Viel fällt den Kritikern zu den beiden Hauptdarstellern Claire Danes und Leonardo DiCaprio nicht ein. Man mag sie offensichtlich oder nicht. Ihre Jugend und (im Falle von DiCaprio) das Image als Teenagerstar verhindern offenbar ein genaueres Hinsehen auf Mimik, Bewegung und Sprache. Beide Schauspieler werden möglicherweise aufgrund der MTV-Nähe, die fast alle Rezensenten am Film ausmachen, in zahlreichen Filmbesprechungen aus einer unernsten Perspektive wahrgenommen. DiCaprio ist »der nette blonde Junge« und Claire Danes die »süße Unschuld« (Strunz 1997). Mal fehlt der Schauspielerin »jene Natürlichkeit, deren es bedürfte, um ihr Gesicht in der Reizflut des Films bestehen zu lassen« (Kothenschulte 1997), mal »übertreibt [DiCaprio; J.T.] die Schmollposen des Einzelgängers bis zur Lächerlichkeit« (Klingenmaier 1997).

Positiv werden dagegen Jugendlichkeit und »Reinheit« der Hauptdarsteller wahrgenommen, die als »Kontrast zu der schrillen, künstlichen Welt« empfunden werden. »Die beiden, ohne Maske, verkörpern eine Reinheit (ohne störende Pubertätspickel) und Natürlichkeit (Claire Danes ist keineswegs besonders schön), die sie von ihrer Umgebung deutlich abhebt« (Anonymus 1997). Leonardo DiCaprio wird mehrfach mit James Dean verglichen. »Playing Romeo as a James Deanish brooder, DiCaprio brings youthful energy to the role [...]« (McCarthly 1996). Interessant ist die Beobachtung, der Schauspieler sei ein »James Dean der neuen Unbestimmbarkeit: rebellisch, aber leise, infantil, aber angespannt, märtyrerhaft, aber ahnungslos« (Schmitt-Gläser 1997). José Arroyo (1997) differenziert den Blick auf den Schauspieler. Er konstatiert dabei ein größeres Interesse des Films an Romeo als an Julia – »He is the one who bears the brunt of feeling: it's his face in close-up most of the time indicating how he wants, longs, feels and sometimes, eyes hidden by tears, suffers« – und betont DiCaprios Gang und Körperbewegung:

> When he hears of Juliet's death it's not just that the camera lifts up suddenly to crush him that expresses his grief, but the way he falls on his pigeon-toed heels. It's a superb performance.

Kaum Erwähnung finden dagegen die schauspielerischen Leistungen der dramaturgisch wichtigen Nebenrollen (Amme, Mercutio, Tybalt, Pater). Es scheint, als seien sie zumindest bei den deutschsprachigen Rezensenten in der Flut der Bilder untergegangen. Allein Hallensleben (1997b) begründet die vermeintlich blasse Erscheinung Claire Danes mit der Stärke der schauspielerischen Leistung von John Leguizamo (Tybalt) und Harold Perrineau (Mercutio).

Der in dieser Analyse herausgestellte Symbolgehalt des Wassers, das im Film für Leben und Tod gleichermaßen steht, bleibt in den Filmkritiken fast unbeachtet. Wenn Wasser Erwähnung findet, dann in Bezug auf die erste Begegnung Romeos und Julias sowie auf die Pool-Sequenz. Die Aquariumszene wird als Moment der Ruhe und des Stillstands in der hektischen Betriebsamkeit wahrgenommen, als gelungener Einfall. Die Umdeutung der »Balkonszene« zu einem Bad im Pool der Villa Capulet ruft dagegen kritische Töne hervor: Luhrmann verwandele die berühmte Szene in »Aquariums-Lifestyle und Hollywood-Unterwasserbalz im Swimming-Pool« (Ponkie 1997). Als isolierte Dekorentscheidung mag man den Pool als modischen Effekt bezeichnen, auf der Ebene symbolischer Präsentation erhält das Wasser hier aber die Funktion des umhüllenden Schutzraumes, der die beiden Liebenden aufnimmt, trägt und befreit.

So bleibt nach Durchsicht der vorliegenden Filmbesprechungen ein ambivalenter Eindruck zurück: die Wahrnehmung des Films als »Teenage-Opera«, wie sie durch die buntfarbene, temporeiche Erzählweise ausgelöst wird, nimmt den Besprechungen vielfach die Ernsthaftigkeit, die dem Stoff und seiner filmischen Umsetzung gegenüber angemessen wäre. Indem Luhrmann Normen der Literaturverfilmung verletzt und überschreitet, lässt er viele Kritiker ratlos zurück. Mit dem Hinweis auf ein jugendlich-pubertäres Publikum, das sie unterstellen, entziehen sich viele Rezensenten der direkten Auseinandersetzung mit der ästhetischen Form. Andererseits zeigen sich Tendenzen, die Künstlichkeit der Bilder, die Brechungen der Stile und Genres und das Erzähltempo der Schnitte als eine adäquate Umsetzung des Shakespeareschen Stoffes anzuerkennen und in die Diskussion um eine sich verändernde Filmsprache einzubeziehen. Unter diesem Blickwinkel hat Luhrmanns Filmexperiment die Filmkritik zur Reflexion einer sich entgrenzenden Filmsprache herausgefordert.

4.8 Literaturverzeichnis

Ammann; Jean Christophe (1992): »Jeff Koons. Ein Untergang, der keiner ist«. In: Jeff Koons, edited by Angelika Muthesius. Köln, 6ff.

Anonymus: »Die Lässigen und die Stolzen«. Die Tageszeitung, 21.2.1997.

Arroyo, José (1997): »Kiss Kiss Bang Bang«. Sight and Sound Heft 3 / 1997.

Barg, Werner (2000): ROMEO UND JULIA 1902-1999. Ein Jahrhundert der Leinwände. In: Schäfer, Horst (Hrsg.): Lexikon des Kinder- und Jugendfilms, 6. Erg-Lfg., Meitingen, 1-18.

Borgmeier, Raimund (1980): »Ein Filmdrehbuch von William Shakespeare? Polanskis Macbeth und die Probleme der Shakespeare-Verfilmung«. In: Grabes, Herbert (Hrsg.):

Literatur in Film und Fernsehen: Von Shakespeare bis Beckett. Königstein/Taunus, 81–108.

C.S. (1997): »Romeo und Julia«. Frankfurter Allgemeine Zeitung, 17.3.97.

Geisen, Herbert (1997): Nachwort. In: William Shakespeare. Romeo und Julia. Übersetzt von August Wilhelm Schlegel. Stuttgart 1997 (1969).

Hallensleben, Silvia (1997a): »Der Helikopter, nicht die Lärche«. Tagesspiegel, 21.2.97.

Hallensleben, Silvia (1997b): »William Shakespeares Romeo und Julia«. epd Film, 3/1997.

Hanck, Frauke (1997): »›Nur für Geld mache ich keinen Job‹. Regisseur Luhrmann zu ›Romeo und Julia‹«. Abendzeitung, 13.3.97.

Heinz-Mohr, Gerd (1991): Lexikon der Symbole. Freiburg im Breisgau.

Hoff, Peter (1997): »Liebe und Lifestyle«. Neues Deutschland, 24.2.97.

Jenny, Urs (1997): »Heißes Pflaster Verona Beach«. Der Spiegel, 10.3.97.

Kilzer, Annette (1997): »Strictly Shakespeare«. Tip 5 / 1997.

Klingenmaier, Thomas (1997): »Feier der Gewalt«. Stuttgarter Zeitung, 13.3.97.

Kothenschulte, Daniel (1997): »Romeo & Juliet«. Zoom 3 / 1997.

Luhrmann, Baz (1997a): »Wir sind komische kleine Wesen«. Interview mit Sabine Seiffert, Die Tageszeitung, 21.2.1997.

– (1997b): Interview mit Peter Malone. Multimedia, 16.3.97.

– (1998): Internet: http://www.romeoandjuliet.com.

– /Pearce, Craig (1997): William Shakespeares Romeo und Julia. Nacherzählt von Leon Garfield. Frankfurt/M.

McCarthly, Todd (1996): »›Romeo‹ takes bold Bard departure«. Variety, 20.10.98.

Oltmann, Karin (2004): (Genre)Spaziergänge mit Romeo. Gender und Genre im Hollywood-Remake (WEST SIDE STORY, WILLIAM SHAKESPEARE'S ROMEO + JULIET, ROMEO MUST DIE). In: Liebrand, Claudia / Steiner, Ines (Hrsg.): Hollywood hybird. Gender und Genre im zeitgenössischen Mainstream-Film. Marburg, 136-170.

Ponkie (1997): »Romeo und Julia«. Abendzeitung, 13.3.97.

Porter, Joseph Ashby (1988): Shakespeare's Mercutio. His History and Drama. Chapel Hill.

Rose, Joachim/Wenninga, Lothar (1998): Mercutio. Die Figur bei William Shakespeare und die filmische Umsetzung bei Baz Luhrmann. Schriftliche Hausarbeit im Fach Bildende Kunst/Visuelle Kommunikation, Universität Oldenburg.

Rowohlt, Harry (1997): »Reichlich Bratz«. Die Zeit, 13.3. 1997.

Schmitt-Gläser, Angelika (1997): »Shakespeare goes Pulp«. Frankfurter Rundschau, 14.3.97.

Schneider, Christoph (1997): »Liebesschwur am Swimmingpool«. Neue Züricher Zeitung, 14.3.97.

Schunert, Sonja (1998): Shakespeare's »Hamlet« im Film. Eine vergleichende Analyse ausgewählter Spielfilmproduktionen, Examensarbeit im Fach Bildende Kunst/Visuelle Kommunikation, Universität Oldenburg.

Seeßlen, Georg (1989): »Sakralität und Blasphemie«. In: Roth, Wilhelm/ Thienhaus, Bettina (Hrsg.): Film und Theologie. Frankfurt/Main, 83–96

Shakespeare, William (1990): Romeo und Julia. Tragödie. Übersetzt von August Wilhelm Schlegel. Stuttgart 1997 (1969).

Sterneborg, Anke (1997): »Mittelalterliche Ritter an der Tankstelle«. Süddeutsche Zeitung, 13.3.97.

Stoppe, Sebastian (2006): Das ›Red Curtain‹-Kino. Baz Luhrmanns Filme ›Romeo und Julia‹ und ›Moulin Rouge‹, Marburg (Tectum Verlag).

Strunz, Dieter (1997): »Romeo trifft Julia an einer Tankstelle in Verona Beach«. Berliner Morgenpost, 22.2.97.

Suerbaum, Ulrich (1996): Shakespeares Dramen. Tübingen-Basel.

Thiele, Jens (2006): »Verwirrende Erzählungen. Montageexperimente im Kino Alejandro González Inárritus«. In: Schenk, Irmbert u.a. (Hrsg.): Experiment Mainstream? Differenz und Uniformierung im populären Kino, Berlin (Bertz + Fischer), S. 97-106.

C. Kleine Bibliographie zur Thematik

Die folgende, bewusst eingegrenzte kommentierte Auswahlbibliographie zur Filmanalyse sowie zu den Überschneidungsbereichen Filmgeschichte, Filmgestaltung und Filmtheorie ist als erste Orientierung für weitere Studien gedacht. Sie berücksichtigt vorrangig neuere Monographien mit Einführungs- oder relevantem Überblickscharakter in deutscher und englischer Sprache. Ergänzend dazu werden einige weitere Publikationen – sowohl ältere als auch ausgewählte Einzelbeiträge – nur mit ihren bibliographischen Angaben aufgeführt.

Die Darstellung erhebt also keinerlei Anspruch auf Vollständigkeit. Beabsichtigt ist vielmehr, dem Leser die Möglichkeit zu geben, die in den Teilen A und B behandelten Problemkomplexe gezielt zu vertiefen oder auch die hier vorgestellten Analyseverfahren mit anderen Ansätzen zu vergleichen und darüber einen eigenen Standpunkt zu finden.

1. Einführungen in die Filmanalyse

Werner Faulstich: Die Filminterpretation. Göttingen (Vandenhoeck & Ruprecht) 1988, 2. Auflage 1995. – Differenzierung der häufigsten Zugriffsweisen auf Filme. Ergänzt durch kurze Fallbeispiele, wird die strukturalistische, biographische, literarische oder filmhistorische, soziologische, psychologische und genrespezifische Filminterpretation vorgestellt.

Helmut Korte / Werner Faulstich (Hrsg.): Filmanalyse interdisziplinär. Göttingen (Vandenhoeck & Ruprecht, LiLi - Beiheft 15) 1988. 2. Auflage 1990. – Dokumentation der Vorträge und Diskussionen eines interdisziplinären Symposiums zur Theorie und Praxis der Filmanalyse. Neben Beiträgen führender Verteter der einschlägigen wissenschaftlichen Disziplinen sowie der Film- und Fernsehpraxis, Vorstellung von computergestützten Protokollierungs- und Analysesystemen.

Klaus Kanzog: Einführung in die Filmphilologie. München (Schaudig-Bauer-Ledig) 1991, 2. aktualisierte und erweiterte Auflage 1997. Diskurs Film – Münchner Beiträge zur Filmphilologie 4 – Darstellung des Instrumentariums der (Münchner) Filmphilologie, ihrer Beschreibungsformen, Methoden und Schwerpunkte, gegliedert nach »Grundsatzfragen«, »Erkenntniswegen« und »Kommunikation«, ergänzt durch Diskussion spezieller Protokollierungs- und Notationsverfahren im Anhang.

Janet Staiger: Interpreting Films. Studies in the Historical Reception of American Cinema. Princeton, N. J. (Princeton University Press) 1992. – Eine der wenigen explizit auf Filmanalyse bezogenen methodologischen Studien im Umfeld der ›Cultural Studies‹, wobei die enthaltenen Fallbeispiele einzelner Filme in erster Linie dazu dienen, die kontextuellen Einflüsse sowie Lesarten und Rezeptionsstrategien zu differenzieren.

Knut Hickethier: Film- und Fernsehanalyse. Stuttgart / Weimar (Metzler) 1993. 4. aktualisierte und erweiterte Auflage 2007 – Ausgehend von einer knappen Darstellung verschiedener medientheoretischer sowie methodologischer Positionen, Vorstellung und Diskussion der visuellen, auditiven, narrativen, schauspielerischen, gattungs- und programmspezifischen, werk- und genrebezogenen Beschreibungskategorien von Film und Fernsehen als Basis für die analytische Arbeit.

Peter Wuss: Filmanalyse und Psychologie. Strukturen im Wahrnehmungsprozeß. Berlin (Sigma) 1993. – Ein psychologisch fundierter primär auf die Wahrnehmung von Filmen gerichteter Ansatz »funktionaler Strukturanalyse« mit zahlreichen Verweisen auf konkrete Filmbeispiele.

Thomas Elsaesser / Warren Buckland: Studying Contemporary American Film. A Guide to Movie Analysis. London und New York. (Arnold / Oxford University Press) 2002. – Vorstellung verschiedener filmanalytischer Verfahren am Beispiel zeitgenössischer Hollywood-Produktionen. Jeder der einzelnen Filme wird zunächst auf der Basis »traditioneller« filmtheoretischer Ansätze (psychoanalytisch, semiotisch-strukturalistisch, feministisch etc.) analysiert. Ausgehend von neueren filmanalytischen Ansätzen (kognitionstheoretische Theorien, Methoden der Narration, computergestützte statistische Stilanalyse, dekonstruktivistische Ansätze) wird in einem zweiten Schritt dieser Vorgang anhand desselben Films wiederholt.

Werner Faulstich: Grundkurs Filmanalyse. München (Fink UTB) 2002. 2. erweiterte Auflage 2008 – Zusammenfassende und aktualisierte Darstellung filmischer Gestaltungselemente und Analyseansätze auf der Basis der bisherigen Arbeiten des Autors zur Methodologie der Filmanalyse.

Lothar Mikos: Film- und Fernsehanalyse. Konstanz (UTB) 2003. 2. überarbeitete und erweiterte Auflage 2008. – Überblick über die zentralen Aspekte der Thematik unter relativ breiter Einbeziehung vor allem der deutschen und US-amerikanischen Literatur. Neben den theoretischen und methodischen Grundlagen werden u.a. Repräsentationsstrategien, Narration, Ästhetik und Genres in ihrer Funktion für die Analyse dargestellt und anhand aktueller Film- und TV-Beispiele konkretisiert.

Peter Beicken: Wie interpretiert man einen Film? Stuttgart (Literaturwissen für Schüler / Reclam 15227) 2004. – Eine komprimierte Darstellung der filmästhetischen Grundlagen, filmanalytischen Zugänge und Filmgenres als

Einstieg in die Thematik mit zahlreichen Kurzanalysen relevanter Beispielfilme.

Die folgenden Publikationen sind keine Einführungen in die Filmanalyse im eigentlichen Sinne, vermitteln dafür aber Grundlagenwissen über die Filmgestaltung – als zentrale Voraussetzung für die eigene filmanalytische Arbeit:

Karel Reisz / Gavin Millar: Geschichte und Technik der Filmmontage. München (Filmlandpresse) 1988. (Original: The Technique of Film Editing, London und New York, 1953 / In erweiterter Fassung 1968). – Die »klassische« und in ihrer Differenziertheit bislang unerreichte, sehr informative Darstellung der Geschichte, Praxis und Prinzipien der Filmmontage mit vielen Anwendungsbeispielen.

Hans Beller (Hrsg.): Handbuch der Filmmontage: Praxis und Prinzipien des Filmschnitts. München 1993, 4. durchgesehene und erweiterte Auflage 2002 – Eine aus der Arbeit an der Münchner Hochschule für Fernsehen und Film hervorgegangene Übersicht von Filmpraktikern und -theoretikern über Geschichte, Ästhetik und Praxis der Filmmontage mit Einzelanalysen.

David Bordwell / Kristin Thompson: Film Art. An Introduction. (5th ed.). New York, St. Louis, San Francisco etc. (McGraw-Hill) 1997, 9th. Edition 2009. – Eine sehr vielschichtige Darstellung der verschiedensten formalen und stilistischen Dimensionen der Filmgestaltung in Hinblick auf Wahrnehmung und Wirkung von Filmen. Zahlreiche Anregungen und Beispiele für filmanalytische Herangehensweisen.

Rüdiger Steinmetz / René Blümel / Kai Steinmann / Sebastian Uhlig: Theorie und Praxis der Film- und Fernsehästhetik. Eine Lehr- und Selbstlern DVD. Frankfurt/M. (Zweitausendeins) 2004. – Eine durch Nutzung der Präsentationsmöglichkeiten der DVD vielfältig einsetzbare, einfach zu bedienende und sehr informative Darstellung der Genese filmischer Argumentationsformen mit einer Fülle von (visuell und auditiv) dokumentierten Filmausschnitten von den Anfängen des Mediums bis heute.

Weitere (ältere) Literatur:

Gerd Albrecht: »Die Filmanalyse – Ziele und Methoden«. In: Franz Everschor (Hrsg.): Filmanalysen 2. Düsseldorf 1964.

Friedrich Knilli / Erwin Reiss: Einführung in die Film- und Fernsehanalyse. Ein ABC für Zuschauer. Steinbach bei Gießen 1971.

Werner Faulstich / Ingeborg Faulstich: Modelle der Filmanalyse. München 1977.

Thomas Kuchenbuch: Filmanalyse, Theorien – Modelle – Kritik. Köln 1978. 2. Auflage Köln (UTB) 2005 mit weiteren Kapiteln zur Drehbuchliteratur, zum Dokumentarfilm, zu Werbespots und Avantgarde-Filmen.

Knut Hickethier / Joachim Paech: Methoden der Film- und Fernsehanalyse. Didaktik der Massenkommunikation, Band 4. Stuttgart 1979.

Werner Faulstich: Einführung in die Filmanalyse. Tübingen 1976 und 1978. 3. neu bearbeitete und erheblich erweiterte Auflage 1980, 4. Auflage 1994.

Alphons Silbermann / Michael Schaaf / Gerhard Adam: Filmanalyse. Grundlagen – Methoden – Didaktik. München 1980, Nachdruck 1989.

Gerd Albrecht / Ulrich Allwardt / Peter Uhlig / Erich Weinreuter (Hrsg.): Handbuch Medienarbeit. Medienanalyse, Medieneinordnung, Medienwirkung. Opladen 1979. 3. überarbeitete Auflage 1991.

Klaus Kanzog: »Erzählstrukturen – Filmstrukturen. Eine Einführung«. In: Ders.: Erzählstrukturen – Filmstrukturen. Erzählungen Heinrich von Kleists und ihre filmische Realisation. Berlin 1981.

Salt, Barry (1983): Film Style an Technology – History and Analysis. London (Starword). 2nd expanded Edition 1992.

Helmut Korte (Hrsg.): Systematische Filmanalyse in der Praxis. Braunschweig (HBK-Materialien, Schriftenreihe der Hochschule für Bildende Künste Braunschweig) 1986. 2. Auflage 1987, Reprint 1993.

Kristin Thompson: Breaking The Glass Armor. Neoformalist Film Analysis. N.J. (Princeton University Press.) 1988.

David Bordwell: Making Meaning. Inference and Rhetoric in the Interpretation of Cinema. Cambridge (Harvard UP) 1989. 4. Printing 1996.

Knut Hickethier (Hrsg.): Filmgeschichte schreiben. Ansätze, Entwürfe, Methoden. Berlin 1989.

– (Hrsg.): Aspekte der Fernsehanalyse. Methoden und Modelle. Münster, Hamburg 1994.

2. Nachschlagewerke

Franz-Josef Albermeier (Hrsg.): Texte zur Theorie des Films. Stuttgart (Reclam 9943[5]) 1979. 5. durchgesehene und erweiterte Auflage 2003. – Eine sorgfältig recherchierte Textsammlung zur Geschichte der Filmtheorie.

Hans-Michael Bock (Hrsg.): CINEGRAPH – Lexikon zum deutschsprachigen Film. München (edition text & kritik) 1984ff. Kontinuierlich ergänztes Loseblattwerk. – Die bislang umfassendste, ständig erweiterte bio- und filmografische Bestandsaufnahme der deutschsprachigen Filmschaffenden: Regisseure, Schauspieler, Autoren, Produzenten, Kameraleute, Architekten, Techniker und Publizisten.

Herbert Holba / Günter Knorr / Peter Spiegel: Reclams deutsches Filmlexikon. Stuttgart (Reclam) 1984. – Darstellung der Biographie, Arbeitsschwerpunkte, Spezifika und Filmographie von ca. 450 Schauspielern, Regisseuren, Autoren und sonstigen Filmschaffenden aus der deutschen Filmgeschichte bis 1984; Literaturliste, Personen- und Filmtitelregister.

Dieter Krusche / Jürgen Labenski: Reclams Filmführer. Stuttgart (Reclam) 1973. 12. neu bearbeitete Auflage 2003. – Produktionsangaben, Inhaltsbeschreibung, Kurzeinschätzung von ca 1.000 internationalen Spielfilmen. Bibliographie, Filmtitel- und Personenregister.

Paula K. Read / Anja Bartsch: Film Talk. Film Wörterbuch – Film Dictionary. Deutsch-Englisch. Hamburg 1993 – Ein am filmischen Produktionsablauf orientiertes, nach den Rubriken ›preproduction‹, ›production‹ und ›postproduction‹ geordnetes Wörterbuch aller einschlägigen deutsch-englischen Fachbegriffe.

Michael Töteberg (Hrsg.): Metzler Film Lexikon. Stuttgart, Weimar (Metzler) 1995, Nachdruck 2002. – Darstellung von ca. 500 Spielfilmen aus dem internationalen Angebot (Produktionsangaben, Inhaltsbeschreibung, Kurzeinschätzung mit Literaturhinweisen), ergänzt um ein Glossar filmischer Fachbegriffe, eine vergleichsweise umfangreiche Bibliographie, Filmtitel- und Personenregister.

Thomas Koebner / Kerstin-Luise Neumann (Hrsg.): Filmklassiker. Beschreibungen und Kommentare, 4 Bände. Stuttgart (Reclam) 1995 – Bd. 1: 1913–1946, Bd. 2: 1947–1964, Bd. 3: 1965–1981, Bd. 4: 1982–1994. Produktionsangaben, Inhaltsbeschreibungen und Kommentare mit Literaturauswahl zu ca. 500 internationalen »Filmklassikern«. Filmtitelregister.

Thomas Kramer (Hrsg.): Reclams Lexikon des deutschen Films. Stuttgart (Reclam) 1995. – Produktionsangaben und Kurzbeschreibungen von ca. 600 (original-)deutschsprachigen Filmen und bio-/filmografische Darstellung von über 70 deutschen Regisseuren.

Horst Peter Koll / Stefan Lux / Hans Messias / Peter Strotmann (Red.): Lexikon des Internationalen Films, 10 Bände. Herausgg. vom Katholischen Institut für Medieninformation (KIM) und der Katholischen Filmkommission für Deutschland. Reinbek bei Hamburg (Rowohlt) 1987. Neuausgabe 2001. – Dokumentation von ca. 48.000 internationalen Spielfilmen: Kurzbeschreibung und Produktionsangaben. Das Lexikon ist auch als CD-ROM (Systhema, München) erhältlich.

Hans-Michael Bock (Hrsg.): Lexikon Filmschauspieler international, 2 Bände. Berlin (Henschel) 1995 und Reinbek bei Hamburg (Rowohlt Sachbuch 16523) 1997. – Bio- und filmografische Dokumentation von ca. 1.000 Schauspielern und Schauspielerinnen des internationalen Films.

Rainer Rother (Hrsg.): Sachlexikon Film. Reinbek b. Hamburg (Rowohlt-Handbuch 6515) 1997. – Glossar mit ausführlichen Angaben und weiterführenden Literaturhinweisen zu den einschlägigen filmischen Fachbegriffen aus Filmtechnik, Filmgestaltung und Filmproduktion.

Werner Faulstich (Hrsg.): Grundwissen Medien. München (Fink). 5. vollständig überarbeitete und erheblich erweiterte Auflage 2004. – Ausgehend von einem umfassenden Medienbegriff werden die relevanten »Stichworte« in einzelnen Artikeln ausführlich behandelt und durch umfangreiche Literaturhinweise ergänzt – von Medientheorie über Mediengeschichte, -ökonomie, Medienpolitik und Medienrecht, -psychologie, -ethik, -ästhetik bis Medienkultur sowie neben den »klassischen« Medien, wie Brief, Buch und Theater, die Massenmedien (Presse, Hörfunk, Film, Fernsehen) bis hin zu den »Neuen Medien« (Computer, Multimedia, Internet).

3. Überblicksdarstellungen

James Monaco: Film verstehen. Kunst, Technik, Sprache. Geschichte und Theorie des Films. (Original: How to Read a Film, Oxford University Press 1977) Reinbek b. Hamburg (Rowohlt) 1980, aktualisierte und erweiterte Ausgabe 2009. – Ein informativer und komprimierter Überblick über die künstlerisch-kulturellen, technischen, gestalterischen, historischen und filmtheoretischen Dimensionen des Mediums, ergänzt durch eine Einführung in Multimedia. Glossar der wichtigsten Fachbegriffe, differenziertes Literaturverzeichnis, Filmtitel- und Personenregister.

Joachim Paech: Literatur und Film. Stuttgart (Metzler) 1988, 2. überarb. Auflage 1997. – Ein historisch-systematischer Überblick über die vielfältigen Wechselwirkungen von Literatur und Film, ihrer Geschichte im kulturellen Kontext und die Veränderungen der Wahrnehmung. Mit zahlreichen literarischen und filmischen Beispielen.

David Bordwell / Janet Staiger Kristin Thompson: The Classical Hollywood Cinema. Film Style & Mode of Production to 1960. New York, London (Columbia University Press & Routledge) 1985/1988. Reprints 1991, 1994, 1996, 2002 – Umfassende Diskussion der technischen, ökonomischen und stilistischen Entwicklung des »klassischen« Hollywoodfilms als historischer Prozeß von 1917 bis ca. 1985.

Franz-Josef Albersmeier / Volker Roloff (Hrsg.): Literaturverfilmungen. Frankfurt/M. (Suhrkamp, st 2093) 1989. – Sammelband mit 22 Einzelanalysen führender Fachvertreter zur Wechselwirkung von litarischer Vorlage und Film, ergänzt durch einen informativen kritischen Überblicksbeitrag und ein umfangreiches Literaturverzeichnis zur Thematik.

Werner Faulstich / Helmut Korte (Hrsg.): Fischer Filmgeschichte. 5 Bände. Frankf./M. (Fischer TB 4491–4495), 1990–1995. Bd. 1: 1895-1924, Bd. 2: 1925-1944, Bd. 3: 1945-1960, Bd. 4: 1961-1976, Bd. 5: 1977-1995. – Internationale Filmgeschichte als Produktgeschichte anhand von insgesamt 100 exemplarisch für Publikumserfolg, Einfluss, Genre- und Zeit-Typik ausgewählten »Schlüsselfilmen«. Jeder Band enthält einen Überblicksbeitrag der Herausgeber zu den zentralen filmhistorischen, gesellschaftlichen und ästhetischen Entwicklungslinien der betreffenden historischen Phase sowie ca. 20 ausführliche Einzelwerkanalysen mit Sequenzprotokoll, Auswahlfilmographie und Basisbibliographie.

Jerzy Toeplitz: Geschichte des Films, 5 Bände. Berlin (Henschel) 1975ff. Reprint 1992. Bd. 1: 1895–1928, Bd. 2: 1928–1933, Bd. 3: 1934–1939, Bd. 4: 1939–1945, Bd. 5: 1945–1953. – Kontinuierlich aufgebaute internationale Filmgeschichte mit Schwerpunkt auf der ästhetischen und politisch-gesellschaftlichen Entwicklung und vergleichsweise detaillierter Berücksichtigung des osteuropäischen Kinos.

Kristin Thompson / David Bordwell: Film History-An Introduction. New York, St. Louis, San Francisco etc. (McGraw-Hill) 1994, 3.Edition 2009. – Eine kompakte Geschichte des internationalen Kinos einschließlich des Films der »Dritten Welt« unter Einbeziehung ihrer technischen, institutionellen, ästhetischen, politisch-kulturellen Implikationen von 1880 bis 90er Jahre.

Geoffrey Nowell-Smith (Hrsg.): Geschichte des internationalen Films. (Original: The Oxford History of World Cinema, Oxford University Press 1996). Stuttgart, Weimar (Metzler) 1998. – Darstellung der Filmentwicklung von 1895 bis heute unter Beteiligung eines internationalen Teams von Autoren. Die einzelnen filmästhetischen, -politischen, -kulturellen Entwicklungsstadien in den drei Hauptteilen »Stummfilm«, »Tonfilm« und dem »modernen Film ab 1960« beinhalten jeweils auch die ansonsten in derartigen Überblicken wenig beachteten nationalen Sonderwege kleiner Länder und vor allem der »Dritten Welt«.

John Hill / Pamela Church Gibson (Hrsg.): The Oxford Guide to Film Studies. Oxford, New York (Oxford University Press) 1998. – Eine kompakte Übersicht über die zentralen Problemkomplexe in der wissenschaftlichen Beschäftigung mit dem Medium Film. – Von der Diskussion filmtheoretischer, kultureller, historischer, politischer, methodologischer Aspekte und Positionen über Schwerpunkte nationaler Filmindustrien, einzelne Regisseure und Stars bis hin zu den medialen Veränderungen durch die »Neuen Medien«.

Werner Faulstich: Filmgeschichte. Paderborn (UTB basiscs) 2005. – Eine knappe, nach historischen Phasen strukturierte Übersicht zur Geschichte des Films.

Siehe zu den hier aufgeführten Printmedien generell auch die verschiedenen Filmdatenbanken und zahlreichen aktuellen Hinweise zu einzelnen Filmen, Schauspielern und Regisseuren im Internet.

Die Autoren

Peter Drexler, Jg. 1942. Professor für Anglistik / Literaturwissenschaft an der Universität Potsdam. Veröffentlichungen und Arbeitsschwerpunkte u.a.: Kriminalliteratur, Phantastik des 19. und 20. Jahrhunderts, moderne Lyrik und Gegenwartstheater, Filmgeschichte, Wechselbeziehungen zwischen Literatur und Film.

Helmut Korte, Jg. 1942. Professor für Interdisziplinäre Medienwissenschaft an der Universität Göttingen, Gründungsdirektor des Zentrums für interdisziplinäre Medienwissenschaft. Bis 1999 Professor für Film-, Fernsehwissenschaft und Neue Medien an der Hochschule für Bildende Künste Braunschweig und Direktor des dortigen Instituts für Medienwissenschaft und Film. Film- und Fotopraxis. Aufsätze zur Filmgeschichte, Filmtheorie, Medienästhetik, Film- und Fernsehanalyse, Mediendokumentation. Buchpublikationen u.a. zum Film in der Weimarer Republik (1978 / 1980 und 1998), zur Filmanalyse (1986, 1988), zu den Filmen von Steven Spielberg (1987), zur internationalen Filmgeschichte (1990–1995), zum Starphänomen (1997 und 2000).

Hans-Peter Rodenberg, Jg. 1952. Hochschullehrer und Filmemacher. Studium an der Hochschule für Bildende Künste und der Technischen Universität Braunschweig sowie der University of California at Los Angeles. 1986–1994 Redakteur NDR-Fernsehen (Abteilung Kultur, zuletzt als stellv. Abteilungsleiter). Seit 1994 Professor für Film, Neue Medien und Kulturgeschichte der USA an der Universität Hamburg. Publikationen zu Film, Kunst und Literatur der USA.

Jens Thiele, Jg. 1944. Professor für Visuelle Medien an der Carl von Ossietzky Universität Oldenburg. Schwerpunkte in Lehre und Forschung: Theorie, Geschichte und Ästhetik visueller Medien mit Schwerpunkten auf Film und Kinderbuchillustration. Publikationen u.a. zum Verhältnis von Film und Kunst, zur Filmanalyse sowie zur (regionalen) Filmgeschichte.